中国人学学会第 21 届学术年会论文集
人学论丛 2019
中国人学学会○组编

构建人类命运共同体与人的发展

董彪　柴勇　主编

燕山大学出版社
·秦皇岛·

图书在版编目（CIP）数据

构建人类命运共同体与人的发展 / 董彪，柴勇主编 . —2 版 . —秦皇岛：燕山大学出版社，2023.6

ISBN 978-7-5761-0483-7

Ⅰ. ①构… Ⅱ. ①董… ②柴… Ⅲ. ①国际关系－研究 Ⅳ.①D81

中国版本图书馆 CIP 数据核字（2022）第 255493 号

构建人类命运共同体与人的发展
董 彪 柴 勇 主编

出 版 人：陈 玉	
责任编辑：孙志强	
责任印制：吴 波	封面设计：刘韦希
出版发行： 燕山大学出版社 YANSHAN UNIVERSITY PRESS	电 话：0335-8387555
地 址：河北省秦皇岛市河北大街西段 438 号	邮政编码：066004
印 刷：英格拉姆印刷(固安)有限公司	经 销：全国新华书店
开 本：787mm×1092mm 1/16	印 张：22.75
版 次：2023 年 6 月第 2 版	印 次：2023 年 6 月第 1 次印刷
书 号：ISBN 978-7-5761-0483-7	字 数：415 千字
定 价：89.00 元	

版权所有　侵权必究

如发生印刷、装订质量问题，读者可与出版社联系调换

联系电话：0335-8387718

本书编委会

（按姓氏笔画排序）

丰子义　孙要良　李基礼　沈湘平　张　梧　张维祥
陈志尚　陈学明　陈新夏　范　文　罗文东　钟明华
郗　戈　袁吉富　柴　勇　徐　春　崔新建　董　彪
韩庆祥　靳辉明　路日亮

开 幕 词

中国人学学会会长 北京大学教授 丰子义

各位专家学者、朋友：

大家好！金秋时节，我们相聚在美丽的海滨——北戴河召开"构建人类命运共同体与人的发展研讨会暨第21届中国人学年会"。这次会议是由中国人学学会和燕山大学马克思主义学院共同举办的。会议得到了燕山大学和马克思主义学院领导的高度重视和大力支持。在此，我代表中国人学学会和参会的各位代表，对燕山大学领导和同志们的精心准备和热情服务表示诚挚的敬意和衷心的感谢！同时，我代表会议主办单位对从全国四面八方前来参加会议的各位专家学者，表示热烈的欢迎和衷心的感谢！

这些年，我们会议的主题都是和现实密切相关的。今年的主题是"构建人类命运共同体与人的发展"。构建人类命运共同体，是党的十八大以来习近平总书记提出的重大战略思想，受到国内外的高度评价和热烈响应，已被多次写入联合国文件，产生了日益广泛而深远的国际影响，成为中国引领世界时代潮流和人类文明进步方向的鲜明旗帜。构建人类命运共同体的内容非常丰富，涉及经济、政治、文化、安全、生态等广泛领域，因而它不仅仅是某一学科关注的对象，同时也是各门学科关注的对象。与人类命运直接相关的人学，自然需要对这一问题予以高度关注，加以认真研究，提供有益的思考。

从人学的视角看待人类命运共同体，对于深刻理解、把握人类命运共同体及其构建，意义重大。人类命运共同体固然涉及诸多领域、诸多方面，但最为核心的问题还是人类的生存发展、人类的命运，其他所有问题都是围绕这一核心问题展开的。人类是这种共同体的主体，命运是这种共同体建设的主题或宗旨。人类命运共同体有多种含义：既是利益共同体，又是价值共同体，还是责任共同体。不论是哪一种共同体，都是同人紧紧连在一起的。利益、价值、责任都是相对于人而言的，离开了人就无从谈及、无从理解这些问题。而且，利益共同体、价值共同体、责任共同体的建立都是服务于人的生存发展、人类命运这一主题的，离开了这一主题，这些共同体的建立也就没什么意义。所以，对人类命运共同体及其构建，必须给予深刻的人学观照。

就我们这次会议主题所涉及的"构建人类命运共同体与人的发展"这二者的关系而言，也是密切相关的。一方面，人的发展是构建人类命运共同体的目的或目标。构建人类命运共同体，直接的目的是推动国际合作、推进世界和平、加强普遍安全、促进共同繁荣、扩大开放包容、实现合作共赢等，但最终目的还是更好地促进人类解放、人的自由全面发展。这和马克思主义的理论主题与价值指向是一致的。另一方面，构建人类命运共同体又是推进人的发展的现实途径和重要方式。人要自由全面发展，必须有世界和平、相互尊重、开放包容、合作共赢。没有人类命运共同体的构建，人的自由全面发展就难以有适宜的土壤、条件和可靠的保障。当然，要真正实现人的自由全面发展，最终还得靠马克思所说的"自由人联合体"的建立，但在目前的历史条件下，构建人类命运共同体不失为一个重要的途径和方式。只有形成这样的共同体，人的发展才能得到有效的保证和落实。就此而言，构建人类命运共同体与人的发展是彼此依存、相互促进的。

从人的发展、人类命运看待人类命运共同体的构建，需要回到人的发展现实、回到当代人类生存的境遇上来。因为构建人类命运共同体就是根据今天我们面对的时代现实提出来的。那么，我们今天究竟处于一个什么样的时代呢？套用英国文学家狄更斯在《双城记》中的一个说法："这是最好的时代，也是最坏的时代。"（1859）狄更斯当年对工业革命后世界的描述和评价，同样适用于今天的世界。说"最好的时代"，是指随着全球化的深入发展，各国之间的联系从来没有像今天这样紧密，人们之间的交往从来没有像今天这样密切，世界人民对美好生活的向往从来没有像今天这样强烈，各个国家、民族发展以及人的发展的机遇从来没有像今天这样丰富，人类文明确实发展到了历史最高水平。说"最坏的时代"，是指伴随全球化的发展，人类又进入一个挑战层出不穷、风险日益增多的时代，即"风险时代"。世界面临的不稳定性和不确定性日益突出，发展鸿沟日渐加深，贫富差距日益严重，地区冲突与战乱此起彼伏，恐怖主义、网络安全、重大传染性疾病、气候变化等非传统安全威胁持续蔓延，人类面临许多共同挑战。这就是人类发展面对的现实和生存境遇。没有哪个国家、哪个民族能够回避人类面临的各种挑战，独善其身。正是基于这样的现实和生存境遇，我们才提出要构建人类命运共同体。

怎样构建人类命运共同体？这是一个大课题，需要方方面面的努力，从人学的角度看，要构建人类命运共同体，促进人的发展，重要的是确立这样一些观念：

一是共同利益观。能不能形成人类命运共同体，关键是有没有共同利益。只要有共同利益的存在，就有可能形成人类命运共同体。应当看到，伴随全球化的深入发展，人类共同利益日益突出。经济全球化使各个国家的经济联系日益密切，相互之间高度交融，形成了一个共同利益链条，每个国家都是这个链条中的一环。任何一环出了问题，都可能引起全球利益链条的中断。中断的结果，伤害的不是某一个国家，而是所有的国家。一个国家的粮食安全出了问题或受到战火威胁，则饥民会大规模涌向别国；互联网一旦出现了网络攻击或网络出现瘫痪，给相关国家经济社会带来的损失不亚于一场战争；气候变化带来的冰川融化、降水失调、海平面上升等问题，不仅给小岛国带来灭顶之灾，同时也给世界众多沿海发达国家城市造成极大危害；环境污染、资源能源短缺所波及的不仅仅是某一个国家、地区，而是世界许多国家、地区。总之，地球只有一个，每个国家的公民都是地球村的村民，全球的利益也就是自己的利益。任何国家要想自己发展，必须让别人发展；要想自己活得好，必须让别人活得好。这就要求必须确立共同利益观，正确看待民族利益与全球利益、当前利益与长远利益的关系，以实现利益的协调，在协调中实现每个民族以至每个人的利益。

二是共同价值观。人类命运共同体的形成，既有赖于共同利益，又有赖于共同价值。而价值和利益又是紧密联系在一起的，有什么样的利益就会形成什么样的价值。所谓价值，不过是利益的文化表达，其背后是利益。既然在全球化条件下，世界各国日益成为一个利益共同体，具有越来越多的共同利益，那就必然会形成越来越多的价值共识或共同价值。为此，习近平总书记在2015年9月28日出席第70届联合国大会一般性辩论时明确指出："和平、发展、公平、正义、民主、自由是全人类的共同价值，也是联合国的崇高目标。"这种共同价值是站在人类道义的制高点上提出来的，既为人类命运共同体建设提供了基本遵循，也为人类发展提供了价值指引。要构建人类命运共同体，确实需要树立这样的共同价值观。现在世界各国的发展是你中有我、我中有你、一荣俱荣、一损俱损。国家之间，零和思维必须终结，不能只追求你少我多、损人利己，更不能搞你输我赢、一家通吃。只有义利兼顾，才能义利兼得。在相互尊重、公平正义、合作共赢中推进各国社会发展和人的发展，这是人间正道。

三是人类文明观（或新型文明观）。人类的命运与人类文明的发展是相生相随的。人类文明如何发展，人类的命运也就怎样。衡量人类文明进步的标志，就是看其是否趋于社会全面进步、是否有助于人的全面发展。换言之，要实现社会全面进步和人的全面发展，必须推动人类文明健康发展。面对今天的时代现实和人类文明发展的现实，可以说有喜又有忧，好多人既寄予期待，又感到困惑，对"人类何去何从"的问题深感忧虑。如在近些年，人们自觉不自觉地对当今的世界发出这样的疑问：人类还有没有文明？讲不讲文明？文明究竟向何处发展？面对世界乱象，各种观点、主张应运而生：有的是拒斥全球化，认为全球化是一个"潘多拉"盒子，一旦打开就会给人类带来灾难；有的是从冷战思维来思考、解决问题，试图用遏制、对抗的办法来解决当代世界发展的矛盾与冲突；还有的是以"文明冲突"的老调和眼光来对待文明的发展，强力推行西方的价值、文化，等等。事实表明，这些观点和主张都不是对世界乱象客观、准确的诊断，所开出的"药方"也不会有什么成效，或者说是根本行不通的。用这些观点来引领人类社会和人类发展，不仅不会走向光明的未来，反而只能走向更为严重的危机。要建立人类命运共同体，使人类社会健康发展，必须确立新的文明观。这就是要像十九大报告所说，要尊重世界文明多样性，以文明交流超越文明隔阂、文明互鉴超越文明冲突、文明共存超越文明优越。

四是新的发展观。人的发展始终是和普遍交往、世界历史联系在一起的。人的发展就意味着从"地域性的存在"变为"世界历史性的存在"，"每一个单个人的解放是与历史转变为世界历史的程度一致的"。既然人的发展有赖于普遍交往与世界历史性的发展，那么要建立有助于人的发展的人类命运共同体，必须树立新的发展观，促进经济社会以及各国关系的合理发展。首先，要对发展的实质予以深刻的理解和把握。发展固然涉及社会生活的方方面面，但其核心和实质是人的发展。离开了人的发展，社会发展就失去了应有的意义。其次，要在发展上充分体现人的"类意识"。这就是要确立新的生态意识，保护人类赖以生存的地球家园，建设清洁美丽的世界；实现世界的可持续发展，保证人的永续发展和全面发展；在其具体发展上，充分体现权利公平、机会公平、规则公平、分配公平，等等。再次，要保证各国关系的正常发展。这就是要求各国能够照顾彼此的利益关切，相互尊重、相互信任、平等对待、合作共赢，不能搞唯我独尊、唯我独霸。在和平中推进发展，在发展中实现和平。可以说，人类命运共同体就是具有中国特色的世界发展方案、人类发展方案。

上面所讲的这些，只是从观念上讲了一些看法，实际上人类命运共同体涉及许多重要的理论与现实问题。人学研究应当对这些问题予以高度重视，发出我们的声音。人类命运共同体对我们的研究提出了新的课题，拓展了新的研究空间，这是人学发展的机遇。要对人类命运共同体作出一些有益的探讨，提供一些有益的思考，不是拿一些人学原理简单诠释就能了事的，也不是用一般的全球化理论简单推论就能对付的，而是需要认真地研究。希望会议的探讨，把这一研究引向深入，同时也把我们的人学研究带入一个新的视域、带到一个新的水平。

最后，预祝会议圆满成功！谢谢大家！

目 录

一、人类命运共同体思想探源

马克思"类本质"思想及其现代意义再释 …………………… 左亚文 003
世界历史视野下的人的自由全面发展 ………………………… 李 霞 013
全面把握马克思的共同体理论 ………………………………… 胡为雄 021
从世界历史到命运共同体再到共产主义 ……………………… 段 虹 030
马克思主义关于共同体结构的辩证理解 ………………… 张永庆 陶小白 040
马克思主义人的全面发展理论与人类命运共同体构建 ……… 段志义 049
《共产党宣言》的世界历史理论与构建人类命运共同体 …… 郗 戈 058
海德格尔此在共同体的人学反思 ……………………………… 张 涛 067
玛莎·努斯鲍姆的"世界公民"思想与构建"人类命运共同体" …… 郑 琪 075

二、人类命运共同体的内涵与方法论基础

构建人类命运共同体的价值基础 ……………………………… 陈新夏 087
构建"人类命运共同体"的方法论自觉 ……………………… 胡 刘 091
人类命运共同体的哲学理念 …………………………………… 王庆丰 102
人类命运共同体思想的精神内涵 ……………………………… 纪 逗 112
人类命运共同体的理性空间与共识基础 ……………………… 李基礼 120
人类命运共同体的战略意义及构建 …………………………… 李媛媛 127
人类命运共同体依托于生命共同体 …………………………… 徐 春 134
唯物史观视野中的人与自然生命共同体 ……………………… 孙要良 140
从人学视角简析人类命运共同体的历史演进 ………………… 刘向先 152
马克思主义人学视角下的人类命运共同体反思 ………… 原伟泽 赵可达 158
马克思共在论视野中的人类命运共同体探析 ………………… 董 彪 165

— I —

三、构建人类命运共同体的理论路径

人类命运共同体与人类共同生存发展的历史境遇	赵永春	175
现实与路径：构建人类命运共同体的提出与实践	马和平	183
交往与人类命运共同体的构建	高惠珠 刘利威	192
论人类命运共同体与共同价值安全构建	廖小平 孙 欢	199
人类命运共同体理念对逆全球化的时代回应	张 爽	208
论习近平人类命运共同体理念对"修昔底德陷阱"的破解	王建洲 刘永志	219
论构建人类命运共同体与人的自由全面发展	闵鹤翔	229
人类命运共同体与中华传统文明的当代激活	孙明霞	235
论人类命运共同体与人类文明交流互鉴的统一和合	杨 蔚 王 泽	240

四、新时代人学的发展与探索

从现象学到人学	沈亚生	251
福山"历史终结论"的抽象人性史观批判	陶富源	261
"推理"关系中的特殊性和普遍性	陈广思	275
从文明批判看文化建设的现实路径	薛晋锡	285
信息技术时代主体境遇的生产审视	章志红	295
运用马克思主义人学理论指导意识形态领域的斗争	刘东国 陈 勋	306
基于人性论与制度博弈的共享机制的构建	张云飞	311
"四个全面"战略布局是对历史唯物主义人民主体思想的新拓展	潘 宁	320
晋商乔氏家训的商业伦理思想及其对"一带一路"建设的当代意义	田 雨	330
古典儒家生命共同体的当代德育价值	姚文杰	338
中国人学学会第21届年会综述	邓 佳	349

一、人类命运共同体思想探源

马克思"类本质"思想及其现代意义再释

武汉大学马克思主义学院 左亚文

摘要：马克思关于人的"类本质"的思想是在批判继承费尔巴哈的基础上建立起来的。如果说费尔巴哈从所谓"抽象的人"的本质出发揭穿了宗教神圣形象的非神圣基础的话，那么马克思则从"现实的人"出发进一步阐明了非神圣世界自我分裂和异化的本质根源。马克思"类本质"规定具有鲜明的二重性特征，其中具有终极意义的人本学理论存在于对于资本主义的批判和共产主义思想之中。在现代条件下，弘扬其现实批判精神，同时对其所蕴含的一般人本学理论进行具体辨析和重新诠释，这对于促进人的自由全面发展、扬弃自我物化、提升精神境界、实现自我超越都具有十分重要的现实意义。

关键词：马克思；费尔巴哈；类本质；人本学

长期以来，关于马克思人的本质思想的探讨，存在着某种程度的单维单义的片面化倾向，即认为只有某一经典定义才能代表成熟的马克思的思想，其他定义要么被打入唯心主义之列，要么被排斥在人本领域之外。这种做法是有违马克思关于人的本质思想的原意的。实际上，马克思对人的本质的考察是多维、多样和多义的，其所作出的定义是多个，而不是一个。正是这些不同的定义从不同的视角揭示了人的本质，从而较为完整地展现了复杂的和多样化的人性。本文拟对马克思关于人的"类本质"思想及其现代意义进行重释和再思，以期探明马克思早期思想中人的本质思想的深层意蕴、历史作用及其现代意义。

一

如果从时间顺序来看，马克思在其早期著作《1844年经济学哲学手稿》（以下简称《手稿》）中，首先提出的是关于人的"类本质"或"类特性"的规定。他指出："一个种的整体特性、种的类特性就在于生命活动的性质，而自由的有意识的活动恰恰就是人的类特性。"[1] 从理论渊源来看，"类本质""类特性""类意识""类存在""类生活"等都是马克思从费尔巴哈那里借用来的概念。在费尔巴哈看来，人与动物的区别不在于人有"意识"，而在于人有"类意识"。他说："究竟什么是人跟动物的本质区别呢？对这个问题的最简单、最一般、最通俗的回答是：意识。只是，这里所说的意识是在严格意义上的。因为，如果是就自我感或感性的识别力这意义而言，就根据一定的显著标志而作出的对外界事物知觉甚或判断这意义而言，那么，这样的意识，很难说动物就不具备。只有将自己的类、自己的本质性当作对象的那种生物，才具有最严格意义上的意识。动物固然将个体当作对象，因此它有自我感，但是，它不能将类当作对象。因此它没有那种由知识得名的意识。"[2]

那么，费尔巴哈所说的这种"类意识"究竟是什么呢？毫无疑问，这是一种"意识"，但是一种独特的"意识"。这种意识的独特性就在于能将"自己的类、自己的本质性当作对象"。所谓"自己的类、自己的本质"，就是指"人"和"人的本质"概念。

思想把握一个具有无限发展可能的对象所采用的方法就是"抽象"，即抽取其本质的共同点而舍弃其非本质的属性。"人"的本质的共同点即其共相本身也是一个绝对的、无限的、普遍的和终极的理念。对于"人"的这种最高和最一般的"共相"，我们可以而且应该从不同的角度去界定它。如果从一个正向的角度去界定的话，那么我们可以得出"全知、全能、全善"的终极的本质理念。因此，"人"这个概念所抽象和提炼的就是人的绝对超越的终极本质。

费尔巴哈所提出的"类意识""类本质"，就是从一个正向的角度所提出来的关于"人"的至极的本质属性。具体地说，费尔巴哈主要是从伦理观的视角对人的"类本质"下定义的。他说："人自己意识到的人的本质究竟是什么呢？或者，在人里面形成类，即形成本来的人性的东西究竟是什么呢？就是理性、意志、心。一个完善的人，必定具备思维力、意志力和心力。思维力是认识之光，意志力是品性之能量，心力是爱。理性、爱、意志力，这就是完善性，这就是最高的力，这就是作为人的绝对本质，就是人生存的目的。人之所以生存，就是为了认识，为了爱，为了愿望。"[2] 在人的"理性、意志、心"中，费尔巴哈更多地强调的是"善良"和"友情"，当然，这里"善良"和"友情"都具有至上的终极意义。

费尔巴哈正是从其无限完满的"类本质"出发，得出了上帝是人的"类本质"

---

[1] 马克思、恩格斯：《马克思恩格斯文集》第1卷，北京：人民出版社，2009年，第162页。
[2] 费尔巴哈：《费尔巴哈哲学著作选集》下卷，北京：商务印书馆，1984年，第26-28、56页。

对象化或异化的命题。他明确指出："人使他自己的本质对象化，然后又使自己成为这个对象化了的、转化成为主体、人格的本质的对象。这就是宗教的秘密。"[1]费尔巴哈的功绩就在于从他的"人本学"出发揭穿了所谓神圣形象的非神圣的基础，把被上帝所剥夺的人的本质复归于人。但是，人所生活的这个非神圣的世界何以要发生自我分裂，人通过对象化而产生一个神圣世界的现实根源是什么？这些都还处在费尔巴哈的视野之外。

二

应该如何准确理解马克思关于人的"类本质"或"类特性"的定义呢？实际上，当马克思把人的"类本质""类特性"定义为"自由的有意识的活动"的时候，其致思的重点是放在"自由"之上，而不是"活动"之上。

实际上，马克思从工人与自己的劳动产品相异化的现象出发，进一步提出了工人与其劳动活动相异化的规定。在马克思看来，劳动不仅表现在作为结果的劳动产品上，而且表现在创造这种产品的生产活动之中。"如果工人不是在生产行为本身中使自身异化，那么工人活动的产品怎么会作为相异的东西同工人对立呢？产品不过是活动、生产的总结。"[2]在马克思关于异化的四个规定中，第二个规定即为工人劳动活动的异化。在马克思看来，劳动作为人的生命的活动，是人类高于和优于动物的本质之所在，人类正是在劳动活动中实现和确证自己的本质的。但是，在资本主义的雇佣劳动中，劳动对于劳动者来说，却成为一种外在的并否定自己的活动，劳动成为一种不是为了满足自己本质的需要而是为了满足本质之外的那些需要的手段。在这里，主体的劳动本质堕变和异化为反对主体、与主体相疏离的一种外在力量。正是在此意义上，马克思把这种异化叫作"自我异化"，即人的劳动本质的自我异化。

假如马克思把异化的第三个规定即人的"类本质"异化界定为劳动本质活动的异化的话，那么这一规定与上述的第二个规定即人的本质的自我异化就完全重合了。这在逻辑上是说不通的。因此，马克思所讲的异化的第三个规定即人的"类本质"的异化不可能是指人的劳动本质活动的异化，而只能是基于其他维度和意义的异化。这种独特的维度和意义就是那种绝对的无限的至上的终极的无条件的"自由的有意识的"本质。因为"类意识""类本质""类活动""类存在""类特性"等概念，从

---

[1] 费尔巴哈：《费尔巴哈哲学著作选集》下卷，北京：商务印书馆，1984年，第26-28、56页。
[2] 马克思、恩格斯：《马克思恩格斯文集》第1卷，北京：人民出版社，2009年，第163页。

费尔巴哈开始,在其本来的意义上就是指人在意识中所构建的那种"完满和无限"的本质。

上面所引的马克思的第二段话可以进一步印证《手稿》中所提出的人的"类本质"或"类特性"不是指"劳动活动"或"生产活动",而是指那种具有至极意义的人的"自由的有意识的"本质。

在这段话里,马克思指出"动物也生产",并以蜜蜂、海狸、蚂蚁等营造巢穴为例来说明动物也在从事生产活动。当然,早年马克思的这种说法是不准确的。但是,他具体地阐明了动物的生产和人类的生产的本质区别。这种区别不在于人类能够从事生产,因为动物也能生产。它们的本质区别在于这种活动的性质,而人的活动的性质集中地表现在"自由的有意识"的"类特性"上。具体地说,这种区别主要表现在如下五个方面:

其一,人的生产是全面的,而动物的生产是片面的。这就是说,人类会超出生存的直接需要,从事精神生产等活动。

其二,人的生产是超越的,而动物的生产则出于肉体的本能。而且,人类只有超越肉体的本能才会开始真正的人的生产。

其三,人的生产是开放的,而动物的生产则是封闭的。动物只再生产自身,即是说,它将其生产活动局限在维持自己生存的范围内,而人则创造整个世界。

其四,人的生产是自由的,而动物的生产则受肉体的支配。动物活动及其产品直接服从于它的肉体而没有任何其他的自由,而人则能不受肉体的强制而自由地对待自己的产品及其活动。

其五,人的生产是多维的,而动物的生产则是单一的。动物只能按照其所属的那个种的尺度来进行活动,而人则能按照任何一个种的尺度乃至美的规律来从事活动。

人类的生产活动除了上述五个方面的特点之外,最重要的一个特点是其具有无限发展和超越的可能性。无论是人的生产活动的全面性、超越性和开放性还是其自由性、创造性和多维性,渗透其中并引领其发展的一个最根本的特性就是其"类特性"。如前所述,"类本质"或"类特性"一个显著特点就在于绝对性、至上性和终极性,这种特性不仅决定了人的生产活动能够超越动物式的肉体的直接需要,而且决定了这种超越是不断地向内外两个方面扩展和深化以至于无穷。

诚然,人的"类本质"在其具体实行的每一个历史阶段上都是有限的、相对的和有条件的,但其理念和目标却是无限的、绝对的和无条件的。于是,在人的具体和现实的本质与其绝对和终极的"类本质"相对照的过程中,那种本质的自我失落感油然而生。马克思把这种异化称之为"类本质"的异化。

之所以把这种异化称之为"类本质"或"类特性"的异化，乃是因为只有在绝对超越性的"类本质"中，人才感到真正的自由，才能完满地实现自己的本质。然而，在异化劳动中，人的这种真正的自由的本质却堕变为"维持人的肉体生存的手段"。据此，马克思有时把人的这种本质也称为"精神本质""人的精神的类能力"[1]，因为这种"类本质"从根本上讲只不过是人的一种终极关怀和终极追求，但它却是一种真实的客观存在，而且是人与动物的本质区别之所在。

三

除此之外，我们需要进一步弄清楚的是，马克思的"类本质"思想和费尔巴哈的"类本质"思想相比其区别何在呢？前者究竟在哪些地方超越了后者呢？

与费尔巴哈不同的是，马克思不是把人的"类本质"定义在无限完善的伦理道德上，而是定义在人对自身本质的全面占有上，即"自由的有意识的""类特性"上。在《手稿》中，马克思就是从人对自由全面发展的终极追寻这个角度来给人的"类本质"下定义的，并将其与共产主义的实践运动相结合。

马克思作为共产主义者，其研究人的"类本质"绝不是仅仅出于思辨的兴趣，也不是要步费尔巴哈后尘揭露所谓上帝的秘密而重建一种新的宗教，而是意欲通过透析人的现实的异化而找到人类解放的路径。此时的马克思在思想上已超越了费尔巴哈，由宗教的批判转入了政治的批判。在《〈黑格尔法哲学批判〉导言》中，马克思明确宣示："就德国来说，对宗教的批判实际上已经结束。""人的自我异化的神圣形象被揭穿之后，揭露非神圣形象中的自我异化，就成了为历史服务的哲学的迫切任务。于是对天国的批判就变成对尘世的批判，对宗教的批判就变成对法的批判，对神学的批判就变成对政治的批判。"[2]马克思充分肯定费尔巴哈对宗教批判的积极意义，指出在德国对宗教的批判是其他一切批判的前提，而费尔巴哈的主要功绩"是从宗教上的自我异化，从世界被二重化为宗教的、想象的世界和现实的世界这一事实出发的。他做的工作是把宗教世界归结于它的世俗基础"[3]。但是，费尔巴哈的工作却到此为止了。至于现实的世俗基础为何要发生自我分裂，人的"类本质"为何要

---

[1] 马克思、恩格斯：《马克思恩格斯文集》第1卷，北京：人民出版社，2009年，第163页。
[2] 马克思、恩格斯：《马克思恩格斯全集》第1卷，北京：人民出版社，1956年，第452-453页。
[3] 马克思、恩格斯：《马克思恩格斯文集》第1卷，北京：人民出版社，2009年，第504页。

对象化为一个与人相异化的"上帝",这些都是费尔巴哈所不关心的。对于费尔巴哈思想的这一严重的缺陷,马克思早在1843年的克罗茨拉赫时期就已认识到了。马克思从来不是什么正统的费尔巴哈派,他在一开始的时候,就对其持批判的保留态度。他不同意费尔巴哈过多地强调自然而过少地强调政治的思想倾向,也不同意其用抽象的"人类之爱"来掩盖他那鲜明的唯物主义的思想观点。1844年年初,马克思到达巴黎开始研究政治经济学之后,不仅在思想上已经超越费尔巴哈,而且决定着手对其进行清算。马克思对人的"类本质"及其异化的批判性分析已经从宗教的领域过渡到政治的领域、由揭露神学的异化深入到人的自我异化、由对神圣天国的批判转入到对粗糙尘世的批判。

但马克思对人的"类本质"及其异化的批判性分析不完全是从哲学的抽象意义上展开的,而是结合资本主义条件下雇佣工人的切身处境对其进行深入的考察。在这里,马克思所说的"人",已经不是那种处在某种虚幻状态的外在于社会的人,而是处在具体的社会关系中的人,这就是那些遭受剥削和奴役的工人。他们靠出卖劳动力来维持自己及其家庭的生存,与自己的劳动产品、劳动活动、"类本质"以及他人处在全面的异化之中。这种劳动异化与宗教异化不同。如果说宗教异化发生在神圣的天国中的话,那么劳动异化则发生在十分现实的资本主义社会生活中;如果说宗教异化中的"人"是那种纯粹抽象的个人和纯粹抽象的"类"的话,那么劳动异化中的"人"则是特指处在资本主义雇佣制下的从事商品生产的工人。

那么,作为身处资本主义条件下的工人其"类本质"的异化又呈现出什么样的特殊性呢?假如马克思对人的"类本质"的异化只停留在关于抽象人本质失落的一般处境描述上的话,那么其与费尔巴哈从宗教上批判人的"类本质"的异化并无本质区别。马克思的"类本质"思想与费尔巴哈根本的区分在于它不是停留在抽象人的抽象思辨上,而是深入地考察了现代工人"类本质"异化的具体表现。在这里,马克思明确指出,"类本质"的异化集中表现为它使人"把类生活变成维持个人生活的手段"[1]。

如前所述,既然人的"类本质"的异化不是劳动活动的异化,那么它与劳动活动的异化有什么不同呢?马克思在分析了人与劳动对象、劳动活动的异化后,紧接着就说,这种异化"也就使类同人相异化;对人来说,异化劳动把类生活变成维持个人生活的手段"[2]。可见,"类本质"的异化首先存在于前面两种异化之中,"异化

---

[1] 马克思、恩格斯:《马克思恩格斯文集》第1卷,北京:人民出版社,2009年,第161-163页。

[2] 马克思、恩格斯:《马克思恩格斯文集》第1卷,北京:人民出版社,2009年,第504页。

劳动从人那里夺去了他的生产的对象，也就从人那里夺去了他的类生活，即他的现实的类的对象性，把人对动物所具有的优点变成了缺点，因为人的无机的身体即自然界被夺走了。"[1] 同时，"劳动这种生命活动、这种生产生活本身对人说来不过是满足一种需要即维持肉体生存的需要的一种手段。而生产生活就是类生活。这是产生生命的生活。"[1] 但"类本质"的异化又与前面两种异化有所不同，它主要表现为使人丧失了生命的目的和意义。人作为人的"类本质"的目的和意义是"自由的有意识的活动"，在这种活动中，"我的劳动是自由的生命表现，因此是生活的乐趣"。因此，"我在劳动中肯定了自己的个人生命，从而也就肯定了我的个性的特点。劳动是我真正的、活动的财产"[2]。但在私有制的条件下，生命的自由、生活的乐趣都被剥夺了，人的个性遭到否定，"类本质"的目的变质为维持个人生活的手段。"人的类本质，无论是自然界，还是人的精神的类能力，都变成了对人来说是异己的本质，变成维持他的个人生存的手段。异化劳动使人自己的身体同人相异化，同样也使人之外的自然界同人相异化，使他的精神本质、他的人的本质同人相异化。"[2] 这里所说的"精神本质""人的本质"指的就是人的"类本质"。这种"类本质"异化的实质就是使人的生命的目的下降为手段，而使手段上升为目的，从而使生命本质的意义全面丧失。

由此可见，"类本质"的异化既存在于人的物的异化和人的自我异化之中，又突出表现为人的"自由的有意识的活动"的"类特性"变质为谋生手段，自由的有灵性的精神被物化和被禁锢在为了生存而谋生的物质资料中，物的东西成为人的东西，人的东西成为物的东西。这就是马克思在《手稿》中所说的人的"类本质"的异化。

但马克思坚信，在消灭了私有财产的共产主义社会，生命的活动将摆脱谋生的性质而成为生活的第一需要。于是，人的自我异化得到了积极的扬弃，人的"类本质"失而复归。因此，共产主义是"通过人并且为了人而对人的本质的真正占有；因此，它是人向自身，也就是向社会的即合乎人性的人的复归，这种复归是完全的复归，是自觉实现并在以往发展的全部财富的范围内实现的复归"[3]。与空想社会主义者不同，马克思这种设想并非基于某种善良愿望，而是牢牢地建立在历史发展的客观规律的基础之上的。"不难看到，整个革命运动必然在私有财产的运动中，即在经济的运动中，为自己既找到经验的基础，也找到理论的基础。"[2] 这个实践和理论的基础就是唯物主

---

[1] 马克思、恩格斯：《马克思恩格斯文集》第 1 卷，北京：人民出版社，2009 年，第 504 页。
[2] 马克思、恩格斯：《马克思恩格斯全集》第 42 卷，北京：人民出版社，1979 年，第 38 页。
[3] 马克思、恩格斯：《马克思恩格斯文集》第 1 卷，北京：人民出版社，2009 年，第 185-186 页。

义历史观所揭示的"生产的普遍规律"。他说:"私有财产的运动——生产和消费是迄今为止全部生产的运动的感性展现,就是说,是人的实现或人的现实。宗教、家庭、国家、法、道德、科学、艺术等,都不过是生产的一些特殊的方式,并且受生产的普遍规律的支配。"[1]

显然,马克思对"类本质"的这些论述大大超越了费尔巴哈。他不仅将宗教的批判转变成了世俗的批判,将"抽象的人"具体化为"现实的人",而且将伦理道德维度上的人的"类本质"转化为"自由的有意识的活动"以及对资本主义私有财产的批判。但是,在这种批判性的革命话语中,在对共产主义的理论阐释中,关于人的"类本质"深层意蕴即作为绝对的无限的和终极的人的本质的独特意蕴仍然贯穿其中,并成为其立论的本体根据。因此,从总体上看,马克思关于人"类本质"的思想既有其高度思辨和抽象的人本学的基础,又有其十分具体和现实的经济、政治和社会批判的内容,而且前者渗透和蕴含于后者之中。在这里,我们看到马克思的人本学理论不是以纯粹形式出现的,而是寓于其革命的共产主义理论之中。离开革命的共产主义理论,我们就无法理解马克思的人本学研究。在这个问题上,我们要防止两种片面化的倾向,一是主观抬高《手稿》中的人本学理论,以此消解其共产主义思想;二是片面抽离其共产主义思想,以此消解人本学理论。

四

在马克思的哲学理论中,由于"类本质"思想较为抽象、晦涩,其现代意义难以为一般人所理解。然而,正因其抽象,其现实意义才愈益深刻。这里,仅就其在现代条件下对于推动马克思人本学研究的意义略抒浅见。

我们应当承认,在马克思哲学的研究中,人本学理论仍然是一个较为薄弱的环节。马克思在《手稿》中的人本学思想,就较为典型地体现了其理论的这种革命的实践性的特征。从表面看,马克思《手稿》中关于异化劳动和人道主义的思想十分思辨,应该属于纯哲学的内容,但实际上它处处与其革命的共产主义思想联系在一起。例如,其异化劳动就与对私有财产的批判和共产主义思想密切相关。无论在主观上还是客观上,马克思并没有打算承接费尔巴哈的人本主义,从纯哲学的维度来进一步研究其"类本质"理论,而是要解构这种理论,将其下降到粗陋的世俗生活中去,用以批判资本主义的异化,揭露工人阶级的苦难处境。所以,《手稿》所讲的

---

[1] 马克思、恩格斯:《马克思恩格斯全集》第42卷,北京:人民出版社,1979年,第38页。

"异化"是特指工人阶级的劳动异化，其"类本质"及其异化亦是针对工人阶级而言的，费尔巴哈那种超越一切时代的"抽象的人"是马克思所不感兴趣的。

毋庸讳言，马克思《手稿》中的人本学就具有这种二重化的特点：一方面它具有高度的哲学思辨和深刻的哲学思想，但另一方面它又具有强烈的实践精神和现实指向，而且前者渗透于后者之中。把《手稿》中的异化劳动和人道主义思想当作一种纯粹的抽象的人本学理论是不合乎马克思的原意的。从本质上看，马克思的人本学属于现实问题的研究范畴，而不是一般的人本学。这种状况要求我们在对马克思人本学展开研究的时候，必须对其作具体的分析和仔细的辨别，并在此基础上对之进行重新阐释，采取简单化的现成的接受的态度是不行的。具体地说，欲发展和深化马克思的人本学思想包括"类本质"思想，我们需要做好两个方面的工作：一是继承和弘扬其内在的实践精神，始终保持理论与实践的紧密联系，面向社会现实，聚焦社会热点，把握时代问题，既从社会实践和时代精神中不断汲取营养，又将其作为理论研究的主攻方向。二是通过深入的分析研究，从《手稿》中提炼出一般的人本学思想，并加以升华和发展。

马克思"类本质"思想正是如此。从哲学上讲，"类本质"作为人性研究上的一种终极向度，其指向的是人的至上的无限完满的本质，但是，这种"类特性"又并非一种外在于人的现实本质的孤独存在，而是寓于人的现实本质之中并通过其实现出来的一种本质属性。人的本质属性是多样的，既有现实的属性，又有非现实的属性；在非现实的属性中，既有现实可能性的属性，又有至极性的类属性；在至极性的类属性中，既有人的道德本质上的至善性，又有人的能力本质上的自由性，人的"类本质"就是存在于人的现实之中的那种非现实的和至极的内在属性。它不仅是人性中的一种真实的客观的存在，而且是其最深层和最高度的一种表现，是马克思主义人本学必须予以大力研究的一个重要领域。

在当今时代，发展马克思的人本学，首先需要我们从其"类本质"思想中凝练出那种基于终极性维度的一般的抽象的理念。这些一般的抽象理念其内涵十分丰富和深刻，如人的本质的绝对性和相对性、无限性和有限性、现实性和超越性的二重性矛盾，人的本质二重性矛盾中所蕴含的对象化和反对象化的悖反，人的"类本质"的特性及其主要表现形式，人的本质的多维性与"类本质"的辩证关系等。但这些内容在《手稿》中是以隐含的形式存在的，且未能得到具体和全面的展开。这就要求我们结合哲学史上既有的成果，对马克思"类本质"思想进行具体辨析和重新诠释，使之成为一个具有其相对独立性的人本学理论。其次，发展马克思的人本学，还需要我们联系当今时代的实际对人的"类本质"及其异化的具体表现形式展开深入的探讨。一方面，不管人类发展到何等程度，人对于"类本质"的那种至极性追求是始终存在的，因而其与人的现实本质的矛盾和悖反也是不可能完全得到解决的。这种矛盾和悖反以人性的本然状态寓于人的一切对象性活动之中，既对个人的发展和社会的进步发挥着牵引和推动的作用，也使人恒久地陷入人的自我悖反之中而不能自拔。另一方面，人性深处存在的这种自我悖反在不同的时代又会呈现出不同的表现形式。在马克思时代，人的"类本质"的活动及其异化局限在动物式的贫困处境之中，世俗的市民生活异化为相互对立和斗争的个体和集团，整个社会处于无穷无尽的彼此撕裂和冲突的过程之中，人失去了自己的自由本质而堕变为纯粹工具性的存在。而在 21 世纪的今天，在马克思曾经生活过的西方资本主义社会，人的这种"类本质""类生活"的异化仍然存在，且在本质上并无根本改变，但是其表现形式却大为不同了。人屈服于国际性垄断资本和巨大网络系统的奴役和控制愈演愈烈。同时，在一个市场化和高消费的现代社会中，人的"类本质"在一个看似自由的市场消费行为中却失去了自己的本真和本己，而成为一种背离消费初衷的虚假的扭曲的存在，从而使自己沦为市场消费的玩偶和奴隶。上述这些现象和行为在我国社会主义改革和现代化建设中也不同程度地存在，完全否定其存在不是科学的客观的态度。有人一听到悖反和异化就立刻将其贴上阶级性标签，认为它纯属资本主义的产物，而与社会主义无关。这是一种极为简单化的思维。其实，人的"类本质"的悖反和异化是人的本质的内在矛盾性的表现，它是一个一般的人本学的问题，在任何社会中这种矛盾和问题都存在，只是其表现形式和状态有所不同罢了。因此，在当今中国的改革和建设中，必须始终坚持"以人民为中心"，促进人的自由和全面的发展，关注人的内在世界和精神本质，理解人的"类本质"所存在的矛盾和痛苦，尽量为人的自由发展提供有利的条件。

【基金项目】国家社会科学基金重点项目"中国特色社会主义理论体系的逻辑建构研究"（12AKS002）阶段性成果。

世界历史视野下的人的自由全面发展

德州学院马克思主义学院 李 霞

在《共产党宣言》中，马克思、恩格斯指出："资产阶级，由于开拓了世界市场，使一切国家的生产和消费都成为世界性的了。"[1]自从有了资本，世界进入世界历史，一个国家的发展态势和发展程度不仅取决于自己民族的努力，也取决于整个世界的发展态势。在根本的意义上，世界成为一荣俱荣、一损俱损的命运共同体。当世界进入世界历史，每个人的发展不仅取决于本民族生产力发展水平和智力教育水平，更取决于整个世界的科技发展水平和普遍交往程度。人的发展在世界历史的视野下，不仅仅是量的改变，更是一个质的飞跃，逐渐从物的追求进入个性发展的阶段。

一、人的自由全面发展的世界历史内涵

所谓人的自由全面发展的世界历史内涵，是说人的自由全面发展是在世界历史条件下人的历史活动的产物。

要理解人的发展内涵，首先要理解人的内涵，人是什么？人和动物是不同的两个类种，动物是一种既定的存在，而人是一种未定的存在。作为未定的存在，人既是现实的存在，也是一种可能的存在。作为现实的存在，人是人自身创造的各种物质生活条件和人的能力状态。作为一种可能性的存在，人的发展具有任何一种可能性。作为现实性和可能性的统一，人本身的活动状态就是人的生命状态，"一个种的整体特性、种的类特性就在于生命活动性质"[2]，"这种生产方式不应当只从它是个人肉体存在的再生产这个方面加以考察。更确切地说，它是这些个人的一定的活动方式，是他们表现自己的生命的一定方式、他们的一定的生活方式。个人怎样表现自己的生命，他们自己就是怎样"[3]。所以，人的活动方式就是人的生命存在方式，人怎

---

[1] 马克思、恩格斯：《马克思恩格斯选集》第1卷，北京：人民出版社，2012年，第404页。
[2] 马克思：《1844年经济学哲学手稿》，北京：人民出版社，2014年，第52-53页。
[3] 马克思、恩格斯：《马克思恩格斯选集》第1卷，北京：人民出版社，2012年，第147页。

样活动，人的生命就呈现什么样的状态。

在人的可能性上，梁漱溟曾经说过人生的三种态度和人生的三种路向。关于人生态度，第一种是"逐求"的人生态度，即人在现实中逐求不已，如饮食、宴安、名誉、声、色、货、利等；第二种是"郑重"的人生态度，即自觉听从生命的自然状态，求其自然合理性；第三种是"厌离"的人生态度，即由于对人生的失望和无奈，而产生的厌离人世的态度。人生态度不同，导致人生的路向不同。第一种奋斗的态度导致的结果是改造局限，满足要求，致使生活向前面要求，其代表是西方。第二种遇到问题不是要求解决，而是在这种境地上求得自我的满足，这是调和的路向，其代表是中国之儒家。第三种遇到问题就想根本取消这种问题，这是转身向后去要求的路向，对种种欲望都持禁欲态度的就是这种路向，其代表是佛家。[1] 这三种路向，在梁漱溟看来，逐求是世俗的路，郑重是道德的路，而厌离则为宗教的路。[2] 所以，人选择什么样的人生路向并为之努力，就会形成什么样的人生状态。而人生的态度、人生路向的选择就是人的不同的内在尺度。"动物只是按照它所属的那个种的尺度和需要来构造，而人却懂得按照任何一个种的尺度来进行生产，并且懂得处处都把固有的尺度运用于对象；因此，人也按照美的规律来构造。"[3] 既然人是一种可能性的敞开的存在，人生的努力方向对人来说具有至关重要的意义。人可以选择向前，也可以选择向内，也可以选择向后，不同的选择导致人的发展呈现不同的状态。逐求更注重物，而郑重注重人与人关系的完善，而厌离则是使人归于无欲。

那么，什么样的状态算是人的发展呢？向前是逐求的态度，改变目前的局面，是面对问题、解决问题，对物的逐求使得人改变自然的力量在不断增强，人在改变自然的同时也在改变着人的存在状态。但是如果一味地无限制地过度地逐求物，实际上是在毁坏人本身，因为人的自然需求不是无限制的，自然资源本身也是有限的，自然本身既是人的生活来源，也是人的生存自然，人无限制地攫取自然就是对人的生存条件的破坏。所以人的发展需要满足人的需要，但是人的需要一定是符合人的自然需要和人的发展的需要，而不是无限度地对物的攫取。向内是调和的态度，是要达到人和人关系与人和自然关系的统一。人和人关系的统一是人与人之间的相互尊重和和谐。当然统一的规则在不同的时代要求不同，传统社会要求是礼的等级秩

---

[1] 梁漱溟：《人生的三路向——宗教、道德与人生》，北京：当代中国出版社，2010年，第10页。

[2] 梁漱溟：《人生的三路向——宗教、道德与人生》，北京：当代中国出版社，2010年，代序第1-4页。

[3] 马克思：《1844年经济学哲学手稿》，北京：人民出版社，2014年，第53页。

序，现代社会要求是平等的权利秩序，而未来人的发展则是要个性的发展，恰是根据每个人的要求的不平等。就像马克思在《哥达纲领批判》中所说："这种平等的权利，对不同等的劳动来说是不平等的权利。……要避免所有这些弊端，权利就不应当是平等的，而应当是不平等的。"[1]自然既包括人生命的自然，也包括人的生存环境的自然，人和自然关系的统一就像恩格斯所说的，应该使人在符合人的本性条件下的人和自然的统一。为了人的生存和发展，人要节制自己的欲望，在有利于人的本性的条件下达到人和自然的统一。无欲的态度虽然是要消解问题，但是对于遏制人的无穷欲望有一定的借鉴作用。

人的发展包括哪些内容呢？在《德意志意识形态》中，马克思、恩格斯谈到了人类历史的四个方面：一是物质生产活动，二是需要的产生，三是生命的生产活动，四是由于生命生产而表现的双重关系——自然关系和社会关系。[2]而人类历史就是人的活动的历史，人在历史活动中使人本身呈现不同的状态，因此人的发展也表现在这样四个方面：一是由于物质生产活动促进的人的能力的发展，二是建立在物质生活条件基础上的人的需要的丰富，三是建立在生命生产（无论是通过劳动而生产自己的生命，还是通过生育而生产他人的生命）基础上的自然关系和社会关系的丰富性，四是精神世界的丰富。

第一是人的能力的发展。马克思指出，"任何人的职责、使命、任务就是全面地发展自己的一切能力"[3]。无论对于人类来说，还是对于个体来说，能力的发展过程都是不断超越人类或者个体的现有状态而发展自己的过程。在类的角度上，人类通过提高整体的实践能力，不断地创造着更加适于人类自身生活的物质生活条件，拓展着人类彼此之间的交往范围和空间。在个体的角度上，个体能力的提升就是不断将自身的可能性变为现实性，突破现有状态发展自己的过程。马克思谈到过人的发展阶段，"建立在个人全面发展和他们共同的社会生产能力成为他们的社会财富这一基础上的自由个性，是第三个阶段"[4]。而人的全面发展、全面的能力体系的形成都是在人创造性的实践活动过程中完成的。正是在创造性的实践过程中，人不断丰富发展着自己的各方面能力，也丰富着自己的个性生活。人的生活状态是在实践活动中体现出来的，人的创造性体现得越充分，人的各方面能力的发展就会越充分。人类

---

[1] 马克思、恩格斯：《马克思恩格斯选集》第3卷，北京：人民出版社，2012年，第364页。
[2] 马克思、恩格斯：《马克思恩格斯选集》第1卷，北京：人民出版社，2012年，第159-160页。
[3] 马克思、恩格斯：《马克思恩格斯全集》第3卷，北京：人民出版社，1960年，第330页。
[4] 马克思、恩格斯：《马克思恩格斯全集》，第46卷（上），北京：人民出版社，1979年，第104页。

在自己的创造性活动中，不断打破现有条件的限制，突破现有状态，创造了越来越丰富的物质生活条件和精神生活条件，也在创造性活动中不断发展着自己的全面性和实践能力。

第二是人的需要的丰富。人的需要从层次上来说分为生存需要和发展需要。首先是人作为自然存在物，生存需要是人的第一需要，这就是吃穿住行的需要。除此之外，人们还有参与政治生活的需要以及精神文化生活需要。这种多样性的需要源于人的双重存在，马克思说："人双重存在着，主观上作为他自身而存在着，客观上又存在于自己生存的这些自然无机条件中。"[1] 一方面，人作为肉体存在物存在于自然之中；另一方面，人作为自身而存在的需要使得人可以通过实践摆脱自在自然的状态而将自己提升出来。人的双重需要成为人的现实活动和人的发展的源动力。人的需要的具体内容和满足方式又受到不同时代社会实践水平和社会关系发展程度的制约，人的实践活动就是创造并满足人自己需要的过程。

第三是交往关系的丰富。交往关系包括人与自然的关系和人与人的关系。人与自然的关系包括人认识和改造自然的范围和程度，也包括人对自然的态度。人与人的关系包括生产关系、政治关系和思想关系等。人要全面而自由地发展自己，交往的全面性以及自由选择是重要的方面，休闲生活是产生交往全面性的重要条件。马克思曾说："时间是人类发展的空间。"[2] 只有在自由选择的条件下，一个人才有可能根据自己的意愿享受生活或者发展自己。马克思认为，在社会生产力迅速发展的状态下，"财富的尺度决不再是劳动时间，而是可以自由支配的时间"[3]。自由是生命活动的拓展，它是真正为了人的幸福和发展进行的自由选择。

第四是精神世界的丰富。精神世界是人的独有世界，马克思说："一个种的整体特性、种的类特性就在于生命活动的性质，而自由的有意识的活动恰恰就是人的类特性。"[4] 关于精神生活，人生的态度、理想、信念、修养，以及人自我批判、自我反思的意识，都属于精神世界。与物质生活的有限性相比，精神生活具有无限发展的可能性。物质生活面临着生态恶化和资源枯竭的危险，而精神生活的资源则是精神不断丰富和发展的必要条件，精神资源会随着精神产品的消费而不断深化和发展。从人的发

---

[1] 马克思、恩格斯：《马克思恩格斯全集》第46卷（上），北京：人民出版社，1979年，第491页。

[2] 马克思、恩格斯：《马克思恩格斯选集》第2卷，北京：人民出版社，2012年，第90页。

[3] 马克思、恩格斯：《马克思恩格斯全集》第46卷（下），北京：人民出版社，1980年，第222页。

[4] 马克思：《1844年经济学哲学手稿》，北京：人民出版社，2014年，第53页。

展角度说，物质性的需求促进了人改造自然能力的提高和社会关系的丰富，但在特定阶段也促使人的异化和片面发展；而拓展和丰富人的精神生活则能不断推进人的全面发展。人的精神生活水平的提高不但具有无限发展可能性，并且是具有可持续性的。

对于人的自由而全面的发展，马克思有明确而丰富的表述。如："真正的财富就是所有个人的发达的生产力"[1]，是"个人关系和个人能力的普遍性和全面性"[2]。人的全面发展和自由发展是统一的，是一个过程，但人的全面发展和自由发展有不同的针对性，全面发展针对的是人的片面发展的状态，人的自由是针对人的发展被束缚的状态。人的全面发展的内容表现在三个方面：人的需要的全面发展，人的社会关系的全面发展，人的能力的全面发展。人的自由发展的内容也体现为三个方面：人在认识自然的基础上利用自然、改造自然，成为自然界的主人；人摆脱社会制度和社会关系的束缚，成为社会关系的主人，"这种联合把个人自由发展和运动的条件置于他们的控制之下"[3]；人把自身的发展作为目的，摆脱自身观念的束缚，成为自己的主人。正像恩格斯所说："自由就在于根据对自然界的必然性的认识来支配我们自己和外部自然；因此它必然是历史发展的产物。"[4]

二、人的自由全面发展的前提：生产力的巨大发展和交往的普遍化

如何才能实现人的自由而全面的发展？或者说人的自由全面发展的前提是什么？马克思、恩格斯在谈到与人的全面发展相对立的片面发展的状态时已经说明了全面自由发展的条件。所谓片面的发展，即不自由的发展、有限度的发展，而被动的不自由的发展不可能做到人的充分的全面的发展，所以人的发展的全面性和自由性是一致的。首先是关于人的不自由，在《德意志意识形态》中，马克思、恩格斯谈道："只要分工还不是出于自愿，而是自然形成的，那么，人本身的活动对人来说就成为一种异己的、同他对立的力量，这种力量压迫着人，而不是人驾驭着这种力量。……社会活动的这种固定化，我们本身的产物聚合为一种统治我们、不受我们控制、使我们的愿望不能实现并使我们的打算落空的物质力量，这是迄今为止历史发展中的主要因素

---

[1] 马克思、恩格斯：《马克思恩格斯全集》第 46 卷（下），北京：人民出版社，1980 年，第 222 页。
[2] 马克思、恩格斯：《马克思恩格斯全集》第 46 卷（上），北京：人民出版社，1979 年，第 109 页。
[3] 马克思、恩格斯：《马克思恩格斯选集》第 1 卷，北京：人民出版社，2012 年，第 202 页。
[4] 恩格斯：《反杜林论》，北京：人民出版社，2015 年，第 120 页。

之一。"[1] 分工是生产力发展的结果，它既是促进生产力发展的力量，同时被动的分工也是压迫人的力量，也即人本身的力量成为压迫人的力量。而这种被动状态怎样才能消除呢？马克思、恩格斯指出："这种'异化'（用哲学家易懂的话来说）当然只有在具备了两个实际前提之后才会消灭。……而这两个条件都是以生产力的巨大增长和高度发展为前提的。"[2] 随着生产力的这种发展，"人们的世界历史性的而不是地域性的存在同时已经是经验的存在了""生产力的这种发展之所以是绝对必需的实际前提，还因为：只有随着生产力的这种普遍发展，人们的普遍交往才能建立起来；普遍交往，一方面，可以产生一切民族中同时都存在着'没有财产的'群众这一现象（普遍竞争），使每一民族都依赖于其他民族的变革；最后，地域性的个人为世界历史性的、经验上普遍的个人所代替"[3]。只有在普遍交往的条件下，才能建立全面的社会关系，全面的社会关系是人的全面发展的条件，因为"在其现实性上，它（人的本质）是一切社会关系的总和"[4]。人的全面发展以全面的社会关系为基础和媒介。

生产力是人改变自然的能力，生产力是人的能力的表现，它的使用也锻炼、提高着人的能力。恩格斯说："人的思维的最本质的和最切近的基础，正是人所引起的自然界的变化，而不仅仅是自然界本身；人在怎样的程度上学会改变自然界，人的智力就在怎样的程度上发展起来。"[5] 人通过实践认识自然、改造自然的过程也就是人的能力提高的过程。人的能力是认识能力和实践能力的总和，实践又是认识的基础和动力，所以人的实践，改变自然、改变世界的实践是人的能力得以提高的唯一途径。一个时代的生产力是人类改造自然的整体能力，生产力的使用也是这个时代人的实践能力得以提高的唯一途径。而人的认识能力和实践能力的发展是人的发展的最主要的标志，当然，这也是人的全面发展的基础条件。只有在生产力高度发展的基础上，人用于生存的必要劳动时间才会逐渐减少，人的自由时间才会增多，人才会发展自己多方面的兴趣和能力，才会形成人的全面发展。

人的自由全面发展包括人的个性解放和人的能力的充分发展。自由是选择的可能性，是个性的释放；全面是人的发展的多方面和充分发展。在高度发达的生产力基础上，人有了更多的自由时间和休闲时间，人们可以根据自己的兴趣选择今天看书，明天钓鱼，或者上午看书，下午打羽毛球。当然休闲仅仅是生活的一部分，劳

---

[1] 马克思、恩格斯：《马克思恩格斯选集》第1卷，北京：人民出版社，2012年，第165页。
[2] 马克思、恩格斯：《马克思恩格斯选集》第1卷，北京：人民出版社，2012年，第165-166页。
[3] 马克思、恩格斯：《马克思恩格斯选集》第1卷，北京：人民出版社，2012年，第166页。
[4] 马克思、恩格斯：《马克思恩格斯选集》第1卷，北京：人民出版社，2012年，第139页。
[5] 马克思、恩格斯：《马克思恩格斯选集》第3卷，北京：人民出版社，2012年，第922页。

动才是人的存在的最有力的证明,但是劳动摆脱了被动性,它成为人的第一需要。而人的能力的充分发展,就是社会创造条件能够使人的个性得到充分的释放,使人的各方面能力得到充分的发展。这两个方面都是以生产力的巨大发展为前提的。巨大的生产力可以为人的多方面能力发展创造出更多的时间,提供更多的空间;同时为人的个性释放提供充分的条件。

生产力的发展使得各民族之间可以超越空间的地域限制而在时间上统一起来,这是世界历史形成的物质条件。而交往的普遍性则使得世界历史成为现实。马克思、恩格斯说:"各个相互影响的活动范围在这个发展进程中越是扩大,各民族的原始封闭状态由于日益完善的生产方式、交往以及因交往而自然形成的不同民族之间的分工消灭得越是彻底,历史也就越是成为世界历史。"[1] 因为交往的普遍性,才能打破各民族的原始封闭状态,打破自然形成的分工,各民族共享最先进的生产方式,才能在比较中选取最优的生活方式。世界历史就是使世界成为统一的世界,各民族可以有空间地域的差别,但是在时间上整个世界具有同步性。当然,如果在普遍交往的基础上,各民族仍然愿意选择坚持自己独有的生活方式,那也是选择的自由。只有在普遍交往的基础上,对自然以及社会的认识和改造能力才能成为所有人的能力,每个人才能突破自身或者自然条件的狭隘限制,达到自由。马克思、恩格斯说:"每一个单个人的解放的程度是与历史完全转变为世界历史的程度一致的。"当然,人的意识是现实关系的反映,人的精神的丰富性和人的现实关系的丰富性是一致的,"个人在精神上的现实丰富性完全取决于他的现实关系的丰富性"[2]。

三、人的自由全面发展的可能性:真正共同体的建立

世界历史在形式上是指世界发展的同步性和共同性,而在内容上是指真正共同体的建立。只有在真正的共同体条件下,片面的分工才能消除,由此,由片面分工导致的人的片面发展才能得到解决。片面的分工是由于自然选择所导致的被动的选择,在片面分工的条件下,人的劳动是作为人的生存手段而存在的,不是为了人的发展。而一部分人生存条件的优越是建立在对另一部分人劳动剥削的基础上的,这使得被剥削的那一部分群体——而且是占人群中的大多数——不得不从事特定的被分配的行业,从而不得不放弃或者说没有选择其他领域的可能性。由于生存条件的

---

[1] 马克思、恩格斯:《马克思恩格斯选集》第1卷,北京:人民出版社,2012年,第168页。
[2] 马克思、恩格斯:《马克思恩格斯选集》第1卷,北京:人民出版社,2012年,第169页。

有限性，对物的追求成为无论是剥削者还是被剥削者共同的追求，物的拥有也成为衡量人的能力的最重要的标准。而"个人力量（关系）由于分工而转化为物的力量这一现象，不能靠人们从头脑里抛开这一现象的一般概念的办法来消灭，而只能靠个人重新驾驭这些物的力量，靠消灭分工的办法来消灭。没有共同体，这是不可能实现的。只有在共同体中，个人才能获得全面发展其才能的手段，也就是说，只有在共同体中才可能有个人自由。在过去的种种冒充的共同体中，如在国家等中，个人自由只是对那些在统治阶级范围内发展的个人来说是存在的，他们之所以有个人自由，只是因为他们是这一阶级的个人。"[1]只有在真正的共同体中，生产力才是为所有人服务的，生产力才是所有个人的生产力，而不是一部分人的生产力。只有在这个时候，人才能实现社会意义上的解放，才能将人的自由发展作为目的，才能使所有的条件成为每个人发展的条件。"而在控制了自己的生存条件和社会全体成员的生存条件的革命无产者的共同体中，情况就完全不同了。在这个共同体中各个人都是作为个人参加的。它是各个人的这样一种联合（自然是以当时发达的生产力为前提的），这种联合把个人的自由发展和运动的条件置于他们的控制之下。"[2]真正的共同体没有任何别的目的，只有将人的全面自由发展作为目的。

个性是建立在全面发展的基础上的自由发展，是每个人的独特性和个人潜能的表现。没有全面的发展，片面的发展无法发展个性。全面是相对于片面来说的，人的片面的发展是人的某一方面能力的发展，如你是一个体力劳动者，那么你只有机会做体力工作，你是一个脑力劳动者，那么也只能选择特定的行业。全面发展表现为人不是单方面能力的发展，由于社会为人的发展创造了条件，每个人都可以在各个方面，包括智力、体力方面得到发展，这就为人的选择提供了各种可能性。而且，某种劳动的选择，不是因为这种劳动可以带来多少收入，收入不再是选择的标准，因为社会为人的生存和发展提供了可以利用的各种条件，收入恰是在社会资源有限的条件下，在劳动有差别的条件下，衡量劳动差别的标准。而在共同体的条件下，人的差别体现的是能力的差别和个性的差别。能力是选择各种劳动的机会，而不是家庭背景、教育背景等，能力的差别、个性的差别才是人的差别。

所以，世界历史从时空的意义上是同一时间中的空间统一体，而其发展的结果则是真正共同体的建立。真正的共同体是人的发展阶段的概念，它标志着人的发展从物的追求进入个性发展的阶段。

---

[1] 马克思、恩格斯：《马克思恩格斯选集》第1卷，北京：人民出版社，2012年，第199页。
[2] 马克思、恩格斯：《马克思恩格斯选集》第1卷，北京：人民出版社，2012年，第202页。

全面把握马克思的共同体理论

——基于《政治经济学批判 1857—1858 年手稿》研究

中共中央党校哲学部　胡为雄

摘要：《政治经济学批判 1857—1858 年手稿》中含藏较系统的共同体理论，共同体是与个体关联的范畴。它主要包括：自然形成的共同体，劳动者本身创造出来的共同体。劳动者本身创造出来的共同体又分两个历史阶段：劳动与土地相关的是第一个历史阶段，亚细亚的、古代的和日耳曼的所有制形式之"公社"与奴隶制、农奴制相关联；劳动在城市的是第二个历史阶段，如手工业者的同业工会等。从封建社会经济结构中产生的资本主义生产方式构成一个现代共同体，以生产交换价值为目的。它包括资本家的共同体、货币共同体、交换共同体、劳动共同体等。

关键词：马克思；《政治经济学批判 1857—1858 年手稿》；共同体理论

《政治经济学批判 1857—1858 年手稿》（以下简称手稿）是马克思未定稿的作品，国际学术界认为它在马克思的政治经济学研究史上具有重要地位。本文充分挖掘其中含藏的丰富且较系统的共同体理论。共同体是与个体关联的范畴，其内容主要包括：自然形成的共同体；劳动者本身创造出来的共同体。劳动者本身创造出来的共同体又分两个历史阶段：劳动与土地相关的是第一个历史阶段，马克思列举了亚细亚的、古代的和日耳曼的所有制形式，这种"公社"与奴隶制、农奴制相关联；劳动在城市的是第二个历史阶段，如手工业者的同业工会等。资本主义社会的经济结构从封建社会的经济结构中产生，资本主义的生产方式构成一个现代共同体，以生产交换价值为目的。它包括资本家的共同体、货币共同体、交换共同体、劳动共同体等。资产阶级的国家则是一种虚假的共同体。现概述于下。

一、"自然形成的共同体"

自然形成的共同体是马克思在手稿中鲜明地提出来的。它是人类历史上最初的共同体，与后来劳动者本身创造出来的共同体性质是不同的。

在手稿中，马克思在探讨资本主义生产以前的各种形式时使用共同体概念来对应阐述。他在"（1）个人占有劳动客观条件的自然的和经济的前提——公社的各种形式"标题下，依次探讨了劳动的个人对其劳动的自然条件的原始所有制、亚细亚的所有制形式、古代的所有制形式、日耳曼的所有制形式。

在"（a）劳动的个人对其劳动的自然条件的原始所有制"中，马克思先提及的是自由的小土地所有制、以东方公社为基础的公共土地所有制。这里马克思所说的不是最初的天然的共同体，但他注重劳动与土地的天然统一。在具体论及亚细亚的所有制形式时，马克思才论述劳动的个人对其劳动的自然条件的原始所有制与天然的共同体有着对应关系，自然形成的共同体不是劳动的产物，而是原始家庭或部落的群体——天然的共同体。人类群体依赖外部自然条件，在劳动、生活中具有血缘、语言、习惯等共同性，土地是其基础。马克思把天然的共同体称为亚细亚的所有制形式的第一种形式。先民们把自然视为"神授的前提"，反映的是自然神崇拜，把土地等想象为神灵的恩赐。

自然形成的共同体是人类起源时代共居共生形成的群体，其个体离不开共同体，只有作为共同体的成员才能生存，在生活劳动中生产并再生产自身的共同体的财产。

手稿写作时，马克思对人类原始社会了解得还不多，路·亨·摩尔根的《古代社会》1877年才出版。摩尔根发现的氏族为理解人类上古史提供了钥匙，马克思在1880—1881年才读到这本书并作了详细笔记、加以整理，从而对原始社会的理解更清楚了。马克思首先关注人类的蒙昧期：低级阶段人类生活在他们最初居住的有限地区里；以水果和坚果为食物；音节清晰的语言开始于这一时期。这一阶段终止于获得鱼类食物和用火的知识。中级阶段从采用鱼类食物和使用火开始。现在还有处于这一阶段的部落。高级阶段从弓箭的发明开始，以制陶术的发明告终。哈得孙湾地区的部落以及北美和南美沿海一带的部落，当他们被发现时都处于这种状态。在第一编第二章"生存的技术"中，马克思注意到，在蒙昧期人们俘获的敌人是被吃掉的，在饥馑的时候连朋友和亲属也会被吃掉。他注意到摩尔根把家庭形式分为血缘家庭、普那路亚家庭、对偶制家庭、父权制家庭、专偶制家庭。在第三编中，马克思了解到最古的人类"过着杂交的原始群的生活，没有家庭"[1]，一旦原始群为了生存必须分成较小的集团，它就从杂交转变为血缘家庭；血缘家庭是第一个"有组

---

[1] 马克思、恩格斯：《马克思恩格斯全集》第45卷，北京：人民出版社，1985年，第337页。

织的社会形式"[1]，而"氏族的局部发展是在蒙昧期，而它的充分发展则是在野蛮时代低级阶段"[2]。"共产制生活方式看来是起源于血缘家庭的需要，它在普那路亚家庭中继续存在，而在美洲土著中继续存在于对偶制家庭中，一直实行到他们被发现的时候。"[3]"氏族创造了一种前所未闻的更高级的社会结构。彼此没有血缘关系的人们之间的婚姻，创造出在体力上和智力上都更强健的人种；两个正在进步的部落混合在一起了，新生代的颅骨和脑髓便扩大到综合了两个部落的才能的程度。"在第四编"财产观念的发展"中，马克思得知"蒙昧人的财产是微不足道的：粗糙的武器，织物，家什，衣服，燧石制的、石制的和骨制的工具以及'个人的装饰品'，这就是他们的财产的主要项目"[4]。蒙昧人占有的对象很少，没有占有欲；没有现在这样强有力地支配着人们心灵的贪欲。"土地归部落公有，而住房则为居住者共有。"[5] 通过马克思对《古代社会》一书的摘要，可以看到马克思获得了崭新的古代史知识：氏族，人类原始群体的劳动方式，原始所有制；两性结合的方式，人本身的生产；财产的简陋，财产观，等等。还有历史分期：蒙昧时代、野蛮时代、文明时代。这客观上极大地丰富了天然的共同体的内容。马克思在手稿中所说的"自然形成的共同体"大致在血缘家庭是第一个"有组织的社会形式"时期。

恩格斯后来在写作《家庭、私有制和国家的起源》一书时完全利用了马克思所作的摘要。对于性关系，恩格斯认为群婚制是与蒙昧时代相适应的。不仅如此，恩格斯还使用过"性共同体"的概念。1883年9月18日，恩格斯在就《婚姻和家庭的起源》一文致信卡·考茨基时说："无论如何，原始的性的共同体属于遥远的时代，并为以后进步的或退步的发展所淹没，现在无论在什么地方再也找不到它的原始形式的标本。"[6] 这也都补充了天然的共同体的内容。

二、"劳动者本身创造出来的共同体"及其两个历史阶段

马克思指出，继自然形成的共同体之后，历史上出现了另一种共同体，即劳动者本身创造出来的共同体。这种共同体大致在野蛮时代的高级阶段。在自然形成的

---

[1] 马克思、恩格斯：《马克思恩格斯全集》第45卷，北京：人民出版社，1985年，第348页。
[2] 马克思、恩格斯：《马克思恩格斯全集》第45卷，北京：人民出版社，1985年，第352页。
[3] 马克思、恩格斯：《马克思恩格斯全集》第45卷，北京：人民出版社，1985年，第359页。
[4] 马克思、恩格斯：《马克思恩格斯全集》第45卷，北京：人民出版社，1985年，第363页。
[5] 马克思、恩格斯：《马克思恩格斯全集》第45卷，北京：人民出版社，1985年，第380页。
[6] 马克思、恩格斯：《马克思恩格斯全集》第36卷，北京：人民出版社，1975年，第61页。

共同体即原始社会早期,人类还未学会制造工具进行生产。是工具的发明推动自然共同体向劳动者本身创造出来的共同体方向演化。这种劳动者本身创造出来的共同体又分两种状态或两个历史阶段。其一是由劳动本身所创造的土地的果实这种较完全的财产关系,其二是工具的所有权导致劳动在手工业中和城市中的发展。

对于第一个历史阶段,马克思说得较简略:"在最原始的形式中,这意味着把土地当作自己的财产,在土地中找到原料、工具以及不是由劳动所创造而是由土地本身所提供的生活资料。只要这种关系再生产出来,那么派生的工具以及由劳动本身所创造的土地的果实,就显得是包含在原始形式的土地财产中的东西。因此,这种历史状态作为较完全的财产关系,也就在工人同作为资本的劳动条件的关系中首先被否定了。这是第一种历史状态,它在工人同资本的关系中被否定了,或者说作为历史上已经解体的东西而成为前提。"[1]

对于第二个历史阶段,马克思是从工具的所有权来展开说明的。工具的发明促使手工业的出现及与农业的分离,工具的所有权则促使手工业阶层的诞生。故马克思看重对作为劳动产物的工具所有权的意义:"只要存在着对工具的所有权,或者说劳动者把工具看作是他自己的东西,只要劳动者作为工具所有者来进行劳动(这同时意味着工具包括在他个人的劳动之内,也就是意味着劳动生产力处在特殊的有限的发展阶段上),只要劳动者表现为所有者或表现为从事劳动的所有者的这种形式,已经成为一种与土地财产并存并且存在于土地财产之外的独立形式——凡是在这样的地方,就已经有了与第一个历史阶段并存并且存在于第一个历史阶段之外的第二个历史阶段;而第一个历史阶段本身,由于上述第二类财产或第二类从事劳动的所有者独立出来,就必然以大大改变了的面貌出现。"[2]这种大大改变了的面貌,是与劳动在手工业中和城市中的发展相关的。马克思论述时还加了一个注释:"这就是劳动在手工业中和城市中的发展,这种发展已不像在第一种情况下那样,是土地财产的附属品,包括在土地财产之内;因此,原料和生活资料成为手工业者的财产,只是以他的手工业,以他对劳动工具的所有权为中介。"[3]这第二个历史阶段,马克思又称它是第二类财产借以建立的共同体:"因为工具本身已经是劳动的产物,也就是说,构成财产的要素已经是由劳动生产的要素,所以在这里,共同体(指这个第二类财产借以建立的共同体),就不能再像第一种情况下那样以一种自然形成的形式出现

---

[1] 马克思、恩格斯:《马克思恩格斯全集》第 30 卷,北京:人民出版社,1995 年,第 492 页。

[2] 马克思、恩格斯:《马克思恩格斯全集》第 30 卷,北京:人民出版社,1995 年,第 492-493 页。

[3] 马克思、恩格斯:《马克思恩格斯全集》第 30 卷,北京:人民出版社,1995 年,第 493 页。

了，共同体本身已经是被创造出来的、产生出来的、派生出来的、由劳动者本身创造出来的共同体。"[1]

马克思这里说的由劳动者本身创造出来的共同体，不是从普遍意义、从社会形态的意义上来说的，而是就手工业劳动的行会同业公会制度来说的。但这种由劳动者本身创造出来的共同体，可用来概括所有不再是自然形成的共同体。工具这种劳动的产物构成财产的要素，使得手工业能够独立。这种由劳动者本身创造出来的共同体伴随手工业经历了漫长的发展时期："行会同业公会制度（即把劳动主体确立为所有者的那种手工业劳动）的基本性质，应该归结为生产工具（劳动工具）归自己所有，这不同于把土地（原料本身）看作归自己所有。这种对生产条件的这一个要素的关系，把劳动主体确立为所有者，使他成为从事劳动的所有者，这是第二种历史状态，它按其本性只有作为第一种状态的对立物，或者可以说，同时作为已经改变的第一种状态的补充物，才能存在。"[2]总之，第二个历史阶段曾与第一个历史阶段并存，并存在于第一个历史阶段之外，又作为已经改变的第一种状态的补充物而存在，两者有着紧密关联。

不过，马克思认为这种由劳动者本身创造出来的共同体，其各种所有制是十分不同的。

三、亚细亚的、古代的、日耳曼的所有制形式，其公社包含奴隶制或农奴制

手稿中的公社（Gemeinde）一词，也可以译为共同体或共生体。翻译另当别论，这里先来看看马克思是怎样分析亚细亚的、古代的、日耳曼的三种所有制形式，它们属于怎样创造出来的共同体，及与自然形成的共同体有何联系。

（1）亚细亚的所有制形式。马克思对亚细亚的所有制形式的阐述，主要依据有关印度的材料。他认为凌驾于各个小公社、单个共同体之上的，有专制君主所体现的总的统一体并占有剩余产品："在大多数亚细亚的基本形式中，凌驾于所有这一切小的共同体（Gemeinwesen）之上的总合的统一体表现为更高的所有者或唯一的所有者，因而实际的公社（Gemeinde）只不过表现为世袭的占有者。"[3]"在东方专制制度下以及那里从法律上看似乎并不存在财产的情况下，这种部落的或公社的财产事实

---

[1] 马克思、恩格斯：《马克思恩格斯全集》第30卷，北京：人民出版社，1995年，第493页。
[2] 马克思、恩格斯：《马克思恩格斯全集》第30卷，北京：人民出版社，1995年，第493-494页。
[3] 马克思、恩格斯：《马克思恩格斯全集》第30卷，北京：人民出版社，1995年，第467页。

上是作为基础而存在的，这种财产大部分是在小公社范围内通过手工业和农业相结合而创造出来的，因此，这种公社完全能够自给自足，而且在自身中包含着再生产和扩大生产的一切条件。公社的一部分剩余劳动属于最终作为一个个人而存在的更高的共同体。"[1] 这种剩余劳动表现在贡赋、共同完成的工程等形式上。

（2）古代的所有制形式。马克思论及的古代的所有制形式是典型的奴隶制，这是以古代罗马的所有制为代表的。它"也曾经在地域上、历史上等发生一些重大的变化""是原始部落更为动荡的历史生活、各种遭遇以及变化的产物，它也要以共同体作为第一个前提"。[2] "这第二种形式不是以土地作为自己的基础，而是以城市作为农民（土地所有者）的已经建立的居住地。耕地表现为城市的领土，而不是（像在第一种形式中那样）村庄表现为土地的单纯附属物。土地本身……当作主体的劳动资料、劳动对象和生活资料。一个共同体所遭遇的困难，只能是由其他共同体引起的，后者或是先已占领了土地，或是到这个共同体已占领的土地上来骚扰。因此，战争就或是为了占领生存的客观条件，或是为了保护并永久保持这种占领所要求的巨大的共同任务、巨大的共同工作。因此，这种由家庭组成的公社首先是按军事方式组织起来的，是军事组织和军队组织，而这是公社以所有者的资格而存在的条件之一。住处集中于城市，是这种军事组织的基础。""部落体本身导致区分为高级的和低级的氏族，这种区别又由于胜利者与被征服部落相混合等而更加发展起来。"[3]

（3）日耳曼的所有制形式。马克思认为在日耳曼的所有制中，公社成员本身既不像在东方特有的形式下那样是公共财产的共有者，也不像古典古代的罗马的、希腊的形式下那样土地为公社所占领，一部分土地留给公社本身支配，是各种不同形式的公有地；另一部分则被分割，是一个罗马人的私有财产。日耳曼的公社并不集中在城市中。"中世纪（日耳曼时代）是从乡村这个历史的舞台出发的，然后，它的进一步发展是在城市和乡村的对立中进行的。""在日耳曼人那里，各个家长住在森林之中，彼此相隔很远的距离，即使从外表来看，公社（Gemeinde）也只有通过公社成员的每次集会才存在，虽然他们的自在的统一体包含在他们的亲缘关系、语言、共同的过去和历史等之中。因此，公社便表现为一种联合而不是联合体，表现为以土地所有者为独立主体的一种统一，而不是表现为统一体。因此公社事实上不是像在古代民族那里那样，作为国家、作为国家组织而存在，因为它不是作为城市而存

---

[1] 马克思、恩格斯：《马克思恩格斯全集》第30卷，北京：人民出版社，1995年，第467页。
[2] 马克思、恩格斯：《马克思恩格斯全集》第30卷，北京：人民出版社，1995年，第46页。
[3] 马克思、恩格斯：《马克思恩格斯全集》第30卷，北京：人民出版社，1995年，第468-469页。

在的。"[1] 在日耳曼的形式中，也有一种不同于个人财产的公社土地。这是猎场、牧场、采樵地等，只是个人财产的补充。农民并不是国家公民，不是城市居民，有孤立的、独立的家庭住宅。

上述三种所有制形式都属于"第二种历史状态，在资本的第一个公式中也同样被否定了"[2]。

四、资本主义生产方式构成的共同体

马克思虽然没有从总体上用共同体概念来说明资本主义的生产方式，但曾用资本家的共同体、货币共同体、交换共同体、劳动共同体等来说明资本主义的生产方式构成的一些主要环节。资本主义的生产方式以生产交换价值为目的。资产阶级的国家则是一种虚假的共同体。

在手稿的《货币章》中，马克思称货币本身就是共同体。因为作为资本，"货币本身就被规定为这个生产过程的特殊要素"，而"交换价值构成货币实体，交换价值就是财富"[3]。在资本主义的时代，人的贪欲因货币作为一般形式的财富而膨胀，资本家以资本增殖为唯一生产目的。马克思说："货币欲或致富欲望必然导致古代共同体的瓦解。由此产生了对立物。货币本身就是共同体（Gemeinwesen），它不能容忍任何其他共同体凌驾于它之上。但是，这要以交换价值的充分发展，从而以相应的社会组织的充分发展为前提。"[4] 马克思认为作为资本的货币属性是不同的："作为资本的货币是超出了作为货币的货币的简单规定的一种货币规定。这可以看作是更高的实现。"[5] 而资本作为共同体形式也不同于货币，它主要体现在资本主义生产当中。

在《资本章》中，马克思进一步指出："要使货币财富有可能转化为资本，一方面，就要能找到自由的工人，另一方面，就要能找到这样的生活资料和材料等，这些生活资料和材料原先在这种或那种形式下是那些现已丧失自己客观条件的人们的财产，现在同样也变成自由的、可以出卖的了。"[6] 马克思认为："劳动工具的情况

---

[1] 马克思、恩格斯：《马克思恩格斯全集》第30卷，北京：人民出版社，1995年，第474页。
[2] 马克思、恩格斯：《马克思恩格斯全集》第30卷，北京：人民出版社，1995年，第494页。
[3] 马克思、恩格斯：《马克思恩格斯全集》第30卷，北京：人民出版社，1995年，第171、173页。
[4] 马克思、恩格斯：《马克思恩格斯全集》第30卷，北京：人民出版社，1995年，第174-175页。
[5] 马克思、恩格斯：《马克思恩格斯全集》第30卷，北京：人民出版社，1995年，第206页。
[6] 马克思、恩格斯：《马克思恩格斯全集》第30卷，北京：人民出版社，1995年，第500页。

也是一样。货币财富既没有发明也没有制造纺车和织机。但是，纺工和织工一旦同自己的土地相分离，他们就连同自己的纺车和织机一起落入货币财富等的统治之下了。"[1]而以交换价值为基础的生产和以这种交换价值的交换为基础的共同体掩盖了资本家剥削的真相。

早在《1844年经济学哲学手稿》中论及地主与资本家时，马克思就使用了劳动的共同体、资本家的共同体概念。他说，随着奴隶转化为自由工人即雇佣工人，地主通过租地农场主本质上已变成普通的资本家，而经营农业的资本家即租地农场主必然要成为地主。"共同性（Gemeinschaft）只是劳动的共同性（Gemeinschaft）以及由共同的资本——作为普遍的资本家的共同体（Gemeinschaft）——所支付的工资的平等的共同性（Gemeinschaft）。相互关系的两个面被提高到想象的普遍性：劳动是为每个人设定的天职，而资本是共同体（Gemeinschaft）的公认的普遍性和力量。"[2]（译著中Gemeinschaft即共同体被译成共同性，不精确。——引者注）马克思揭示了劳动者的共同体是付出自己劳动、受剥削的共同体，资本家共同占有资本，共同剥削工人、支付低于工人劳动付出的报酬，它们就成为普遍的资本家的共同体。

在1844—1845年写成的《德意志意识形态》中，马克思、恩格斯则提出打倒作为国家传统权力的这种虚幻共同体。他们追溯人与社会的历史发展时指出：个人自主活动的条件与交往形式"这种发展是自发地进行的，就是说它不是按照自由联合起来的个人制定的共同计划进行的。""甚至在一个民族内，各个人，即使撇开他们的财产关系不谈，都有各种完全不同的发展；较早时期的利益，在它固有的交往形式已经为属于较晚时期的利益的交往形式排挤之后，仍然在长时间内拥有一种相对于个人而独立的虚假共同体（Scheinbare Gemeinschaft）（国家、法）的传统权力，一种归根结底只有通过革命才能被打倒的权力。"[3]

综上所述，手稿阐述了自然形成的共同体、劳动者创造的共同体、亚细亚、古代的、日耳曼的所有制形式的公社，资本主义生产方式或资本家的共同体，其内容相对完整，只是没有充分阐述封建的所有制形式。

对马克思来说，共同体显然不是一个社会学的概念。马克思、恩格斯在论述人类社会历史的发展时，着眼于个体与群体组织的关系使用了共同体概念，故个体与共同体是一对范畴。这有别于个人与阶级的关系分析。共同体也不是马克思用来直

---

[1] 马克思、恩格斯：《马克思恩格斯全集》第30卷，北京：人民出版社，1995年，第502-503页。
[2] 马克思、恩格斯：《马克思恩格斯全集》第3卷，北京：人民出版社，2012年，第296页。
[3] 马克思、恩格斯：《马克思恩格斯全集》第1卷，北京：人民出版社，2012年，第204页。

接对经济的社会形态分析，故把共同体作为一种社会形态附会于社会三形态或两阶段是不合适的。所以，笔者不赞同国外有些学者的论点。例如，日本学者望月清司在其严谨而出色的著作《马克思历史理论的研究》（1973年版）的结语中说："研究方法不同，世界史也完全可以描绘成'从共同体到市民社会'两个阶段。在这里，马克思关于'从人类社会的史前时期到正史'的构图显然属于这一两个阶段的认识。""这样一来，我们就可以从马克思历史理论中发现一个可能的构图，这就是共同体—市民社会—社会主义（本来，我想用'自由人的联合体'来取代最后的'社会主义'，但还是遵循了通常的理解）。显然，这是一个有关劳动者集结形成的发展图式。"[1] 望月清司在书中还提及：与共同体相区别的市民社会也只能是一个共同体，"如果马克思有无限的时间去完成自己的历史理论"，他或许"附带给'奴隶制或农奴制'、封建'共同体'以及封建'土地所有'等问题以一些具体规定"[2]。然而，他仍偏爱自己的表述。而美国学者吉尔德在《马克思的社会本体论：马克思社会实在理论中的修改和共同体》的第一章《社会本体论：个人、关系和共同体的发展》中，简略地阐述（并引证马克思的两段话）后，称"在《大纲》中马克思通过三个社会阶段来回溯这一发展：（1）前资本主义经济形态；（2）资本主义；（3）未来的共产主义。"其对应的"社会关系可以被描述为：（1）共同体；（2）个性和外在的社会性；（3）公共个性"[3]。看来，这都是把共同体视为人类社会一大历史发展阶段。但这些解释太过抽象，舍弃了很多历史现象。马克思想要探讨的"世界历史"毕竟太复杂了。

困难是，马克思、恩格斯没有对共同体类的概念下过定义，也没有集中的专门论述。但只要我们根据人类社会历史的客观发展过程对照研究手稿，同时从个体与共同体关联的视角来讨论问题，就可以增加一种视角来理解唯物主义历史观。并且，这有助于我们深入理解共同体与马克思主义的社会形态理论的内在联系，共同体与马克思主义体系的隐性内生关系。

---

[1]（日）望月清司：《马克思历史理论的研究》，韩立新译，北京：北京师范大学出版社，2009年，第500页。

[2]（日）望月清司：《马克思历史理论的研究》，韩立新译，北京：北京师范大学出版社，2009年，第503页。

[3]（美）吉尔德：《马克思的社会本体论：马克思社会实在理论中的修改和共同体》，王虎学译，北京：北京师范大学出版社，2009年，第14、16页。

从世界历史到命运共同体再到共产主义

——交往关系视角的旨趣和逻辑转换

哈尔滨师范大学马克思主义学院 段 虹

摘要：从资本主义大工业的发展到如今全球一体化的深入，交往始终是个体群体化和社会化的基本方式，但交往的旨趣、交往的方式和关于交往的逻辑认知却发生了根本性的变化：以认识人类社会客观规律为基础的世界历史，以促进各国共同发展为目的的命运共同体，以实现人的解放和全面发展为本质的共产主义。本文从研究人类社会交往关系中的各个不同阶段出发，通过对人类社会的发展规律的准确性认识，在此基础上进一步找到打开未来社会发展的钥匙。

关键词：交往关系；世界历史；命运共同体；共产主义

2007年美国爆发经济危机，在不到一年的时间内，这个由住房次贷引起的美国问题已然演变成为席卷全球的金融危机，大批企业破产倒闭、失业率激增，各国经济社会发展受到了严重的冲击。如恩格斯曾比喻的那样："像行星的运动一样，由于同中心相碰撞而告终。"[1] 环境问题、资源缺乏和恐怖主义的泛滥都在时刻提醒着我们，全球化时代，各国之间的交往日渐密切，人类历史已经超越了国家的界限，正在经历着一个从封闭的、民族的、地域性的而向一个开放的、世界的和全人类的历史性转换，人类交往的不同阶段在这种转换中展示了社会发展的不同阶段与逻辑体系。为了正确理解人类社会在交往的不同阶段的特点，我们有必要对这一过程进行梳理。从总体上看，人类在自身的交往中逐渐经历了三个不同的历史阶段：以认识人类社会发展规律为基础的世界历史；以促进各国共同发展为目的的命运共同体；以实现每个人的全面自由解放为本质的共产主义。从这三种不同的交往视角我们可以看出人类社会变化的一个内在逻辑：人类社会的交往旨趣和逻辑经由最初的社会哲学演变成为伦理学，最终向审美维度转换。

---

[1] 马克思、恩格斯：《马克思恩格斯选集》第3卷，北京：人民出版社，2012年，第661页。

一、交往关系的逻辑起点：世界历史维度中的社会哲学意蕴

通过对资本主义社会的研究，马克思深刻揭示出了世界历史的形成过程："资本主义的大工业首次开创了世界历史，因为它使每个文明国家以及这些国家中的每一人的需要的满足都依赖于整个世界，它消灭了各国以往自然形成的闭关自守的状态。"[1]在对资本主义制度和社会规律作了深入的研究之后，马克思发现人类交往的渐进打破了时间与空间的界限，以此为基础对世界历史的概念作出了新的定义，并进一步通过生产力、交往行为和分工等多重概念全面、准确地向我们描绘了世界历史所形成的宏伟蓝图。马克思的世界历史理论构成了他实践唯物主义与历史唯物主义的主要理论内涵，同时这也是马克思研究和分析资本主义社会发展规律与时代特征的主要理论依据。当代马克思主义研究者在研究唯物史观的过程中，也将世界历史概念的界定作为一个重要的突破口。

世界历史是人类社会在自身的交往中所形成的一个重要概念，随着人们对现实的论证和历史的反思，逐渐形成了两个方面的内涵。从史学的视角出发，世界历史主要指的是人类社会在自身发展中所形成的历史进程。而在哲学与社会科学的意义上，世界历史主要指的是建立在一定的生产力基础之上的各个国家、各个民族由于交往的不断扩大从而形成的世界走向整体之后的历史发展过程，是一种对现实发生的历史状况进行思维的抽象之后而得出的哲学概念。马克思的世界历史理论是在批判继承德国古典哲学的基础上演化而来，尤其是对黑格尔的历史哲学理论的吸收与改造，是对黑格尔理论的历史性继承与现实性超越。因而，这里的世界历史主要是站在哲学的角度对具体的历史内容进行抽象后而来的概念，不理解黑格尔世界历史的概念，就不能正确认识马克思关于世界历史的内涵。

作为德国古典哲学的集大成者，黑格尔是第一个从哲学的角度对世界历史的概念作出定义的人。在其著作《历史哲学》中，黑格尔通过对不同历史时期的抽象得出了"哲学的世界历史"的概念，"哲学的世界历史不是历史学意义的世界历史，先从世界历史做出一些普遍的观察，再从世界历史的内容举例来证明，而是世界历史本身"[2]。同时，黑格尔立足思辨哲学立场，对历史进行了三个层面的概括：原始的历史、反省的历史和哲学的历史。在黑格尔看来，原始的历史材料与反省的历史经验都无法触及历史本身的内容，只有通过理性的哲学思辨才能够透过各种经验性和偶

---

[1] 马克思、恩格斯：《马克思恩格斯文集》第1卷，北京：人民出版社，2009年，第566页。
[2]（德）黑格尔：《历史哲学》，王造时译，上海：上海书店出版社，2006年，第1页。

然性来把握世界历史本身。黑格尔的这种用哲学的高度抽象来把握历史的方法是对前人思想的革命性超越，就连恩格斯对他哲学的独特思维也忍不住夸赞道："在历史哲学、法哲学、宗教哲学、哲学史、美学等这些不同的历史领域中，他都起到了划时代的作用。"[1] 不可否认的是，黑格尔的历史理论不仅发现了历史发展过程中的规律性，而且也看到了不同民族之间的历史并非彼此孤立，而是相互联系。但黑格尔的历史理论也引来了一些争议，主要体现在他以体系哲学建构去解读人类历史，用绝对精神和自我意识的辩证运动去解读真实的历史，倒置了思维与存在之间的关系，因而虽然黑格尔坚持了历史发展的辩证视角，但由于他理论中的本末倒置，最终使理论走向了唯心主义。

马克思正是通过克服黑格尔世界历史理论中的唯心主义缺陷，以生产力、交往关系等人类社会的客观物质性活动为理论基础，在进一步继承黑格尔历史的辩证思维的基础上开创了自己科学的世界历史理论。"历史向世界历史的转变，不是'自我意识'、世界精神或者某个形而上学幽灵的某种纯粹的抽象行为，而是完全物质的、可以通过经验证明的行动。"[2] 在马克思看来，世界历史不是黑格尔所说的"绝对精神"或"自我意识"的衍生物，而是以物质生产为基础的、通过人的劳动而诞生的客观物质性活动。从马克思的《1844年经济学哲学手稿》《神圣家族》再到中期的《德意志意识形态》《共产党宣言》和晚期所写的《人类学笔记》《历史学笔记》，始终贯穿着他的世界历史理论的影子。可以说，马克思的世界历史的理论在其一生庞杂的思想体系中是比较完整和重要的一个分支，理论中所包含的历史必然性、生产力和交往的互动关系、世界历史的形成过程等思想共同构成了马克思世界历史的全部内容。

"整个所谓世界历史不外是人通过人的劳动而诞生的过程，是自然界对人来说的生成过程。"[3] 马克思的早期著作把世界历史的生成过程看作人的劳动结果和人类社会发展的必然产物，这不仅表达了马克思的世界历史理论的唯物主义视角，同时也反映了马克思对人的主体性的肯定。从马克思对世界历史的初步描述我们可以看出，马克思的世界历史理论主要强调的是劳动和人的主体性在世界历史生成中的作用。在《德意志意识形态》里，马克思着重描述了世界历史的运动过程，"随着生产力的这种普遍发展，人们的普遍交往才能建立起来；普遍交往，一方面，可以产生一切民族中同时都存在着'没有财产的群众'这一现象（普遍竞争），使每一民族都依赖

---

[1] 马克思、恩格斯：《马克思恩格斯文集》第4卷，北京：人民出版社，2009年，第272页。
[2] 马克思、恩格斯：《马克思恩格斯文集》第1卷，北京：人民出版社，2009年，第541页。
[3] 马克思、恩格斯：《马克思恩格斯文集》第1卷，北京：人民出版社，2009年，第196页。

于其他民族的变革；最后，地域性的个人为世界历史性的、经验上普遍的个人所代替"[1]。随着社会生产力的不断扩大，人们的分工与交往形式也呈现出不同的趋势和特点，尤其是资本主义大工业的发展打破了国与国之间、各个地域民族之间的时间与空间的限制，改变了以往人类分布的孤立、零散的状态，使人类社会逐渐连为一个整体，历史最终走向世界历史。从马克思的阐释中，我们可以概括出世界历史的基本特征：第一，世界历史的形成具有过程性，即世界历史的形成要历经一个长久的过程，单个民族的历史会在时间的长河中向世界历史演进。第二，世界历史的形成具有客观性，不论各个民族的文明有多么辉煌，也不论各个国家的疆域有多么广阔，都会被纳入世界历史的体系之中，民族之间的交往在这个过程中会渐渐加深，世界历史的形成并不以某个人或某个群体的意志为转移。第三，世界历史的发展具有普遍性，即一切的民族历史最终都会成为世界历史的一部分，这是马克思人类历史发展的一种整体性概括。

在对马克思世界历史理论的研究中，大多数学者都将生产力看作马克思世界历史形成的主要原因，往往忽略或者轻视了交往的重要性，而实际上马克思在"形态"中对交往的描述非常细致，并且明确地提出了生产力和交往的相互关系。马克思指出："只有当交往成为世界交往并且以大工业为基础的时候，只有当一切民族都卷入竞争让竞争斗争的时候，保持已创造出来的生产力才有了保障。"[2] 在这里，马克思明确说了交往是生产力发展的重要保障，交往关系是个体与个体之间、群体与群体之间以及民族与民族之间相互关联的直接纽带。生产力的发展促使分工与交往的转换，也是世界历史形成的决定因素，但交往却会巩固和促进生产力的提高。尤其是像现代性的发明与创新，如果没有交往，那么新的发明就会随着时间的流逝而逐渐失传，即使在现代生活中也具有同样的情况。交往的扩展才使得生产力得到巩固和传播，因而生产力只是世界历史形成的前提条件和物质原因，而交往才是其最终形成的直接原因。就好像"无论我们把 7+5 这个命题分析得多么久，却终究不能在里面找到 12 一样"[3]，生产力决定着生产关系的形成，但它是最终决定因素，就像阿尔都塞所强调的那样，生产力与生产关系共同形成一种基础性结构，那基础性结构起到的是最终决定作用，对于世界历史的形成并不是起到直接的作用，唯有认清这一点，我们才能够正确地理解生产力发展和交往在世界历史形成中所发挥的不同作用。

---

[1] 马克思、恩格斯：《马克思恩格斯选集》第1卷，北京：人民出版社，2012年，第166页。
[2] 马克思、恩格斯：《马克思恩格斯选集》第1卷，北京：人民出版社，2012年，第188页。
[3]（德）康德：《纯粹理性批判》，邓晓芒译，北京：人民出版社，2004年，第12页。

交往的第一个阶段形成了世界历史，但这个时期人们还仅仅是通过对客观的生产力以及由生产力所决定的交往形式的研究而发现这一社会规律。这个世界历史本质上属于独立于人的主观意愿而客观存在的概念，人们在世界历史形成之前并没有刻意地去构造这样一个存在，只是因为生产力的发展及交往的深化逐渐将世界连为一个整体。如同江河下游由于长期的积淀而形成的冲积平原一样，这个形成的冲积平原并不是一种目的性的结果，而只是间接形成的现实存在。因此，对世界历史的研究可以被看作是一种社会哲学，它抽象出了历史发展过程中的规律，世界历史只是人们在交往中无意形成的一个客观存在。在描述世界历史的过程中，哲学家们也只是发现了它的规律，人们只能在其形成之后加以认识和利用，其本质属于对社会规律的研究，是合规律性的"物的尺度"。只有到了命运共同体的阶段，人的主观目的性才能体现在其中，社会发展的阶段才进入合目的性的"人的尺度"。

二、交往关系的现实转向：命运共同体维度中的伦理学探析

随着人类社会交往范围的持续扩大和对自身生活环境的深刻认识，由于共同的利害关系，人们开始逐渐形成以个人或者国家为集合的联合体，这个联合体是多个国家和民族之间的联合。共同体，德文为"Gemeinshaft"，英文为"Community"，这个词在广义上的理解和"社区"的意思相近，可以定义为个体在交往中与他人形成的合作关系。由于方向和领域的不同，各个学科对共同体的定义和理解也各不相同，但有一点可以肯定的是，与客观形成的世界历史相反，共同体是建立在人的主观目的和意愿的基础之上，并且按照人的兴趣和准则推动实施的，是人的观念的对象化。这种对象化正是由于人在进一步的交往关系中对自身和现实世界认识的不断深化，从而向更高层次发生的转向。马克思在批判性继承前人的思想基础之上提出了"人的联合体"的概念，但作为一个思想史发展中的重要议题，共同体这一概念从形成到深入人心也历经了一个过程。

早在古希腊时期，共同体观念已经产生，只不过这个时期的共同体是作为城或者国家的形式而被提出的。按照共同体的定义，古希腊城邦和国家完全符合现在我们所说的共同体的含义。柏拉图式是第一个以国家的名义试图建立一个打破城邦之间不断斗争的混乱状态的共同体，在《理想国》中柏拉图把国家的概念与善的理念联系在了一起，"建立国家的目标并不是为了某一个阶级的单独突出的幸福，而是为

了全体公民的最大幸福"[1]。柏拉图所设想的理想国就是一个为了实现公民幸福的联合体，这个联合体从美德伦理出发，是一种以至善为目的的人的集合。中世纪基督教哲学家奥古斯丁在其著作《上帝之城》中，也描述了一个基督教世界的共同体，"一群有理性的存在者就他们所爱的对象达成共同协议并结合在一起"[2]。此后，卢梭的"契约社会"、康德的"世界公民"、黑格尔的"理性的国家"，都站在自己的哲学角度对共同体做出了理解，并且这些共同体都具有伦理学的意义，甚至黑格尔已经将家庭、市民社会和国家看作三种不同的伦理实体形式。这些哲学家关于共同体理论的阐释成为马克思共同体思想的理论来源。

马克思之前的哲学家对共同体的理解具有一个共性，即站在一定的阶级立场之下而产生的少数人的联合，这个联合本质上属于维护自己统治的阶级的产物，而马克思所说的共同体是打破阶级之间界限、实现每个人全面发展的自由人联合体。马克思把前者称为虚假的共同体，马克思说："从前各个人联合而成的虚假的共同体，总是相对于各个人而独立的；由于这种共同体是一个阶级反对另一个阶级的联合，因此对于被统治阶级来说，它不仅是完全虚幻的共同体，而且是新的桎梏。"[3]在马克思看来，这种虚假的共同体不仅不能实现所谓的自由解放，反而是一种阶级压迫的工具，是统治阶级的新的压迫形式。资本主义条件下的共同体保证了个人的主体利益的选择，但这种保证的实质是某一部分人利益的合法化与合理化，也就是对资产阶级自身的利益进行维护。资本主义的国家实质上只是为了维护少数人的利益，这个所谓共同体也只是为了缓解共同利益与特殊利益之间的矛盾而联合在一起的虚幻的存在。因而在马克思看来，只有当国家作为人的异己的力量被扬弃的时候，当个人不再作为阶级的代表而能真正代表自己的时候，真正的共同体才会出现。在对资本主义私有制和国家进行批判的同时，马克思发现了真正的共同体，这个共同体超越了一切阶级和阶级利益，是以维护每一个独立的个体的人的利益为基础，其目的是实现每个人自由全面的解放。而我国所提出的人类命运共同体正是在继承马克思共同体思想的基础上提出的以共生共赢共发展为核心的现实模式。

党的十九大报告提出构建"人类命运共同体"的主张，以实现人类和平与发展这两大主题。报告指出："中国将高举和平、发展、合作、共赢的旗帜，恪守维护世界和平、促进共同发展的外交政策宗旨，坚定不移在和平共处五项原则基础上发展

---

[1]（古希腊）柏拉图：《理想国》，郭斌、张竹明译，北京：商务印书馆，2009年，第135页。
[2] 赵敦华：《西方哲学简史》，北京：北京大学出版社，2001年，第134页。
[3] 马克思、恩格斯：《马克思恩格斯选集》第1卷，北京：人民出版社，2012年，第199页。

同各国的友好合作，推动建设相互尊重、公平正义、合作共赢的新型国际关系。"[1]这样一种命运共同体不是传统意义上的国家联盟，也不是资本主义时代的阶级的集合，它是一种将利己主义和利他主义结合到一起的两利发展模式。面对各国之间的交往价值，命运共同体明确反对非此即彼的零和思维和弱肉强食的丛林法则，反对以自身利益为标准的个人主义和以所谓的世界利益为标准的整体观，推崇的是一种以共生共赢共发展为核心的伦理学意义上的大国思路。自十八大以来，习近平总书记多次在重要场合提到了构建人类命运共同体，这足以看出我国对于这一目标和理念的重视程度。我国提出的命运共同体是对马克思共同体思想的现实性实践，超越了以往一切共同体思想的理论意义，而转向现实的、实践的具体行动。从"一带一路"的倡议到亚洲基础设施投资银行的设立，从亚太经合领导人非正式会议到金砖国家领导人厦门会晤，我国向世界人民展现了构建人类命运共同体的决心和信心，向全人类交出了一份关乎全人类利益问题的答卷。人类命运共同体超越了时间与空间的限度，其内容涵盖了外交理念、国家安全、经济贸易、世界文化和生态环境等全方位、多层次的领域，同时也得到了众多国家的大力支持和推广，充分反映了当前人类交往过程中的现实转向。

世界历史形成是资本主义大工业时代扩张和侵略的后果，在这个过程中，资产阶级为了维护自身的利益从而向各国抢夺原材料和倾销商品，因此，这个时期的交往仅仅局限于各国自身的利益，而命运共同体的建立却是以共生共赢共发展为目的。这种转换表明了人类社会已经开始由单纯地关注外部世界转而关注人自身。在世界历史时期，人们对仅仅将自己界定为个体意义上的"人"加以关注，而命运共同体所关注的是作为人类整体的"类"，强调了共同体的整体价值，实现了伦理视角上的转变。这里的个体"人"不单单指每个人的存在，单个国家、各个所谓的同盟国，小到一个人、大到一个国家，都可以是一个个体。而整体的"类"也非生物学意义上的类存在，而是人类命运共同体概念下所包含的一切集体。人的生活环境不是丛林，而是人类社会，就像马克思所言，"人的本质，并不是单个人所固有的抽象物，在其现实性上，他是一切社会关系的总和"[2]，因而仅仅从生物学视角去考虑丛林法则无法满足人们的社会需要。对于整体的"类"的关注恰恰反映了人的社会属性，即社会共同体中的人。因此，个体在谋求自身发展的同时，不但要考虑个体的因素，同时要考虑作为一个"类"的整体的利益，在这个过程中，人们关注的问题不再是

---

[1]《中国共产党第十九次全国代表大会在京开幕 习近平代表十八届中央委员会向大会作报告》，载《人民日报》2017年10月18日。

[2] 马克思、恩格斯：《马克思恩格斯选集》第1卷，北京：人民出版社，2012年，第135页。

人类社会发展的抽象逻辑这一社会哲学问题,而是个体与共同体的内在关联、利益与价值之间的优先性等伦理问题,是从合规律性的"物的尺度"到合目的性的"人的尺度"的历史性跨越。但人与人之间的交往并不是停留在人类命运共同体阶段,因为构建人类命运共同体并不意味着人的全面、自由的解放,只是意味着个人的自由解放是与整体和他人息息相关的,只有到共产主义阶段,才可以实现每个人的自由、全面的发展。

三、交往关系的理想复归：共产主义维度中的审美价值考量

如果把马克思的世界历史、共同体和共产主义的思想贯穿起来,我们不难发现这样一条逻辑线索:认识客观规律的社会哲学—促进世界共同发展为目的的伦理学—实现全人类解放的审美价值理念,这样一条逻辑线索不仅能够帮助我们理解马克思的交往理论,更有助于帮助我们发现马克思在不同的时期所关注的问题。作为人类交往关系的最后一个阶段,也是最高阶段,马克思的共产主义思想蕴含着深刻的审美价值理念。

从发展阶段来看,马克思的审美观念经历着一个浪漫主义—现实异化批判—理想共产主义的阶段,这与其人生不同阶段的现实生活和政治态度的转变具有很大的关系。早年的马克思思想具有极强的浪漫主义和理想色彩,直到大学毕业前这种浪漫主义与自由的学者气质一直都是马克思本人的特征,直到他看到了资本主义社会制度对人的摧残与剥削这样的残酷现实才使得其思想发生了转变。尽管马克思本人并没有一部系统的美学论著发表,但无论是他的早期诗歌,还是青年时期的手稿,以及成熟时期的理论经典《德意志意识形态》和《共产党宣言》,都体现了马克思本人对审美状态的追求。

青年时期马克思的审美观念主要受当时欧洲流行的浪漫主义和启蒙主义思潮的影响,尤其是受到歌德、席勒等人的熏陶,形成了自己早期的审美观念。在目前可以查阅到的马克思最早的诗歌《查理大帝》中,马克思开宗明义表达了自己对美的理解,"遵循美的法则创造万物,和人类的心灵统一渊源"[1]。虽然这个时候年仅15岁的马克思对美的理解还没有到达哲学高度,但从这里我们仍然可以看出美这个概念在他心里已经埋下了种子,并且他对美的理解将客观的自然事物与主观的人的心灵联系起来。在《献给父亲》中,马克思写道:"美妙和谐的天体,发出和谐的和

---

[1] 马克思:《马克思诗歌全集》,陈玢、陈玉刚译,沈阳:辽宁大学出版社,1996年,第5页。

声，空间、时间和夜空上点缀的繁星，正忐忑不安地仰望着他的面容。"[1]天体是自然界本身就存在的，在很多科学家眼里，天体的运行是世界上最美丽、和谐的秩序，而马克思用现实社会中人的和声对应天体，依然是希望将这自然中存在的美带到人间，这也是最早体现出马克思对和谐的美的描述的篇章。在《席勒》一文中，马克思从伦理学的意义上描述了自己对于美的理解，"他无论把敏锐的目光投向何方，形式和思想都会组成华章。美朝着伟大疾驰，痛苦在消逝，就要呈现幸福喜样"[2]。从这些诗歌中我们大致可以看到马克思对美的理解，美既是一种主观体验，同时也会遵循客观规律，美的事物往往与"和谐""幸福"等概念联系在一起，这个时候马克思的审美观念还带有一定的抽象性。

在考察现实社会中的交往关系与异化劳动之后，马克思的审美思想再次发生了转变。在手稿中，马克思在考察私有财产与异化劳动的基础上揭示了人的审美本质在现实的异化劳动中被遮蔽起来的问题。马克思强调，人的劳动是一个本质力量对象化过程，在这个过程中，人类能够感受到自身的力量、智慧、创作力、想象力等宝贵的东西渐渐呈现在劳动对象之中，这个过程中人是愉悦的，劳动对象同时也成为审美对象，人们不仅仅要使用劳动对象，更重要的是会欣赏自己的劳动对象，就好像对待艺术品一样。但在现实的异化劳动中，这样一种欣赏已经不复存在，因为人们需要通过劳动来交换生存所需的资料，劳动的本质发生了根本性的转变，劳动对象不再是审美对象，仅仅是使用对象或者交换对象。"工人生产的财富越多，他的生产的影响和规模越大，他就越贫穷。工人创造的商品越多，他就越变成廉价的商品。"[3]资本主义大工业的生产方式剥夺了人对于美的感受，劳动者本应遵守的美的尺度和形式变成了只是由于生存和维持生存的异己的活动。在私有制条件下，原本用来感受美的感官系统也完全被异化，音乐感的耳朵和感受美的眼睛被粗糙的异己的劳动所取代，"忧心忡忡的穷人对美丽的景色没有什么感觉；经营矿物的商人只能看到矿物的商业价值而看不到矿物的美和独特性"[4]。可见马克思本人希望能够恢复到人的审美状态之中，即劳动过程应该体现人的审美追求，但若要实现这个理想，仅仅依靠单一的文字和想象是无法达到的。若要将异化劳动状态中的人解放出来，必

---

[1] 马克思：《马克思诗歌全集》，陈玢、陈玉刚译，沈阳：辽宁大学出版社，1996年，第203页。

[2] 马克思：《马克思诗歌全集》，陈玢、陈玉刚译，沈阳：辽宁大学出版社，1996年，第275页。

[3] 马克思、恩格斯：《马克思恩格斯文集》第1卷，北京：人民出版社，2009年，第156页。

[4] 马克思、恩格斯：《马克思恩格斯文集》第1卷，北京：人民出版社，2009年，第192页。

须改变资本主义制度下奴役与压迫的现实，将理论付诸实践，寻求一种新的社会形态——共产主义形态，在这种社会形态中，异化劳动被本真的审美活动所取代，人与人之间的异化关系也被审美关系所替代，现实的实践活动则是寻求理想社会的根本途径。

共产主义作为马克思思想的归宿，其本身就是一种指向理想社会的审美建构。虽然马克思本人并没有对共产主义理论中的审美观念进行系统的论述，但通过著作我们可以看到，马克思的美学思想正是通过他的哲学、政治学和经济学的内容表达出的，并且以美的理念为标准来为哲学、政治学和经济学提供指导。马克思指出："动物只是按照它所属的那个种的尺度和需要来构造，而人却懂得按照任何一个种的尺度进行生产，并且懂得处处都把固有的尺度运用于对象；因此，人也按照美的规律来构造。"[1]马克思用劳动的、实践的生产方式区分了人和动物之间的关系，指明了人的本质是实践的历史唯物主义观点。这里的"任何一个尺度"包含两个方面的关系，一个是人与自然界的关系，一个是人与社会的关系。人与自然界的关系可以称之为规律性的认识，人与社会的关系是具有目的性的认识，而最后，"按照美的规律来构造"的意思是对自然和社会的认识通过美的规律结合到一起，美是合规律性与合目的性的统一。

人是生而自由的，但却无往不在枷锁之中。[2]马克思的共产主义理想，不仅仅是一种资本主义制度下社会现实的批判，而且还体现了马克思对人的自由全面发展的理想的追求。从资本主义到共产主义过渡的过程中，人摆脱了异化状态，突破了工具性的交往关系，真正实现人的审美化生活状态以及人与人之间的审美关系。"任何人都没有特定的活动范围，每个人都可以在任何部门内发展，社会调节着整个生产，因而我有可能随我自己的心愿今天干这事，明天干那事，上午打猎，下午捕鱼，傍晚从事畜牧，晚饭后从事批判，但并不因此就使我成为一个猎人、渔夫、牧人或者批判者。"[3]人的全面、自由发展是共产主义区别于其他社会形态的关键之处，共产主义的本质是一种人与自然、人与社会以及人与人之间和谐的状态，真正实现了"物的尺度"与"人的尺度"的完美结合，是一种达到审美境界的理想化交往状态。

---

[1] 马克思、恩格斯：《马克思恩格斯文集》第1卷，北京：人民出版社，2009年，第163页。
[2]（法）卢梭：《社会契约论》，何兆武译，北京：商务印书馆，2005年，第4页。
[3] 马克思、恩格斯：《马克思恩格斯选集》第1卷，北京：人民出版社，2009年，第165页。

马克思主义关于共同体结构的辩证理解

首都师范大学马克思主义学院　张永庆
中国人民大学马克思主义学院　陶小白

摘要： 马克思主义揭示了共同体具有的辩证结构。一方面从人类解放的宏阔历史视野出发，透过分析真实的共同体和虚假的共同体之间的相互交织、相互作用的辩证关系，达到对共同体的本质内涵、形态演进、历史价值的辩证结构认识；另一方面运用差异性与同一性、客观性与批判性、现实性与超越性等对立统一关系把握共同体，为思考和建构合乎现时代要求的共同体提供方法论原则。人类命运共同体思想既秉承马克思主义共同体的辩证结构观，同时又结合当代社会生动实践，打开认识共同体的新视野，从而迈向了理解共同体的新境界。

关键词： 共同体；辩证结构；真实的共同体；虚假的共同体；人类命运共同体

共同体是社群主义的核心概念，为思考当代政治提供了有力的思想支点。作为反对自由主义一家独大的政治思潮，社群主义及其主张的共同体观念不仅令西方社会增添了新的思想一极，而且对探讨马克思主义共同体理论的思想特质和当代价值颇具启发性。本文无意介入自由主义和社群主义之间的各种议题争论，而是拟从社群主义勃兴带动的共同体观念复兴为切入点，阐释马克思主义共同体观包含的辩证结构，展现它对共同体认识上的知性化、片面化的超越，凸显它为思考和建构合乎时代发展要求的共同体所提供的方法论价值。

一、共同体的历史形态及其结构变迁

一般说来，共同体是指与个体相对，表示多数人共同存在的概念。马克思主义不是抽象地议论个体与共同体之间的相互关系，而是站在活生生的历史现实来考察问题。源自对时代课题的深刻自觉，马克思主义站在批判资本主义的人类解放立场上，突出差异性与同一性，即个性与社会性关系在共同体中如何展开辩证的历史运动，进而梳理共同体的历史形态。由此，人类解放成为马克思主义探讨共同体问题的基本语境。

人在本质上是社会关系的总和,所以共同体是人生存、发展必然采取的社会存在方式。广义的共同体包括人们之间所有的社会交往形式,共同体就是最一般意义的社会。"社会——不管其形式如何——是什么呢?是人们交互活动的产物。"[1] "人们的生产力发展到一定状况下,就会有一定的交换和消费形式。在生产、交换和消费发展到一定阶段上,就会有相应的社会制度形式,相应的家庭、等级或阶级组织,一句话,就会有相应的市民社会。有一定的市民社会,就会有市民社会的正式表现的相应的政治国家。"[1] 狭义的共同体则是指个人、家庭和国家之外的组织。在共同体中,个人通过交往活动实现自身的生产再生产。马克思主义认为,"一个人的发展取决于和他直接或间接进行交往的其他一切人的发展;彼此发生关系的个人的世世代代是相互联系的,后代的肉体的存在是由他们的前代决定的,后代继承着前代积累起来的生产力和交往形式,从而决定他们这一代的相互关系"。[2]

从个体与共同体的历史关系看,共同体分为三个主要发展阶段。"人的依赖关系(起初完全是自然发生的),是最初的社会形式,在这种形式下,人的生产能力只是在狭小的范围内和孤立的地点上发展着。以物的依赖性为基础的人的独立性,是第二形式,在这种形式下,才形成普遍的社会物质变换、全面关系、多方面需要以及全面的能力的体系。建立在个人全面发展和他们共同的、社会的生产能力成为从属于他们的社会财富这一基础上的自由个性,是第三个阶段。"[3] 这表明,与人的发展状态相对应,历史上存在着三种共同体形态:非人格的依赖型共同体、物化人格的独立共同体、自由个性发展的共同体。不难看出,共同体的历史形态演进是趋向人类解放所追求的自由个性发展目标的。为厘清自由个性发展所需要的条件,我们对三种共同体形态作如下比较:

其一,三种共同体形态有着各自的经济基础。不同的共同体形态都是由一定的生产力和生产关系决定的。"随着新生产力的获得,人们改变自己的生产方式,随着生产方式即谋生的方式的改变,人们也就会改变自己的一切社会关系。手推磨产生的是封建主的社会,蒸汽磨产生的是工业资本家的社会。"[3] 前资本主义生产方式决定下的共同体形态中,"我们越往前追溯历史,个人,从而也是进行生产的个人,就越表现为不独立,从属于一个较大的整体:最初还是十分自然地在家庭和扩大成为氏

---

[1] 马克思、恩格斯:《马克思恩格斯选集》第4卷,北京:人民出版社,2012年。
[2] 马克思、恩格斯:《马克思恩格斯全集》第3卷,北京:人民出版社,1960年。
[3] 马克思、恩格斯:《马克思恩格斯文集》第8卷,北京:人民出版社,2009年。

族的家庭中；后来是在由氏族间的冲突和融合而产生的各种形式的公社中"[1]。进入资本主义商品经济社会，共同体，即"社会联系的各种形式，对个人来说，才表现为只是达到他私人目的的手段，才表现为外在的必然性"。到了生产力从资本主义私人占有制解放出来的共产主义，共同体才实现了属人的初始意义，成为所有人自由发展的前提和基础。

其二，三种共同体形态对应着各自的政治制度。共同体不仅是人类实践的必然实现形式，同时要求政治制度安排能够实现自身的利益。前资本主义的共同体要求建立等级制为特征的集权政治制度，奴隶社会和封建社会的政治上层建筑就是这种共同体观念的物质附属物。资本主义的共同体是基于商品交换产生的为私有制服务的组织，"国家不外是资产者为了在国内外相互保障各自财产和利益所必然要采取的一种组织形式"。[2] 共产主义共同体，是奠基于发达生产力和公有制之上的，实现了共同体与个人的统一。相应地，自由人联合体成为其最合适的政治制度，当然，这种政治制度已然超越了阶级社会的政治范畴。

其三，三种共同体形态追求不同的价值取向。整体主义、个人主义、集体主义是三种共同体的各自价值原则。第一种共同体观念尊崇否定个人自由个性的整体主义，把等级秩序道德化、神圣化。进入近代资本主义社会，个人主义成为主流价值观，共同体变成达成资产阶级私人欲望的工具，各种各样的资产阶级共同体组织首先是满足资本获利的手段。共产主义倡导的集体主义，是在批判继承历史上两种共同体形式的基础上，对个人和共同体关系作出了辩证的综合。它一方面承认共同体的属人性质，另一方面又把共同体的存在看作所有人共同发展的社会前提："生产力和社会关系——这二者是社会个人的发展的不同方面。"[3]

二、在客观认识虚假的共同体中开展批判

马克思主义共同体理论的批判性，不是简单的某种道德化批判，而是洞悉资本主义社会客观矛盾的内在批判，即通过客观认识资本主义社会这一虚假共同体，剖析存在的内在矛盾，来开展批判性理解。这里，马克思主义对共同体结构的认识，表现为客观性与批判性的统一。

所谓虚假的共同体，是指与个性自由全面发展相对立的共同体。在生产力发展

---

[1] 马克思、恩格斯：《马克思恩格斯选集》第1卷，北京：人民出版社，2012年。
[2] 马克思、恩格斯：《马克思恩格斯文集》第8卷，北京：人民出版社，2009年。
[3] 马克思、恩格斯：《马克思恩格斯选集》第2卷，北京：人民出版社，2012年。

到一定阶段，出现旧式分工和阶级分裂的社会发展阶段产生的共同体形态。在马克思主义看来，分工和私有制是一体双面的社会现象，它们造成了人对人的剥削、奴役关系，甚至在最初的家庭关系中也发生了成员之间的不平等和压迫。这种关系随着生产力发展，进一步扩大到广泛的人与人关系中，于是私有制出现了。以私有制为基础的国家作为阶级矛盾不可调和的产物，它是虚假的共同体的典型形式。在私有制条件下，"正是由于私人利益和共同利益之间的这种矛盾，共同利益才采取国家这种与实际的单个利益和全体利益相脱离的独立形式，同时采取虚幻的共同体的形式"。历史上的各种形态的虚假的共同体对于个人发展来说，都具有否定性的一面。马克思、恩格斯指出："在过去的种种冒充的共同体中，如在国家等中，个人自由只是对那些在统治阶级范围内发展的个人来说是存在的，他们之所以有个人自由，只是因为他们是这一阶级的个人。从前各个人联合而成的虚假的共同体，总是相对于各个人而独立的；由于这种共同体是一个阶级反对另一个阶级的联合，因此对于被统治的阶级来说，他不仅是完全虚幻的共同体，而且是新的桎梏。"[1][1] 其中，阶级关系对于个人交往关系的独立性，是虚假共同体产生和运行的主导逻辑。"某一阶级的各个人所结成的、受他们的与另一阶级相对立的那种共同利益所制约的共同关系，总是这样一种共同体，这些个人只是一般化的个人隶属于这种共同体，只是由于他们还处在本阶级的生存条件下才隶属于这种共同体；他们不是作为个人而是作为阶级的成员处于这种共同关系中的。"[1] 作为虚假的共同体典型形式的国家，它只是一种历史现象。随着生产力发展，从而也是个人本身力量的发展，决定了人们社会结合方式发生相应的改变。这个历史进程，反映在国家这一虚假共同体上，决定了国家有其产生、存在和消亡的客观进程。"在经济发展到一定阶段而必然使社会分裂为阶级时，国家就由于这种分裂而成为必要了。"同样是根源于经济上的原因，阶级对立必将退出人类历史，而"随着阶级的消失，国家也不可避免地要消失。在生产者自由平等的联合体的基础上按新方式组织生产的社会，将把全部国家机器放到它应该去的地方，即放到古物陈列馆去，同纺车和青铜器陈列在一起"[2]。

需要区分的是，与作为虚假的共同体的私有制国家相反，无产阶级专政的国家把自身当作向无阶级过渡的特殊组织。对于人民群众来讲，它是服务于人的发展的真实的共同体。以人民民主专政为国体的中华人民共和国，执政的中国共产党把全心全意为人民服务奉为自己的根本宗旨，通过经济、政治、文化制度安排和制定符

---

[1] 马克思、恩格斯：《马克思恩格斯选集》第1卷，北京：人民出版社，2012年。
[2] 马克思、恩格斯：《马克思恩格斯选集》第4卷，北京：人民出版社，2012年。

合历史实际的政策，保障人民实现当家作主，所以是真实的集体。如何辩证把握包括社会主义国家在内的真实的共同体，我们将在下文作进一步阐述。

人的发展受共同体形式的制约，而共同体本身是随着人类历史的实践而不断改变的。如同国家一样，所有的虚假的共同体都是历史现象。起源于社会分工和私有制的虚假的共同体，进入资本主义阶段后，达到了极端状态，对个性的否定最为彻底和普遍。"生产力好像具有一种物的形式，并且对个人本身来说它们已经不再是个人的力量，而是私有制的力量，因此，生产力只有在个人是私有者的情况下才是个人的力量。在以前任何一个时期，生产力都没有采取过这种对于作为个人的交往完全无关的形式，因为他们的交往本身还是受限制的。"[1] 这种生产力作为私有制的力量，本质上就是资本生产力，它决定了全部资本主义共同体具有反个性特征。当共产主义战胜资本主义，服务于自由个性全面发展的真实的共同体将取代虚假的共同体。

三、在超越现实中发现真实的共同体

运用现实性与超越性相统一的辩证分析方式，马克思主义在超越资本主义现实中发现真实的共同体。马克思主义在人类解放，即自由个性发展意义上来理解真实共同体。真实的共同体，能够在经济、政治、文化等多方面服务于自由个性的全面发展。

经济上，为自由个性全面发展服务，就是所有制的制度条件和体现的价值目标有利于人的发展。在这个意义上，真实的共同体被称为"个人所有制"。马克思说，"从资本主义生产方式产生的资本主义占有方式，从而资本主义的私有制，是对个人的、以自己劳动为基础的私有制的第一个否定，但资本主义生产由于自然过程的必然性，造成了对自身的否定。这是否定的否定。这种否定不是重新建立私有制，而是在资本主义时代的成就的基础上，也就是说，在协作和对土地及靠劳动本身生产的生产资料的共同占有的基础上，重新建立个人所有制"[2]。在经济上真正实现共同体与个人的统一，就是把资本主义所有制"改造为联合起来的、社会的个人的所有制"。重建个人所有制，就是建立经济上的真实的共同体，"一方面由社会直接占有，作为维持和扩大生产资料；另一方面由个人直接占有，作为生活资料和享受资料"[3]。

政治上，是保证经济内容实现的政治组织形式和程序。马克思对巴黎公社的评

---

[1] 马克思、恩格斯：《马克思恩格斯选集》第1卷，北京：人民出版社，2012年。
[2] 马克思、恩格斯：《马克思恩格斯选集》第2卷，北京：人民出版社，2012年。
[3] 马克思、恩格斯：《马克思恩格斯选集》第3卷，北京：人民出版社，2012年。

价，表明真实的共同体应当贯彻的基本原则。"公社体制会把靠社会供养而又阻碍社会自由发展的国家这个寄生赘瘤迄今所夺去的一切力量，归还给社会机体。""公社的真正秘密就在于：它实质上是工人阶级的政府，是生产者阶级同占有者阶级斗争的产物，是终于发现的可以使劳动在经济上获得解放的政治形式。"[1] 不过，马克思从历史发展的眼光指出，"公社给共和国奠定了真正民主制度的基础。但是，无论廉价政府或'真正的共和国'，都不是它的终极目标，而只是它的伴生物"[1]。巴黎公社还应该走向更高级的真实的共同体，即自由人联合体："代替那存在着阶级和阶级对立的资产阶级旧社会的，将是这样一个联合体，在那里，每个人的自由发展是一切人的自由发展的条件。"[2]

文化上，是指精神活动及其相应的制度安排、物质设施以人的创造性活动为最高尺度。在消灭旧式分工后，人类结束了生存条件竞争，精神活动才真正具有了现实保障。旧式分工决定了人们如果不失去生活资料，就必须有一定的特殊活动范围，而在共产主义社会这真实的共同体里，任何人都不会被限制在特殊的实践领域，人们可以在任何社会领域内自由发展，由社会调节着宏观的整体生产。这种以人的自由全面发展为宗旨的共同体生活，赋予了所有实践活动以全新文化意义。人的生产、科学、艺术活动，还有休息、交往和娱乐活动，都在真实的共同体中呈现出属人的文化意义。

最高阶段的真实的共同体是超越必然王国，达到人与自然、人与人的矛盾都得到解决的自由王国。它从经济领域开始，贯穿了人类社会生活的全部内容。"一旦社会占有了生产资料，商品生产就将被消除，而产品对生产者的统治也将随之消除。社会生产内部的无政府状态为有计划的自觉的组织所代替。个体生存斗争停止了。于是，人在一定意义上才脱离动物界，从动物的生存条件进入真正人的生存条件。人们第一次成为自然界的自觉的和真正的主人，因为他们已经成为自身的社会结合的主人了。"[1] 完善的真实的共同体就是理想的共产主义社会。在共产主义社会这种真实的共同体中个性才真正得到了自由全面发展，"在共产主义社会中，即在个人的独创的和自由的发展不再是一句空话的唯一的社会中，这种发展正是取决于个人间的联系，而这种联系部分地表现在经济前提中，部分地表现在一切人自由发展的必要的团结一致中，最后表现在以当时的生产力为基础的个人多种多样的生活方式中"[1]。在完全真实的共同体中，人类才真正告别自己的"史前史"，进入到熟练应

---

[1] 马克思、恩格斯：《马克思恩格斯选集》第 3 卷，北京：人民出版社，2012 年。
[2] 马克思、恩格斯：《马克思恩格斯选集》第 1 卷，北京：人民出版社，2012 年。

用自身行动规律，自觉地创造自己历史的"人类史"时期。

马克思主义主张的真实的共同体，坚持个人利益与集体利益具体的、历史的辩证统一，反对以集体的利益取代个人的利益，也反对离开集体的利益抽象地谈论个人利益。在实践中，无产阶级政党历来重视正确处理个人、集体和国家之间的利益关系，把长远发展和当前需要、地区部门利益与国家整体利益结合起来，统筹兼顾，综合平衡。那种把马克思主义和社会主义国家看作只强调集体利益而否定个人利益，并攻击马克思主义和社会主义国家必然在政治上走向集权和专制的观点，是对马克思主义理想共同体观念及其实践品格的误解和歪曲。

四、共同体的辩证结构观的当代视野

人类命运共同体，是中国特色社会主义进入新时代提出来的新理念、新实践。从马克思主义共同体的辩证结构观看，一方面，它主张利用世界市场又不完全屈从资本逻辑的统治；另一方面，它同样呈现出以差异性与同一性、客观性与批判性、现实性与超越性辩证统一的思维来把握现实的国际社会，并立足新的社会历史条件作出一系列新判断、新发展。

（一）以人类命运共同体的辩证思维倡导合作共赢的互利交往

人类命运共同体理念肯定世界市场的积极作用，充分意识到国与国之间的关系仍主要从国家自身的战略利益出发，国家利益之于世界各国彼此之间关系仍然起到决定性影响。这表明，我们这个时代所建构的经济层面的人类命运共同体，尚具有虚假的共同体属性，即没有达到直接为自由个性发展服务。我们必须客观承认经济利益和资本逻辑具有的根本性地位，否则，就会使我们的理想追求沦为空谈。不过，当人类命运共同体的实践服务于中国特色社会主义事业之际，这种虚假的共同体会辩证地转化为真实的共同体。核心道理在于，利用世界市场和资本逻辑为解决新时代社会主要矛盾服务，最终满足人民对美好生活的需要。必须看到，长久以来，特别是最近的国际关系中，一些国家对利益的追求尊崇"零和博弈"原则，这成为人类命运共同体实践的主要阻力。零和博弈，双方间利益不是共赢的，而是一得一失，一方利益的"得"与另一方利益的"失"相互对冲，由此极易引发国家间衍生的多重矛盾甚至政治、军事冲突。有鉴于此，克服国际社会交往中的各种虚假的共同体，走向和建构真实的共同体理应成为国际秩序演变的必然要求。可以说，人类命运共同体的倡议，首先在经济发展层面显现了自身的合理性。

我们还注意到，构建人类命运共同体不仅源于国际交往的迫切需要，也具备客观条件。信息化的发展，世界格局走向多极化，经济发展全球化，世界各国间的联系交往呈现与日俱增的趋势，国与国之间经济联系也呈"互嵌"式结构。在这一客观趋势面前，若仍以"零和博弈"的原则面对经济全球化，虽然采用狭隘的贸易保护主义政策可能一时得利，但最终难逃一损俱损的结局。人类命运共同体的理念正是顺应这一客观趋势，放弃"零和博弈"原则，指明用共赢思维取代零和思维才是合乎全人类长远利益的理性选择。可见，人类命运共同体理念强调的合作共赢互利，本质上是对"零和博弈"的超越，是当代人类交往蕴含的真实的共同体意识。对此，习近平总书记谈道："各国要树立命运共同体意识，真正认清'一荣俱荣，一损俱损'的连带效应，在竞争中合作，在合作中共赢。"[1] 诚然，世界各国的社会制度和意识形态存在差异，真实的共同体不可能全方位实现，但是，对于人类命运共同体内的成员来说，以一种真实的共同体观念来引领发展，减少对抗，发展合作，还是值得争取，也是可以争取的。可以展望，各国在追求自身利益的同时兼顾他国的利益，在实现自身发展的同时兼顾他国的发展，人类命运共同体的实践将打开国际关系发展的新篇章。

（二）以人类命运共同体的辩证思维探索和推进全球可持续发展

20世纪以来，国际社会逐渐清晰认识到，社会发展必须走可持续发展之路。可持续发展依靠个别国家无法实现其目标，它内在地要求世界各国共同行动，通过全球可持续发展得到真正的落实。人类命运共同体思想，适应可持续发展理念及其实践带来的发展方式变革，主张的平等发展其实就是在共生交往中谋求世界各国的平等发展。具体说来，在尊重各个国家在发展道路、制度安排、意识形态和文化的差异性基础上，通过共生交往谋求多个主体间共同走绿色发展之路，实现人与自然的和谐。人类命运共同体把差异性与同一性看作可持续发展始终需要面对的、相辅相成的两个方面。不以同一性否定差异性，也不以差异性取消同一性。在世界范围内，首先尊重多主体的平等发展，同时顾及代际的平等发展，为人类长远的发展作出理性选择。缘于把差异性与同一性统一起来思考人类命运共同体之于全球可持续发展的重要性，习近平总书记指出："站在新的历史起点上，联合国需要深入思考如何在21世纪更好回答世界和平与发展这一重大课题。当今世界，各国相互依存、休戚与共。我们要继承和弘扬联合国宪章的宗旨和原则，构建以合作共赢为核心的新型国际关系，打造人类命运共同体。"[2] 可见，世界各国的发展息息相关，必须从全人类的

---

[1] 习近平：《共同维护和发展开放型世界经济——在二十国集团领导人峰会第一阶段会议上关于世界经济形势的发言》，载《人民日报》2013年9月6日，第2版。

[2] 习近平：《携手构建合作共赢伙伴 同心打造人类命运共同体——在第七十届联合国大会一般性辩论时的讲话》，载《人民日报》2015年9月29日，第2版。

高度认识发展问题,明确发展既是发展中国家的责任,也是发达国家的责任,各国理应以共生共存的共同体交往关系谋求和谐的国际关系。由此,对整个人类命运共同体必将产生广泛的认同,从而形成全球可持续发展的一个重要推动力。

(三)以人类命运共同体的辩证思维开展文明之间的对话交往

近代以来,各具特色的多种文明如何共处,是一个日益凸显的世界课题。一方面,人们看到不同文明在这颗孤独的蔚蓝色星球上必然成为休戚相关的共同体;另一方面,又不得不承认,从肤色、语言、习俗,到政治、经济、意识形态观念,现实中的客观存在差异性表明,呼唤建构文明交往的共同体困难重重。以人类命运共同体的辩证思维观之,文明的多样性本来是人类社会的基本特征,对于各种文明不宜做高低优劣之分。文明的多样性既是客观存在的事实,又是超越性视野下需要尊重和包容的价值。并且,历史的进步始终需要文明的多样性,在世界范围内过分突出某种文明,推行文化霸权是与人类文明格格不入、背道而驰的。应立足文明的多样性,以交流互鉴促进世界人民相互交往,取长补短,博采众长,最终实现共同进步。正如习近平总书记指出的那样:"世界上没有放之四海皆准的发展模式,各方应该尊重世界文明多样性和发展模式的多样化。"[1]承认文明的多样性和独特性,批判文化和文明的"独白"立场,本质上是符合人类发展需要的健康、合理的文明观。以人类命运共同体的辩证思维审视、推动文明间的对话交往,为提升文明共生意识,超越文明隔阂和文明冲突以及促进世界和平发展开辟了新的视野。

总之,在纷繁复杂、充满挑战的现代世界中交往、共存,人类需要积极建构兼顾现实性与超越性、客观性与批判性、差异性与同一性多重要求的共同体。只有这样,才有希望成功"建设持久和平、普遍安全、共同繁荣、开放包容、清洁美丽的世界"[2]。虽然当今人类尚未最终拥有被广泛认同的共同体理念,但是人类命运共同体思想因其秉承马克思主义共同体理论所具备的辩证结构优势,结合当代社会生动实践而打开认识共同体的新视野,从而迈向了理解共同体的新境界。有理由相信,人类命运共同体理念及实践必将为人类构建理想的共同体贡献出更多的中国智慧和力量。

---

[1] 习近平:《永远做可靠的朋友和真诚的伙伴——在坦桑尼亚尼雷尔国际会议中心的演讲》,载《人民日报》2013年4月1日,第2版。

[2] 习近平:《决胜全面建成小康社会 夺取新时代中国特色社会主义伟大胜利——在中国共产党第十九次全国代表大会上的报告》,北京:人民出版社,2017年。

马克思主义人的全面发展理论与人类命运共同体构建

中国政法大学马克思主义学院、思想政治教育研究所 段志义

摘要：人的自由而全面发展是构建人类命运共同体的价值目标，构建人类命运共同体是实现这一目标的手段、途径和方式。人的全面发展，指的是"个人的全面发展"与"类的全面发展"的和谐统一，人的全面发展只能在社会全面进步中实现。而人的全面发展从其价值、历史、内容三方面的规定性，体现为完整的、多层次的统一。人的全面发展需要构建人类命运共同体，人类命运共同体有利于人的全面发展，两者是相辅相成、互相促进的关系。

关键词：人的全面发展；人类命运共同体

从价值规定而言，人的自由而全面发展是未来共产主义社会人的发展目标。从其历史规定而言，人的全面发展体现为一个历史发展过程。从其内容规定而言，人的全面发展又体现为人的需要、本质、素质、精神的发展。"人的全面发展只能在社会全面进步中实现，只有社会生产力持续增长，社会关系合理建构，社会交往普遍发展，社会保障不断提高，人的全面发展才能落到实处。"[1]因此，构建人类命运共同体是实现人的自由和全面发展的根本途径。研究这两者的关系在今天具有重要的理论和实践价值。

一、人的全面发展是未来理想和现实过程的统一，是构建人类命运共同体的价值目标

理想是人们在实践中形成的具有现实可能性的对未来的向往和追求，人的全面发展理想既是一种理想的社会制度，又是一种现实的社会运动。人的全面发展既是

---

[1] 丰子义：《新时代凸显发展的整体性协调性》，载《人民日报》2017年11月23日。

未来理想社会的一种价值目标，又是一个逐步提高、不断完善、永无止境的历史过程。两者都是未来理想和现实过程的统一。这个运动的条件是由现有的前提产生的。它是我们做好当前工作不能离开的。我们知道，按照马克思、恩格斯的观点，共产主义是分为两个阶段的，这就是它的第一阶段和高级阶段。列宁把共产主义的第一阶段称为社会主义。这就是说，我们今天虽然离共产主义的高级阶段还很遥远，但是我们已经进入了社会主义社会的初级阶段，而社会主义正是共产主义的第一阶段。共产主义又是同我们今天的实际生活、同我们当前所做的事情密不可分的。

每个人自由而全面发展的社会"只有在社会主义社会充分发展和高度发达的基础上才能实现"[1]，是一个长期的历史过程，必须经过若干个不同的发展阶段，每个阶段都是这个历史过程的组成部分。毛泽东同志曾指出："民主主义革命是社会主义革命的必要准备，社会主义革命是民主主义革命的必然趋势。而一切共产主义者的最后目的，则是在于力争社会主义和共产主义的最后完成。"在我国现阶段，建设中国特色社会主义，把我国建设成为富强、民主、文明、和谐、美丽的社会主义现代化国家，是我国各族人民的共同理想。这个共同理想是实现最高理想的必经阶段，我们为建设中国特色社会主义而奋斗也就是为党的最高理想而奋斗。我们今天进行的建设中国特色社会主义的每一项工作，都是为建设共产主义大厦增砖加瓦。

人的全面发展既是一个理想性的价值目标又是一个永无止境的历史过程。这一过程既是追求人性真、善、美的"理想性目标"过程，也是顺应"历史必然道路"的社会实践过程；既要超越人的功利追求，又要有现实的物质基础；既指向人的终极关怀，又立足于人的现实关怀；既是彼岸的又是此岸的。

人的全面发展是未来理想社会的一种价值目标。马克思有关人的全面发展思想是基于资本主义社会中物对人的统治而提出的。马克思认为资本占有劳动、物统治人是资本主义社会得以立足的主要根据，要实现人的全面发展必须大力发展生产力，消灭私有制和阶级，消灭旧式分工。马克思通过对社会历史规律的揭示，指出只有在消灭了私有制和阶级的共产主义社会，由于社会生产力的极大发展，并且共同的劳动生产能力成为共同财富，所有人的自由和全面发展的理想目标才真正具有实现的可能性。正如马克思所指出的：根据共产主义原则组织起来的社会，将使自己的成员能够全面地发挥他们的才能，因此，共产主义社会作为能够实现人的全面发展的理想社会形态，将是人类社会发展追求的终极目标。

人的全面发展是一个逐步提高、不断完善、永无止境的历史过程。人的发展或

---

[1] 江泽民：《论"三个代表"》，北京：中央文献出版社，2001年，第177页。

解放的程度，在历史上是不断发展变化着的，是随着每一时代科学技术和生产力的发展以及人文精神内涵的发展而变化的。"人的全面发展"的含义在不同时代不同历史时期有其不同的内容，表现为不同的水平。每一个时代对"人的全面发展"的内涵的理解都只具有相对的意义。因此，"人的全面发展"作为人类社会发展的最高价值理想，它的实现只能是一个由社会进步所逐渐积累起来的过程，是历史长期发展的结果。而人类历史的一个突出特征在于："片面性"是它的发展形式，即历史总是以某种"退步"的形式而实现自身的"进步"的。所以，马克思说：资本主义社会"在产生出个人同自己和同别人的普遍异化的同时，也产生出个人关系和个人能力的普遍性和全面性"[1]。同样的，每一个个体为了卓有成就，他就必须片面地发展自己——发展自己身上最见长的、最有可能获得成功的那些因素。如果一个人试图同时发展自己各方面的兴趣、才能，试图无所不知，那结果只能是一无所长。而且"人的全面发展"并没有一成不变的模式，随着社会生活的进步，人类一方面会不断趋向全面发展；另一方面也会改变、深化对"全面发展"的认识。每一时代所谓的"完人""全面发展的人"，随着时代的发展和变化，必定会显现出其"片面性"。因此，"人的全面发展"既是一种理想境界，又是一种发展现实，是在理想状态中的"全面发展"和现实状态中的"片面发展"的矛盾统一中的一个永无止境的发展过程。

可见，只有正确地把握了人的全面发展的思想内涵，才能使我们在推进社会主义社会和人的全面发展过程中既不迷失方向，又不陷入"乌托邦"式的空想之中。具体来说，就是要从社会主义初级阶段的实际出发，处理好社会发展和人的全面发展的总目标与阶段目标的关系，明确社会主义初级阶段人的全面发展的目标和具体表现就是：不断提高全民族的思想道德素质和科学文化素质、不断发展先进生产力、全面建设小康社会，从而把理想和现实有机统一起来。人的全面发展，是一种科学的信念，从历史上看，人类对于大同世界的向往，由来久远。马克思的人的全面发展理想与这些理想不同，它是建立在对社会发展规律的科学认识基础之上的。它是在批判旧世界的基础之上作出的科学发现和对于未来社会的科学预见。它并不是把实现自己的希望寄托在统治阶级的良心发现之上，即建立在幻想之上，而是寄托于工人阶级的成长及其斗争的发展之上，即建立在现实的基础之上；它不是把工人阶级当作一个怜悯的对象，而是把他们视为改造旧世界、建设新世界的伟大的力量。因而，它是一种科学的信念。人的全面发展需要树立科学的理想信念。人的全面发展从内容来说，包括人的

---

[1] 马克思、恩格斯：《马克思恩格斯全集》第46卷（上），北京：人民出版社，1979年，第109页。

需要、本质、素质、精神等方面的发展。精神状态如何对人的全面发展影响重大。精神主要指人的主观存在状态的描述与定位,是人所具有的一种基本属性,人的心理健康是精神生活最基本的表现,也是人的精神世界发展最基础的内容,当然,更是人们从事其他一切活动的内在驱动力。理想信念是人的精神生活更高层次的内容,是在超越的意义上讲人的精神追求,它既指向于人的精神归宿,又指导人的现实精神生活,是人们选择生活类型的根本价值标准,它是人的精神内核,表现为世界观、人生观等根本理念。科学的远大理想的确立是精神生活的高品位追求,体现着人对自己生存的格调的向往,是人获得真正发展的标高。正如高尔基说的:"个人追求的目标越高,他的才力就发展得越快,对社会就越有益。"

马克思主义的共产主义理想目标就是要实现人类的最终解放,即每个人的自由而全面的发展。马克思、恩格斯在谈到未来社会时指出:"代替那存在着阶级和阶级对立的资产阶级旧社会的,将是这样一个联合体,在那里,每个人的自由发展是一切人的自由发展的条件。"[1]恩格斯认为这段话极其准确地表述了他们关于未来社会新纪元的基本思想,以至于除了这段话以外,在马克思的其他著作中"再找不出合适的了"[2]。马克思、恩格斯之所以从人的全面发展出发去揭示未来的新社会,根本原因就在社会的发展最终体现于人的发展,人的发展是社会发展、进步的最高尺度和表现,无论是社会生产力的发展和进步,还是人作为社会价值目标的实现程度,都与人的发展密切相关,都必须通过人的发展来反映和裁定。而人的自由全面发展是人的发展的最高境界和理想目标。共产主义的理想说到底也就是人的全面发展的理想,人的全面发展是共产主义社会的核心价值。但是,在以往国际共产主义运动和我国的社会政治生活中,人们在对共产主义,包括对人的全面发展这一共产主义的最高原则和根本价值取向的理解和宣传上存在着不少的失误和经验教训。一方面,讲到共产主义这一理想社会时,人们所想到的往往首先是或主要是共产主义社会富裕的物质生活和全民占有生产资料的所有制形式,而很少注意人的全面发展这一共产主义的最高原则和根本价值取向。就其现实表现而言,人们往往认为,只要使物质生产力具体达到什么指标,或者只要不断提高所有制的公有化程度,就可以"跑步进入共产主义"。[3]这一对共产主义理解上的失误曾使我国社会的发展遭受严重的曲折,这早已是众所周知的事实。另一方面,尽管以往人们也不断强调共产主义既是一种

---

[1] 马克思、恩格斯:《马克思恩格斯选集》第 1 卷,北京:人民出版社,1995 年,第 273 页。
[2] 马克思、恩格斯:《马克思恩格斯全集》第 39 卷,北京:人民出版社,1979 年,第 189 页。
[3] 王锐生:《论人的两种全面发展(对话)》,载《首都师范大学学报(社会科学版)》2002 年第 1 期。

科学的思想体系和理想的社会制度，也是一种现实的运动，但对于共产主义的现实运动即共产主义实践，人们一般都很少从价值向度上去理解，即不是把它理解为不断为人的全面发展创造条件，并因此使人的全面发展在越来越高的程度上得到实现的过程，而往往只是从时间向度上把它理解为一种指向遥远未来的、旨在实现共产主义的理想社会制度的过程。这样一来，一些人对原本以人的全面发展为最高原则和根本价值取向的共产主义理想，却显得毫不关心，甚至敌视现实社会中人的全面发展，因为它似乎只是把现实社会中的人们及其所进行的共产主义实践当作实现自身的工具和手段。当然，以往人们也曾这样那样地论及过人的全面发展，但基本上是把它视为未来共产主义实现以后的事情，其对现实社会中的人们来说宛如一张不能支付、无法找零的巨额支票。正是由于这些原因，共产主义理想也就在一定程度上失去了它本来应该有的吸引力，并在一部分人中出现了所谓的共产主义理想"淡化"的现象。这个教训也是极其深刻的。

　　要吸取上述教训，关键在于我们不仅要牢记人的全面发展是共产主义的最高原则和根本价值取向，而且不能把人的全面发展仅仅看作是未来共产主义社会的事情。既然人的全面发展即使在未来的共产主义社会里也仍然会保持其理想性质，我们当然也不能等到将来共产主义实现以后再去谋求人的全面发展，而应该用人的全面发展的理想来规范现实社会及其发展，在共产主义的现实运动中为人的全面发展积极创造条件，努力促进人的全面发展。

　　由以上分析可见，坚持党的理想信念，促进人的全面发展，必须把远大理想融入到现实工作中去。把远大理想融入到现实工作中去，绝不意味着要淡化或放弃远大理想，而是要以远大理想为精神动力，扎扎实实地做好现阶段的工作，正确处理好远大理想与眼前奋斗目标的关系。这样才能巩固和增强理想信念教育的成效，才能使广大人民既有为共产主义远大理想积极奋斗的拼搏意识，又有为社会主义初级阶段踏实工作的正确态度。

二、人类命运共同体的构建是现阶段实现人的自由而全面发展这一目标最好的手段、途径和方式

　　人的全面发展需要构建人类命运共同体，人类命运共同体有利于人的全面发展，两者是相辅相成、互相促进的关系。习近平在第70届联合国大会上呼吁全世界人民"携手构建合作共赢新伙伴，同心打造人类命运共同体，提出和平发展公

平、正义、民主、自由是全人类的共同价值"[1]。这就告诉我们人类命运共同体的哲学理论基础是人的共同价值理论,这里有个关键的问题是要分清共同价值和"普世价值"的本质区别。"共同价值的真正来源绝非来源于孤立个体的先验的或者天赋的人权,而是生成与命运共同体中人们的社会实践,是历史发展的产物,处在不断生成的过程中。"[2] 就是我们现在所说的共同价值,它是进行国际交往的需要,也是标志着我们的思维水平和国际视野的重要问题。我们承认人权的普遍原则,但也必须考虑各国的具体情况。由于各国社会制度、文化、历史传统和经济发展程度不同,保护人权的具体措施和民主的表现形式也应有所不同。自觉用辩证思维方式把握价值的普遍性,我们否定那种假定先验的、永恒的、无差别的人性和价值观。马克思主义创始人一向反对离开具体历史条件和阶级立场,抽象地谈论自由、平等、博爱、民主、人权,反对抽象的道德观、人性论和国家观,但是,这是否意味着马克思主义创始人就无条件地否定普遍价值呢?是否意味着我们今天就只能讲相对性、阶级性和社会制度差异,而不能讲价值的普遍性呢?恐怕不能这么说。马克思主义创始人同样以肯定的口吻谈及自由、民主、人权等问题,也从一般和普遍的层面论述过人性、人道等价值问题,并不是笼统地否定一般的、普遍的人性论和价值观。把他们从特定意义上说的话作为无条件拒斥普遍价值的根据,不是辩证的方法。整体把握马克思主义经典作家的思想,才是关键所在。他们究竟在何种意义上拒斥一般的、抽象的价值,又在何种意义上认可这些价值的一般性与普遍性?确切地说,他们把握抽象与具体、普遍与特殊、阶级性与人类性辩证关系的思维方式是怎样的?恩格斯批判杜林的普遍原则是从玄想和抽象出发,而不是从现实生活中引出来。他主张:原则不是生活的出发点,相反,它必须从生活中引出来。既然如此,应回归现实生活,深入具体问题情境,以求同存异为原则把握当今人类生活中的具有普遍性和共同性的价值观。

马克思主义创始人不是一般地否定普遍价值,而是否定资产阶级以"普遍价值"为幌子的伪善。在人们还分化为阶级,不同利益集团之间还根本对立的情况下,统一的利益和普遍的道德原则的交集就小。只有在消灭阶级,人们的利益不再根本冲突的情形下,才谈得上普遍原则和普遍价值。

正确看待这个问题,在理论上我们必须对抽象人性论和人性进行科学的抽象进

---

[1] 习近平:《携手构建合作共赢新伙伴,同心打造人类命运共同体——在第70届联合国大会一般性辩论时的讲话》,载《人民日报》2015年9月29日,第1版。
[2] 鲁品越、王永章:《从"普世价值"到"共同价值"国际话语权的历史转变》,载《马克思主义研究》2017年第10期。

行区分，普遍价值是一种理论的抽象，这种抽象是建构现实具体的必要条件。这种抽象是理论和智慧的能动性的体现，没有这样的抽象就不可能有人类文明。普遍价值也是这样。它是对现实生活中普遍性最大、共同性最广的价值的理论抽象。这种抽象是必要的，是建构现实和具体价值的范型。没有这类抽象，也很难想象人类文明的存在和进步。普遍价值是一种理想，这种理想是人类文明超越实然趋向应然的必要条件。严格说，人类文明中追求的各种美好的价值目标和文化理念，从来都没有完全地实现过。但是它们有现实生活的基础——或部分实现，或作为奋斗目标。有了这样的理想，现实生活就有了一种促使现实世界尽可能向善、向美、向崇高提升的张力。

对待普遍价值我们要用马克思辩证唯物主义的观点去分析，从抽象与具体、理想与现实、应然与实然的矛盾关系和动态发展中去把握。[1]

李步云撰文指出，人类之所以有共同价值根源有三个："第一，人的本性具有相同性；第二，全人类有共同的利益；第三，全人类存在着共同的道德。"[2] 所以，孔子的"己所不欲、勿施于人"，成为世界普遍认同的人际交往的黄金规则。当今世界确实普遍存在环境污染、生态失衡、资源日益枯竭与巨大浪费、人口爆炸等困扰人类的全球性问题，在社会生活领域崇尚诚信、公平、正义、平等、法治等价值理念成为社会大众所期望的一些共同价值追求，这是存在的，也是合理的，这不同于借"普世价值"的幌子进行文化扩张、思想渗透，以"普世"名义，强行兜售本国意识形态的行为。我们并不反对那些真正的、能够促进人类社会发展的共同价值诉求。

总之，一定要对抽象人性论和对人性的科学抽象进行区分。抽象人性论是社会主义核心价值观教育的理论陷阱。"普世价值"的立论依据就是抽象人性论，实际上，马克思对抽象人性论的批判不是简单地否定，而是"扬弃"。资产阶级抽象人性论的错误，与其说是对人性与人的本质作了抽象的理解，不如说他们仅仅对人性、人的本质作了片面的抽象理解，他们的错误在于其理解的片面性。

具体是对于抽象而言的，两者是辩证统一的关系，没有一方面的存在，另一方面的存在也就不可能。人性、人的本质应当是具体与抽象的统一。科学的抽象，对事物的把握有十分重要的意义。

马克思以前的人性理论，确实犯了只从抽象方面去理解人性与人的本质的错误，

---

[1] 孙美堂：《论普遍价值的辩证本性和问题情境——兼评关于普世价值的争论》，载《学习与探索》2011年第3期。

[2] 李步云：《人权普遍性之我见》，载《北京日报》2006年5月8日，第2版。

片面强调人性与人的本质的不变性与永恒性，并将这种永恒性、不变性作为其理论建构的逻辑前提。人性与人的本质是常驻性与流动性的辩证统一，是变与不变的统一。人性、人的本质一定是变中有不变、不变中有变，流动中蕴含着永恒。

我们的社会主义核心价值观中也提到自由、平等、法治、友善等价值观，也就是说我们承认人们之间存在一定时空条件下，即一定范围内的"共同价值"取向和追求，问题在于人们如何解释和如何对待它，平等、公平、法治是历史的产物，同一个词，不同时代、不同制度下的不同人们有各自不同的表述。

所以我们对某些"共同的价值"既要看到"同"，又不能忘记"异"。这是一枚硬币的两面，"普世价值"就是割裂抽象与具体的统一，用一般否定特殊。不谈现实的人而谈抽象的人就会把人引入歧途。当今，如何看待"普世价值"，直接关系到人们对社会主义核心价值观的认同与否。"普世价值"的哲学基础是抽象人性论，我们不能从抽象的人性出发研究人的价值，离开社会的经济关系、政治关系，宣传抽象的"人性""公平""正义""平等""法治"是不科学的，理论认识上是有缺陷的。还有些人张扬"普世价值"，以学术之名做政治文章，用英美等发达资本主义国家的人权、民主改造中国，对我国公民价值取向产生了深刻影响。面对纷繁复杂的社会思潮，一定要从理论深度上帮助人们认识各种社会思潮，才不会让人们迷失方向、迷失自我，从而使理想信念迷惘、责任意识缺失及道德失范。人们之所以面对西方社会思潮产生困惑，很大原因是他们缺乏科学的思维方法和看待问题的正确立场、观点和方法。要认识到，"价值"是人们对一件事物的意义、效用的判断，是一种观念。不同社会思潮代表不同群体、不同阶层的利益和需求，人们接受某一种思潮不再只是出于纯粹的思想和价值认同，而是掺杂了更多的现实与长远利益因素，支持与否在很大程度上取决于该思潮是否符合自身利益诉求，而以往单一的纯粹的价值观教育是单薄的，马克思主义利益观认为：人类所奋斗的一切都与利益有关，明确指出追求利益是人类一切社会活动的根本动因。因此利益问题始终是人们最先关注的问题，要清楚各种错误思潮影响，需要对其错误的、不当的利益需求加以引导。

价值形成的基础源于主体需要，不从人们需求入手进行价值观说教必然是悬空的。不同利益群体，甚至是相同利益群体的不同个体之间都会存在价值取向的差异。这就需要以社会主义核心价值观来整合不同利益群体的价值诉求。面对价值取向的差异，我们需要坚持用社会主义核心价值观引领各种社会思潮，有力抵制各种错误思想对人们的影响，同时又要尊重差异、包容多样。

总之，人的全面发展是未来理想和现实过程的统一，人的全面发展是党的理想信念的核心价值，人的全面发展需要构建人类命运共同体，人类命运共同体有利于人的全面发展，两者是相辅相成、互相促进的关系。

【基金项目】北京高校中国特色社会主义理论研究协同创新中心（中国政法大学）项目"人学视域下的人性问题研究"阶段性成果。

《共产党宣言》的世界历史理论与构建人类命运共同体

中国人民大学马克思主义学院 郗 戈

摘要：《共产党宣言》在政治宣言语境中发展和深化了世界历史理论，分析了世界历史的内在矛盾，将之展开为"双重逻辑"即资本的增殖逻辑与民族国家的权力逻辑。从当代视野看，资本逻辑与民族国家逻辑之间的对抗性，是全球混沌、世界冲突的根源之一，同时也凸显了全球治理、人类共同命运等问题的重要性。《共产党宣言》的世界历史理论与构建人类命运共同体思想在历史和逻辑两个层面上都具有深刻统一性。从社会发展史来看，构建人类命运共同体是世界历史发展到当今阶段的客观要求。而从马克思主义发展史来看，构建人类命运共同体思想是对马克思和恩格斯的世界历史理论的继承与发展。正是在构建人类命运共同体的理论和实践中，世界历史理论的当代价值得以彰显。

关键词：世界历史；资本逻辑；民族国家逻辑；人类命运共同体

2018年是马克思诞辰200周年，也是《共产党宣言》发表170周年。在全球化高度发展的今天，社会主义与资本主义的辩证法展现出前所未有的历史深度与复杂内涵。由此，《共产党宣言》的世界历史理论中关于早期全球化的认识和预言也日益彰显出当代生命力与鲜活阐释力。世界历史、全球化与构建人类命运共同体这三者息息相关。探究世界历史理论与人类命运共同体思想的历史相关性，对于激活经典著作的当代价值、推进社会主义的全面发展具有重要的理论价值和实践意义。

一、世界历史及其"双重逻辑"

《共产党宣言》运用了马克思、恩格斯创立历史唯物主义时期提出的世界历史理论。在《德意志意识形态》中，马克思和恩格斯揭示出从各民族的"历史"向"世界历史"的转化过程。他们指出,随着16世纪前后的地理大发现,资本主义迅速向全球扩张,推动历史从民族的地域形态向全球相互依存的世界历史形态转变,现实的个人日益超越孤立封闭的地缘关系、血缘关系,发展为世界历史性的、经验上普遍的个人。我们认为,世界历史理论是对全球化的早期形态的理论表达,同时也蕴含着对全球化的本质属性、内在矛盾与发展趋势的基本认识。《共产党宣言》运用了《德意志意识形态》提出的唯物史观。因而,世界历史就构成了《共产党宣言》阐述无产阶级革命与人类解放主题的基本历史语境。

更为重要的是,《共产党宣言》在政治宣言语境中还发展和深化了世界历史理论,分析了世界历史的内在矛盾,将之展开为"双重逻辑"。《德意志意识形态》提出了世界历史具备两个基本前提即生产力的普遍发展与交往的普遍发展的基本判断。这一判断在《共产党宣言》分析资本主义向社会主义的过渡趋势时得到了显著的深化与发展,形成世界历史的"双重逻辑"的思想:资本的增殖逻辑与民族国家的权力逻辑。

一方面,《共产党宣言》世界历史理论的"主逻辑"是资本逻辑。这里所谓资本逻辑,就是指资本主义生产方式即资本基础上的社会生产力发展所推动的一系列社会发展过程及其内在规律。具体来说,资本的运动呈现出一条深刻的逻辑线索:资本主义社会生产关系与生产力的矛盾运动,推动资本主义生产方式的全球推广,形成资本生产的世界体系,进而激发全球性的阶级斗争,从而开启向新生产方式过渡的历史进程。《共产党宣言》以"跨文体"的文风,借用歌德《浮士德》中"魔法师"与"魔鬼"的传说来比喻资本主义社会中生产关系与生产力的矛盾运动:"资产阶级的生产关系和交换关系,资产阶级的所有制关系,这个曾经仿佛用法术创造了如此庞大的生产资料和交换手段的现代资产阶级社会,现在像一个魔法师一样不能再支配自己用法术呼唤出来的魔鬼了。"[1] 这里,喻体与本体的相似性在于,"主人"与"奴仆"、"召唤"与"失控"的悖论关系。资本激发和催生了史无前例的社会生产力,然而,生产力日益挣脱资本的桎梏,并将资本统治推向必然灭亡的未来趋势。以此为基点,《共产党宣言》展现了全球层面的资本主义生产方式的推广、西方文明的传播以及生活方式趋同的强大趋势。它指出,资产阶级像上帝一般按照自己的样貌为自己创造出一个新的世界:"资产阶级,由于一切生产工具的迅速改进,由于交通的极其便利,把一切民族甚至最野蛮的民族都卷到文明中来了。……它迫使一切民族——如果它们不想灭亡的话——采用资产阶级的生产方式;

---

[1] 马克思、恩格斯:《马克思恩格斯选集》第1卷,北京:人民出版社,2012年,第405-406页。

它追使它们在自己那里推行所谓的文明,即变成资产者。一句话,它按照自己的面貌为自己创造出一个世界。"[1] 由此,进一步形成资本主义的世界体系及其伴生的无产阶级与资产阶级日趋剧烈的阶级斗争,不断推动资本主义生产方式向新生产方式以至新社会的过渡。

另一方面,《共产党宣言》世界历史理论还有一种"副逻辑"即民族国家逻辑。所谓民族国家逻辑,就是指由资本主义交往方式所推动的各个民族国家的一系列政治发展过程及其内在规律。具体来说,资本主义社会的生产力与生产关系的矛盾运动,推动交往关系的全面发展,强化民族内部的社会交往与政治集中,扩大民族间、国家间的全球性交往互动,形成世界市场与民族国家的世界体系,加剧民族国家之间的斗争,从而开启向自由人联合体的过渡趋势。《共产党宣言》强调与资本逻辑伴生的政治发展:"资产阶级的这种发展的每一个阶段,都伴随着相应的政治上的进展。"[2] 它又指出资本生产集中的必然结果就是"政治的集中":"各自独立的、几乎只有同盟关系的、各有不同利益、不同法律、不同政府、不同关税的各个地区,现在已经结合为一个拥有统一的政府、统一的法律、统一的民族阶级利益和统一的关税的统一的民族。"[3] 这实质上就点明了资本逻辑与民族国家逻辑的伴生关系。其一,《共产党宣言》向全人类宣告"一切等级的和固定的东西都烟消云散了,一切神圣的东西都被亵渎了"[4]。这一万物融化、祛魅化的隐喻直指资本主义生产方式与交往方式的全球扩张对传统的民族间、国家间交往关系尤其是政治伦理宗教关系的巨大摧毁作用。自然地或历史地形成的民族间、国家间传统政治关系迅速瓦解,被日益形成的现代民族国家世界体系的权力支配结构所取代。其二,《共产党宣言》还揭示出,现代民族国家体系在国家之间和国家内部形成一系列具有同构性的、统治与被统治的权力支配结构:西方文明支配东方文明,资本主义的民族国家支配非资本主义的国家和民族,城市支配农村,资产阶级支配非资产阶级。[3] 由此形成的民族国家间斗争与阶级斗争交相呼应,共同推动着向自由人联合体的过渡。应当指出,对于《共产党宣言》所揭示的这一民族国家逻辑,虽然马克思和恩格斯并没有系统展开论述,学界研究也相对较少,但可以通过批判地借鉴韦伯、福柯、吉登斯和哈维等人的分析来进行补充性诠释。这种民族国家及其世界体系都遵循着"国家权力逻辑",即对外维护领土界线、推进领土扩张,对内进行阶级统治与生命监控,由此服

---

[1] 马克思、恩格斯:《马克思恩格斯选集》第1卷,北京:人民出版社,2012年,第404页。
[2] 马克思、恩格斯:《马克思恩格斯选集》第1卷,北京:人民出版社,2012年,第402页。
[3] 马克思、恩格斯:《马克思恩格斯选集》第1卷,北京:人民出版社,2012年,第405页。
[4] 马克思、恩格斯:《马克思恩格斯选集》第1卷,北京:人民出版社,2012年,第403页。

务于民族国家自身统治秩序的稳定与发展。

综上，《共产党宣言》世界历史理论集中呈现出双重逻辑及其交互作用的统一性。其中，资本逻辑是主逻辑，从根源上推动着民族国家逻辑的展开，而民族国家逻辑是副逻辑，受制于资本逻辑的展开，并反作用于资本逻辑的发展。二者相互作用的中介在于交往关系尤其是政治交往关系的普遍发展。正是生产力、生产关系的普遍发展推动着民族内部、民族之间的交往关系的普遍发展，由此形成了民族内部的国家政治集中与民族之间的国际体系。

二、世界历史的矛盾与人类的"相互依存性"

从当代境遇来看，《共产党宣言》世界历史理论的双重逻辑在同一性的基础上更多地发展出二者之间的对抗性。这集中表现为，资本逻辑的自我增殖趋势与民族国家逻辑的自我维持趋势之间的对立统一。资本逻辑与民族国家逻辑之间的对抗性，是全球混沌、世界冲突的根源之一，同时也凸显了全球治理、人类共同命运等问题的重要意义。

资本逻辑与民族国家逻辑的矛盾，在全球规模上主要有三个重要表现。从社会空间上看，资本逻辑推动社会生产总过程进行全球扩张、跨越界限的趋势和民族国家捍卫领土界线与权力垄断的要求之间发生着矛盾。具体来看，资本支配的现代生产、流通、分配和消费等总过程具有克服一切自然限制与社会限制的趋势，力求突破特定民族国家的领土界限在全世界范围内活动。这构成了全球化进程的内在根源与基本动力。资本逻辑的全球布展，形成了日益广泛深化的国际分工体系和世界市场，强化了世界各国经济、政治、文化之间的相互影响与普遍依赖。世界市场激发跨国公司、国际组织等非国家力量的兴起，不断推动"经济的非领土化"效应。由此，跨国资本不断突破民族国家的权力界限，一定程度上削弱了民族国家的权力垄断，迫使民族国家进行一系列结构性、功能性的调适。

从社会结构上看，资本逻辑全球布展的权力支配结构与民族国家维持内部社会结构稳定性的要求之间发生着矛盾。资本全球化具有整合世界的文明同化作用，同时还包含着分裂世界的"中心—边缘"机制，引发民族国家内部结构不断地建构与解构、危机与悖论。一方面，资本全球化进程不断地传播文明、同化世界，在各个民族国家之间、民族国家内部形成普遍的"利益捆绑"与"文明同质化"。全球生产方式的一体化趋势进一步推动了生活方式的一体化，而这又构成了政治和文化领域的世界同质化的物质基础:"物质的生产是如此,精神的生产也是如此。各民族的精神产品成了公共的财产。民族的片面性和局限性日益成为不可能,于是由许多种民族的和地方的文学形成了一种世界的文学。"[1] 由此,整个世界被愈益严密地组织到全球性生产体系之中,从而呈现出文明各个层面的同质化的趋向。另一方面,资本主导的全球"一体化"并未实现世界的共同发展,而是导致了日益严重的"利益分化"与"全球分裂",进而诱发民族国家内部的结构性分裂。资本所到之处,"统治—被统治"的二元结构和权力支配关系在社会生活的各个层面上被不断地再生产出来。资本推动的全球现代性呈现出地理空间上的不平衡发展结构,民族国家内部的断裂差异格局与全世界范围内不同民族国家之间的断裂差异格局具有显著的"同构性"。正如《共产党宣言》所洞见的:"资产阶级使农村屈服于城市的统治。它创立了巨大的城市,使城市人口比农村人口大大增加起来,因而使很大一部分居民脱离了农村生活的愚昧状态。正像它使农村从属于城市一样,它使未开化和半开化的国家从属于文明的国家,使农民的民族从属于资产阶级的民族,使东方从属于西方。"[2] 具体来看,这种资本全球化的"同化—分裂"逻辑集中表现为民族国家外部和内部的一系列"中心—边缘"支配结构的不断再生产过程。第一,从发展的空间结构来看,资本全球化在资本的"母国"内部不同阶级、不同生产部门、不同地区之间制造了一系列不平等的发展结构,并进一步将这些不平等发展结构复制、移植到各个民族国家之中,改造、取代和置换这些国家传统的支配关系,并重塑这些国家的社会结构。第二,从发展的时间结构来看,资本全球化在不断突破传统的政治等级、经济秩序和文化樊篱的同时,又在各民族国家内部与各民族国家之间不断构建出新的等级秩序和文明差异。这种差异结构表现为发展程度的巨大对比和落差,表现为现代与前现代、进步与落后、文明与野蛮、发达与不发达、资本主义与前资本主义之间的巨大断裂,以致发展为征服与服从之间的统治关系。

从社会行动上看,资本逻辑激发的阶级斗争、民族斗争趋势与民族国家捍卫其政治秩序稳定性的要求之间发生着矛盾。《共产党宣言》集中呈现了资本全球布展所引起的阶级斗争剧烈化的"两极对立"趋势。整个世界的传统政治等级都被普遍的阶级化所置换。无论在民族国家内部与外部,多种多样的等级、阶级都向着资产阶级和无产阶级两个方向上发生分裂。虽然与《资本论》《法兰西内战》等著作中更为复杂具体的阶级分析相比,《共产党宣言》中的阶级分析相对比较简单化,但

---

[1] 马克思、恩格斯:《马克思恩格斯选集》第 1 卷,北京:人民出版社,2012 年,第 404 页。
[2] 马克思、恩格斯:《马克思恩格斯选集》第 1 卷,北京:人民出版社,2012 年,第 405 页。

却把握住了资本逻辑所推动的阶级斗争白热化的基本趋势。第一，《共产党宣言》通过资本逻辑的全球化来把握世界市场基础上民族分隔、国家对立日益消失的趋势："随着资产阶级的发展，随着贸易自由的实现和世界市场的建立，随着工业生产以及与之相适应的生活条件的趋于一致，各国人民之间的民族分隔和对立日益消失。"[1] 第二，《共产党宣言》还论及阶级斗争与民族斗争、民族国家斗争的关系问题，并且将民族国家间斗争的解决，归结为阶级斗争问题的合理解决："人对人的剥削一消灭，民族对民族的剥削就会随之消失。民族内部的阶级斗争对立一消失，民族之间的敌对关系就会随之消失。"[1] 由此可见，《共产党宣言》主要是从资本逻辑与阶级斗争的视角来理解民族国家间斗争的，并进而触及资本逻辑所激发的阶级斗争剧烈化趋势与民族国家捍卫政治稳定与社会秩序的要求之间的矛盾。虽然这一矛盾并未深入展开，但从当代语境来看，《共产党宣言》揭示的这一问题尤为重要，值得我们深入研究。

可见，世界历史的内在矛盾可以归结为，资本逻辑与民族国家逻辑的对立统一产生出一种悖论性结构：人类在表象上的漠不关心、利益冲突的状况与人类在实质上已经相互依存、命运攸关的状况之间的对立。换言之，《共产党宣言》所揭示的世界历史意味着，自在意义上的人类相互依存性、利益相关性、命运共同性的不断形成趋势；而这种自在的人类共同性本质却恰恰表现为自为意义上的人类各民族、各国家之间的相互分隔、利益冲突与殊死斗争。进而，自为层面的阶级斗争与民族国家间斗争，又助推全球层面的普遍交往，从而推动着自在层面的人类相互依存性的发展。由此，世界历史的内在矛盾便构成了资本主义向社会主义过渡的动力和中介。

显然，世界历史本身就意味着人类的"相互依存性"即潜在意义上的人类命运共同体的形成。这是马克思主义世界历史理论的极为深邃的观点。正是《共产党宣言》揭示出的这一世界历史趋势，为自觉地全球治理与构建人类命运共同体提供了现实基础。随着民族的、地域的历史越来越成为世界历史，各个民族越来越融入世界历史性的生产体系和交往体系之中，世界各国逐步形成越来越相互依存的生产生活方式、越来越广泛的共同利益、越来越多的价值共识，同时也面对着共同性的世界难题。从唯物史观高度看，世界历史形成的人类相互依存趋势是推进全球治理、构建人类命运共同体的客观条件；而推进全球治理、构建人类命运共同体则是适应世界历史当代发展要求的自觉实践。

---

[1] 马克思、恩格斯：《马克思恩格斯选集》第1卷，北京：人民出版社，2012年，第419页。

三、世界历史与构建人类命运共同体

党的十九大报告指出,坚持和平发展道路,推动构建人类命运共同体。构建人类命运共同体思想是习近平新时代中国特色社会主义思想的重要组成部分,是当代中国对世界的重要思想和理论贡献。习近平同志指出:"这个世界,各国相互联系、相互依存的程度空前加深,人类生活在同一个地球村里,生活在历史和现实交汇的同一个时空里,越来越成为你中有我、我中有你的命运共同体。"[1] 也就是说,随着世界多极化、经济全球化、社会信息化、文化多样化深入发展,全球治理体系和国际秩序变革加速推进,各国相互联系和依存日益加深。国际社会日益成为一个相互依存、利益交织的命运共同体。面对世界经济的复杂形势和全球性问题的共同挑战,任何国家都不可能独善其身。全球化的生产和交往把人类居住的星球变成了"地球村",各国利益的高度交融使不同国家成为一个共同利益链条上的一环。由此,经济全球化促使人们对传统的国家利益观进行反思。人类社会是一个相互依存的共同体已经成为共识。可以说,人类命运共同体包含了"相互依存的利益共同体""和而不同的价值共同体""共建共享的安全共同体""同舟共济的行动联合体"等主要内涵。[2]

《共产党宣言》的世界历史理论与构建人类命运共同体思想在历史和逻辑两个层面上都具有深刻统一性。从社会发展史来看,构建人类命运共同体是世界历史发展到当今阶段的客观要求。而从马克思主义发展史来看,构建人类命运共同体思想是对马克思和恩格斯的世界历史理论的继承与发展。

首先,构建人类命运共同体是对世界历史发展的阶段性特征的自觉把握。马克思在《1857—1858年经济学手稿》中指出,在"物的依赖性"社会中,"毫不相干的个人之间的互相的和全面的依赖,构成他们的社会联系"[3]。也就是说,资本主义社会呈现为个人之间实质上的相互依赖、利益捆绑与表象上的漠不关心、利益冲突的悖论性结构。由此,从逻辑上看,世界历史的发展可以分为三个主要阶段。第一是资本主义世界体系形成阶段,各民族国家之间形成了自发的、客观的利益相互依赖,但同时又呈现出主观上的漠不关心甚至相互冲突。在这一阶段占据主导地位的,是资本逻辑的全球扩张与民族国家逻辑的自我维持之间的矛盾。第二是世界体系发展出"命运共同体"的阶段,各民族国家之间自发的利益依赖发展为自觉的"共同命运",相应地出

---

[1] 习近平:《习近平谈治国理政》,北京:外文出版社,2014年,第272页。
[2] 郝立新、周康林:《构建人类命运共同体——全球治理的中国方案》,载《马克思主义与现实》2017年第6期。
[3] 马克思、恩格斯:《马克思恩格斯全集》第30卷,北京:人民出版社,1995年,第106页。

现了共同利益关注、共同命运意识。在这一阶段占据主导地位的，是对资本逻辑与民族国家逻辑的局部的、有限的扬弃。第三是"真正的共同体"形成阶段，自发的利益依赖与自觉的共同命运发展为社会性的共同生产与共同占有，由此扬弃民族对立与阶级斗争，形成自由人联合体即真正的人类共同体。这一阶段占据主导地位的，是在全面扬弃资本逻辑与民族国家逻辑基础上形成以人的全面而自由的发展为目的的新社会逻辑。可见，构建人类命运共同体的实践，属于世界历史的第二发展阶段，由此成为推动世界历史从第一阶段向第三阶段演进的中介，成为推动潜在的人类共同体向真正的人类共同体发展的关键环节。构建人类命运共同体，就是将自发的人类相互依存打造为自觉的人类共同命运的能动实践。构建人类命运共同体，是对资本主义世界体系的阶段性扬弃，开启了通向新的世界体系的道路，将过去的经历转化为当下的实践，并引领着未来的发展，具有十分重要的世界历史意义。

进而，构建人类命运共同体是对当今世界历史发展的双重逻辑的合理应对。《共产党宣言》发表170年以来，社会主义革命、建设与改革的历史经验表明，社会主义的发展，只有自觉运用世界历史的双重逻辑，积极推动双重逻辑的历史发展与辩证扬弃，才能建设好社会主义，才能真正实现共产主义。因而，构建人类命运共同体也应当在推进全球治理中合理应对资本逻辑与民族国家逻辑。

第一，构建人类命运共同体，要立足民族国家发展而开启超越民族国家逻辑的人类共同体视野。社会主义在东方发展的一个基本特征是，社会主义运动与民族解放运动、社会主义发展与民族国家发展相结合。因而，构建人类命运共同体就必须诉诸民族国家逻辑，就应该立足于民族国家的发展壮大而不断推进人类共同体建构。具体来说，在追求本国利益时兼顾他国合理关切，在谋求本国发展中促进各国共同发展，把中国发展与全球治理，把实现中华民族伟大复兴的中国梦与建构人类命运共同体在理论和实践上统一起来。

第二，构建人类命运共同体要合理利用和控制资本逻辑并推动资本逻辑的自我扬弃。资本逻辑是世界历史和全球化发展的关键动力，没有资本逻辑的推动作用，也就没有世界市场基础上形成的各民族国家的相互依存。因而，构建人类命运共同体尤其不能回避资本逻辑仍然主导着世界体系的时代境遇。要反对"反全球化"和"逆全球化"倾向，自觉融入全球化，规避资本逻辑的同化与统治。如何抑制资本逻辑对全球的分裂对抗效应，同时利用资本逻辑对全球的联通激活作用，是我们应当思考的关键难题。

第三，构建人类命运共同体必须抓住资本逻辑与民族国家逻辑之间相互依存、相互斗争以至相互转化的一系列中介点[如"国家—金融"纽结（大卫·哈维语）、国际组织、国际制度等]。因势利导地推进国际权力、共同利益、可持续发展和全球治理的相互依存格局不断从自发走向自觉，从而使得双重逻辑最大限度地服务于人类共同体建构、服务于社会主义发展。

结　语

从思想史上看，《共产党宣言》的世界历史理论第一次对现代世界格局进行了具体总体的再现。近现代西方思想史上关于世界历史的本质与走向问题曾出现过三种代表性的理论。一是霍布斯的"自然状态"说，即认为各民族、各国家缺乏公共权威的制衡，如同自然人一般只追求自我保存和自我利益，因而呈现出"一切人反对一切人的战争"的混沌无序状态。二是康德的"永久和平"说，即认为各民族、各国家可以通过自然的民族权利而缔结契约，建立"民族国家联盟"，形成自由、平等、公正的持续和平秩序。三是黑格尔的"民族精神说"，即认为人类发展史的每一阶段都有主导性的时代精神和领导性的民族，该民族有权领导世界上所有民族而形成合理的世界秩序。从当代境遇看，上述三种观点都具有局部的真理性，都是对世界历史的民族国家权力体系的某些侧面如利益冲突、和平发展与世界霸权等的抽象概括，仍然拘泥于民族国家逻辑的视域之内，仅仅把握住了世界历史的表层结构。与之相比，只有马克思主义才对世界历史作出了本质的、总体的再现，深入到民族国家逻辑背后的深层结构，发现了资本逻辑。由此，马克思主义不但把握到了世界历史所内含的利益冲突、和平发展与世界霸权等方面，而且还深入探究这些方面背后的深层根源即资本逻辑与民族国家逻辑的矛盾。进而，马克思主义把"现代"理解为一个过渡性的时代，揭示了资本主义世界体系自我扬弃与内在超越的辩证法，预见了社会主义世界体系的发展趋势。

由此，《共产党宣言》的世界历史理论与构建人类命运共同体具有深刻的内在联系。正是在构建人类命运共同体的理论和实践中，世界历史理论的当代价值得以彰显。人类命运共同体虽然还不是"真正的共同体"，但是却为实现自由人联合体提供了客观条件与物质基础。如何将自发的相互依存、利益依赖更大限度地转化为自觉的命运共同体，并进而为真正的共同体做好准备，是当今时代理应思考的根本性人类政治问题。

【项目基金】本文系北京高校中国特色社会主义理论研究协同创新中心（中国人民大学21世纪中国马克思主义研究协同创新中心）阶段性成果。

海德格尔此在共同体的人学反思

安徽师范大学马克思主义学院 张 涛

摘要：海德格尔存在论生存论通过此在的上手去存在，营造出一种共在的共同体。此在共同体是对人的存在与意义进行的抽象考察，具有个体主体与孤立主义的特征。需要从马克思主义现实的人来考察当代人的生存与发展，走出个体主义、孤立主义，共同推动人类命运共同体。

关键词：此在共同体；个体主义；孤立主义；现实的人；人类命运共同体

海德格尔存在论生存论是现代西方哲学生存论转向的标志性成果，它通过此在的上手去存在，营造出一种共在的此在共同体。然而，此在共同体是对人的存在与意义所进行的抽象考察，具有个体主体与孤立主义的特征。

一、此在共同体的个体主义、孤立主义特征

马克思在批判费尔巴哈的抽象人本主义时曾指出："费尔巴哈设定的是'人'，而不是'现实的历史的人'。'人'实际上是'德国人'。"[1]这种批评，同样适用于海德格尔存在论理解的人。

海德格尔曾经阐发过此在具有三重优先性。"第一层是存在者层次上的优先地位：这种存在者在它的存在中是通过生存得到规定的。第二层是存在论上的优先地位：此在由于以生存为其规定性，故就它本身而言就是'存在论的'。而作为生存之领会的受托者，此在却又同样源始地包含有对一切非此在式的存在者的存在的领会。因而此在的第三层优先地位就在于：它是使一切存在论在存在者层次上及存在论上都得以可能的条件。于是此在就摆明它是先于其他一切存在者而从存在论上首须问及的东西了。"[2]这三重优先性，标明了此在是世界的中心，是生存的基础，是一个

---

[1] 马克思、恩格斯：《马克思恩格斯选集》第1卷，北京：人民出版社，2012年，第155页。
[2]（德）海德格尔：《存在与时间》（中文修订第二版），陈嘉映、王庆节译，商务印书馆，2015年，第18-19页。

"大写"的主体。

海德格尔的"此在对于其他存在者的优先性",造成一种此在的绝对主义、霸权主义,即对其他存在者客观地位的取消,对其他人的存在的同一化。

海德格尔宣称,此在是一种共同存在,并把共同存在标明为,此在在世存在的一个本质属性。他认为:"我实际上不是独自现成地存在,而是还有我这样的他人摆在那里。"[1] "'此在'这个术语表示得很清楚,这个存在者'首先'是在与他人无涉的情形中存在着,然后它也还能'共'他人同在。"[1] 然而,这只是宣称而已,此在共他人共同存在的实质是此在对他人存在的同一化,这种"共同"不是现实的、包含矛盾的存在,乃是"此在式的共同"[2]。"共在是每一自己的此在的一种规定性;只要他人的此在通过其世界而为一种共在开放,共同此在就标识着他人此在的特点。"[3]

这个此在式的共同,并不是人与人之间的关系,而是孤立的此在性质,是此在自身构造出的与他人的抽象关系。这一点,来源于胡塞尔现象学的意向性。胡塞尔的世界整体是在意向性理论基础上逐步被奠基出来的,他人也是被奠基在自我的意向性之中,所有一切都被意向性理论之光照耀。现象学的这种同一性把一切差异、矛盾格式化了,因而也把社会历史现实抽象为空洞的理论。于是,当"现象学停留在光的世界中,这个自我独居的世界中没有作为他人的他者,对于自我来说,他人只是另一个自我,一个他我,认识它的唯一途径是同情,也就是向自身的回归。"[4] 海德格尔自己的话,也印证了此在式的共同存在的骗局:"'他人'并不等于说在我之外的全体余数,而这个我则从这全部余数中兀然特立;他人倒是我们本身多半与之无别、我们也在其中的那些人。"[2] 因此,海德格尔此在所宣称的具体性、历史性完全存在于孤独主体之中。

这三重优先性又落实到第四重优先性上,即特殊此在优先,即德国和欧洲此在优先与特殊此在优先。海德格尔指出他那个时代精神已经跌落得如此之快,人们已经处于丧失其最后的精神力量的危险之中,却不自知。"这个欧罗巴,还蒙在鼓里,全然不知它总是处在千钧一发、岌岌可危的境地。"[5] 但欧罗巴"是个形而上的民

---

[1] (德)海德格尔:《存在与时间》(中文修订第二版),陈嘉映、王庆节译,北京:商务印书馆,2015年,第153页。

[2] (德)海德格尔:《存在与时间》(中文修订第二版),陈嘉映、王庆节译,北京:商务印书馆,2015年,第151页。

[3] (德)海德格尔:《存在与时间》(中文修订第二版),陈嘉映、王庆节译,北京:商务印书馆,2015年,第154页。

[4] (法)勒维纳斯:《从存在到存在者》,吴慧仪译,江苏教育出版社,2006年,第104页。

[5] (德)海德格尔:《形而上学导论》,熊伟、王庆节译,北京:商务印书馆,1996年,第38页。

族",它能通过重塑此在与存在的关系来从虚无主义的深渊中超拔出来,"这个民族要作为历史性的民族将自身以及将西方历史从其将来的历程的中心处拽回到生发在之威力的源头处"[1]。那么,这种存在之复兴,要依靠谁呢?海德格尔指出,那是少数特殊的此在。少数特殊的此在,当然不是一般的人民群众,而是指那些能够作诗与运思的诗人、哲学家,那些能承受孤独、进行伟大创造的政治家。

海德格尔生存论理解的人,是"德国人",海德格尔式的,根本不是现实的历史的人,而是抽象人,是对现实的历史的人的抽象的摹写。只有抽象的人,才能承担起此在的优先性,承担起存在领会的优先性。因此,海德格尔存在论的此在去生存的无矛盾建构,乃是一种抽象人性论,它只是从抽象意义上肯定了人的存在和价值。

二、此在共同体是没有主客矛盾的纯理论建构

海德格尔存在论把人的在世存在,看作此在能在的无矛盾建构。此在的这种无矛盾建构是虚妄的。

海德格尔所理解的世界,是内在于此在的一个性质。这个世界不是数学的、物理的世界,或逻辑的世界,而是前理论意义上的世界。基于这种认识,他批评了主客二分的思维模式。海德格尔认为,主客二分式的思维模式,首先设立一个孤立的主体和实在的客体;然后主体或是依靠抽象的绝对精神,或是通过自身先验的认识能力,对实在的客体世界进行认识和揭示。于是,传统的认识论哲学,不可避免地要去面对这样一个认识论上的难题,即哲学上的丑闻,即内在的主体如何超越自身的界限而去切中外在于它的客体存在。在海德格尔看来,主客二分思维模式的本质特性,集中体现为表象性、对象性、计算性和课题性思维。

在主客二分思维模式中,人,就成为表象着的主体,表象活动把一切存在者规定为表象的对象,真理被规定为表象的确定性。换句话说,一切存在者都成为可表象之物。这样,存在者也就完全丧失了存在。海德格尔强调指出,笛卡尔的主体性哲学,是这种表象性思维的典型代表;而黑格尔的实体即主体的思辨辩证法,是这种表象性思维的集大成者。海德格尔批评黑格尔这种集大成的辩证法,乃是"比一千个太阳还亮"的东西,而"如果光亮散落到一种'比一千个太阳还亮的'单纯光明中,那么,光就不再澄明了"[2]。在黑格尔辩证法中,存在被完全遮蔽起来。存在

---

[1] (德)海德格尔:《形而上学导论》,熊伟、王庆节译,北京:商务印书馆,1996年,第39页。

[2] (德)海德格尔:《同一与差异》,孙周兴译,北京:商务印书馆,2011年,第132页。

被完全遮蔽，造成千篇一律的状况。也就是说，无论是资本主义还是社会主义，它们在本质层面上，即思维模式层面上没有什么两样。由存在被遮蔽而造成的一切事物都千篇一律的状况，在海德格尔看来，就是虚无主义。

海德格尔认为，不能再在主客二分的思维方式上打转转，而应向主体与客体、人与世界对立之前的那个生存境域上还原，即不能再像以往的哲学家那样，把客观世界看成是外在于人的，而只有把世界看成人的生存过程的一个生存论环节，看成是此在内在的属性，才能真正解决这一主体与客体的二元分立问题。这样，在海德格尔存在论中，人对自身存在以及世界的认识与揭示，就被归结为主体与客体对立之前的原始生存境域的追问和领会。

在海德格尔看来，此在自从"出生"，就是带着世界而来的，此在存在的方式是依寓于世界而存在。在世界之中这种存在方式，不是像一种存在者在另一种存在者之中那样，如人在屋子里，水在杯子中，或衣服在柜子中等那样。[1] 此在在世界之中依寓于世界而存在，是指人与世界是浑然一体的，并且此在始终是从世界来理解自己与其他事物以及与世界的关系的。世界、在之中和此在为谁，成为三个生存论上的要素和环节，共同组建起此在在世存在这一基础结构。这就是此在去存在、生存的生存本体论上前结构。使此在在世存在的三个要素和环节，作为一个统一的整体结构而呈现出来的此在生存论范畴，是操心。操心，则是将日常的操心情态本体化、能在化的一个范畴。于是，海德格尔的此在在世存在就与现实的人的在世界中生存、发展具有原则性的不同了。

如何看待海德格尔的这种分析呢？可以肯定地说，海德格尔涉及了传统知识论的要害部分，但是在解决的方案上是失败的。海德格尔通过所谓的此在在世存在的分析，并没有真正解决问题，而是把问题回避掉了。海德格尔在胡塞尔意向性理论的基础上，通过将意识拓展为此在，而把主体与客体、人与世界的划分排除掉了。他认为在存在论生存论上，世界是此在的内在性质，将此在规定为在世存在，又把在世存在解读为一个先验的形式结构，最后通过对操心这个人的心理情态本体化来统摄这个在世存在的形式结构。

无疑，人在世界中生存，这是没有问题的。但是，不能把世界看成是人的一个内在性质，把人的在世看成是人与世界的浑然一体。这种浑然一体状态曾经存在过，即人类历史上的早期蒙昧、混沌时候存在的状态。那时，人的主体性还没有从自然

---

[1]（德）海德格尔：《存在与时间》（中文修订第二版），陈嘉映、王庆节译，北京：商务印书馆，2015年，第72页。

中提升出来。海德格尔强调人与世界的浑然一体,与一般的回到原始时代的复古意识还不一样。他认为,原始蒙昧时代是非本真时间上的原始,因而还不是真正的原始;而他所谓人与世界的浑然一体,是指人的生存本真时间上的先验的、前理性的源始境域,这才是真正的原始。但无疑,两种要求人与世界的混同不分,都是有问题的。此在与世界的浑然一体的这种存在方式,同样排除了现实的对象,也排除了现实的人,是一种抽象的、虚幻的人与世界的无矛盾安顿。在本质上,这来源于存在的绝对主义、霸权主义和此在的绝对主义、霸权主义。

海德格尔的解决方案,对于以往的形而上学来说,实质上只是从一个极端走向了另外一个极端。海德格尔既要反对唯心主义,砍下主体的头;又要反对唯物主义,砍下客体的头。于是,只能强调一个主客分立前的领域,以此试图把主客分立及主客关系取消掉或转换掉。这种解决方式,虽然在具体内容上,与以往哲学家对人与世界问题的解决方式有所不同,但本质上是一致的,即都回避了问题,回避了人与世界的矛盾,根本不是对这个矛盾的真正正视和解决。正是这种所谓的主体与客体、人与世界分立之前的那个先验的、前理性的源始境域,才给海德格尔带来一种抽象的能动的主体性。因为实际上,这种抽象的能动的主体性本身,就是以主体与客体、人与世界的分立为前提的;只不过,它不是客观现实世界的正确表达,而是一种歪曲反映。主客分立及主客关系"不是人们选择赞同或反对的观念或立场,它概括的恰恰是人类生存和发展的条件,是一种必然存在的客观事实"[1],标志着社会历史的进步与发展。海德格尔的生存本体论只是试图从理论上解决理论的问题,没有理解到主客分立的现实意义,因而,生存本体论自身根本无法将主客统一起来,不过是在主客之间"飞快地左右摇摆而已"[2]。所以,它自己才是那个仍然停留在形而上学之中的东西。要想克服形而上学思维模式的缺陷,并不是不讲主客分立及主客关系,而是必须要在实践基础上对立统一地来讲才行。只有在那种存在优先的绝对主义视域中,主客分立及主客关系才完全闪耀着"比一千个太阳还亮"的有色光芒。

海德格存在论对发达资本主义社会中人的存在状况的分析,尤其是对经过两次世界大战和经济萧条的浩劫,以及人的价值贬损、技术异化现象等资本主义的负面作用的反思,的确具有一定的意义和价值。但是,不能因此而对海德格尔存在论的内容和方法、作用和意义,片面地夸大,无限地拔高。因为,其存在论生存论乃是与人的非理性的情绪相联系的抽象能动论,即将人的非理性因素本体化为人生存过

---

[1] 陶富源、张涛:《关于"超越论"的反思》,载《马克思主义研究》2010年第11期。
[2] (美)库尔珀:《纯粹现代性批判——黑格尔、海德格尔及其以后》,臧佩洪译,北京:商务印书馆,2006年,第548页。

程中的先验结构,以之来论证人的生存的抽象能动论。这实际上还是一种主观唯心主义的哲学。海德格尔存在论把主体与客体、人与世界矛盾关系的解决,归结为通过良知呼唤的决断达到所谓本真的存在。这种把人的在世存在看成一种无矛盾的能在在世,无疑会对人的生存问题的认识和解决产生不可避免的遮蔽和误导作用。

正如海德格尔自己所坦言的那样:"我全然不知道任何直接改变现今世界状况的道路,即使说这种改变根本就是人可能做到的我也不知道。"[1]海德格尔存在论,虽然在一定程度上描述了人的异化状况,但并未看到产生这种异化状况的根本原因,即生产力和生产关系矛盾运动下的资本主义逻辑。所以,海德格尔存在论既不能看清资本逻辑,也就更谈不上能看到它对于人类历史发展的双重影响及其负面影响的破解之道。当海德格尔把现实的历史世界归结为主客二分的思维方式的支配的时候,这种片面的"归结论"就抹去了一切客观现实。于是,资本主义"背后"的最大本质,就只能是形而上学的思维方式了;对资本主义社会的本质进行如此归结后,就可以以一种所谓的别于形而上学的沉思,来求得新的转变,开启所谓存在历史的新端点。以此,就可以达到对资本主义的"超越"。这就是海德格尔存在论中,此在在世存在的能在建构的本质所在。海德格尔此在的在世存在,已经是把资本主义社会中作为人的生存的条件的资本主义生产关系永恒化、先验化了,并且不言而喻地当作自己存在论未言明的前提。于是,他对人的问题的如此归结和解决,注定是软弱无能的;其结果只能是陷于浪漫主义、神秘主义,而不能自拔。

三、从抽象的孤立个体主义走向现实的人类命运共同体

抽象的人无法走出个体主义、孤立主义、绝对主义的窠臼,必须从马克思主义现实的人的视域来理解和把握当代人类的基本处境。

马克思主义立足于生产的客观自然前提,一定的历史阶段的物质生产条件和生产方式基础上的世界历史进程,来考察人的现实存在。实践活动是客体制约与主体能动辩证统一的物质活动,从事实践活动的人是现实的人、感性的人,而不是思辨的、抽象的个人。

现实的人是在一定的物质条件下进行物质生产活动的存在物。人与动物之间的区别即在于人的活动是生产劳动,而动物的活动则不是。现实的人所从事的活动,

---

[1]（德）海德格尔:《海德格尔选集》(下卷),孙周兴选编,上海:生活·读书·新知三联书店,1996年,第1310页。

是以物质生产活动为基础的活动。物质生产活动是人的第一个历史活动,"是一切历史的基本条件"[1]。其他的一切形式现实的人的活动,比如政治活动、宗教活动和精神活动等,都要取决于物质生产活动,而不是相反,把物质生产活动归结为精神活动。如果反过来的话,人就不再是现实的人,而成为抽象的存在物。"个人不是他们自己或别人想象中的那种人,而是现实中的个人,也就是说,这些个人是从事活动的,进行物质生产的,因而在一定的物质的、不受他们任意支配的界限、前提和条件下活动着。"[2]这些一定的物质的、不受人们任意支配的界限、前提和条件,是现实的人进行生存和活动的现实根基,它包括客观的自然界,也包括一代又一代所累积的客观物质生产环境。舍此,人就会成为无根的、虚幻的主体。

现实的人是人民主体,而不是个体主体;是在物质生产劳动中以彼此分工形式相互结合。

现实的人作为实践的主体,是体现物质生产总要求、体现具体社会关系总和的人民主体。马克思主义认为:"应当避免重新把'社会'当作抽象的东西同个体对立起来。个体是社会的存在物。因此,他的生命表现,即使不采取共同的、同他人一起完成的生命表现这种直接形式,也是社会生活的表现和确证。"[3]为了进行生产满足自身需要的生活本身,每个个体又在物质生产劳动中以彼此分工的形式结成相互依存关系,从而形成了社会。马克思认为,社会也是"处于社会关系中的人本身"[4]。因此,物质生产活动及其历史发展规律的制约,对人自身和人类社会历史的形成发展,具有无可辩驳的基础性。整个人类社会历史的发展不是抽象的精神能动进程,也不是靠自发的个体式生存活动的结果,而是人民群众推动和创造的以物质生产劳动为基础的实践过程。只有在人民群众创造的历史进程中,个人才能超越自身的狭隘性、片面性、有限性,从而实现每个人的自由全面的发展,过上幸福的生活。

当今世界,人们正面临的客观的物质条件,一方面是经济全球化的客观必然趋势。"经济全球化是社会生产力发展的客观要求和科技进步的必然结果,不是哪些人、哪些国家人为造出来的。经济全球化为世界经济增长提供了强劲动力,促进了商品和资本流动、科技和文明进步、各国人民交往。"[5]经济全球化,密切了人们的联

---

[1] 马克思、恩格斯:《马克思恩格斯文集》第1卷,北京:人民出版社,2009年,第531页。
[2] 马克思、恩格斯:《马克思恩格斯文集》第1卷,北京:人民出版社,2009年,第519页。
[3] 马克思、恩格斯:《马克思恩格斯文集》第1卷,北京:人民出版社,2009年,第188页。
[4] 马克思、恩格斯:《马克思恩格斯全集》第46卷下册,北京:人民出版社,1980年,第226页。
[5] 习近平:《习近平谈治国理政》第2卷,北京:外文出版社,2017年,第477页。

系和交往，使得人类的生存和发展成为一个利益攸关的共同体，没有哪一个国家可以独善其身，如果还抱着霸权主义、优先主义的旧思维，那是没有出路的。

另一方面是各国在生产方式、发展水平、文化背景等方面存在着差异，发展不平衡不充分的矛盾状况突出。因此，要以经济全球化的发展为基础，适应和引导好经济全球化，消解经济全球化的负面影响，让它更好惠及每个国家、每个民族，推动世界朝"开放、包容、普惠、平衡、共赢的方向发展"[1]。世界是世界人民的世界，必须要由世界人民共商共建共享，努力解决本国和世界的发展难题，某一个国家或者某几个国家，无法撇开世界大多数的国家而独自建设，更不能独自享有。一花独放不是春，百花齐放春满园。不能因为其他的人民暂时所处的落后、贫穷状态，就不尊重他者，甚至用自己的存在方式去征服、取代他者的存在方式。世界上的国家虽有大小之别、强弱之分，但都是平等的。习近平指出："认为自己的人和文明高人一等，执意改造甚至取代其他文明，在认识上是愚蠢的，在做法上是灾难性的！"[2]这种愚蠢的认识和灾难性的做法，不符合世界发展的潮流，必将遭受到世界人民严厉的批判。

所以，必须要从抽象人性论的优先主义、个体主义和孤立主义思维中走出来，树立现实的人的相互尊重、彼此平等、合作共赢的新理念，"以文明交流超越文明隔阂、文明互鉴超越文明冲突、文明共存超越文明优越"[2]，推动构建人类命运共同体，人类才能真正地向前发展和迈进。

---

[1] 习近平：《决胜全面建成小康社会 夺取新时代中国特色社会主义伟大胜利——在中国共产党第十九次全国代表大会上的报告》，北京：人民出版社，2017年，第59页。

[2] 习近平：《深化文明交流互鉴 共建亚洲命运共同体——在亚洲文明对话大会开幕式上的讲话》，载《人民日报》2019年5月16日。

玛莎·努斯鲍姆的"世界公民"思想与构建"人类命运共同体"

黑龙江大学马克思主义学院 郑 琪

摘要：随着经济的发展和全球一体化进程的深入推进，"地球村"的形成更加预示着各国公民已经成为真正意义上的"世界公民"。玛莎·努斯鲍姆追溯了古希腊罗马时期的"世界公民"思想，还为非功利主义的"世界公民"教育提供了人文学科通识教育和艺术教育的建议。玛莎·努斯鲍姆的"世界公民"思想与"人类命运共同体"理念具有千丝万缕的联系，其"世界公民"思想对于构建"人类命运共同体"具有积极的借鉴意义。

关键词："世界公民"思想；"人类命运共同体"；玛莎·努斯鲍姆

近些年，自从中国政府提出构建"人类命运共同体"以来，"人类命运共同体"已经成为一个全球"热词"，很多国内外学者和民众都对此产生了极大的兴趣。其实，在东西方文化中都能够找到"人类命运共同体"的影子。对"人类命运共同体"和"世界公民"思想进行追溯，不仅有利于厘清二者的来源和本真含义，还有利于明晰二者之间的关系，从深层次理解和把握二者的区别和联系。可以说，玛莎·努斯鲍姆的"世界公民"思想对构建"人类命运共同体"颇具启发意义。

一、从"共同体"到"人类命运共同体"

"人类命运共同体"是近些年非常流行和备受关注的一个词语，如果要探究努斯鲍姆"好生活"思想与"人类命运共同体"的关系，就要从"共同体"说起。我们追溯东西方文化就会发现，"共同体"理念古而有之。在东方，孔子有"大同世界"；在西方，亚里士多德有以善为目的的"政治共同体"。虽然东西方的文化传统大不相同，但是在"共同体"问题上却有殊途同归之势。"人类命运共同体"是以习近平同志为核心的新一届中央领导全面提出和倡导的外交核心概念，这一概念的提出，使人们开始对"共同体"和"命运共同体"等基本内涵进行反思和追问。社会学框架内的"共同体"概念和哲学意义上的"共同体"概念并不相同。在社会学中，"共同体概念一开始指的是社会的某种组织方式、联系纽带和结合原则"[1]。而源自亚里士多德的共同体概念，却在《政治学》一书开头这样被论述："我们看到，所有城邦都是某种共同体，所有共同体都是为着某种善而建立的，很显然，由于所有的共同体旨在追求某种善，因而，所有共同体中最崇高、最有权威并且包含了一切其他共同体的共同体，所追求的一定是至善。这种共同体就是所谓的城邦或政治共同体。"[2]亚里士多德把城邦共同体或政治共同体视为最高的共同体，在他看来，城邦共同体包含了其他一切共同体，"人是政治动物"，这种最高的共同体也是以至善为目的的政治共同体。

我国是在2011年中国的国防白皮书《中国的和平发展》中最早提出"命运共同体"概念的。2012年11月，党的十八大首次明确提出"人类命运共同体"，阐发"要倡导人类命运共同体意识，在追求本国利益时兼顾他国合理关切"理念。虽然在十八大报告中"人类命运共同体"只被提及了一次，但是不可否认的是，"人类命运共同体"是以合作共赢为出发点，在谋求中国发展时不忘他国利益，在全面客观分析国际形势变化后对外交政策思路进行了调整和改变，具有全球视野和战略思维，具有极其重要的历史意义和当代价值，为此后深入阐发和诠释"人类命运共同体"奠定了基础。习近平就任总书记后在多种场合表示，在政治多极化和经济全球化大背景下，各国形成了一种"你中有我，我中有你"之势，任何国家都不能做到独善其身，因此无论个人具有怎样的国籍、信仰和意愿，人类已经身处一个"命运共同体"之中。2013年3月，习近平总书记在莫斯科国际关系学院发表的题为"顺应时代前进潮流 促进世界和平发展"的演讲中和访问坦桑尼亚的讲话中都表达了"命运共同体"相关观点。"命运共同体"体现了中国超越双边关系范畴，并逐渐开启了一种以"国际权力观、共同利益观、可持续发展观和全球治理观"为内涵的"人类命运共同体"理念。2015年，习总书记在博鳌亚洲论坛2015年年会上提出了"通过迈向亚洲命运共同体，推动建设人类命运共同体"的倡议。同年9月，习近平总书记在联合国成立70周年系列峰会上，发表题为"携手构建合作共赢新伙伴 同心打造人类命运共同体"的讲话。经过两年多的沉淀和凝练，习总书记向世界阐明了中

---

[1]（马来西亚）陈美萍：《共同体（Community）：一个社会学话语的演变》，载《南通大学学报（社会科学版）》2009年第1期。

[2]（古希腊）亚里士多德：《政治学》，颜一、秦典华译，北京：中国人民大学出版社，2003年，第1页。

国的外交理念和国际战略构想，并赋予"命运共同体"以新的时代内涵和历史使命。"人类命运共同体"并不是"命运共同体"概念的简单延伸，其内涵可以概括为：政治上建立平等相待、互商互谅的伙伴关系，安全上营造公道正义、共建共享的安全格局，经济上谋求开放创新、包容互惠的发展前景，文化上促进和而不同、兼收并蓄的文明交流，生态上构筑尊崇自然、绿色发展的生态体系。[1] "人类命运共同体"具有更加清晰的受众指向，体现了中国的全局意识和战略高度，为世界进步和中国发展贡献了中国智慧。

二、从古希腊古罗马时期到玛莎·努斯鲍姆的"世界公民"思想

虽然西方的"共同体"思想可以追溯到亚里士多德，但是亚里士多德的"共同体"并没有超越城邦界限，而是以城邦共同体作为最高共同体。将"共同体"思想发扬光大并对当代产生广泛影响的是古希腊古罗马时期的"世界公民"思想，努斯鲍姆追溯了古希腊古罗马时期的"世界公民"思想，并阐发了全球正义的观点和培养当代"世界公民"的教育理念。

在努斯鲍姆看来，从第欧根尼经由塞涅卡再到西塞罗，他们无一例外地坚持"世界公民"思想。他们认为，人不应该受到出生之地或者国家的局限，民族、肤色等不应该成为人们彼此隔绝和敌对的原因，每一个人都生活在超越国家边界的"人性社会"之中，因此人人都是"世界公民"。"世界公民"说法最早是由犬儒学派的第欧根尼提出来的，第欧根尼绝对算是一个行为怪异之人，柏拉图称他为"发疯的苏格拉底"，他言辞犀利，其中比较著名的就是他与亚历山大大帝之间的对话。当时第欧根尼正在晒太阳，"亚历山大大帝对他说：'你可以向我请求你所要的任何恩赐'，他说：'走开，别挡住我的阳光。'"[2] 他的行为也令很多人大跌眼镜，他在大庭广众之下吃早餐，在其文化中只有狗才会在众人面前进食。他的很多疯狂举动都表明他公开和传统作对，也就是说，他对传统不是一味地认可和遵守，相反他对传统一直持有批判和质疑的态度，他能够跳出自己传统和习俗之外，站在旁观者的角度审视自己的生活方式。他主张顺从自然，并希望人和自然能连成一体，人也不应该受到国家界限的限制，他称自己为"世界公民"。塞涅卡总结老一辈斯多葛派思想时认为，每个人都从属于"两个世界"，一个世界是超越国家边界的人性社会，另一个

---

[1] 习近平：《习近平谈治国理政》第2卷，北京：外文出版社，2017年。
[2] 汪子嵩：《希腊哲学史》第2卷，北京：人民出版社，2010年，第573页。

世界是每个人的出生之地。"两个世界"的观点对努斯鲍姆颇具启发意义。努斯鲍姆认为我们的出生之地是极具偶然性的，因此同样具有偶然性的国籍、种族、民族和性别等不应成为人与人之间的障碍，人们应该摆脱狭隘的民族和国家等约束和限制，给予人性最大的尊重，对人性社会、道德社会负责。西塞罗在对待外邦人问题上比第欧根尼和塞涅卡更加深入和具体。西塞罗认为，在对待外邦人和敌人时也应该切实做到尊重人性，不仅不能为了自己的利益而损害到他们的利益，还要把他们看成是自己的兄弟。也就是说，他所主张的正义是没有狭隘的地域和城邦观念的正义，是一种从真正意义上超越了地域和城邦界限的正义，是全球范围内的正义和一种实质正义。他的思想进一步发展了"世界公民"思想，并对西方很多知名哲学家产生了深远影响，其中就包括努斯鲍姆。

斯多葛派强调超越城邦界限的能力，尤其是塞涅卡坚持"人是两个社会成员"的思想对努斯鲍姆的教育理念产生了广泛影响。努斯鲍姆也赞同我们不应该受限于出生的社会和国家，我们更应该意识到我们是整个人类社会的一员这种观点。她也坚持塞涅卡的其他观点，如我们应该了解他人的历史、职业和可能偏见，了解我们生活之外的世界和人。努斯鲍姆建议在人类之间进行积极有效的对话和交流，不要被狭隘的地方身份认同所蒙蔽。努斯鲍姆认为，斯多葛学派建议人们把自己设想为身处一系列的同心圆中，最里层的是自己，然后从里往外依次是小家庭、大家庭、邻居或当地团体、同城居民、本国同胞、整体的人性。也就是说，我们应该从大处着眼，放弃出于民族、宗教和种族的偏好，尊重人性，以"世界公民"的身份审视本国，包括世界的政治、经济和文化问题。努斯鲍姆承认斯多葛学派的思想对她教育思想的形成非常有帮助，从努斯鲍姆意图培养"世界公民"的"好生活"伦理实践中，我们完全可以看出斯多葛学派伦理思想的印迹。当然，努斯鲍姆明确指出，斯多葛学派在主张"世界公民"思想时并不是要否认人们与本土之间的紧密联系。斯多葛学派的观点并不是无视人们对本国履行的义务，每个人在具有"世界公民"身份和视野的同时，更要做好本国所要求的分内之事，在教育方面的要求就是要学好本国的语言、历史、地理和其他学科。努斯鲍姆的跨国正义（全球正义）和"世界公民"思想集中体现了斯多葛学派"世界公民"思想中的合理内核。努斯鲍姆针对罗尔斯三个悬而未决的正义问题展开了论述，她认为一个人的出生地和所属民族、国家具有极大的偶然性，如果仅从国家和民族、肤色等处着眼，那么似乎那些不发达国家和地区的人民理所当然地就应该遭受饥饿、疾病、痛苦和教育受限等。可是，如果我们能够突破国家界限，以一种全球视野来看待这些正义问题，那么这些落后地区人民的生活状况就不是与其他人无关的事情了。

正如马克思和恩格斯在170年前所论述的那样:"资产阶级,由于开拓了世界市场,使一切国家的生产和消费都成为世界性的了。"[1]世界经济在资本逻辑的操纵下把世界上绝大多数的国家和民族都卷入了全球化浪潮之中,我们都是生活在"地球村"的居民,世界已经越来越开放,国家与国家之间、国民与国民之间的距离越来越近,不同国家和地区人民之间的交流、融合和相互依赖也达到前所未有的程度,任何国家和民族都没有办法掌握和控制所有的资源和技术,世界各国人民已经处于普遍联系之中,"蝴蝶效应"的表现在全球化背景下愈发明显。如果我们还保有狭隘的地域和国家观念,对其他欠发达地区人民的营养、发育、教育和性别等方面的不平等问题视而不见,没有妥善解决相关问题,那么在未来人类发展进程中将会出现由此引发的连锁反应,如能源和资源短缺、粮食危机、人口爆炸、全球变暖、环境污染和战争威胁等,那时我们将会对这些问题应接不暇,稍有偏差可能就会严重影响人类的生存和发展。未来任何人都无法成为局外人,每一个人的生活质量和生活方式都会因此而受到威胁和挑战。因此,我们现在就应该意识到我们对世界上其他民族和国家的人民负有责任和义务,我们是同呼吸共命运的"世界公民",人类共处于一个地球,人类共处于一个"命运共同体"之中。正义问题没有国家界限,只有具有全球视野,加强和提高全球意识,把各国正义问题纳入全球正义问题之中,人类才能更快更好地解决这些正义问题。

三、"世界公民"思想与"人类命运共同体"的关系及启示

努斯鲍姆的"世界公民"思想继承了西方人文精神和文化传统,在很大程度上与中国提出的"人类命运共同体"理念不谋而合。西方主张打破国家和民族的限制,把自己放置在一个人性社会的"世界"之中,其实质就是承认人类具有共同的物质家园和精神家园。可以说,努斯鲍姆的"世界公民"思想为中国的"人类命运共同体"理念提供了哲学基础,从哲学角度论证了"人类命运共同体"的合法性。"人类命运共同体"理念是以人类具有共同的未来命运为前提基础,认为地球上的所有人都休戚与共、呼吸相通,一荣俱荣、一损俱损。中国是构建"人类命运共同体"的倡导者和践行者,中国在发展本国经济的同时兼顾其他国家和人民的利益,中国用30多年的时间使2亿多中国贫困人口成功脱贫,并为50多个重债穷国免除了债务,给予最不发达国家和发展中国家关税优惠和贷款优惠,并欢迎他国搭乘中国发展的

---

[1] 马克思、恩格斯:《马克思恩格斯选集》第1卷,北京:人民出版社,1972年,第254页。

"顺风车"，在中国日益走近世界舞台中央时，不忘帮助其他国家共同发展和进步，彰显了中国政府构建"人类命运共同体"的决心和信心，体现了中国领导人的长远眼光和博大胸怀。换言之，无论是西方还是东方，自古以来人类就对自身的生存和发展进步具有惊人的共识。时至今日，经济全球化和社会信息化进一步突破了国家的界限、区域的壁垒和语言文化的限制，中国以儒家传统文化的"大同世界"为最高理想，在中国经济稳步快速发展的过程中提出构建"人类命运共同体"，具有极为重要的战略前瞻性和现实指导性。西方的"世界公民"思想演变体现了柏拉图"理想国"理念发展的时代印迹和多种维度，如第欧根尼从顺从自然、人与自然的和谐一致角度论述"世界公民"，塞涅卡和西塞罗从城邦角度论述"世界公民"，努斯鲍姆从教育角度论述当代"世界公民"的培养问题等。

"世界公民"思想和"人类命运共同体"理念的高度一致性体现了中西文化在人类定位和未来发展趋势等问题方面的共识。"人类命运共同体"是一种具有全局眼光和时代高度的政治宣言和国家战略理念，指明了"世界公民"的主体归属和价值维度。"世界公民"思想从个体角度和微观层面对"人类命运共同体"理念进行了有益补充，明确了"人类命运共同体"的构成要素——"世界公民"。也就是说，"世界公民"的合法性前提是承认人类命运是共同的，"人类命运共同体"是由"世界公民"个体构成的。澄清了"世界公民"与"人类命运共同体"的关系将有助于我们从微观层面完善"人类命运共同体"思想，从宏观层面识别"世界公民"的目标指向，并从深层次理解和把握二者的区别和联系，为构建"人类命运共同体"建言献策。

既然"人类命运共同体"是由中国政府最先提出和倡导的，那么这一国际战略理念就需要得到全世界所有国家的认同和支持，其中当然也包括西方发达国家，因此，如何使用更加符合西方传统和思维习惯的表达方式和阐释逻辑将是一个不容忽视的问题。从梳理和追溯西方"世界公民"思想不难看出，"世界公民"是一种更具体、更直观的概念，它从公民个体角度切入和论证，更容易接受和认同，虽然它也具有全球视野和全局高度，但是"世界公民"从个人与他人、个人与社会、个人与国家和个人与世界关系中明确个人伦理限度，细化了个体应当做什么和不应当做什么。即使努斯鲍姆从教育角度论述培养"世界公民"，从社会和国家层面倡导培养"世界公民"的人性问题，我们依然认为这是与每一个生命个体切实相关的问题，是与每一个人的未来密切联系的。"世界公民"这一概念比较清晰和亲切，易于被大众理解和接受。"世界公民"思想也为构建"人类命运共同体"提供了理论借鉴。虽然"人类命运共同体"是一个更加宏大和具有长远意义的国际战略理念，它体现了中国智慧和中国预判，但是如果我们能够融入个体维度的论述和更加直观、操作性强的构建"人类命运共同体"的方法，那么西方国家和国民在其文化传统和语言习惯下可能更容易接受、认同和推行，在国际关系上，"人类命运共同体"战略也将会有越来越多的追随者和奉行者。多种语言和多种方式的介绍和宣传是"人类命运共同体"战略的先导，书籍、报纸、杂志和广播电视媒体宣传应该作为中国被世界了解的前沿阵地。"人类命运共同体"首先是一种文化认同的共同体，想要让更多的国家和国民了解中国、了解"人类命运共同体"还需要更多的交流和合作。中国可以从原来的"请进来"逐步向"走出去"转变，中国还应该抓住更多机会在世界舞台展示自己，让世界看到中国，让世界听到中国声音，更让世界理解和认同中国文化。近些年，中国"走出去"的步伐越来越大，这不仅体现在中国切实实施构建"人类命运共同体"战略，援建发展中国家搞基础设施建设，选派对外汉语教师传播中国文化，还体现在大力鼓励和支持中华经典外译等举措。未来中国应该多措并举，不遗余力地"让世界了解中国"，中国发展和变化的真实性、中国社会制度的优越性、中国"海纳百川，有容乃大"的宽广胸怀需要被更好地感受和体悟。中国应该鼓励政府组织与社会组织来访中国，欢迎官方人员与非官方人员到中国洽谈与合作，简化外籍游客来华旅游审批程序等。"人类命运共同体"体现了中国在内政和外交上的自信和高瞻远瞩，中国声音应该被听到，中国智慧将进一步得到彰显，中国在坚持互利共赢的基础之上，将为世界作出更多不可估量的贡献。

习近平总书记在不同场合向世界人们明确阐发了"人类命运共同体"的内涵和需要努力的方向。从宏观方面看，构建"人类命运共同体"在伙伴关系、安全格局、经济发展、文明交流和生态建设等方面提供了新思路。政治上要继续坚持主权平等原则，并赋予各国自主选择社会制度和发展道路方面以正当性，倡导走出一条"对话而不对抗，结伴而不结盟"[1]的国家间交往新道路。安全上明确全球化时代下各国安全的关联性，否认弱肉强食的丛林法则，"摒弃一切形式的冷战思维，树立共同、综合、合作、可持续安全的新观念"[1]。经济上强调共同发展和公平正义，凸显道德在市场和世界繁荣发展中的重要意义。文化上承认每一种文化的价值和每种文化对世界文明的贡献，肯定和尊重文化多样性，加强不同文明之间的交流和融合。生态上以人与自然的和谐相处为目标，"牢固树立尊重自然、顺应自然、保护自然的意识，坚持走绿色、低碳、循环、可持续发展之路"[1]。从微观方面看，"人类命运共同体"的构建需要世界各国人民群策群力、身体力行，人们除了具有"人类命运共同体"意识之外，还需要为共同的理想和目标不懈努力，因此如何培养具有全球视

---

[1] 习近平：《习近平谈治国理政》第2卷，北京：外文出版社，2017年。

野、全局意识和具有推己及人能力的"世界公民"成为亟待解决的问题。由中国倡导的打造"人类命运共同体"具有理论必然性和现实可行性，而"世界公民"思想为"人类命运共同体"的实现提供了人员基础和智力支持。

当代西方德性伦理学家的杰出代表——努斯鲍姆深受古希腊古罗马时期"世界公民"思想的影响，并结合当代教育实际，对功利主义教育进行了深刻的批判，她从通识教育的目的、能力要求和培养世界公民的建议等问题入手，阐明了教育在培养人性和人类能力等方面应该发挥的作用，在培养"世界公民"方面所提出的建议为构建"人类命运共同体"提供了参考。努斯鲍姆力图培养的"世界公民"是具有超越狭隘群体限制能力、批判反思能力和叙事想象能力的公民，可以说这也正是构成"人类命运共同体"成员所必须具有的能力。超越狭隘群体限制是成为"人类命运共同体"成员的首要前提，这需要能够把其他国家和民族的国民看成是和自己一样的人类成员，换言之，能够平等对待外国人和外族人，能够真正无差别地对待其他人，不因国家、地域、民族、阶层、肤色和性别不同而产生歧视。只有真正从思想上正视他人、认同他人，怀有兄弟情和同情心，才能把世界上所有人视为"人类命运共同体"大家庭中的一员，把每一个人都看成是真正意义上的"世界公民"。批判反思能力也是"世界公民"必备能力之一。在人们具备超越狭隘群体限制能力基础之上，"世界公民"还应该有责任、有担当，能够切实把自己视为"人类命运共同体"中的参与者、组织者、贡献者、反思者和批评者等。人类未来的前途与命运掌握在每一个人的手中，无原则、不思考的"世界公民"无法发挥人们的积极性、主动性和创造性，无法真正实现构建"人类命运共同体"的美好目标，因此努斯鲍姆强调的苏格拉底式的批判反思能力就显得尤为重要。除此之外，努斯鲍姆主张还要培养"世界公民"的叙事想象能力，能够通过移情达到站在对方角度思考问题的能力，它强调情感的重要性，关注和肯定同情心。其实，"人类命运共同体"理念中的一个前提预设就是同情心，如果人与人之间的关系是冷漠的、功利的、无情的，那么构建"人类命运共同体"只能是一个美好的愿望。正是因为我们具有情感、富于同情心，我们才能真正关心他人疾苦，愿意帮助弱势群体，想他人之所想，急他人之所急，做到"老吾老以及人之老，幼吾幼以及人之幼"。

如何培养具有以上三种能力的"世界公民"呢？努斯鲍姆给出了颇具启发性并易于操作的教育建议。第一，从小对公民进行通识教育，并把各国的优秀文明成果包括诗歌、寓言故事和神话传说等向孩子们讲授，进行多文化教育。第二，在大学设置文史哲公共课，通过历史研究方法和证据评估等提高大学生们的判断、批判和思考能力，摒弃"应试教育"和"应声虫"培养，从传授知识向开启智慧方向转变。

第三，增加文学和艺术教育，通过文学作品和艺术学习提高想象力、感知力、理解力和凝聚力等。总之，努斯鲍姆的教育思想是试图凭借文史哲通识课程和艺术教育，发展和提高人们的多种能力，告别功利主义教育，以培养有理想、有抱负、有担当、有全局眼光的"世界公民"为目标，在"专"与"博"人才培养之间寻求一种新的平衡。努斯鲍姆"世界公民"教育理念为培养"人类命运共同体"成员提供了直接和切实可行的理论参考。只有全世界所有国家在培养和教育国民时都注重从小树立"世界公民"意识，加大力度开展跨文化学习和交流，重视人文学科教育，通过文学作品增强公民的叙事想象能力、同情心和移情能力，才能为打造"人类命运共同体"输送人才，并让世人从深层次理解"人类命运共同体"的实质，共同推进构建"人类命运共同体"的伟大进程。在努斯鲍姆看来，"文学作品所提供的叙事性论述能够在读者一方产生同情和移情，因此能够让我们对人类生活的处境有更深切的体验和感悟，从而以这种方式促进公民意识和对人类的共同命运的感受"[1]。由此可见，加大文史哲通识教育，尤其是从小打好公民的文学基础、切实提高公民的文学素养将有利于培养"世界公民"和构建"人类命运共同体"。

在人类处于大发展大变革大调整的新时期，如果让新一轮科技革命和工业革命牵着人类的鼻子走，缺少情感和价值维度的人类未来必将岌岌可危，人类的生存与发展将面临严峻的挑战。在通向未来的重要转折点，习总书记高瞻远瞩地提出构建"人类命运共同体"具有十分重要的战略意义和时代价值。理性只是人类众多能力中的一种，无论人类历史前进的速度有多快，任何时候人类的情感和精神家园都不应该被遗忘和忽略。拥有理性和情感的人才是完整和健全的人，以共生共赢为目标的"人类命运共同体"将在未来更好地诠释人类是如何自由而全面发展的，这就是努斯鲍姆"世界公民"思想带给我们的启示和思考。

【项目基金】国家社会科学基金一般项目"20世纪70年代后美国马克思主义的社会批判理论研究"（18BZX029）。

---

[1] （美）玛莎·努斯鲍姆：《善的脆弱性：古希腊悲剧与哲学中的运气与伦理》，徐向东、陆萌译，南京：译林出版社，2018年，第11页。

二、人类命运共同体的内涵与方法论基础

构建人类命运共同体的价值基础

首都师范大学马克思主义学院 陈新夏

构建人类命运共同体的前提是确定构建的基础或依据，只有在坚实的基础上，才能构建"真实的"人类命运共同体。构建人类命运共同体的主要基础或依据，就是共同利益和共同价值。

一、人类命运共同体应当是真实的共同体

黑格尔曾经指出："国家是现实的一种形式，个人在它当中拥有并且享有他的自由。但是有一个条件，就是他必须承认、相信并且情愿承受那种为'全体'所共同的东西。"[1] 推而广之，所有集体都应当是如此，人们必须承认、相信它，而承认和相信的前提是，这必须是真正的共同体。人类命运共同体就应当是真实的共同体。

马克思、恩格斯在《德意志意识形态》中区分了"虚假的共同体"和"真正的共同体"，指出，"在过去的种种冒充的共同体中，如在国家等中，个人自由只是对那些在统治阶级范围内发展的个人来说是存在的，他们之所以有个人自由，只是因为他们是这一阶级的个人。从前各个人联合而成的虚假的共同体，总是相对于各个人而独立的；由于这种共同体是一个阶级反对另一个阶级的联合，因此对于被统治的阶级来说，它不仅是完全虚幻的共同体，而且是新的桎梏。在真正的共同体的条件下，各个人在自己的联合中并通过这种联合获得自己的自由。"[2] "正是由于私人利益和公共利益之间的这种矛盾，公共利益才以国家的姿态而采取一种和实际利益（不论是单个的还是共同的）脱离的独立形式，也就是说采取一种虚幻的共同体的形式。"[3] 私人利益和公共利益之间之所以存在矛盾，是因为在阶级社会中人是具有阶级性的，国家对于绝大多数被统治阶级成员来说是"虚幻（假）的共同体"，因为国家的共同利益与这些单个人的利益是相脱离的。

---

[1]（德）黑格尔：《历史哲学》，上海：上海书店出版社，2001年，第38页。
[2] 马克思、恩格斯：《马克思恩格斯选集》第1卷，北京：人民出版社，2012年，第199页。
[3] 马克思、恩格斯：《马克思恩格斯全集》第3卷，北京：人民出版社，1965年，第37-38页。

"真正的共同体"是个人可以在其中得到发展的共同体，正如马克思、恩格斯所说的："在这个共同体中各个人都是作为个人参加的。它是各个人的这样一种联合（自然是以当时发达的生产力为前提的），这种联合把个人的自由发展和运动的条件置于他们的控制之下。"[1] 个人在它当中拥有并且享有自由等权利。

马克思、恩格斯正是以是否代表个体的利益为标准区分"真实的共同体"和"虚假的共同体"的，也就是说，所谓"虚幻（假）的共同体"和"真实的共同体"之区分，主要就看"共同体"是否代表其中每一个个体的利益以及代表的程度，如代表，则是真实的共同体，如不代表，则是虚假的共同体。

马克思、恩格斯谈及的共同体（如国家等）是由个人组成的，推而广之，也可以有由国家组成的更大规模的共同体。人类命运共同体就是由国家组成的人类范围的共同体。

二、构建真实的共同体的依据

真实的共同体的基础是共同利益和共同价值，后者是前者的集中体现。

在现实生活中，利益可以有两种呈现方式，一是单纯的利益即经济利益，二是价值。价值是利益的抽象，是综合的、长远的利益，是利益的高层次表现。所谓综合的利益，既包括经济利益也包括政治利益、文化利益和安全利益，所谓长远的利益即持续的、根本性的利益，因而综合的利益不同于具体的、暂时的利益。

比较而言，经济利益是易变的，价值则具有相对稳定性。根据这一特点，我们认为，真实的共同体之"真实"性是有程度之别的。最真实的共同体是建基于价值和利益两者之上的共同体，次真实的共同体是仅仅建基于价值之上的共同体，又次真实的共同体则是仅仅建基于利益之上的共同体。

共同利益和共同的价值观在构建共同体中的作用既有联系又有区别。有一种流行的说法："没有永远的朋友，只有永恒的利益。"然而问题是如何构建永恒（长久）的利益。我们认为，构建永恒（长久）利益的根本途径是构建共同的价值观。虽然不能说价值观体现着永恒的利益，但应当承认价值观代表着综合的、长远的利益。当然，在现实中，基于暂时的共同利益，也经常会建构没有共同的价值支撑的共同体，这种共同体在一定情况下或一定时期中是真实的共同体，但由于是基于暂时的利益特别是经济利益，因而又往往是脆弱的，或者说其真实性只是暂时的，随着条件

---

[1] 马克思、恩格斯：《马克思恩格斯选集》第1卷，北京：人民出版社，2012年，第202页。

的变化，例如利益诉求的变化和共同利益的丧失、当政者的变化、外部环境的变化等，这种共同体就会变成虚假的共同体进而解体。这方面的事例历史上和现实中屡见不鲜。反之，基于共同价值观的共同体则具有稳定性，虽然秉持共同价值观的共同体成员之间的关系也会因时因事（一些具体的利益诉求的差异）发生一些变化，但通常不会发生根本性的改变，因为其根本的利益是一致的，也就是说，价值观在一定条件下是可以超越国家利益的。

综观历史和现实，共同体的建构及其稳定性莫不遵循这一逻辑。就当代人类的现实而言，大体上有这样几类共同体：一是基于价值和利益两者之上的共同体，例如一些西方国家在相互之间未发生利益冲突时的共同体；二是仅仅建基于价值之上的共同体，例如一些西方国家在相互之间发生利益冲突时的共同体；三是仅仅建基于利益之上的共同体，如不同社会制度、不同意识形态而又有广泛（经济或安全的）共同利益的国家之间的共同体。

其中建基于价值之上的共同体存在着比较牢靠的关系，因为它们有着本质上相同或相似的意识形态和政治经济体制，相互之间价值共享，在政治和防务上相互高度依赖。由于各个国家和人民各有自己的利益诉求，这些国家相互之间会存在利益上的矛盾，会因为一些利益博弈甚至在贸易问题上一度也会成为对手甚至敌人，因而一段时间内会出现不协调甚至混乱的状况，但这些分歧是暂时的、浅层次的，类似于他们的"内部矛盾"，可以和平共存和和平竞争，且会因为长久的利益而淡化。尤其应当注意的是，价值共同体因其根本利益相同，在面对共同体之外（价值观对立）的主体时，具有一致对外的特征。

三、构建人类共同价值

随着全球化进程的深入，在全球性问题凸显以及和平、发展、合作成为各国共同诉求的背景下，中国以更积极的姿态参与世界和平与发展事业，提出了弘扬联合国宪章的宗旨和原则，推进全球治理，打造人类命运共同体，使各国人民公平享有世界经济增长利益的主张。

我们要打造的人类命运共同体当然是代表各个国家民族根本利益的"真实的共同体"。由于共同体要以共同的利益特别是共同的价值为纽带，构建人类命运共同体既有赖于形成共同利益，更有赖于形成共同价值，没有共同利益就没有当下的共同目标和行为，而没有共同的价值就没有长远的共同目标和行为，因而构建人类命运共同体的关键环节就是构建反映所有民族国家共同利益的人类共同价值。

构建人类共同价值的必要性在于，随着全球化以及人们之间交往范围的扩大，人们之间的共同利益逐渐增多从而价值共识也逐渐增加，同时人们之间的利益冲突也日趋凸显，亟须从价值上做出调节和整合。构建人类共同价值的可能性在于，随着信息化、智能化的发展，人们之间的交往以及他们之间的利益协调、利益表达和价值交换日趋便捷，为构建人类共同价值提供了现实的条件。

为构建人类命运共同体提供坚实的前提是承认普遍价值，因而构建人类共同价值的关键问题是处理好人类共同价值与民族特殊价值之间的关系，既要以相应民族、国家、地区的共同生活实践、共同物质利益的考量为前提，更应该关注相应人民的精神世界，以"人类共同价值"为基础，确认人类共同价值与以往人类的普遍价值之间的关系。价值作为社会意识具有历史继承性，人类共同价值也不例外，构建人类共同价值绝不是在以往的普遍价值之外另起炉灶，不应忽视甚至抛弃人类以往的普遍价值。人类普遍价值的形成经历了一个提升和普遍化的过程，已经成为当今人类共同价值的组成部分，而且是核心的部分，因此，在构建人类共同价值的过程中应当承认人类文化价值的多样性，但同时又应当承认，既有的人类普遍价值是构建人类共同价值的主体或基石。

应当看到，在价值取向和价值观上的"和而不同"是有条件的。价值的普遍性和特殊性与层次性直接对应。一般来说，价值的层次与其普遍性成正比，与其特殊性成反比，越是高层次的价值取向就越是具有同一性和普遍性，越是低层次的价值取向则越是具有特殊性。有鉴于此，有些价值，例如层次较低的、具有较强民族、文化或地域特征的价值，可以且应当"和而不同""各美其美"，保持和弘扬自己的特色；有些价值，例如层次较高的、具有较高普遍性的价值则应当趋同、应当"美美与共"。因此，在价值取向上不能片面地强调特殊性，不加区别而一味地主张"和而不同"，而应当根据所涉及价值的层次区别对待。有鉴于此，我们构建当代的人类共同价值，既要自觉继承中华民族的传统优秀价值，又要始终站在人类价值的至高点上，带头承认、遵守和维护人类的普遍价值，将既有的人类普遍价值作为构建人类共同价值的主体或基石，在此基础上，将中华民族的优秀传统价值转变为具有普遍性的价值，为人类优秀价值添砖加瓦。

构建"人类命运共同体"的方法论自觉

——基于马克思对全球化的历史哲学审视

西南大学马克思主义理论研究中心 胡 刘

摘要： 马克思对全球化的历史哲学审视，蕴含着构建"人类命运共同体"的方法论基础。从马克思历史哲学高度去把握马克思的全球化思想，其内在逻辑理路主要交织着三个层次的内容：（1）全球化内在于社会形态纪元式总体性变革过程之中；（2）全球化是资本的生产逻辑和积累扩张逻辑双重作用的结果；（3）全球化的内在结构受现代性的自反性矛盾运动的支配和控制。马克思全球化思想，不仅对于理解和把握当代全球化的深刻复杂变化具有指导意义，而且能够为推进中国特色社会主义建设事业提供极其深刻的方法论指导，从而增强实施构建"人类命运共同体"的重大战略以及"一带一路"的战略举措的方法论自觉。

关键词： 马克思历史哲学；全球化；人类命运共同体；方法论自觉

全球化是当今时代最为显著的基本特征和发展趋势，也是推进中国特色社会主义事业的时代背景。20世纪80年代以来，学界已经对"全球化"保持了高度的自觉，而且大都把马克思奉为探究全球化的伟大思想家和全球化理论的奠基人，并对其"世界历史"理论及其蕴含的全球化思想给予了高度关注和阐发，甚至还将其当作了当代全球化理论的一大源头。这无疑为我们直面当代全球化的深刻复杂变化，推进中国特色社会主义伟大事业拓展了思想视野。但也必须看到，多数人对马克思全球化思想的关注和推崇，并不意味着实现了对其理论性质和思想深度的准确评估和把握，更不意味着站到马克思主义的立场、观点实现了对当代全球化深刻复杂变化的正确认识；相反，马克思全球化思想遭到了不同程度的曲解或误解，以至于模糊了与其他全球化理论的本质区别。究其根源，主要在于人们滑过马克思全球化思想与马克思历史哲学变革之间的内在逻辑关联，而错失了马克思关照全球化的历史哲学视野。因此，无论是准确把握马克思全球化思想，还是正确审视当代全球化的深刻复杂变化，都亟待重返马克思历史哲学语境，切中马克思审视全球化的视野和方法。

一、马克思全球化思想：马克思对全球化的历史哲学审视

面对全球化浪潮的深入推进，建设中国特色社会主义伟大事业必须加强对全球化问题的深入研究，从而积极应对其带来的机遇和挑战。而加强对全球化问题的深入研究，不仅需要积极吸收当代全球化研究的各种合理成果，而且更需要坚持用马克思主义基本立场、观点和方法看待和把握全球化的发展规律及其趋势。而这就要求加强对马克思全球化思想本身的深入研究。但是，加强对马克思全球化思想的研究，必须将马克思有关全球化的阐释置于马克思历史哲学变革的高度来予以理解和把握。

马克思历史哲学变革的旨趣和深刻动因，既不是为了增加一种新的历史哲学理论，也不是为了填补全球化研究的理论空白，而是为了从历史发展客观规律层面积极回应和把握资本主义及其开创的"世界历史"给现代无产阶级与人类的自由解放造成的深刻影响及其可能性。因此，探究人类历史发展的客观规律，特别是对资本主义及其开创的"世界历史"展开总体性分析批判以及对全球化作出有原则高度的阐释，才是真正内在于马克思历史哲学变革的理论课题。也正因为如此，马克思历史哲学的变革主要表现为：打破和超越哲学与其他学科之间壁垒森严的学科界限，以求解"现代资本主义向何处去"或者说"现代无产阶级和人类的自由解放何以可能"这一"时代的迫切问题"为导向，以"资本批判"为理论视域，以对现代性的"具体历史"批判为方法论前提，揭穿那些编纂"永恒历史"特别是将资本主义视作"永恒的自然形式"的"超历史"的"一般历史哲学"的虚幻性及其历史性、暂时性的秘密，并以此创立以揭示现代资本主义社会形态运动规律及其特殊性为媒介来阐明人类历史发展规律及其趋势的生成性规定的"历史科学"。由此，马克思也就把以现代大工业所开创的"世界历史"为发端的全球化的基本阐释，奠立在了以"人的实践以及对这个实践的理解"为依据的生成论历史观之上，从而既与主张实现某种"神圣计划"的历史目的论（宿命论）或遵循某种预定规律的历史决定论（预成论）的历史观彻底划清了界限，又避免了陷入否定历史客观规律及其生成性规定的历史偶然论、历史相对论以及历史实证论、历史实用论的危险。[1] 从问题意识角度看，马克思对全球化的审视是服务于其对现代社会运动特殊规律的揭示以及对现代无产阶级和人类自由解放现实道路的探索的。在马克思看来，从现实的个人及其历史发展规律看，共产主义作为实现无产阶级和人类解放的历史活动，实质上是一个

---

[1] 胡刘：《"历史唯物主义重构"的检讨与校正》，载《长白学刊》2017年第3期。

历史地扬弃现代资本主义社会的"全球化"运动过程，而这一运动的条件则是从资本所开创的"世界历史"这一现有前提中产生的。也就是说，由作为一种特殊社会关系的资本所主导的"世界历史"的形成发展，与人的发展、人的自由解放，尤其"真正的人类共同体"的创建紧密相关。因为，"一个人的发展取决于和他直接或间接进行交往的其他一切人的发展""这些社会关系实际上决定着一个人能够发展到什么程度"[1]。不仅"各个人的世界历史性的存在，也就是与世界历史直接相联系的各个人的存在"[2]，而且"每一个单个人的解放的程度是与历史完全转变为世界历史的程度一致的"[3]。而资本对世界市场的开辟，既造成了世界各民族的普遍交往和物质生产力的快速发展，又造成了强制性的社会分工即"社会活动的固定化"，使"扩大了的生产力"转变成了某种异己的、束缚人发展的强制力量，以至于一方面使"地域性的个人为世界历史性的、经验上普遍的个人所代替"，另一方面使"交往的力量""发展成为一种普遍的因而是不堪忍受的力量"[4]。简言之，开辟现代无产阶级和人类自由解放的现实道路的关键，在于利用资本去消灭资本，进而创建真正的人类共同体。"只有在共同体中，个人才能获得全面发展其才能的手段，也就是说，只有在共同体中才可能有个人自由。"[5] 同时，也只有将从前由"阶级的个人"联合而成的"虚假的共同体"，彻底改造成为"各个人在自己的联合中并通过这种联合获得自己的自由"的"真正的共同体"，无产阶级和人类的自由解放才能真正得到实现。因此，离开了对资本所开创的"世界历史"的发展过程及其规律的探索，就无法真正发现实现无产阶级和人类自由解放的现实道路。正因如此，马克思对现代无产阶级和人类的自由解放现实道路的探索与对资本所开创的"世界历史"以及全球化的发展规律与趋势的研究，是内在统一的。正如恩格斯所指出的：对首先作为一个革命家的马克思而言，无论是对"人类历史的发展规律"的探索，还是对"现代资本主义生产方式和它所产生的资产阶级社会的特殊的运动规律"的揭示，均是服膺于其理论主题的，即创立"使现代无产阶级意识到自身的地位和需要，意识到自身解放的条件"的"历史科学"[6]，即探明实现现代无产阶级和人类自由解放的现实道路的全新历史哲

---

[1] 马克思、恩格斯：《马克思恩格斯全集》第3卷，北京：人民出版社，1960年，第515、295页。

[2] 马克思、恩格斯：《马克思恩格斯选集》第1卷，北京：人民出版社，1995年，第87页。

[3] 马克思、恩格斯：《马克思恩格斯选集》第1卷，北京：人民出版社，1995年，第89页。

[4] 马克思、恩格斯：《马克思恩格斯选集》第1卷，北京：人民出版社，1995年，第86页。

[5] 马克思、恩格斯：《马克思恩格斯选集》第1卷，北京：人民出版社，1995年，第119页。

[6] 马克思、恩格斯：《马克思恩格斯选集》第3卷，北京：人民出版社，1995年，第776-777页。

学。这也就表明,基于现代社会运动规律特殊性的科学揭示,阐明社会历史规律的生成性规定,创立探明现代无产阶级和人类的自由解放何以可能的"历史科学",即马克思历史哲学,并由此实现对现代资本所开创的"世界历史"的发展规律及其趋势的整体性把握,正是马克思全球化思想的独特之处。

二、马克思全球化思想的内在逻辑理路

从马克思历史哲学视野分析和把握马克思以"世界历史"理论形式阐发的全球化思想,其内在逻辑理路主要体现为三个有机统一的层面。

(一)"世界历史"的总体性与全球化

从社会形态更迭规律高度探求和把握现代无产阶级和人类自由解放的现实道路,是马克思发动历史哲学变革并由此深入研究"世界历史"的深层动因和主旨。在马克思看来,"世界历史"的形成,并不仅仅是世界各个国家、民族经济联系的加强,实质上是西欧16世纪尤其是工业革命以来,世界范围内出现的以现代工业和科学技术的发展为杠杆所引起的传统社会向现代社会的巨大转变,以及由此引发的社会生活的系统变革和新型文明形态的创立。

显然,由现代资本主义工业所推动的"历史向世界历史转变"这种纪元式变革的总体性在于:(1)它开创了一个以资本为社会历史发展轴心力量的新时代;(2)它带来了以物质生产方式变革为基础的现代社会生活的整体变革,即"市民社会中的全面变革"[1],从而使人类的全部社会生活及其发展具有了全球性特征;(3)它开启了一种新型文明形态,即通过把世界上一切民族甚至最野蛮的民族都卷到现代工业文明中来而塑造了一种崭新的文明形态。作为当下人类社会和文化状况的"全球化",不过是"世界历史"这一纪元式总体性变革在量上的进一步扩张和深化,即"世界历史"按照自身要求对民族历史的改造或改写。但是,这种改造和改写,既不是某种神秘计划或目的的实现,也不是某种形而上学或思想解放活动的完成,而是人类实际地反对和改变现实生活状况的实践活动的"世界历史性的"展开。马克思对"世界历史"总体性的分析与把握,实际上深藏着将全球化看作人类历史纪元式总体性变革的时代特征与基本趋势的科学判断。也就是说,全球化起源于近代西欧,但全球化的实质并不是全球的欧洲化或西方化,而是以资本所开辟的"世界市场"为纽带的"人类命运共同体"的生成与变革。

---

[1] 马克思、恩格斯:《马克思恩格斯全集》第 2 卷,北京:人民出版社,1965 年,第 281 页。

(二)资本逻辑的二重性与全球化

深入研究"世界历史"以及全球化,必须揭示其形成发展的内在逻辑。马克思通过对"世界历史"形成发展的内在动力即现代生产方式内在矛盾的分析,发现了全球化展开的深层逻辑,即资本逻辑。在马克思看来,资本主义大工业首次开创了"世界历史"并推动着它的展开,而资本主义生产方式(以生产力与生产关系两个方面及其相互作用为基本内容)则深藏着"世界历史"形成发展的内在动力机制,即由生产逻辑和资本积累扩张逻辑构成的资本逻辑。简言之,"世界历史"以及全球化是在具有二重性特征的资本逻辑的支配下发展起来的。

首先,"世界历史"是生产逻辑展开的结果。所谓生产逻辑,主要是指物质生产劳动的具体展开及其创造和推动生产力发展的逻辑。"世界历史"的形成首先是由物质生产分工范围的不断扩大和发展以及由此带来的生产力发展和交往的普遍发展所引起的,而近代欧洲大工业的兴起则为其提供了逻辑起点。世界历史形成的机制,首先内在于物质生产发展的逻辑之中。该逻辑可以概括为:物质生产力的发展→劳动分工范围的扩大和深化→商业交换和交往的发展→世界市场→世界历史→全球化。从生产逻辑角度看,全球化的形成发展,主要表现为科学技术的变革创新、生产劳动智能化水平的不断提高以及社会生产力的快速发展。也就是说,全球化是社会物质生产方式发展变革的结果。在此意义上,全球化是人类社会物质生产力发展的全球化。

其次,"世界历史"更是资本积累扩张逻辑展开的结果。如果说生产逻辑主要为"世界历史"的形成发展提供技术机制,那么,资本积累扩张逻辑则为"世界历史"的形成发展构造内在的社会机制。因为,正是资本全球扩张造成世界统一市场,为"世界历史"的形成发展提供了基本的社会机制。而所谓的资本积累扩张逻辑,也就是资本按照自身最大限度地攫取剩余价值的贪婪本性进行积累、集中以及全球性市场扩张的机制。资本的逐利本性,一方面力求把整个地球变成它的市场,另一方面又"力求用时间去消灭空间",即借助发展和改善交通、通信和信用制度等基础条件而把整个地球压缩成为使资本流通时间接近于"零"的无限大的世界市场,从而把整个世界和所有生产方式都置于其统治之下。资本积累扩张逻辑在世界历史范围内的展开,尽管不断地通过科学技术变革把劳动者从繁重的体力劳动中解放出来,但是"劳动阶级"始终未能从"资本阶级"的雇佣和支配中解放出来。质言之,资本始终按照自身的本质要求将社会生产力和交往的普遍发展作为自身扩张的手段加以规范和利用。在此意义上,资本实现自身不断积累和全球扩张的过程,也就是"世界历史"以及全球化的形成发展过程。换言之,全球化就是资本的全球化,即资本对全球的统治。

需要注意的是，生产逻辑与资本积累扩张逻辑作为资本逻辑不可分割的两个方面，二者对"世界历史"以及全球化的支配地位并不一致。其中，资本积累扩张逻辑是起决定性作用的矛盾主要方面，即由生产逻辑所带来的生产力以及交往的普遍发展，是在资本积累扩张逻辑的驱动和规范下完成的；离开后者，根本无法理解生产逻辑对于"世界历史"以及全球化所起的作用。因此，资本逻辑实质上是资本自身生产和再生产的逻辑。而"世界历史"以及全球化发展过程中的矛盾与冲突，正是由这一逻辑的二重性矛盾所造成的。因此，全球化以资本逻辑为内在动力，并不意味着全球化的结果是资本主义的全球化，作为资本逻辑运动结果的社会主义国家，也可以利用资本来消灭资本，实现对资本主义全球化的超越，开辟出一条更加公平正义的全球化之路。

（三）现代性的自反性与全球化

深入研究"世界历史"以及全球化，离不开对现代性的深入探究和把握。因为，现代性内在地具有全球性，全球化内在地具有现代性；二者不仅在形式上同属揭示人类历史时代发生纪元式总体性变革的概念，而且在内容上相互依存、彼此促进。马克思对"世界历史"的研究，不仅是与其通过对现代资本主义的批判所阐发的现代性思想密切关联在一起的，而且他还由此洞察到了现代性的自反性对全球化造成的深刻影响："在我们这个时代，每一种事物都好像包含有自己的反面。"[1]

在马克思看来，现代性是将现代社会与传统社会严格界划开来的一种社会创构机制与特质，而资本主义社会就是体现这种社会创构机制与特质的特殊社会形态之一。因此，资本主义是现代性的载体，资产阶级则是现代性的主体。从哲学层面看，成为主体，也就是个体摆脱他治，自己做自己的主人，即按照自己的需要来改变整个世界和生活。但是，主体的主体性并非是个体孤立封闭的内心声音，而是积极参与对某种支配自身行为的社会关系的构建。作为现代性主体的资产阶级按照自身需要来创造现代社会世界，也就是积极参与对支配自身行为的资本社会关系的构建。质言之，现代性的主体性，也就是支配现代社会一切的资本主体性，即资本通过控制和掠夺整个世界以实现自我的不断增殖来维持其存在发展的本性。"现代的主体性更普遍地表现为一种狂热的原因在于，现代的激情是一种处在来自自身内部的强力的屈服下的能力形式。"[2]因此，现代人的"自由"或"行动上的不确定性"充分彰显

---

[1] 马克思、恩格斯：《马克思恩格斯选集》第1卷，北京：人民出版社，1995年，第775页。
[2] 彼得·斯洛特戴克：《资本的内部：全球化的哲学理论》，常晅译，北京：社会科学文献出版社，2014年，第93页。

了现代性的自反性，即现代人成为主体仅仅在于有能力将自己构建成为受资本支配的主人或资本的所有者。质言之，现代人的主体性倒置为了资本的主体性。这种从"人"的主体性到"资本"的主体性转变，也就是现代性的主体性悖论。

因此，蕴含着自反性矛盾的现代性的全球化，首先是资本主体性的全球化。在马克思看来，不仅起源于欧洲的现代资本主义是对资本主体性命令的执行，而且资本主义的全球扩张以及现代性在全球的兴起，也主要受资本主体性命令的宰制。因此，全球化不过是以资本主体性为内核的现代性的全球化，即在"当前性"中同时执行资本主体性命令的全球化。也就是说，全球化不过是全球同时化了的"现代世界"。"地球表面已经没有任何一个地方，只要货币在那里经过并停留，能够幸免成为一个场所——场所并不是场当中的一个盲点，它更多的是一个地点，在这里人们能够看到自己被看到。"[1]正因为如此，人们在谈及现代性以及"全球化"时，往往如同在谈论一种无法改变的"命运"一样。

综上所述，马克思全球化思想的内在逻辑理路表明，在现当代条件下，任何国家或地区推进和实现自身的现代化尤其是人的发展的现代化，既不能置身于资本逻辑所支配的全球化进程之外，也不能简单地迎合资本逻辑所支配的全球化路径，而是必须从现代社会形态总体性的纪元式变革高度去理解和把握全球化的深刻复杂变化规律及趋势，并由此超越"全球化"即"西方化"的单边主义思维方式以及"全球化"与"地方化"二元对立的机械论思维方式，把人类文明走向现代化的普遍性要求与各国实现现代化的特殊性条件有机统一起来，从而积极参与到利用资本来消灭资本进而构建"人类命运共同体"以及推进全球治理的伟大事业中去，才具有真正的现实性和可行性。

三、马克思全球化思想：构建"人类命运共同体"的方法论自觉

尽管马克思全球化思想形成的历史语境及其所解答的具体问题与当今全球化有所不同，但是其对全球化所作的独特阐释，不仅对于理解和把握当代全球化的深刻复杂变化极富启示价值，而且能够为我们推进中国特色社会主义建设事业提供极其深刻的方法论指导，从而提升实施构建"人类命运共同体"重大战略以及"一带一路"战略举措的方法论自觉。

---

[1] 彼得·斯洛特戴克：《资本的内部：全球化的哲学理论》，常晅译，北京：社会科学文献出版社，2014年，第216页。

（一）马克思全球化思想为中国共产党提出和阐明解决当今全球化复杂问题的"中国方案"提供了科学合理的思维方式

马克思从人类历史纪元式总体性变革角度将全球化看作时代特征以及人类文明发展的大趋势，既超越了一般全球化理论把全球化同质地等同于西方化的"西方中心论"思维方式，也超越了反全球化理论把"全球化"与"地方化"简单对立起来的二元论思维方式，这对于我们推进中国特色社会主义建设事业，既强调其符合现代人类文明发展大道一般性要求的全球化意义，又注重其对中华优秀民族文化传统的弘扬和创造性转换，从而将构建"人类命运共同体"与实现中华民族伟大复兴的中国梦有机统一起来，有着极为深刻的方法论启示。

其实，将全球化看作一种历史纪元式总体性变革的时代发展大趋势，也就是要求将该时代各个地区、各个国家发生的任何重大事件、问题置于全球总体性变革高度来对待和解决。这种思维方式与西方新自由主义所倡导的"全球主义"或"西方中心主义"的思维方式有着本质区别。实际上，马克思曾对这种以西方或欧洲为中心的单边"全球主义"作过深刻的揭露和批判，即把19世纪德国人所谓的"世界主义"斥责为了以"狭隘的民族世界观"为基础的"日耳曼中心主义"[1]。马克思指出，在"世界历史"进程中，"凡是民族作为民族所做的事情，都是他们为人类社会而做的事情"[2]。因此，积极参与全球化并不等于否定民族性，而是在于从全球人类共同利益发展的高度来科学合理地谋划和规范民族国家的发展之路。显然，马克思看待全球化的思维方式蕴含着正确处理全球化的普遍性与民族性关系的方法论原则：一方面，必须看到全球化不是西方某种发展模式在世界各地的强制实施，而是借助世界各民族、各国家的具体发展实践及其普遍交往来推进的；各民族、各国家完全可以根据自己的实际情况，走自身发展之路，并由此为全球化注入新的内容、作出独特贡献。另一方面，又要重视全球化发展的普遍性规律，并自觉利用这种普遍性来增强和丰富其民族性内涵。因此，超越西方中心论的单边全球化观念与"全球－地方"二元对立观念，深刻认识与把握全球化发展的普遍性规律，并切实结合各国自身国情和民族文化的特殊性，在追求本国利益时兼顾他国合理关切，在谋求本国发展中促进各国共同发展，从而为推进全球治理作出积极贡献，应成为各国应对和解决当今全球化深刻复杂变化的各种问题的方法论自觉。

中国共产党和中国政府倡导构建"人类命运共同体"的思想，不仅是对马克思

---

[1] 马克思、恩格斯：《马克思恩格斯全集》第3卷，北京：人民出版社，1960年，第554页。
[2] 马克思、恩格斯：《马克思恩格斯全集》第42卷，北京：人民出版社，1979年，第257页。

全球化思想的丰富和发展,而且是引领各国共同掌握世界命运、共同书写国际规则、共同治理全球事务、共同分享发展成果的方法论自觉。中国倡导构建"人类命运共同体"以及推进实施"一带一路"建设,充分体现了中国在积极参与推进全球化的进程中,准确运用马克思全球化思想探索和谋划世界各国共同发展方案的方法论自觉。

(二)马克思全球化思想为认识和解决构建"人类命运共同体"以及推进"一带一路"建设所面临的困难和挑战提供了方法论指引

概括地讲,马克思从资本逻辑二重性角度分析和把握"世界历史"以及全球化内在机制的方法,对于坚持用矛盾的观点、方法分析和把握当代全球化趋势以及描绘中国特色社会主义建设实践蓝图,蕴含着极为重要的方法论指引。从历史维度看,全球化的展开是一个充满曲折和冲突的过程,它一开始就包含着深刻的内在矛盾。随着全球性问题与危机的频繁出现,全球化遭遇到了严重抗议与阻碍。尽管有不少人对全球化给予了深刻的检讨和批判,其中一些激进观点甚至对其作出了彻底的否定,但是这些观点和主张并没有最终找到解决问题的出路。因此,人们又不得不再度回到马克思全球化思想中去寻求解决问题的方案。

如前所述,马克思十分注重对"世界历史"形成发展过程的矛盾分析,并且把对世界历史的考察与对资本逻辑二重性的分析批判有机地结合了起来。由此,马克思不仅发现了支配"世界历史"以及全球化发展深层动因在于资本逻辑的二重性矛盾,而且在从生产逻辑支配"世界历史"的角度发现了"资本的伟大文明作用"的同时,还从资本积累扩张逻辑支配"世界历史"的角度发现了"资本本身性质"对全球化发展的限制、阻碍及其得到解决的可能性,即资本自身性质的限制会"驱使人们利用资本本身来消灭资本",从而推进全球化朝着健康的方向发展,即创立人类自由联合的共同体——共产主义社会。

马克思的分析批判,虽然直接指向的是资本主义社会,但是其对资本逻辑所导致的问题的诊断极具历史穿透力,对解决当今人类面临的全球性复杂问题提供了极为重要的方法论指引。这主要表现在:(1)要善于运用矛盾的观点看待资本逻辑所支配的全球化及其在当今发生的深刻复杂变化,正视其发展过程中所积累的矛盾与冲突,未雨绸缪,防患于未然,反对任何浪漫主义和虚无主义的态度;(2)要密切关注全球化发展的总体方向,并着手进行合理的制度安排,尤其要重视社会主义对于资本逻辑所具有的建设和导控作用,彻底铲除全球化发展中的制度障碍、体制障碍以及各种关系障碍,并用真正符合和体现社会主义本质的方法来对待和处理全球化发展中的各种冲突与障碍,使其能够从根源上得到有效化解,从而推进全球治理,保证全球化健康有序推进。

按照马克思的观点,资本逻辑在世界范围内的展开,不仅导致了当今各国面临的全球性问题,而且也在客观上为"人类命运共同体"的形成创造了条件,即世界各国普遍交往的深入发展。要自觉构建"人类命运共同体",就必须进行社会制度的变革和创新,自觉对资本逻辑进行导控和驾驭。因为,"只有在伟大的社会革命支配了资产阶级时代的成果,支配了世界市场和现代生产力,并且是这一切都服从于最先进的民族的共同监督的时候,人类的进步才会不再像可怕的异教神怪那样,只有用被杀害者的头颅做酒杯才能喝下甜美的酒浆"[1]。而中国共产党倡导的构建"人类命运共同体"方案,就是以强调人类自觉对资本逻辑的导控和驾驭为前提的。

显然,马克思全球化思想对解决当今全球性复杂问题所提供的方法论指引,为我们切实推进中国特色社会主义建设事业,尤其是认识和解决构建"人类命运共同体"以及推进"一带一路"建设所面临的困难和挑战,指明了前进的具体方向。质言之,既承认资本、发展资本,又恰当地驾驭资本、引导资本,让资本创造更多的财富,造福于世界各国人民,从而利用资本去消灭资本并由此解决全球化进程中的问题和困难,应成为我们解决构建"人类命运共同体"以及推进"一带一路"建设所面临的困难和挑战的方法论路径。

(三)马克思全球化思想为推动构建"人类命运共同体"以及实施"一带一路"建设措施提供了历史性的价值观定位

从总体上说,马克思对现代性的主体性悖论对于全球化深刻影响的分析,对于我们利用资本来推进中国特色社会主义建设事业并始终保持社会主义方向,有着极为深刻的警示和原则性引导意义。可以说,由资本逻辑推动的全球化所导致的全球性问题,在根本上就是现代性的主体性从人的主体性倒置为资本主体性这一悖论。因此,纯粹以"资本逻辑"为纽带维系的"人类命运共同体",必然使其人类的全部生命活动走向其反面。正如马克思所说:"我们的一切发现和进步,似乎结果是使物质力量成为有智慧的生命,而人的生命则化为愚钝的物质力量。"[2] 要消除这种颠倒状态,使资本逻辑创造的新生社会力量更好地为人的发展发挥作用,就必须变革资本主义生产方式,建立使人成为社会、自然界及其自身的主人的社会共同体,即真正的自由人联合体。

显然,中国共产党倡导构建的"人类命运共同体",只是向"真正的自由人联合

---

[1] 马克思、恩格斯:《马克思恩格斯选集》第 1 卷,北京:人民出版社,1995 年,第 773 页。
[2] 马克思、恩格斯:《马克思恩格斯选集》第 1 卷,北京:人民出版社,1995 年,第 775 页。

体"发展的一种雏形,正如社会主义初级阶段只是向共产主义过渡的雏形一样。也就是说,中国共产党倡导构建"人类命运共同体"以及推进实施"一带一路"建设,尽管其直接目的是"克服和解决当今世界日趋严重的全球性问题"和"推动世界各国的共同繁荣和进步",但其根本的价值取向却是保障和实现世界各国人民的全面发展,即在价值观上蕴含着共产主义的本质要求。因此,中国共产党倡导构建"人类命运共同体"以及实施"一带一路"建设的主旨,也就在于将人的发展作为中国谋求自身发展的落脚点并使中国人的发展具有世界性的范导意义,从而使中国人更加自信、更有底气地走向世界,以便为世界各国积极参与共同构建"人类命运共同体"提供卓有成效的中国经验。正如有学者所指出的那样:"在当代中国促进人的发展的一个重要方面,是因应打造人类命运共同体的责任和目标,培养具有中国优秀传统文化根基且具有'世界历史性的、经验上普遍的'中国人。"[1]总之,将人的发展置于社会历史发展全部价值取向的第一位,应成为我们推动构建"人类命运共同体"以及实施"一带一路"建设的历史性价值观定位。这也是中国始终坚定地保持社会主义发展方向的根本保证。

综上所述,马克思全球化思想,不仅为我们深入研究当今全球化深刻复杂变化提供了坚实的理论基础,而且也为我们在全球化背景中推进中国特色社会主义伟大事业,尤其是推动构建"人类命运共同体"以及实施"一带一路"建设,提供和增强了方法论自觉。

【基金项目】本文系西南大学人文社会科学重大培育项目(15XDSKZD002)、中央高校基本科研业务费专项基金重大项目(SWU1709215)的阶段性成果之一。

---

[1] 陈新夏:《人类命运共同体视野中人的发展》,载《中国社会科学报·马克思主义月刊》2017年8月31日,第4版。

人类命运共同体的哲学理念

吉林大学哲学基础理论研究中心 王庆丰

摘要：人类命运共同体是一种全新的共同体架构。在思维方式的意义上，突破了霸权治理的控制论思维方式，确立了共同治理的全球治理理念，意味着世界秩序中人类共处模式的革新；在价值观念的意义上，超越了利己主义原则和人们的逐利行为，把人真正地理解为"类存在物"，这是一种真正的"人类性"理念；在逻辑结构的意义上，人类命运共同体建构的基础从"特殊利益"转向"共同性"，从而找到了真实的共同体根据。从新型共同体理念的角度看，人类命运共同体是集共同利益、共同价值、共同责任于一体的休戚与共的命运共同体。

关键词：共同体；共同性；人类命运共同体；类存在物

人类命运共同体作为新型共同体的当代形态正是在对资本主义共同体积极扬弃的基础上生成的。人类命运共同体的积极构建源自以时代性的发展求索人类性问题的理论自觉和责任担当。人类性问题是指涉及人类安身立命之本、生存发展之基的根本问题。当前，我们所面对的重大的现实问题是由资本主义主导的世界秩序永恒化、教条化，以致从根本上排斥任何一种对更符合人类生存与发展、人类文明与进步的全新理念和崭新秩序进行探索的可能。资本主义世界秩序以所谓发展的合理性遮蔽了更为本质的人类性的重大问题。从历史唯物主义的理论视域看，我们对人类性问题的准确把握应秉持"批判"与"建构"双重维度的辩证统一。首先，重新审视以及批判性地反思资本主义建构的世界秩序所持的基本立场、运用的思维方式、导向的价值旨趣。其次，积极地探索并构建一种符合人类生存和发展的新的理念和新的世界秩序。两个维度的辩证统一关系启示我们：构建人类命运共同体不能仅仅以自身经验性的发展和总结来证明自身发展的合理性，为世界各国提供个体性案例，而应该在哲学的层面上以时代性内容求索人类真正关切的最重大的现实问题和最深远的发展问题，彰显中国特色社会主义所具有的世界性和历史性意义。

一、"共同治理"的全球治理理念

人类命运共同体是在和平发展、合作共赢的时代背景下，面对现有国际秩序格局发生深刻改变、全球治理失灵等一系列国际关系问题而提出的新理念。全球治理的问题是随着"世界历史"的开辟而形成的。在前资本主义社会，各国关注和处理的问题主要集中于某些区域性问题或国家自身存在的问题，具有封闭性和狭隘性。地理大发现以后，资产阶级开拓了世界市场，使各个国家的历史变成世界历史，在世界历史的进程中区域性或国家性问题逐渐超出地域性限制，转变为各个国家乃至整个世界的全球性问题。"唯当'世界历史'由于现代资本主义的发展而被决定性地开辟出来之时，才开始有真正意义上的世界秩序和全球问题。"[1]

世界市场或世界历史开辟以来，封建的生产关系、交换关系，封建的所有制关系（封建的农业、独立的手工业）已然成为生产力发展的桎梏。取而代之的是资产阶级的生产关系、交换关系，资产阶级的所有制关系（机器化运作的大工业、自由竞争的商业）。在世界历史的进程中，"资产阶级使农村屈服于城市的统治……正像它使农村从属于城市一样，它使未开化和半开化的国家从属于文明的国家，使农民的民族从属于资产阶级的民族，使东方从属于西方"[2]，经济上的"发达－落后"结构、政治上的"主导－附属"结构、文化上的"文明－野蛮"结构等造成前者对后者具有支配性（后者对前者具有服从性）的霸权治理的后果。由此，伴随世界历史的开辟，逐渐形成一种由资产阶级作为主导力量的"权力体系"，这种"权力体系"构成现代世界秩序的典型治理模式。霸权治理模式正是这种"权力体系"在处理国际性事务过程中的具体运用。

"权力体系""霸权治理"及其所呈现出的二元对立结构根源于该模式背后隐匿的逻辑前提，即科学主义的控制论的思维方式。控制论的思维方式主张人类利用自身的智慧，应用科学知识和技术的力量对人类之外的自然界进行征服与控制。正是"对自然的操纵控制态度，形成了海德格尔所说的控制论的思维方式"[3]，"这种思维方式的合乎逻辑的延伸，必然发展为对社会生活和人的控制甚至专制"[3]。西方资本主义国家运用控制论的思维方式处理国际性事务或全球问题，呈现出一种社会或世界的一部分对另一部分进行支配与统治的必然趋势。可知，"均势""制衡"只是维持一种表面的暂时和平局面，一旦权力结构发生失衡，就会出现第一种情形中非均势

---

[1] 吴晓明：《"中国方案"开启全球治理的新文明类型》，载《中国社会科学》2017年第10期。
[2] 马克思、恩格斯：《马克思恩格斯文集》第2卷，北京：人民出版社，2009年，第36页。
[3] 孙利天：《论辩证法的思维方式》，长春：吉林人民出版社，2006年，第2页。

的霸权或强权局面。

霸权治理模式之所以会导致现代世界秩序的失衡,正在于控制论思维方式固有的界限以及对这种思维方式的错位运用。控制论的思维方式在一定程度上能够澄明和厘清物的逻辑。资本的文明面凸显的正是这种思维方式以及物的逻辑所产生的积极效果。在生产力的意义上,人类通过发现科学、掌握规律、发明工具、革新技术的方式有望成功地征服自然或操控自然,实现财富的快速增长、资本的无限增殖和社会的文明进步。对工具理性以及控制论的思维方式的运用正是在人类对"物"(如自然、工具、财富、资本等)的关系上具有效准,然而一旦运用控制论的思维方式处理人类自身的生存和发展问题则会造成逻辑的错位,甚至理论的专制和现实的冲突。知性的思维方式强调知识的客观性、科学性,并以客观性尺度或物的尺度作为衡量一切的依据和标准,从极端的理性走向极端的非理性,造成咄咄逼人的"真理的霸权主义",甚至造成意识形态专制的危险。如奉行"落后就要挨打、崛起必然争霸"的理念、鼓吹"中国威胁论"的言论,就是以控制论的思维方式看待每个国家,从根本上干涉、排斥他国的发展。

以控制论的思维方式治理全球最重大的人类生存和发展问题必然导致现有全球治理模式的短路。只有对资本主义共同体及其构建的世界秩序"权力体系"进行的深入审视和彻底批判,只有对控制论的思维方式进行革新与转向,才有可能探索出新的全球治理方式。尽管国际局势不断发生变化,但控制论的思维方式依然构成现代国际秩序逻辑前提。在处理国际性事务的过程中,世界秩序和全球治理体系必然走向以西方发达国家为主导的"霸权治理模式"下的对立结构。美国等发达资本主义国家则以确立在世界秩序格局中的霸权地位为根本目标,各主权国家在控制论思维方式的束缚下只为确保自身的安全与发展,并非真诚共建共享新的世界秩序。各国之间以表面的"均势"与"和平"遮蔽了内在的"冲突"与"对立",这些正是现有全球治理模式的局限与困境所在。随着新兴市场国家和发展中国家的崛起,中国提出新的全球秩序理念:"让和平的薪火代代相传,让发展的动力源源不断,让文明的光芒熠熠生辉,是各国人民的期待,也是我们这一代政治家应有的担当。中国方案是:构建人类命运共同体,实现共赢共享。"[1] 全球治理的中国方案之所以不会落入强权逻辑、崛起必然争霸的修昔底德陷阱,首先在于思维方式的转向,即从控制论的思维方式转向辩证法的思维方式。马克思主义的"辩证法"既是对控制论二元对立思维模式的批判与克服,也是在实践的意义上实现思维规律和能动的物质生产活动的统一。

---

[1] 习近平:《共同构建人类命运共同体》,载《人民日报》2017年1月20日。

二、人类命运共同体的内涵与方法论基础

凝结中国智慧的人类命运共同体方案正是辩证法思维方式的具体运用和现实体现。首先，突破了控制论思维的教条和僵化的局限。中国方案运用辩证法的思维方式深刻地揭示出"世界上本无'修昔底德陷阱'，但大国之间一再发生战略误判，就可能自己给自己造成'修昔底德陷阱'"[1]。世界上并不存在"修昔底德陷阱"式的新旧霸权之争的共处模式，但以意识形态的专制强制甚至统治他国，就可能自己给自己竖起一道围墙。"无修昔底德陷阱""无霸权体系"等观点和主张表明我们在处理国际关系问题上不再囿于控制论思维方式获得对他国的支配权，而是运用辩证法思维方式构建与他国的和平共处、共赢共享的融洽关系，在处理国际事务中国与国之间形成"共同治理"的相处模式。其次，这一方案并非在知识论的层面上以"共赢共享"的新词置换"霸权治理"的旧词，以人类命运共同体中新的内容扩充西方中心主义共同体的治理体系，而是在生存论或实践论的意义上革新控制论的思维方式，否弃霸权治理的治理方式，构建新的世界秩序。强国必然强权是在控制论思维方式和物（资本）的逻辑语境中成立的，而中国则关注时代性难题、求索人类性问题。超越零和博弈的竞争争霸，强调休戚与共的合作共赢，这一理念正是从物的逻辑转向人的逻辑、从控制论的思维方式转向辩证法的思维方式的根本体现，这正是中国智慧理论自觉的当代表达。

当然解决全球性事务的思维方式和现实路径不仅只有自觉运用辩证法和构建人类命运共同体这一种方案，但是在关切人类性根本问题的意义上，切实解决全球性事务或国际性难题，突破控制论的思维方式和变革霸权体系的全球治理模式是必要且迫切的。我们不仅要辨识和超越现代国际秩序霸权治理的实质以及作为其内在逻辑前提的控制论的思维方式，而且要重构新的世界秩序，革新人类的共处模式，重新寻求人类安身立命之根本。人类命运共同体开启了真正解决久未解开的国际性或时代性难题的历史开端，而共同治理的全球治理新理念意味着世界秩序中人类共处模式的革新。

二、"类存在物"的人类性理念

马克思在《关于费尔巴哈的提纲》第十条指出："旧唯物主义的立脚点是市民社会，新唯物主义的立脚点则是人类社会或社会的人类。"[2] 马克思批判了以费尔巴哈

---

[1] 习近平：《出席华盛顿州当地政府和美国友好团体联合举行的欢迎宴会并发表演讲》，载《人民日报》2015年9月24日，第2版。
[2] 马克思、恩格斯：《马克思恩格斯文集》第1卷，北京：人民出版社，2009年，第502页。

为代表的旧唯物主义只是从客体方面把握现实，这种理解只能具有一种直观的特性，因此只能达到对单个人或市民社会的直观把握。而马克思的新唯物主义主张从主观方面、实践方面把握现实、理解人类及其活动所具有的能动特性。马克思从哲学基本立场或立脚点的视域从根本上区分了新旧哲学。旧哲学基于市民社会或单个人的立场解释世界，而新哲学基于人类社会或社会的人类的立场改造世界。新旧哲学的根本差异深刻地揭示出西方中心主义的共同体与人类命运共同体之间哲学立场的根本分歧。

市民社会是与资本主义社会相契合的发展阶段，市民社会与资本主义社会之间的契合点共同指向"财产关系"。当"财产关系"从古代和中世纪的共同体中摆脱出来成为独立领域的时候，市民社会或资产阶级社会便破除了前资本主义社会共同体中人的依赖性关系，并使人获得了独立性。这一变化使市民社会具有双重特质：兼有"人的独立性"和对"物的依赖性"。"人的独立性"主要表现为强调个人自由以及对自由的运用。自由是一种可以做任何不损害他人的事情的权利，个人自由的实际运用集中体现在对私有财产的应用中。自由以及对自由的运用意味着他人不能损害资产阶级的私有财产或既有利益。人的独立性恰恰是建立在这种对物的依赖性的基础上的。市民社会的双重特质表明市民社会中公民的"个体性"与"财产利益"具有一致性。私有财产和利己主义最典型地彰显了市民社会的"个体性"，"个体性"不仅表现为一种脱离了政治共同体的束缚，表面上获得了个人自由与各项政治权利的独立性，而且更重要地表现为一种以追逐金钱利益和资本增殖为目标的对物的依赖性。

市民社会中利己主义原则和人们的逐利行为形成资本增殖逻辑的现实表达，秉持个体性的哲学立场是资本增殖逻辑所导致的必然结果。物（资本）的逻辑僭越甚至支配人的逻辑所引发的将是人与人之间无休止的竞争与角逐、人与社会之间日渐增加的陌生与疏离。资本的逻辑或物的逻辑所表征的正是资本主义社会中人与人、人与社会之间的关系。一方面，资产阶级固守私有财产，把他人看作自己生存和发展的界限，这样生成的个体性必然带有孤立性、封闭性和狭隘性。另一方面，资产阶级不断追逐资本的增殖和利润的攀升，以"物"的多寡作为衡量一切的标尺，从而遮蔽了人的尺度和人与人、人与世界之间的相融性。个体性不仅表明市民社会始终站在少数资产阶级及其利益的立场上，而且将所有人都置于封闭的、逐利的普遍状态之中。

西方中心主义的共同体以主权国家或民族国家为中心，主权国家主要以实现统治阶级的特殊利益为目标。然而某些西方发达国家以压倒性的优势和主导性、支配性的地位虚幻地认为自己所属的特殊利益的共同体与普遍共同体的利益是一致的，把主权国家的特殊利益强加为共同体的普遍利益，从而造成共同体内部或共同体与共同体之间的不可避免的冲突，并以零和博弈的模式、修昔底德陷阱的主张处理当前人类共同面临的问题，从而导致治理的失灵。

如上所述，市民社会或其成员"以物的依赖性为基础""以利己主义为原则""以孤立性、封闭性为特征""以个体性为立脚点""以零和博弈为模式"无法构建真正和谐的世界秩序和关切人类生存和发展的"命运共同体"。为此马克思提出："代替那存在着阶级和阶级对立的资产阶级旧社会的，将是这样一个联合体，在那里，每个人的自由发展是一切人的自由发展的条件。"[1]可见，真正的共同体或真正的联合体不再是市民社会那样把他人的自由发展当作自己自由发展的界限，把主权国家的特殊利益强加成为共同体的普遍利益，而是人类社会将他人的自由发展作为自己自由发展的条件，主权国家的特殊利益与共同体富人普遍利益具有一致性。

在历史唯物主义的理论视野中，共同体从"虚幻的共同体"形态走向"真正的共同体"形态的转变奠基于从市民社会的"个体性"立场向人类社会的"人类性"立场的转变。世界历史建立以来，在世界历史的进程中形成一种"普遍的社会物质交换、全面的关系、多方面的需要以及全面的能力的体系"[2]，"这个世界，各国相互联系、相互依存的程度空前加强，人类生活在同一个地球村里，生活在历史和现实交汇的同一个时空里，越来越成为你中有我、我中有你的命运共同体"[3]。在"命运共同体"中，人类性问题已经成为不可回避的重大理论和现实问题。人类性问题以"人的'类本质'"为根据，以关切人类的生存和发展为价值旨趣。马克思在《费尔巴哈的提纲》中批判费尔巴哈的人的"类本质"的观点——"一种内在的、无声的、把许多个人纯粹自然地联系起来的共同性"——是一种抽象化了的"类本质"。马克思明确阐释了"人类性"的基本特征，"一个种的整体特性、种的类特性就在于生命活动的性质，而自由的有意识的活动恰恰就是人的类特性"[4]。人的类本质在于人的生命活动是自由的有意识的活动。马克思批判对人的本质进行断言或抽象的界定，他从现实性的角度指出人的本质在直接现实性上表现为一切社会关系的总和。正是在

---

[1] 马克思、恩格斯：《马克思恩格斯文集》第 2 卷，北京：人民出版社，2009 年，第 53 页。
[2] 马克思、恩格斯：《马克思恩格斯文集》第 8 卷，北京：人民出版社，2009 年，第 52 页。
[3] 习近平：《顺应时代前进潮流 促进世界和平发展》，载《人民日报海外版》2013 年 3 月 25 日。
[4] 马克思、恩格斯：《马克思恩格斯文集》第 1 卷，北京：人民出版社，2009 年，第 162 页。

类本质及其现实性的意义上，马克思断言"人的本质是人的真正的共同体"[1]。与建立在物的依赖性基础上的个体性相比较而言，建立在类本质基础上的人类性从以下两个维度显示出其现实性和独特性。

首先，从人与物的关系维度看，"人类性"突出表现为人不被"物"所束缚，并能够利用"物"自由自觉地进行改造世界的实践活动。因为"正是在改造对象世界的过程中，人才真正地证明自己是类存在物"[2]，人进行的才是有意识的生命活动。因此，自由自觉的改造世界的实践活动才是真正的"人的'类本质'"。正如高清海先生从人的双重生命观——种生命和类生命出发（高清海：《"人"的双重生命观：种生命与类生命》），指出类生命是自为生命，是生命活动的主宰者和支配者，是自由自觉自为的类主体。我们唯有在"人的'类本质'"的意义上把握和理解中国积极主张并构建的"人类命运共同体"，才能懂得这一中国方案何以能够解决世界历史形成以来至今出现的全球治理问题。

其次，从人与人的关系维度看，"人类性"集中表明人并非抽象地孤立地存在着，而是建立在与其他一切人和谐统一的相互关系之中。超越了原子化的个人、利己精神的个人，"类本质""类存在""人类性"意义上的"自由个性"不是建立在人与人相冲突、相分割的基础上，而是建立在人的全面发展、人与人和谐共存的基础上；他人的自由或自由财产不是自身的束缚和界限，而是他人的自由发展成为自身自由发展的条件和实现。在人类性的意义上理解人类命运共同体才能生成"你中有我、我中有你"休戚与共的命运共同体。

由以上分析可知，"市民社会"状态中的人是个体的人，"把他们连接起来的唯一纽带是自然的必然性，是需要和私人利益，是对他们的财产和他们的利己的人身的保护"[3]；"人类社会"意义上的人是"类本质"的人，他们破除了"物"（资本）的束缚和支配使之成为他们自由发展的条件（从属于他们的社会财富），进而成为自由自觉自为的主体；以"个体性"为基本立场形成的"共同体"只能是单纯的赤裸裸的"利益共同体"或"虚幻的共同体"，以"人类性"为基本立场构建的"共同体"才有可能是你中有我、我中有你、共赢共享的"命运共同体"并走向"真正的共同体"或自由人的联合体。

---

[1] 马克思、恩格斯：《马克思恩格斯全集》第3卷，北京：人民出版社，2000年，第394页。
[2] 马克思、恩格斯：《马克思恩格斯文集》第1卷，北京：人民出版社，2009年，第163页。
[3] 马克思、恩格斯：《马克思恩格斯文集》第1卷，北京：人民出版社，2009年，第42页。

三、"共同性"的共同体理念

"人类命运共同体"不仅蕴含着求索人类性问题辩证法理念，而且以"人类性"为哲学立场深刻地切中了人类生存与发展这一命运共同体的主题。思维方式和哲学立场所发生的转变意味着共同体的构建必然不会重蹈覆辙。从历史唯物主义的视域看，共同体历经从狭隘的血缘或地缘共同体到利益共同体或经济共同体的转向，从利益共同体或经济共同体向"命运共同体"的转向。共同体的两次转向昭示着现代社会构建共同体的必要性以及构建新型共同体呈现出的新思路、新理念、新路径。

人不是孤立的存在物，在本质上也区别于其他群居的动物物种，如果说人的本质是自由自觉自为的实践活动的话，那么这种实践活动的展开则依存于现实的社会关系。从社会关系的历史谱系来看，不论是人对人的依附性关系，还是人对物的依赖性关系，甚至人的自由发展对他人的自由发展的促进性关系，在具体社会关系中的人及其生存与发展无论如何都无法脱离共同体而独立存在。在人的存在方式的意义上，人类无法完全脱离共同体而存在并不意味着人类完全依附或从属于共同体，而是具有自为实践和积极构建的共同体的向度。基于构建共同体的必要性和构建新型共同体的可能性，我们有必要对"共同体"本身进行历史谱系的考察，进一步促使我们在反思、审视、批判传统共同体的独特性和克服其局限性的同时，为构建新型共同体提供有价值的启示。

就共同体的具体含义而言，不同学者有不同的界定和阐释。总的来说，"共同体"是一个描述群体的概念，指一个具有共同属性并以此作为纽带的群体。"共同体"概念凸显出"共同属性"这一关键"纽带"。从共同属性的维度看，共同体的历史谱系呈现为如下序列：（1）前资本主义社会主要表现为血缘共同体（以血缘与家族宗法为纽带）或地缘共同体（以相邻地域或共同疆界为纽带），这类共同体多为族群或王朝性质的，具有封闭性和狭隘性。（2）资产阶级开拓了世界市场、建立了世界各国的普遍交往和相互联系，冲破了以往以血缘或地域为共同属性或纽带的共同体及其封闭性和狭隘性，构建了以特殊利益为共同属性或纽带的共同体。资本主义社会的共同体则主要呈现为经济共同体或政治共同体。政治共同体以权力为枢轴，经济共同体以利益为核心，以权力和利益为纽带的共同体具有排他性、支配性或依附性的固有界限。新型共同体的建构主要聚焦于对现存的资本主义社会的共同体进行重审、反思，不能无批判地接受现成的资本主义社会共同体提供的前提与成果，否则构建新型共同体将成为一句空话，要么重蹈资本主义共同体的覆辙，要么只是对资本主义共同体的某种修补或填充。

具体而言，资本主义共同体主要呈现为政治共同体和经济共同体，这两个方面能够成为我们分析传统共同体的棱镜，成为分析资本主义共同体所具有的独特性和局限性的两个着力点。21世纪世界终于呈现为较为稳定的多极化格局和多边主义的国际关系，却屡屡遭遇瓶颈，出现了逆全球化和单边主义的复兴。经济共同体主要聚焦于经济利益方面，各成员国能够获得优惠政策或利益优先权。无论贸易保护主义还是贸易战同样证实了马克思关于"虚幻的共同体"的判断。

综上可知，经济共同体或政治共同体存在的矛盾和界限再一次表明资本主义共同体的实质正是以"特殊利益"或政治利益或经济利益等为共同属性或纽带而形成的共同体。要构建新型共同体必然需要克服资本主义共同体的矛盾，要克服资本主义共同体的矛盾需要从根本上转变"特殊利益"这一关键纽结。新型共同体并不在于共同体的名称叫什么，在"共同体"概念的意义上，新型共同体在于"共同属性"——构建共同体的纽带的根本转变，即从"特殊利益"转向"共同性"，在直接现实性上表现为共同利益、共同价值、共同责任三者的有机统一。

首先，人类命运共同体以民众为根基，民众最基本的共同利益是生存和发展，在同一个地球村，大家命运与共，无论哪个国家都不能为了一己之私排斥异己、造成冲突、搞乱世界。人类命运共同体强调国与国之间的尊重互信，强调多边合作以及各国的共同利益。它超越了经济/政治共同体以西方发达国家的特殊利益为核心的状态，超越了以强势方的特殊利益掩盖共同利益的不合理做法。

其次，人类命运共同体主张"和平、发展、公平、正义、民主、自由"的共同价值，简言之，彰显并贯彻了持久和平、共同发展和文明进步的理念，这就强调了和谐有序的发展环境和自我独立性的统一，正如美国华盛顿大学教授阿米泰·艾兹奥尼指出的"同时强调秩序与自主这两种价值，而不仅仅是扩大了其中一种价值"[1]。在公平正义、和谐有序的环境中，各民族国家以及各群体之间能够在极大的程度上保持独立、求同存异、相互理解、彼此尊重、达成和解、实现共赢。超越了经济/政治共同体的排他性、支配性或依附性的固有局限，超越了零和博弈、非此即彼的两极对立的思维方式，每个民族国家和每个群体的自由发展都将成为其他一切国家和其他群体自由发展的条件。

最后，人类命运共同体彰显共同的责任意识，批判那种只攫取果实不承担责任的态度和行为。"共同体"是所有成员共同渴望构建的，因为"'共同体'意味着的并不是一种我们可以获得和享受的世界，而是一种我们将热切希望栖息、希望重新

---

[1] Amitai Etzioni: The New Golden Rule, New York: Basic Books, 1996: 1-2.

拥有的世界"[1]。个体渴望构建一个能够为自己提供安全稳定与和谐发展环境的共同体，渴望构建一个真正的共同体。"在真正的共同体条件下，各个人在自己的联合中并通过这种联合获得自己的自由。"[2] 这种"自由"需要"联合"这一行动，"联合"是命运共同体成员自为自觉的一种实践，这种对"真正共同体"的渴望与追求、行动与实践正是责任意识的自觉体现。在共同体中，责任意识最典型地体现在各成员积极主张"建立在人们的现实差别基础上的人与人的统一"[3]，处理共同事务时讲求团结而非分裂、联合而非冲突、合作而非竞争、共建而非排斥、共享而非独霸。

总之，从共同体的历史演进逻辑分析，人类命运共同体不仅是对前资本主义时期血缘/地缘共同体和资本主义时期政治/经济共同体的反思与批判，而且是对后两者的现实超越。人类命运共同体是一种新型的"共同体理念"，深刻地蕴含了人与人之间、群体与群体之间、国与国之间的有机统一，共同利益、共同价值、共同责任的有机统一。只有在此基础上，人类命运共同体才能成为人类所渴望的真正的现实的"共同体"。

---

[1]（英）鲍曼：《共同体》，欧阳景根译，南京：江苏人民出版社，2007年，第4页。
[2] 马克思、恩格斯：《马克思恩格斯文集》第1卷，北京：人民出版社，2009年，第271页。
[3] 马克思、恩格斯：《马克思恩格斯文集》第10卷，北京：人民出版社，2009年，第13页。

人类命运共同体思想的精神内涵

——基于现代性批判的视角

黑龙江大学马克思主义学院 纪 逗

摘要： 西方现代性逻辑和话语体系在演进和发展过程中给人类和自然的生存状况造成的危机和困境日益凸显，无论在理论上还是在实践中，西方现代性文化固有的矛盾，已经难以解决 21 世纪人类面临的生存和发展难题。超越西方现代性危机，需要一种超越二元对立思维范式的辩证统一的思维范式和文化理念，我国传统文化中固有的和谐万邦、天下体系、天人合一等思想，可以说是完美世界制度的先声。在当下，这一思维范式和文化理念为超越人与人、国与国、人与自然之间的敌对关系，在辩证统一的世界结构中实现和谐共生，提供了重要的思想资源。人类命运共同体和自然生命共同体思想，正是建构在这一思维范式和思想理念基础上的、面向 21 世纪人类发展的新文化精神。这一文化理念为世界走出西方现代性危机提供了中国智慧和中国方案，同时也是中华民族走向伟大复兴的精神支撑和文化自信的基础和来源。

关键词： 二元对立思维范式；辩证统一性；人类命运共同体

为了正确理解和准确把握人类命运共同体和自然生命共同体思想的精神实质，必须阐述清楚这一思想得以建立的前提和基础。它超越西方现代性文化赖以建立的二元对立的思维范式和思想前提，思想前提的转变意味着这一新的思想精神内涵的根本变化。要阐述清楚这一思想前提的本质特征，必须对西方现代性赖以建基的思想前提进行批判性分析。

一、西方现代性危机的根源：二元对立的思维范式

在当今世界依然处于强势地位的西方现代性文化，其固有的矛盾正在使整个世界陷入巨大的生存矛盾和危机中。为了拯救人类和自然的危机状态，需要揭示西方

二、人类命运共同体的内涵与方法论基础

现代性危机的本质特征及其产生的根源,这是超越西方现代性文化和建构一种新的文化精神的前提和基础。因此,从哲学层面对西方现代性文化进行批判性反思,揭示这一文化具有的自身无法克服的根本矛盾,是当下重建人与人、国与国、人与自然之间真正关系的根本所在,也是人类命运共同体和自然生命共同体思想这一崭新的文化精神的逻辑前提。

可以说,对于世界本质的思考,伴随着人类历史的产生和发展。在西方历史上,从古希腊开始直到现代社会,对于存在本质的理解,二元对立的形而上学思维范式一直占据着思想主流。这种思维范式随着历史的演进和时代的变迁,内容在不断变化,但是思考和把握世界的前提和基础是不变的,即在对世界进行二元划分的基础上,展开对于存在本质的思考。在这种思维范式下,世界被划分为在本质上完全对立、不可逾越和僵硬的两种存在:现象和本质、必然和自由、时间和永恒、真与假、善与恶等。在现代社会,随着人类征服自然能力的增强和主体意识的提升,这个二元世界被放置在以人类为目的和主体,以其他存在为手段和客体的框架内。在现代社会,人类把自身提升到世界主宰的地位,取得了为自然立法的资格,相应地,自然成为满足人类生存需要的工具和手段。在人与人之间关系的层面,人的自我中心性使不能满足自身需要和发展的他者,被排除存在的合法性,世界成为向着某些人的需要而建构起来的世界。现代性对于存在结构的二元对立的思维范式,进而在此基础上建构起来的分裂世界,从根本上说,已经给世界打上了人的主观目的性和意向性的印记。

二元对立思维范式从根本上说是西方知性思维的产物,这种思维范式是以人与世界的分离和对立为前提的认识世界的方式,它存在的最大问题是从人的主观性视域出发来认识世界,在人有限的视域下,世界呈现出分裂的图景。究其原因,在于当人类把自身从自然中分离出来的那一刻起,就面临着人的主体性如何实现的问题。人如何认识世界以及如何与世界相处,这是人类生存面临的最为根本的问题,它决定一种文化精神的独特本质。西方形而上学思维范式从人的主观视域出发,以人的主观目的性和意向性作为出发点来认识世界和改造世界。因此,在二元对立的思维范式下对于世界的认知和把握,已经远离世界的本质。世界不会因为人类把自身从世界中提升出来,就按照人的主观愿望存在和发展。作为世界的一员,人类生命的真正实现,不能脱离世界的整体性而存在。人类必须认识到,自身的生命本质恰恰是在与世界联结为整体的前提下实现的。但是,西方知性思维范式的前提却是把人类与世界对立起来,用人有限的主观视域来为这个世界赋形。在现代社会,人类获得了彻底战胜自然的能力,从而也使人与人、人与自然之间的共同体纽带被割断。

人把自身提升为世界主体的同时便导致自身主体性的丧失,现代西方思维范式通过对世界的主观划分和知性把握,不断使世界改变原初的面貌,成为一个遵循人的主观目的性建构起来的异化世界。人类生存和自然存在的异化状态,表征着现代人主观建构起来的世界的虚假性。

二、人类命运共同体思想的根基:人类生存结构的辩证统一性

如何通达存在的本质,从而使人类自身和世界成为其本真的存在,这个历史之谜在人从自然中分离出来那一刻起,便摆在人类面前,需要破解。当人从自然中分化出来后,尤其是发展到现代社会,人的主体意识空前觉醒。但是,人的主体性实现的途径,并不能通过把自身提升到世界之上的方式来实现,即不能通过从人的主观视域出发去剪裁世界来达成。不管人类如何从主观视域和主观目的性出发去认识世界和改造世界,世界自身的本质不会因为人类的意愿而改变。先于人存在的世界,其本质特征是一个整体性的存在,并非对立和分裂的存在状态。因此,当人从自然中分化出来后,人的现实生存状态便呈现为一种辩证统一的结构。这种辩证统一性的生存状况,决定了人的主体性只能通过与世界结合为一个整体的方式来实现。在西方现代性二元对立的思维范式和人类生存的主客二元对立模式下,因为割断了与他者和自然的生命关联,现代人丧失了自身的主体性。因此,引领人类走出现代性危机的新文化精神的思想前提,是重新建构统一和整体性的世界,在这个世界中,人与其他存在相互辩证地构成。人与人之间命运相连,人与自然之间生命相通,整个世界作为一个统一和整体性的存在。这种统一性在人与人、国家与国家、人与自然之间的相互关系的各个层面中反映出来。因此,拯救当今人类社会的生存危机,需要一种新的文化精神的建构,这种新文化精神的前提和基础,就是世界辩证统一性的恢复和重建。

面对西方现代社会人的异化生存状态,马克思已经为我们指出超越西方现代性的根本途径。马克思哲学革命变革的根本,正是对于西方形而上学二元对立思维范式的超越,以及一种新的思维范式的建构和在此基础上对资本主义世界的颠覆。马克思主义从实质上说是一种方法,这种方法的根本是辩证统一地认识世界的范式。唯物辩证的方法从根本上取消了对于存在的机械和直观式的二元对立的理解范式,把世界从人类主观和人为分裂中解放出来,重新恢复人类社会和整个世界固有的统一性和整体性。在《1844年经济学哲学手稿》中,马克思把人与自然、必然和自由之间矛盾和张力的真正解决,作为超越资本主义社会的更高的共产主义的本质特征。

二、人类命运共同体的内涵与方法论基础

马克思指出:"共产主义是私有财产即人的自我异化的积极的扬弃,因而是通过人并且为了人而对人的本质的真正占有;因此,它是人向自身、向社会的即合乎人性的人的复归,这种复归是完全的、自觉的和在以往发展的全部财富的范围内生成的。这种共产主义,作为完成了的自然主义=人道主义,而作为完成了的人道主义=自然主义,它是人和自然界之间、人和人之间的矛盾的真正解决,是存在和本质、对象化和自我确证、自由和必然、个体和类之间的斗争的真正解决。它是历史之谜的解答,而且知道自己就是这种解答。"[1] 在马克思看来,西方现代性文化是在人与自然、人与人对立的前提基础上建构起来的,这种文化无法真正实现人和自然的生命本质。唯一的途径是使人类重新回归到世界的整体中去,不仅人与人之间具有不可割断的共同命运,人与自然之间同样是一种休戚与共的命运共同体,世界在本质上是一个不可分割的整体性存在。因此,人类只有在与世界其他存在的辩证统一的整体性关系中,才能真正认识和实现自身的本质。而人类认识和把握世界的方法,只能是在辩证统一的思维范式下,与其他存在在一种和谐和整体的关系中平等对话和相互理解,在尊重彼此差异中实现整体和谐。这一思维范式的前提是现代性的主体性的死亡,这并非是重新回到人与自然浑然不分的原始自在状态,而是与世界其他存在联结为一体的主体性。

人类命运共同体思想,作为21世纪中国特色社会主义的根本精神内涵,是对马克思主义这一根本精神实质的继承和发展。"党的十八大以来,习近平总书记以卓越的政治家和战略家的宏大视野和战略思维,高瞻远瞩地提出构建人类命运共同体的重要思想。这是习近平新时代中国特色社会主义思想的重要组成部分,是当代中国对世界的重要思想和理论贡献,已经成为中国引领时代潮流和人类文明进步方向的鲜明旗帜。"[2] 这一思想的本质特征是超越现代西方主客二元对立思维范式,在新的历史时代重新恢复世界的整体和谐和统一。人类命运共同体思想,继承了马克思主义关于人类真正解放的精神内涵,重新定位了人与人、国与国、人与自然之间的关系。这一崭新的文化精神为建构和谐统一的世界,提出了一系列新的精神理念和实践构想。这一思想精神回应了马克思主义中最具活力和生命力的、实现人类真正解放的精神前提,具有划时代的思想意义和现实意义。在合作共赢而不是你输我赢、在和谐共生而不是你死我活的思维模式中,处理中国国内、中国和世界以及人和自然之间的各种复杂关系,必然产生全新的治国理念和制度建构。从建成惠及13亿人口的

---

[1] 马克思:《1844年经济学哲学手稿》,北京:人民出版社,2000年,第81页。
[2] 本书编写组:《党的十九大报告学习辅导百问》,北京:学习出版社、党建读物出版社,2017年,第156页。

小康社会，一个也不能少，到"一带一路"建设，实现世界各国的互利发展；从金山银山就是绿水青山的自然生命共同体思想，到打造新型国际关系的人类命运共同体思想，都彰显出面向 21 世纪的崭新的文化精神的内涵和实质。

在中国全面建成小康社会和向社会主义现代化强国迈进的征途中，在社会主义初级阶段如何真正实现人与人之间的平等、公平和正义，这不仅关涉经济、政治、社会和文化制度的建构问题，在根本上说涉及的是治国理念的彻底转变问题。党的十八大以来，习近平总书记在治国理念方面进行了巨大的理论创新，其实质在于力图超越现代社会形成的对立思维方式，把人与人、国与国、人与自然之间的关系定位在命运共同体的统一结构中，创新性地提出崭新的中国和全球治理理念。放眼世界，当今整个世界格局正在发生深刻的变化：一方面，世界各国人民越来越相互依存、生死与共、命运与共，建构人类命运共同体的现实条件正在日益形成。十九大报告指出："没有哪个国家能够独自应对人类面临的各种挑战，也没有哪个国家能够退回到自我封闭的孤岛。"[1]另一方面，经济全球化、社会信息化、文化多样化的世界多极化趋势日益发展，新的国际格局和国际秩序正在形成。在过去西方现代性二元对立模式基础上建构起来的"西方中心论"的世界治理理念、治理体系和治理模式，已经不能适应新时代世界发展的趋势。整个世界迫切需要新的全球治理理念，并且建立更加公平、正义和合理的国际关系和国际秩序，开启人类更加幸福和美好的生存和发展前景。在国家秩序面对新的变革趋势背景下，"习近平总书记站在人类历史发展进程的高度，以大国领袖的责任担当，深入思考'建设一个什么样的世界、如何建设这个世界'等关乎人类前途命运的重大课题，并在不同场合对构建人类命运共同体进行了重要阐述，形成了科学完整、内涵丰富、意义深远的思想体系。构建人类命运共同体思想是当代中国外交的重大创新成果，受到国际社会的高度评价和热烈响应，已被多次写入联合国文件，产生日益广泛而深远的国际影响"[2]。

人类命运共同体思想是在处理人与人、国与国之间关系的新的价值理念基础上形成和发展起来的，它是在突破西方现代性二元对立思维基础上得以确立的新型国家格局和国际秩序。构建人类命运共同体是实现人类真正解放的重要途径，它同时是打破各种强权政治和霸权逻辑的重要措施。这是在新的历史时代，人与人、国与国之间真正实现和平、繁荣和发展的新理念和新实践。人类命运共同体思想的深刻

---

[1] 本书编写组：《党的十九大报告学习辅导百问》，北京：学习出版社、党建读物出版社，2017 年，第 46 页。

[2] 本书编写组：《党的十九大报告学习辅导百问》，北京：学习出版社、党建读物出版社，2017 年，第 158 页。

内涵，就是十九大报告指出的"建设持久和平、普遍安全、共同繁荣、开放包容、清洁美丽的世界。"[1]这种新的文化精神使人与人、国与国之间的真正关系得以在一种共同体的框架内恢复其本质内涵，国与国之间关系的转变意味着国际社会重新回归平等、正义的秩序中，打破人与人、国与国之间的人为的界限和区分。习近平新时代中国特色社会主义思想面对新的国际格局，回应了马克思关于人类彻底解放的诺言，努力寻求人与人、国与国之间真正共同体关系得以建立的现实途径。

人类命运共同体思想在现实实践中体现为：在政治上，国与国之间要互相尊重、平等协商，坚决摒弃强权政治和霸权逻辑，对话而不对抗、结伴而不结盟。在国家安全上，要坚持以对话解决争端、以协商化解分歧。在经济上，要同舟共济，推动经济全球化朝着更加开放、包容、普惠、平衡、共赢的方向发展。在文化上，要尊重世界文明多样性，以文明交流超越文明隔阂、文明互鉴超越文明冲突、文明共存超越文明优越。在生态上，要坚持环境友好，合作应对气候变化，保护好人类赖以生存的地球家园。构建人类命运共同体思想作为习近平总书记外交思想的核心和精髓，为世界的发展和人类的未来指明了方向。"一带一路"的各国之间的合作发展，永不称霸的和平外交战略，人与人之间的你中有我我中有你，国与国之间的不是你输我赢而是合作共赢的理念，都是人类命运共同体思想的现实实践。

三、自然生命共同体思想的根基：人与自然之间的辩证统一性

人类命运共同体思想建构的人的辩证统一性生存结构，不仅在人与人、国家与国家之间，而且在人与自然之间的关系中表现出来。习近平总书记在党的十九大报告中指出："坚持人与自然和谐共生。建设生态文明是中华民族永续发展的千年大计。"在人与自然之间的关系上，人类社会正日益达成这样的普遍共识：人因自然而生，人与自然是一种共生关系，对自然的伤害最终会伤及人类自身。在我国古代就有"万物各得其和以生，各得其养以成"的观念。习近平总书记在党的十八届三中全会上作《中共中央关于全面深化改革若干重大问题的决定》的说明时指出："我们要认识到，山水林田湖是一个生命共同体，人的命脉在田，田的命脉在水，水的命脉在山，山的命脉在土，土的命脉在树。"这充分反映出自然生命处于一个共同体的结构中，人与自然休戚与共、和谐而共生。在环境保护与发展经济的相互关系

---

[1] 本书编写组：《党的十九大报告学习辅导百问》，北京：学习出版社、党建读物出版社，2017年，第46页。

上，习总书记指出："我们追求人与自然的和谐、经济与社会的和谐，通俗地讲就是要两座山：既要金山银山，又要绿水青山，绿水青山就是金山银山。"这是对于经济发展与环境保护之间关系的创新性解读，二者不是对立与矛盾的关系，而是相互依赖、不可分割的统一关系。它破除了以往在对立的思维中对二者关系的解读，可以说，这是人类发展的需求与环境保护的需要之间矛盾的真正解决。

可以说，如何处理人与自然之间的关系，一直伴随着人类历史的发展。回顾人类历史发展历程，在人与自然之间的关系上，曾经存在三种处理二者之间关系的思想和实践。在人类社会之初，人类的力量在大自然面前还很弱小，不得不使自身的行动与自然的节奏和规律相适应，形成了原始的"天人合一"观念。这种观念反映的是人类在自然威力面前不得已而为之的心理状态，在处理人与自然之间的关系上，还处于自发的层面上。因此，当人类在历史发展过程中不断提升征服自然的能力和手段，人类便越来越摆脱自然的束缚。到现代社会，当人类的生产力和征服自然的能力强大到一定程度，人与自然之间的关系便发生了翻转。在人类发展的较早历史阶段，人类臣服在自然面前，把自然力量神圣化和神秘化，用自然规律来指导人类的行动，人类在自然面前只能以奴仆身份出现。当人类力量不断积累和强大后，人类便要实现从奴隶到主人角色的转变。但是，在自然面前，人类虽然结束了奴隶身份成为主人，但这只是两种身份的转变，并没有真正实现人与自然之间的和解。因此，在人与自然之间的关系上，结束了一种没有主观能动性的异化存在方式，同时开启了另一异化存在方式，因为人类在自然面前从屈从到征服地位的转变，并没有真正成为自然的主人，自然也没有因为人类的傲慢而促进人类的生存和发展。因此，要征服自然的人类依然处于人与自然之间关系的自发层面上，当自然给予人类的傲慢和偏见以巨大报复的时候，人类经过不断反思认识到，建构在征服自然基础上的西方现代性，在带来生产力极大发展的同时，也给人类的生存带来了巨大危机。在巨大的生存考验面前，人类开始重新反思人与自然之间的真正关系。人们越来越认识到，人与自然之间并不是一种主体与客体之间的对立关系，而是一种和谐共生的生命共同体关系。

生活在20世纪上半叶的早期西方马克思主义者本雅明，在《驼背小人：一九〇〇年前后柏林的童年》一书中，回忆了他童年捉蝴蝶的记忆，意在唤醒深藏在人类内心深处的人与自然原初和谐统一的意象。"蝴蝶扑扑簌簌地飞向一朵野花，停在了上面。我举着捕蝶网，只等着花朵对蝴蝶双翅的符咒起效。那柔软的小东西却轻轻拍动翅膀从侧面溜走，无动于衷地在另一朵野花上方停了一停，然后像来时一样，不碰一碰那朵花就突然飘离而去。每当这种我本来轻而易举就可以抓到的狸蝶或水贞蝶用假装犹豫,拿不定主意和少作逗留的伎俩来捉弄我时,我真想让自己变成光和空气,悄悄地靠近那猎物,把它捕获。我的这个夙愿后来是这样得以实现的:我让自己随着我多迷恋的那对翅膀的挥舞而起伏,随着它们的晃动而漂移。那个古老的猎手格言开始在我们之间起作用:当我肌肉的每一根纤维都调动起来去贴紧那个小动物,当我自己即将幻化为一只飞舞的蝴蝶的时候,那蝴蝶的一起一落越来越近似人类一举一动,最后擒获这只蝴蝶就好像是我可以重新成为人的必须代价。……那个猎人将自己的身体连同捕蝶网一起抛出。面对如此的破坏、粗野和暴力,那只蝴蝶战战兢兢,却仍不时妩媚地躲在网中一个角落。在跋涉回营的路上,猎物的魂灵进入了猎手的意识之中。从蝴蝶与花在他眼前交流的那种陌生语言中,他领悟了一些天机,于是他的屠杀欲减轻了,而他的信心随之越发强大起来。"[1]这段人与自然之间和谐关系的生动描述,为我们呈现的是一幅自然生命共同体的生动画面。

中国作为后发现代性的国家,超越现代性思维范式和实践模式,在辩证统一的思维范式下积极引领全球治理体系改革和建设,必须建构一种新的文化精神,这种文化精神的本质内涵是世界的辩证统一性。因此,人类命运共同体和自然生命共同体思想是引领人类未来发展的重要精神内涵。在国内和国际两个层面上,中国正在不断建构这种文化精神和文化实践。

---

[1]（德）瓦尔特·本雅明:《驼背小人:一九〇〇年前后柏林的童年》,徐小青译,上海:上海文艺出版社,2003年,第28-30页。

人类命运共同体的理性空间与共识基础

首都师范大学马克思主义学院 李基礼

摘要：作为解决当代全球问题和国际关系问题的价值理念和中国方案，人类命运共同体如何才能成为全球共识，没有引起足够重视。国外研究更倾向认为中国政府提出的人类命运共同体是一种目的合理性行为和以言取效行为，是为了实现某种隐蔽的特殊利益的话语。而国内研究往往从某种单一理论、特殊的民族文化和价值角度进行辩护。然而，在后形而上学和价值多元化时代，基于价值理性的辩护显然显得力不从心。我们认为必须从交往理性和程序理性出发，阐明人类命运共同体话语本质和合理性内涵，才有助于成为一种全球共识。

关键词：人类命运共同体；理性；共识

人类命运共同体作为解决当代全球问题和国际关系问题的价值理念和中国方案，自提出以来引起了国际社会的广泛关注和强烈反响，已成为学者研究的重要话题。中国学者在研究这一话题时，更多地集中于人类命运共同体提出的现实背景、理论渊源（尤其是与马克思主义理论及中国传统文化之间的关系）及其对全球治理的价值和意义的阐释上。这种研究尽管着眼于人类命运共同体的世界意义和普遍价值，但阐释和论证路径往往植根于单一理论和特殊民族文化，往往难以获得普遍认同。而一些外国学者则极尽所能地挖掘人类命运共同体背后的特殊利益和狭隘的价值观念，消解人类命运共同体的普遍性和合理性，阻碍他国及其人民对它的认同与接受。因此，中国学者在研究人类命运共同体时，除了对上述理论问题进行深入阐述之外，还需要从理论对话的角度对西方学者的观点进行回应和批判。不过，我们不能简单地把西方学者的观点斥为意识形态偏见了事，这无助于共识的达成。我们必须立足于现代性语境，紧紧抓住该理念和方案在何种意义上能被合理地接受，具有何种合理性，或者说从何种理性角度阐明人类命运共同体的本质内涵才能成为国际社会的普遍共识。因为在现代性语境中，理性人构成了现代人的根本性假设，共识的达成是奠定在理性的基础上的，具有合理性的意见和行为才可能被认同和接受。正如恩格斯所指出的，自启蒙运动以来，"不承认任何外界的权威，不管这种权威是什么样的。宗教、自然观、社会、国家制度,一切都受到了最无情的批判;一切都必须在理性的法庭面前为自己的存在做辩护或者放弃存在的权利"[1]。

一、理性与共识

从马克斯·韦伯到哈贝马斯,合理性问题得到了充分的讨论,合理性即合乎理性。理性概念一直以来是哲学尤其近代西方哲学探讨的基本论题,马克斯·韦伯深刻意识到了这一源自哲学的思辨性概念的复杂性,并从社会行动着手洞见到理性的不同类型,把理性区分为工具理性和价值理性,那么合理性就是指社会行动合乎这两类理性(这里的行动是广义上的,也包括言语行动)。哈贝马斯从西方马克思主义传统中洞悉到了韦伯合理性思想对构建自身规范性理论的巨大潜能和价值,通过对韦伯理性概念的有效改造,提出了交往理性概念,从而为理性与共识之间搭建一座桥梁。下面我们就来分析不同类型的理性与认同之间的关系。

工具理性是内在于目的行动中的理性,目的行动如果合乎工具理性,即为目的合理行动。工具理性是由韦伯原创性地提出并被哈贝马斯加以发展的概念。起初工具理性是作为社会行动的形容词被给出的,是指"决定于对客体在环境中的表现和他人的表现的预期;行动者会把这些预期用作'条件'或者手段,已实现自身的理性追求和特定目标"[2]。简单地说,工具理性是指"完全理性地考虑并权衡目的、手段和附带后果",因此,工具理性也就是为了实现任何给定目标而对最恰当手段的合理选择,合理选择的根据是客观的因果关系。由此可见,工具理性涉及的是主体对客体的理性控制能力和改造客观世界的效力。因此,合乎工具合理性关涉的是主体与客观世界的关系,他者也只是作为客观世界的一部分与主体发生关系。即使在博弈性的策略行动中,也只是把原本作为不变量的条件转化的可变的条件。合乎工具理性的目的行动只与行动主体的目的有关,而与其他主体的目的无关。即使有关,这种行动对于其他主体而言,同时只是作为其目的合理性行动的环境和约束性条件。因此,这种工具理性本身无关乎主体间共识的形成。由于这种行动只考虑目的及相应的后果,而没有考虑这种目的及后果对其他主体的影响,还有可能产生冲突。因此,要化解冲突,就要考虑不同主体目的选择及其形成问题。

---

[1] 马克思、恩格斯:《马克思恩格斯文集》第3卷,北京:人民出版社,2009年,第523页。
[2] 马克斯·韦伯:《经济与社会》第1卷,上海:上海世纪出版集团,2010年,第114页。

主体选择何种目的受多种因素的决定，既有情感、情绪和传统、习惯等非理性因素，也有自觉意识到的价值等理性因素。关于目的与价值合理性问题，既涉及目的是否与价值一致的问题，也涉及价值本身是否合理的问题。前者涉及目的是否充分地体现和表达了价值，后者涉及价值本身是否体现和满足了主体的真实需求和意义的实现。我们把与价值相关的理性问题统一归为价值理性。显然这里的价值理性与韦伯、哈贝马斯的理解存在差异。前者在哈贝马斯那里被称为选择理性，也就是如何根据既定的价值选择合理的目标。而价值理性在韦伯那里是"对某种包含在特定行为方式中的无条件的内在价值的自觉信仰，无论该价值是伦理的、美学的、宗教的还是其他的东西，只追求这种行为本身，而不管其成败"[1]。这种纯粹的价值理性类似于康德的实践理性，如韦伯所举的纯粹价值理性取向的范例是"不计代价地去实践由义务、荣誉、美、宗教召唤、个人忠诚或者无论什么'事业'的重要性所要求的信念"[2]。这里的理性体现的是意志力和实践的一贯性。而我们这里的价值理性指的是目的与价值的一致性和价值与主体需求及所追求意义（价值的价值，或者最根本的价值）的一致性，后者可以说是价值体系的融贯性问题，在本质上这是一种逻辑关系，是解释学意义上的。就价值理性与共识的关系而言，形成共识的关键落到了价值身上。这是因为人们能够达成共识，协调彼此的行动，关键在于决定目标的价值观是否一致。如果行动主体意识到目的源自某种一致性的价值，那么主体之间就能够形成共识，因为价值构成目的合理性的根据和基础。那么考察目的与价值一致性的理性有利于共识达成，但如果具体价值不一致，要达成共识就必须诉诸主体的真实需求和意义，也就是更高的价值，那么这需要借助于价值理性。然而，如果人们在某种最高价值层面上存在冲突，这就构成了价值理性的限度。而在现代社会，正如韦伯所指出的，传统社会中那种统一的、绝对的、统摄一切价值的终极价值和信仰崩溃了，进入了"诸神之争"的时代，任何实质性的价值都被相对化了，由此共识便成了问题。价值理性与共识的关系最终产生了两个后果：从消极方面来看，一旦进入价值领域诸神之争时代，实质价值之间的冲突成为现实，那么共识的达成就不能诉诸某种特定的价值，不能依靠价值排序来化解。但从积极方面来看，价值理性所包含的价值的评价和讨论则有利于增强对各种不同价值观的相互理解和沟通，从而一定程度上软化价值观的对立，甚至形成新的价值共识。而这种内在于价值评

---

[1] 马克斯·韦伯：《经济与社会》第1卷，上海：上海世纪出版集团，2010年，第114页。
[2] 马克斯·韦伯：《经济与社会》第1卷，上海：上海世纪出版集团，2010年，第115页。

价和讨论中的理性，哈贝马斯称之为交往理性。

交往理性是我们解决价值冲突的重要途径，它是所有相关方在不受限制的讨论中所依赖的最佳论证力量，简单地说就是依赖于最好的理由。交往合理性预设了交往行动或对话行动的可能性，交往行动构成了交往理性发生和存在的场所。同时也预设了共识的达成只能通过对话行动才能实现，而且必须是包含这种交往理性的对话行动才能形成共识。对话行动并不必然确保交往理性存在，除非对话满足以下程序和条件：首先，所有对话的参与者必须对自己主张的观点和价值做出论证，一旦被质疑，必须用理由和证据加以证明；其次，对话对所有的相关方都是开放的，每一个都可以提出自己的主张，也可以质疑对方的主张；再次，某种主张被接受的唯一条件是更好的理由或最佳的论证力量，而不是任何其他的强制性力量；最后，对话不是终结性的，而是动态性的，随着更佳论证力量的产生即更好的理由和论据的提出，价值共识将会逐渐改进。尽管这些程序和条件背后也体现了一种价值观念，即平等与自由，但这种价值理念并不是实体性的规定，而是程序性的，也就是每一个利益相关者作为对话的参与者拥有自由、平等地参与对话的权利。简单地说，每个人都能够自由地参与到对话过程中，每个人的话语都应当平等地对待，每一种观点被认同和接受都是基于最好的理由，而不是话语之外的某种强制力量。由此它就避免了因为平等、自由的实质性或实体性规定而产生价值冲突。在这个意义上，实现交往理性的关键在于合理性的程序，因此我们可以把交往理性视为一种程序理性。

二、人类命运共同体的理性基础之争

人类命运共同体从诞生之日就受到了普遍关注，中西方学者从各自的理论和文化背景阐述人类命运共同体的内涵和意义。国外学者从一种外在的观察者视角，从工具理性角度来规定人类命运共同体，具体包括如下观点：一是视为一种政治、经济战略的人类命运共同体，在中性意义上理解为在全球化、权力-经济变革的宏观背景下中国处理国际关系的自发组织行为，备受推崇的"一带一路"是这一愿景的标志。具体而言，将"一带一路"与人类命运共同体建设视作服务于中国、国家复兴的一整套环环相扣的政治、经济战略。二是把人类命运共同体视为一种区域合作机制和平衡力量，用于限制美国追求单极化引发全球动荡和社会、政治分裂的忧虑，推动区域和世界的多极化进程，被周边国家视作中国区域外交政策上的一次重大进步。三是人类命运共同体被视为一种地缘挑战者。中国就试图扩大自身在亚洲事务的影响力，排除美国在这一区域的存在。[1]不管从上述何种意义来理解，人类命运共同体都被视为一种战略手段和服务区域国家战略目的甚至服务中国国家战略目的的手段。既然服务某些特定国家的战略目标，而且这种战略目标往往与其他国家战略目标相冲突，因而也就无法成为国际社会的共识。

对人类命运共同体的这种理解源自研究者的价值偏见和对待言语行动的特殊态度。从研究者的价值立场来看，他们往往从本国国际战略决策者角度出发，把任何行为和主张都视为一种服务国家战略的手段、工具和政治策略。尤其是那些对中国抱有意识形态偏见的研究者，完全从零和博弈的思维出发，视之为纯粹服务于中国政府特殊利益的战略野心。从对待言语行动的态度来看，他们仅仅把中国政府提出人类命运共同体作为一种政治话语，视为一种以言取效行为，他们不是从人类命运共同体本身内容出发，而仅仅视为一种信息传递的符号、为了实现中国国家利益的言语手段和方式。从理性类型来看，西方学者极力把支撑人类命运共同体的理性视为一种工具理性。然而，当他们仅仅把人类命运共同体视为一种意识形态时，实际上反过来说明他们也是从一种意识形态偏见来对待这种观点，他们不是从观点本身出发，而是关注这种观点是由谁提出的，这本身就偏离了作为一个中立的研究者的身份，而采取了一种政治决策者的身份。另外，采取以言取效的态度不是一种基于达成理解和共识的理论研究，实际上反过来证明研究者的研究也是一种以言取效行为。这种对待人类命运共同体的立场和态度在国内研究中也存在，当然他们是基于本国的国家利益，然而这种研究也就模糊了学术与政治的界限。

不管是国内还是国外的研究，都把人类命运共同体视为一种文化概念。国内学者往往从某种特殊的理论如马克思主义理论证明人类命运共同体的合理性，认为人类命运共同体与马克思主义共同体思想是一脉相承的，人类命运共同体是从资本主义向共产主义共同体的过渡形态；或者从某种特殊的民族文化论证人类命运共同体的价值优越性，一些学者往往从中国传统文化去寻找人类命运共同体之根，认为人类命运共同体与以"和"为核心的中华优秀传统文化精神是一脉相承的，与儒家大同思想追求人类和平相处、倡导人类共同进步是一脉相承的，把人类命运共同体归结为某种特殊的文化价值。其背后暗含着特定价值观的优越性。然而，正如我们前面已经指出，在现代社会文化多样化、价值多元化的语境下，任何试图诉诸某种特殊价值和理论的观点都很难成为大家的共识，也就是诉诸价值理性并不能帮助我们

---

[1] 车轴：《人类命运共同体：近期国内外研究综述及进一步探讨》，载《理论与改革》2018年第5期。

就人类命运共同体达成共识。从价值排序角度把人类命运共同体视为西方自由共同体的竞争性观点，不仅没有充分阐明人类命运共同体的共识基础，无益于就人类命运共同体达成共识，而且可能陷入一种价值观或意识形态争论而不能自拔。当然，这种意识形态批判是必要的，有利于深刻揭示以美国为首的霸权主义行径和自由共同体的虚假性。但是我们不能基于另一种意识形态进行辩护，只能从超越于此的理性而达成共识，也就是诉诸交往理性，而人类命运共同体正是体现了交往理性的原则，只有从交往理性的视角对人类命运共同体加以阐述，才能使之成为国际社会的普遍共识。

三、人类命运共同体的交往理性之基

习近平总书记在党的十九大报告"坚持和平发展道路，推动构建人类命运共同体"部分，就如何构建人类命运共同体作出了明确的阐释，他指出："要相互尊重、平等协商，坚决摒弃冷战思维和强权政治，走对话而不对抗、结伴而不结盟的国与国交往新路。要坚持以对话解决争端、以协商化解分歧，统筹应对传统和非传统安全威胁，反对一切形式的恐怖主义。要同舟共济，促进贸易和投资自由化便利化，推动经济全球化朝着更加开放、包容、普惠、平衡、共赢的方向发展。要尊重世界文明多样性，以文明交流超越文明隔阂、文明互鉴超越文明冲突、文明共存超越文明优越。要坚持环境友好，合作应对气候变化，保护好人类赖以生存的地球家园。"在处理国际关系问题上，习近平反复提到协商、对话、交流，而且这种协商、对话、交流是平等的，并且以尊重文明多样性为前提，这就内在地包含了承认价值多元化这一前提。这种诉诸对话解决争端、达成共识的机制，贯彻的实质就是交往理性。

人类命运共同体提出在对话中应当满足如下条件：一是主权国家平等参与。习近平指出，"主权平等，是数百年来国与国规范彼此关系最重要的准则，也是联合国及所有机构、组织共同遵循的首要原则"[1]。主权原则构成国家作为主体能够自由自主参与对话的前提和基础。而平等原则下所主张的权利平等、机会平等、规则平等主要体现为话语权的平等。权利平等则体现为在对话中各主权国家话语权的平等；机会平等体现为都有平等的发言权，都必须随时为自己的观点做出论证，各方都可以对对方的观点提出质疑；规则平等则体现为各主权国家都必须遵循对话的规则，遵

---

[1] 习近平：《论坚持推动构建人类命运共同体》，北京：中央文献出版社，2018年，第416页。

从最佳论证力量。与之相应，第二个条件就是各主权国家都不能诉诸最佳论证力量之外其他任何强制力量，摒弃强权政治。第三个条件就是对话对所有利益相关的主权国家都是开放的，联合国应当成为最好的对话平台。第四个条件是各主权国家必须保持持续对话和磋商，任何对话都不是终结性的，而是动态性的。

当然，我们也必须基于程序理性构建处理国际关系的原则和理念，必须注意到它的限度。要达成这种理想状态，经济全球化、政治多极化等都是不可或缺的现实条件。

人类命运共同体的战略意义及构建

北京第二外国语学院 李媛媛

"当今世界正在经历百年未有之大变局。世界多极化、经济全球化、社会信息化、文化多样化深入发展，全球治理体系和国际秩序变革加速推进，新兴市场国家和发展中国家快速崛起，国际力量对比更趋均衡，世界各国人民的命运从未像今天这样紧紧相连。同时，我们也面临前所未有的挑战。霸权主义、强权政治依然存在，保护主义、单边主义不断抬头，战乱恐袭、饥荒疫情此伏彼现，传统安全和非传统安全问题复杂交织。"[1]面对百年未有之大变局，习近平总书记以大国领袖的担当，从人类历史进程的高度，举旗定向地提出："让和平的薪火代代相传，让发展的动力源源不断，让文明的光芒熠熠生辉，是各国人民的期待，也是我们这一代政治家应有的担当。中国的方案是：构建人类命运共同体。"[2]

一、"人类命运共同体"思想孕育于世界百年未有之大变局的历史关口

"一切社会变迁和政治变革的终极原因，不应当到人们的头脑中，到人们对永恒的真理和正义的日益增进的认识中去寻找，而应当到生产方式和交换方式的变更中去寻找。"[3]科技革命和制度的伟大创新是百年未有之大变局的根本动力。以互联网为代表的科技革命不断突破地域、组织、技术的界限，不断影响改变经济结构、国际利益、权力和观念格局，挑战面临种种矛盾与危机的西方主导的世界秩序，推动国际力量对比和国际秩序不断演变和调整，深刻地影响着人们的社会生活、交往模式、思维模式和治理模式。

全球化进程的百年之变。经济全球化促进生产要素在全球范围内优化配置，

---

[1] 习近平：《携手共命运 同心促发展——在二〇一八年中非合作论坛北京峰会开幕式上的主旨讲话》，载《人民日报》2018年9月4日，第2版。
[2] 习近平：《共同构建人类命运共同体——在联合国日内瓦总部演讲》，载《人民日报》2017年1月20日，第2版。
[3] 马克思、恩格斯：《马克思恩格斯选集》第3卷，北京：人民出版社，2012年，第654-655页。

推进信息、商品、贸易、投资、技术、人员的广泛传播、流通、繁荣、发展,各个经济体日益相互依存。但随着英国进入脱欧进程和美国挑起的中美贸易战,贸易保护主义日益抬头,经济全球化受阻。同时,全球经济复苏乏力,低增长、低通胀和高债务、高泡沫并行,经济环境不确定性突出。

世界经济格局的百年之变。世界政治的经济基础在于国际生产分工,它决定着世界格局变化。中国、印度等大批新兴市场国家的快速崛起,大西洋和太平洋"两洋"并举的时代逐渐取代延续数百年的"大西洋时代"。一个国家在国际分工体系中的地位影响其在世界权力格局中的地位。现代化强国一定是在国际分工体系中处于高端,在国际生产关系中居于主导地位的国家。中国特色社会主义进入新时代,正在从世界经济的边缘走向中心,中国特色社会主义制度的优越性日益彰显。

国际权力格局的百年之变。世界经济重心的逐步多元,国际力量对比更趋均衡,多极化进程稳步推进,新兴市场国家不断崛起且在全球经济政治版图中影响力不断加强,有利于遏制霸凌主义和强权政治,推进国际秩序的合理公平,但也应看到以美国为首的超级大国绝不会主动放弃霸权主义和强权政治的意图和行径。维护世界和平的斗争仍然艰巨复杂。

全球治理体系及治理规则的百年之变。经济全球化、世界多极化,全球治理主体和议题多元化,全球治理规则和理念不断演变、不断演化,不断突破以西方国家为主导的全球治理体系传统,即发达国家"治人"、发展中国家"治于人"的全球治理格局。

人类文明及交往模式的百年之变。地球家园200多个国家和地区,繁衍生息着2500多个民族,运用着6000多种语言。各美其美,美美与共,共同创造了丰富多彩的世界文化。伴随经济全球化、政治多极化、信息网络化,文化日益成为国家重要的核心竞争力。中国特色社会主义一枝独秀,加之一些转轨国家制度摸索完善,各种思想文化交流交融交锋频繁,意识形态斗争仍长期存在,有时非常复杂、尖锐。

"百年未有之大变局"的本质在于世界秩序的历史演进,其核心议题是世界秩序的演进方向和发展趋势,但并不意味着世界自然走向公平、繁荣和进步。人类命运共同体是中国方案,体现了中国智慧,其意义在于积极推动新型全球化格局。

二、"人类命运共同体"体现中国智慧、中国价值,是构建世界格局的新理念

2017年1月18日,习近平总书记在联合国总部演讲,系统阐发人类命运共同

体理念，倡议"将世界建构成平等相待、相互尊重的国际政治关系、合作共赢国际经济关系，多种文化和而不同、开放包容的世界文化格局，公道正义、共建共享的安全世界以及崇拜自然、绿色发展的地球家园"[1]。

（一）以仁爱逻辑超越资本逻辑，积极应对世界变局

西方资产阶级战胜封建势力，建立起资本主义社会，开启了现代文明。以资本为本位的社会，遵循资本扩张逻辑。"资本害怕没有利润或利润太少，就像自然界害怕真空一样。一旦有适当的利润，资本就胆大起来。如果有10%的利润，它就保证到处被使用；有20%的利润，它就活跃起来；有50%的利润，它就铤而走险；为了100%的利润，它就敢践踏一切人间法律；有300%的利润，它就敢犯任何罪行，甚至冒绞首的危险。如果动乱和纷争能带来利润，它就会鼓励动乱和纷争。走私和贩卖奴隶就是证明。"[2]20世纪前半页，两次世界大战及世界范围内经济危机周期性爆发都源自资本逻辑。

人类命运共同体理念倡导用平等、共赢、普惠的共同体仁爱逻辑超越资本逻辑，各方应该确立双赢、共赢理念，与其他国家平等相待、互惠互利；强调用协商对话取代冷战、冲突和战争，摆脱"资本—竞争—战争"的世界格局建构逻辑，走出一条"对话而不对抗，结伴而不结盟"的新路来。

（二）以世界多元主义超越西方中心主义，凝聚世界和平发展共识

近现代世界格局遵循资本逻辑开创而来，所以他们认为西方文化是人类文明进步的先导，西方文化价值具有普适性，西方模式才是各个民族现代化的唯一路径选择。

人类命运共同体思想主张用多元世界逻辑取代西方一元中心逻辑。"世界命运应该由各国共同掌握，国际规则应该由各国共同书写，全球事务应该由各国共同治理，发展成果应该由各国共同分享。"[1]倡导以全人类共同价值超越西方主导的所谓普世价值，以和而不同、海纳百川的包容逻辑取代文化霸权主义，尊重各民族的文化差异，在此基础上追寻文化价值共识。习近平说："中国愿意同世界各国分享发展经验，但不会干涉他国内政，不会输出社会制度和发展模式，更不会强加于人。"

（三）以生态主义超越人类中心主义，保护人类共同家园

西方中心主义思想基础源自基督教文明：上帝造人并将人置于中心地位。人是世界的主人这一信念，极大地激发了人们推动科技创新发展、经济社会繁荣。但西方文明走的这条先污染再治理的道路，生态失衡、能源危机等现代危机都与人类中

---

[1] 习近平：《共同构建人类命运共同体——在联合国日内瓦总部演讲》，载《人民日报》2017年1月20日，第2版。

[2] 马克思、恩格斯：《马克思恩格斯文集》第5卷，北京：人民出版社，2009年，第871页。

心主义密切关联。

人类命运共同体理念强调要超越人与自然对立的思维模式，确立人与自然一体化的思维模式；强调各民族都应在人和自然的共同体中努力贡献一份力量，多一点共享、多一点担当，为改善人类生存环境多作贡献。中国人民历来信奉天人合一理念，坚持正确义利观，积极参与气候变化的国际合作，保护人类共同家园。

（四）以共商共建共享超越零和博弈，引领全球治理体系变革

过去的300多年里，西方主导的霸权体系创造出了超过以往人类历史发展总和的巨大生产力。然而进入新世纪以来，资本主义的霸权体系备受挑战，面临金融危机、贫富差距、恐怖事件、环境恶化、战争危险、军备竞赛等系列全球性难题，挑战全球治理的公平正义。

从根源上来看，全球治理失序有其深厚的物质根源、制度根源、人性根源。首先，资本增殖无序扩张是全球治理失序的物质根源。资本在逐利的过程中，以牺牲人的发展和后发国家利益为代价，以经济霸权、政治霸权、文化霸权、军事霸权到处扩张，加剧地区发展的不公平性和不可持续性；其次，西方中心论是导致世界失序的制度根源。在国际上推行"全球西方化"和世界的"资本主义化"，把自身小圈子的安全利益凌驾于他国之上，导致西亚、中东和北非等地区长期陷入动荡，引发的难民潮也终为西方所累；再次，自由主义是导致全球治理失序的人性根源。自由主义鼓吹民主神话、宣扬市场万能。纵容物欲横流的消费主义，倡导弱肉强食的丛林法则，发动颜色革命、和平演变输出意识形态，挑起国际社会的动荡。

"中美贸易战"无疑是由美国基于狭隘利益挑起的大国争端，不仅仅是单纯的经济利益摩擦，所谓"守成大国"和"新兴国家"之间的经济贸易摩擦，更多的是一种以国家安全为核心的国际政治行为。国际政治竞争往往是一种"零和博弈"而非"正和博弈"。

当然，战争不是天然的解决国际争端的政治形式。跳出战争的魔咒，是世界各国人民共同的生存命题。2018年4月，习近平总书记在人民大会堂会见来访的联合国秘书长古特雷斯时说："我们所做的一切都是为人民谋幸福，为民族谋复兴，为世界谋大同。"中国人民不仅要自己过上好日子，而且要追求天下大同。人类命运共同体思想就是要以天下大同为己任，共商共建共享，超越零和博弈，积聚道义力量，"要对话协商、共担责任，促进不同安全间协调包容、互补合作；要同舟共济、合作共赢，推动经济全球化朝着更加开放、包容、普惠、平衡、共赢方向发展；要兼容并蓄、和而不同，加强框架内多领域合作，推动文明互鉴；要敬畏自然、热爱地球，加强交流合作,共享经验、共迎挑战"[1]。

三、"人类命运共同体"是向未来真正共同体的过渡

"人类命运共同体"体现了中外优秀文化和全人类共同价值追求,继承了新中国 70 年我国外交战略思想,顺应了新时代中国与世界关系的重大变革,彰显了中国共产党执政中的大国责任与国际战略定力,是引领时代潮流和人类文明进步的旗帜,多次写进联合国文件。

"历史从哪里开始,思想进程也应当从哪里开始,而思想进程的进一步发展不过是历史过程在抽象的、理论上前后一贯的形式上的反映。"[2]"人类命运共同休"思想展现时代担当,积极为世界和平发展凝聚力量。我们应清醒地认识到人类命运共同体是在百年未有之大变局中孕育而生的。这种大变局只是一种温和的世界力量对比的变化与秩序的再调整,而不是一种根本的世界秩序变革。既不似那场摧枯拉朽似的涤荡欧洲专制政体、推进欧洲走向共和的法国大革命,也不似改变世界格局的"苏维埃""无产阶级专政"取代资产阶级政体的俄国"十月革命"。因为目前世界体系中资本主义主导性质还没有根本改变,经济上私有、市场化,政治上的社会西方民主式并没有以新的制度来塑造世界体制范式。

马克思共同体思想是人类命运共同体思想的直接理论来源。马克思曾从现实的人的发展出发,把人类历史划分为"人的依赖关系""以物的依赖关系为基础的人的独立性""自由个性"三个阶段,揭示作为主体的人的发展特别是人的能力发展的演进过程。

人类在世界历史中的群体合作依次经历了三种形态:以人的依赖关系为基础的"原始共同体"形态;以物的依赖关系为基础的现代"虚幻共同体"形态;以人的自由个性全面发展为特征的未来"真正共同体"形态。随着生产的全球化成为生产的普遍组织形式,人类"国家间交往"的历史就要向"全球交往"的历史演进了。马克思把这一进步的前景概括为:"代替那存在着阶级和阶级对立的资产阶级旧社会的,将是这样一个联合体。在那里,每个人的自由发展是一切人自由发展的条件。"[3]

---

[1] 习近平:《开放共创繁荣,创新引领未来——在博鳌亚洲论坛 2018 年年会开幕式上的主旨演讲》,载《人民日报》2018 年 4 月 11 日,第 3 版。
[2] 马克思、恩格斯:《马克思恩格斯文集》第 2 卷,北京:人民出版社,2009 年,第 603 页。
[3] 马克思、恩格斯:《共产党宣言》,北京:人民出版社,2014 年,第 51 页。

现实中有些人把"人类命运共同体"等同于马克思的"自由人联合体"——共产主义特征，事实上，百年未有之大变局远没有达到世界共产主义秩序的创始元年。对社会主要矛盾的科学判断是制定党的路线方针政策的基本依据。党的十九大报告指出："我国社会主义矛盾已经转化为人民日益增长的美好生活需要和不平衡不充分的发展之间的矛盾。"[1]"我国社会主要矛盾的变化，没有改变我们对于我国社会主义所处历史阶段的判断，我国仍处于并将长期处于社会主义初级阶段的基本国情没有变，我国是世界上最大发展中国家的国际地位没有变。"[1]即"两个没有变"。所以，"人类命运共同体"是由以物的依赖为基础的虚幻共同体向"以人的自由全面发展"为愿景的未来真正共同体的过渡。未来真正共同体的实现将是一个漫长的历史过程。

四、"一带一路"是"人类命运共同体"的实践平台

"当今世界，各国相互依存、休戚与共。我们要继承和弘扬联合国宪章的宗旨和原则，构建以合作共赢为核心的新型国际关系，打造人类命运共同体。"[2]当今世界多元多样多变，"建设一个什么样的世界，如何建设这个世界"，中国站在人类道义制高点上，胸怀天下，提出构建人类命运共同体，为世界提供中国方案，贡献中国智慧。

人类命运共同体思想内涵丰富、意义深远，核心是"建设持久和平、普遍安全、共同繁荣、开放包容、清洁美丽的世界"。

"一带一路"即"丝绸之路经济带"和"21世纪海上丝绸之路"，是中国塑造新世界的实践平台。"以'一带一路'建设为契机，开展跨国互联互通，提高贸易和投资合作水平，推动国际产能和装备制造合作，本质上是通过提高有效供给来催生新的需求，实现世界经济再平衡……有利于稳定当前世界经济形势。"[3]

"目前，中国已经同137个国家和30个国际组织签署197份共建'一带一路'合作文件。中国将秉持共商共建共享原则，坚持开放、绿色、廉洁理念，努力实现

---

[1] 习近平：《决胜全面建成小康社会 夺取新时代中国特色社会主义伟大胜利——在中国共产党第十九次全国代表大会上的报告》，北京：人民出版社，2017年，第11页。

[2] 习近平：《携手构建合作共赢新伙伴 同心打造人类命运共同体——习近平在第七十届联合国大会一般性辩论时的讲话》，载《人民日报》2015年9月29日，第1版。

[3] 习近平：《习近平谈治国理政》第2卷，北京：外文出版社，2017年，第504页。

二、人类命运共同体的内涵与方法论基础

高标准、惠民生、可持续目标，推动共建'一带一路'高质量发展。"[1]

共建"一带一路"，恪守联合国宪章，与落实 2030 年可持续发展议程紧密相连，应不断拓展国际交流合作平台，共增发展新动力，为构建人类命运共同体铺就和平、繁荣、开放、创新之路。

---

[1] 习近平：《开放合作 命运与共——在第二届中国国际进口博览会开幕式上的主旨演讲》，载《人民日报》2019 年 11 月 6 日，第 3 版。

人类命运共同体依托于生命共同体

北京大学哲学系　徐　春

关于人类命运共同体，在历史的较长时期内不可能是一个实体共同体，它只是承载了人们关于全人类休戚与共认识的价值共同体。人类命运共同体以价值共识为纽带，而价值共识的形成显然是自生自发的，很难通过人为建构的组织手段来完成。

一、对人类命运共同体的理解

从理论逻辑来看，我们先回到共同体、人类共同体、人类命运共同体这几个概念。

（一）共同体

共同体是对某一类事物的集体称谓。当我们说这是一个共同体时，就意味着，我们是从事物的整体去把握和理解该类事物。组成集体的个体在某种意义上具有同质性，这种集体就会被称为共同体。因此，从集合概念意义上理解，共同体其实就是用来指称某类人或某类物的集体单位，既可指称人的共同体，也可指称物的共同体，简而言之，它是一个表示事物集体单位的词汇。从语词结构上分析，共同体有不同的表述形式。从主体上表述有生物共同体、动物共同体和人类共同体等。[1]

共同体的生活早于共同体概念的出现。共同体既可以看作是个体组成的单位，也可以看作是公共生活的空间。因此，只要存在公共生活就必然存在共同体。人类共同体最早见于血缘共同体，一种以血缘关系而联结的私人生活共同体，如家庭、氏族、部落共同体。后来，随着人们交往范围的拓展，政治共同体成为人们公共生活的常态形式，古希腊城邦就是最典型的政治生活的共同体。

（二）人类共同体

从逻辑上讲，人类共同体是个集合概念。其"共同性"的构成性质只有人类这个主体具有。从内容上表述，可以有责任共同体、利益共同体和价值共同体等。人

---

[1] 周安平：《人类命运共同体概念探讨》，载《法学评论》2018年第4期。

类共同体在逻辑上既可以作为单独概念,又可以作为普遍概念。单独概念和普遍概念是根据概念的外延数量是否特定而划分的。在单独概念意义上,人类共同体是一个特定的共同体。在这一意义上,人类共同体只有一个,与非人类共同体诸如生物共同体、外星人共同体或机器人共同体(如果有的话)相并列。在普遍概念意义上,人类共同体的外延既不是特指的,也不是唯一的,而是泛指人类各种各样的共同体形式,如利益共同体、国家共同体、民族共同体等。这些共同体均可纳入人类共同体的范畴中,是人类共同体的子概念,其外延的总和构成人类共同体的全部。在这一意义上,准确地讲,人类共同体是指"人类的共同体"。

(三)人类命运共同体

人类命运共同体这个概念,是主体与内容相结合的一种语词结构,其主体是人类,内容是命运,或者也可以理解为人类命运共同体中的"命运"是对人类共同体概念的限制。通俗地说,命首先是生命的存在、活着;运是运气,也就是生命质量的好与坏,活得怎么样。命与运是两个不同的概念。命为定数,指某个特定对象的存在,具有必然性;运为变数,指时空转化,具有偶然性。命与运组合在一起,即是某个特定对象于时空转化的过程。人类命运指的是人类这一物种在生存论意义上是否能在宇宙自然中持续存在和发展。

人类命运共同体与人类共同体的关系在逻辑上是种属关系,与人类利益共同体、人类血缘共同体等概念构成并列关系,同属于人类共同体范围之内。作为单独概念,人类命运共同体是指人类作为一个整体的命运共同体。在人类社会中,它只有一个外延,并无其他对象。作为普遍概念,人类命运共同体泛指人类各种命运休戚与共的共同体形式,如家庭、民族,甚至国家。只要是从命运共担的角度去理解,这些共同体都可以看作是人类命运共同体的诸种形式。同样,在这一意义上,准确地说,人类命运共同体是指"人类的命运共同体"。当人类命运共同体作为一个超级共同体,将人类所有成员都囊括其中时,共同体的外部关系就只有人类与非人类的关系。

二、自然生态系统是决定人类共同体命运的外部因素

人类命运共同体从范围来看,是人类最大的超级共同体,它本身强调的是全人类同呼吸共命运的价值共识,是一种价值共同体,而不是实体共同体。决定人类共同体命运的有内外两方面因素。人类共同体内部有各种不同类型、错综复杂的共同体,如民族、国家、各种群体、利益集团等。如果人类内部各种共同体因利益矛盾激化,引发极端冲突,一损俱损,如核武器大规模的使用、恐怖主义在全球蔓延、

无药可治的传染病广泛传播等,都将影响人类自身命运。

人类命运共同体的外部关系在逻辑上就只有人类与非人类的关系。人类诞生于地球生物圈下,作为自然界中的一个物种是在自然进化中发展的,人类依赖于从自然界索取物质生活资料来维持生命和生活。从本体论意义上说,人类的命运离不开他所从属的自然生态系统的命运。从外部关系来说,人类的命运取决于自然界是否适合人类生存。人类因生活在同一个地球,因生活在同一个无法区隔的自然生态环境系统中,因维护人类世世代代生存、传承、繁衍的共同目标而构成了共同的利益和需求。这个共同利益和共同需求的本质,就是永续性地维护人类赖以生存传承的自然生态系统及生态功能的完好性。如果自然生态系统的完好性无法永续,那么人类世代的生存环境将会日益恶化。因此,这一共同利益构成了对人类各主体行为的基础性约束。在这个意义上,"人类整体"在与外部自然的关系上构成"人类命运共同体"。

随着全球生态环境问题的日益严峻,全球社会越来越关注"人类整体"的命运,因此必须从本体论意义上来认识生态环境问题。"人类命运共同体"中作为代表人类整体利益的各个主体面对外部自然时,需要在以下三方面发挥主体性。

其一,追求人类作为一个整体的共同利益。人类作为自然界中的一个物种,有着其种群生存传承的价值和利益,决定了人类成员个体天然地具有维护共同体利益的特性。如果共同体利益得不到保障的话,那么个体成员的利益(特别是长远利益)也难以得到保障。人类整体需要共同面对生态环境危机,这些危机是长期以来人类生产范式、竞争行为累积起来共同作用的结果。所以,人类整体必须基于共同体利益而采取协同行动。

其二,维护自然生态系统的完好性。自然生态系统是人类赖以生存的基本条件,自然生态环境系统的完好是人类生存发展的基础,人类整体及其个体成员必须自觉维护自然生态环境系统的良性运行。只有自然生态系统完好,才能使人类各层面的利益得到基本的保障。生物多样性、重要生态功能区得以保护、人类经济活动不超过生态承载力等,是自然生态系统完好的基本表征。反之,如果自然生态环境系统的生态功能遭受破坏而不断损耗的话,人类整体的生存传承条件就会不断恶化。在工业化、城市化、全球化发展过程中,人类社会在较短的时间内超越自然生态系统的承载力而获得了较多的短期经济利益,导致自然生态系统被严重破坏,而自然生态系统被严重破坏的后果是反作用于人类,使人类发展难以为继。可见,人类在实现当代人利益的过程中必须从全球范围来看待经济活动的生态环境影响,把维护自然生态系统功能完好作为人类行为的基本约束,这是人类命运共同体利益的一种体现。

其三，追求人类各世代间的代际公平。人类作为自然界的一个物种种群，人类个体作为这一种群的成员，都具有维护人类在生态环境完好条件下世世代代永续传承的基本属性，这是大自然的一个基本法则。所以，人类必须考虑后代人的利益，在当代人与后代人之间利益相冲突时，应当兼顾并等同视之，绝不应只顾当代人利益而损害后代人利益。世代间的公平问题产生于前代人获取利益的行为对后代人获取利益权利的影响，因此，代际公平也是共同体利益的一个重要方面，涉及人类自身的可持续性。没有自然生态系统的可持续平衡，就不会有人类自身发展的可持续性。

三、人类命运共同体与生命共同体休戚与共

生命共同体是一个比人类共同体更为广阔复杂的共同体，是由地球上所有的人类成员与非人类生命成员组成的地球生命的大家庭，它既包含作为主体的人类，也包括作为客体一部分的非人类生命。人类命运共同体也是一种生命共同体，生命共同体是人类生命利益与非人类生命利益相互依存的整体，它们共同存在于同一个地球之上，相互关联。自然的命运就是人类的命运，伤害大自然就是伤害人类自身，自然之死必然带来人类之死，这是无法抗拒的自然规律。

所有的生命物种都是生命主体，都有自己的生命权益，非人类生命物种的生存权益与人类生命的利益处于一种血肉相连的关系之中。人类生命的延续，依赖于自然界所有的非人类生命物种提供的生物资源和健康的生态环境，所有非人类生命物种的繁衍和延续已经不再是纯粹的自然形态和自为状态，而是日益受到人类实践活动的深刻影响，依赖于人类对自然界的约束和调控行为。当人类只为了自身利益而不顾其他生命物种的生存利益时，就会破坏生命系统的稳定与和谐，既损害了其他生命形式的生存利益，同时也损害了人类自身的生存利益。从价值论意义上说，植物、动物和微生物等各种非人类生命物种都应该得到尊重和关心。

1915年，法国思想家施韦泽提出"敬畏生命"的伦理学，在他看来，以往伦理学的缺陷在于只处理人和人的关系，然而伦理学所要解决的真正问题却是人对世界及人对所有生命的态度问题。当人把植物、动物和人的生命都看作是神圣的，并能够帮助处于危急中的生命时，他才可能是伦理的，因为生命之间存在着普遍的联系。施韦泽试图重建自然和伦理之间的联系，他提出的基本伦理要求是：像敬畏自己的生命意志那样敬畏所有的生命意志，并对生存于自己之外的所有生命抱有同情之心。他对善恶本质的认识是："善是保存生命，促进生命，使可发展的生命实现其最高价

值。恶则是毁灭生命，伤害生命，压制生命的发展。"[1]在施韦泽看来，不懂得敬畏生命，人类就会陷入盲目的利己主义之中，不仅对其他动物肆意作践，毫不掩饰残忍，而且在同类之间挑起战乱，甚至大规模毁灭自己的同类，这意味着真正的伦理精神的丧失。因此，只有体验到对一切生命负有无限责任的伦理学才更具有思想价值，才更表明人类道德的进步。施韦泽提出的敬畏生命思想一直以来都是环境伦理的支撑理念。

其实，在2000多年前的中国儒家哲学中就有敬畏生命的思想观念。儒家创始人孔子，从一开始便对天有一种很深的敬意。孔子曰："君子有三畏：畏天命，畏大人，畏圣人之言。"（《论语·季氏篇》）理解孔子的天命思想，"天命"虽然是具有形而上意义的必然性，但还保留着"命令"的某些含义。天不是绝对的神，已经转变成具有生命意义和伦理价值的自然界。孔子说："天何言哉，四时行焉，万物生焉，天何言哉。"（《论语·阳货篇》）这里所说的天，指的就是自然界。四时运行，万物生长，指的是天的基本功能，其中"生"字，则明确肯定了自然界的生命意义。天之"生"与人之"生"是密切相关的，人应当像看待天的生命法则那样看待一切事物。孔子还说"智者乐水，仁者乐山"（《论语·雍也篇》），他把自然界的山、水和仁、智这种德性联系起来，这不是一种简单的比附，而是表达人的生命存在与自然存在有着内在关联。从孔子思想中折射出来的一个重要观念，就是对天即自然界有一种发自内心深处的敬仰和深爱。

孔子以来的儒家都有敬畏天命的思想，宋代哲学家张载将其发展为乾坤父母之说，人对自然界就如同对待父母那样有一种亲近而敬畏之情，使孔子的畏天命思想更有生命情感的意味。张载《西铭》的第一句话是"乾称父，坤称母，予兹藐焉，乃混然中处。"蒙培元先生的解释是："乾、坤就是天地，天地就是自然界。而人则处于天地的中间，就如同幼小的孩子，'浑然中处'则说明人与天地自然界是不可分的，同处于一个无限的生命整体之中。"[2]

畏天命的逻辑展开就是敬畏生命。但是，无论是中国古代哲学家张载，还是西方现代思想家施韦泽都没有把敬畏生命当作一个具体的伦理法则，也从未对这个观点进行翔实缜密的学术阐释。他们描述的是人类与自然宇宙生命息息相关，对自然生命应具有的伦理态度。对生命的敬畏并不是依靠规范的调控，也不是通过社会的干预，而主要诉诸个人对生命的信仰。能够敬畏生命是人区别于动物的本质所在，

---

[1]（法）阿尔贝特·施韦泽：《对生命的敬畏——阿尔贝特·施韦泽自述》，陈泽环译，上海：上海人民出版社，2007年，第128-129页。
[2] 蒙培元：《张载天人合一说的生态意义》，载《人文杂志》2002年第5期。

正是通过对其他生命的关爱、体验和感悟，使人的存在获得了一种比其他生命存在更宽广的纬度，使人感受到了整个世界的存在，并把人与自然的关系提升为一种有教养的精神关系，从而赋予人的生命本质以更高意义。敬畏生命强调的不是不允许利用其他生命物种的生命价值，人类的生存和发展不可避免要以牺牲其他物种的生命为代价，但是，在什么情况下伤害和牺牲其他物种生命是需要慎重选择的，这就使人对其他物种的生命负有伦理责任。作为伦理的生命，人应该始终努力尽可能避免随意地、过于功利地损害其他生命。敬畏生命是我们对世间万物应该采取的一种伦理态度，它不是一种外在的行为规范，主要是一种内在的德性追求，它的目标是："实现进步和创造有益于个人和人类的物质、精神、伦理的更高发展的各种价值。"[1] 一个有道德教养的人对待所有生命都应持敬畏的态度，这种态度有别于宗教信仰，他只是一种尊重生命、爱护自然、保护自然的道德品质，引导我们过一种真正伦理的生活，现代人确实需要这样一种品性。

联系当下讨论人类命运共同体这一概念的时代背景，还是应清醒认识到，人类命运共同体既然只是价值共同体，决定了它并不具有规范性作用，至多是对规范具有引导性作用，其形成的自生自发性多于组织建构性，因此，对人类命运共同体的"构建"仅限于对人类同呼吸共命运这一共同价值的提倡、塑造和引领。

---

[1]（法）阿尔贝特·施韦泽：《对生命的敬畏——阿尔贝特·施韦泽自述》，陈泽环译，上海：上海人民出版社，2007年，第129页。

唯物史观视野中的人与自然生命共同体

中共中央党校（国家行政学院）哲学部 孙要良

摘要：习近平人与自然生命共同体思想具有深厚的生态哲学意蕴，包括自然共同体、生活共同体、经济共同体和文明共同体四重内涵。人与自然生命共同体经历了三个历史发展阶段，并且实现了对机械自然观、人类中心主义、中国传统生态文化和西方共同体观念的四重历史超越。建设人与自然生命共同体是新时代中国特色社会主义生态文明建设的伟大历史使命，需要在实践中重构生态治理观、生态正义观和生态价值观，为世界生态文明发展贡献中国智慧和中国方案。

关键词：习近平；生命共同体；唯物史观；生态哲学；生态治理；生态正义

党的十八大以来，习近平总书记高度重视生态文明建设，在不同场合多次提出并详细阐述了人与自然生命共同体思想，强调人与自然之间要协调发展，"人类必须尊重自然、顺应自然、保护自然"[1]。人与自然生命共同体思想构成了习近平生态文明思想的核心概念和重要组成部分，它不仅从唯物史观的哲学高度反映了习近平的生态世界观，而且决定了习近平的生态方法论、生态价值论、生态治理论等基本内容。以唯物史观为理论视野，对习近平人与自然生命共同体思想进行深入的哲学解读，系统阐释它的理论逻辑、历史逻辑和实践逻辑，对于系统理解习近平生态文明思想、推动美丽中国建设具有十分重要的理论意义和现实意义。

一、人与自然生命共同体思想的理论逻辑

人与自然生命共同体不是一个单纯的抽象理论概念，而是一个有着丰富内涵的哲学概念，具有深厚的生态哲学基础。探讨人与自然生命共同体，需要从唯物史观的角度解释清楚它背后的理论逻辑。

---

[1] 习近平：《决胜全面建成小康社会 夺取新时代中国特色社会主义伟大胜利——在中国共产党第十九次全国代表大会上的报告》，北京：人民出版社，2017年，第50页。

(一)人与自然生命共同体思想的基本内涵

人与自然生命共同体表征了人与自然之间的内在本质关系,具有非常丰富的哲学内涵。它至少包含了人与自然是"自然共同体""生活共同体""经济共同体""文明共同体"四重内涵。

"自然共同体"是人与自然生命共同体的基本内涵。就自然界而言,它本身就是一个彼此相连的生态系统,各种自然生物之间构成了一个生命共同体,"山水林田湖是一个生命共同体,人的命脉在田,田的命脉在水,水的命脉在山,山的命脉在土,土的命脉在树"[1]。就人与自然界的关系而言,人类归根到底只是自然界的一部分,人的生命来源于自然、复归于自然。"人本身是自然界的产物,是在自己所处的环境中并且和这个环境一起发展起来的。""我们连同我们的肉、血和头脑都是属于自然界和存在于自然界之中的"。[2]

"生活共同体"是人与自然生命共同体的主要内涵,它突出强调了人类对自然界的生存依赖性。首先,自然界不仅是人类生命的直接源泉,而且还是人类生活资料的直接来源。"人靠自然界生活。"[3]人的衣食住行等一切生活生产资料都来自自然界,即便是工业生产也是建立在对自然资源开发利用的基础之上的。离开了自然界,人类就无法生存。自然环境直接决定着人类的生活质量和幸福程度。其次,生活共同体指向的是人民群众对美好生活的向往和追求。生态文明建设已经成为"美好生活"的重要组成部分。习近平指出:"良好生态环境是最公平的公共产品,是最普惠的民生福祉。对人的生存来说,金山银山固然重要,但绿水青山是人民幸福生活的重要内容,是金钱不能代替的。你挣到了钱,但空气、饮用水都不合格,哪有什么幸福可言。"[4]

"经济共同体"是人与自然生命共同体的重要内容。人类的经济活动是由社会生产力决定的,而生产力又是由劳动者、劳动资料和劳动对象构成。劳动资料和劳动对象大多又是来自自然界,它们的优劣、多寡直接决定了生产力的发展程度。英国政治经济学家威廉·配第(William Petty)曾经认为,劳动是财富之父,土地是财富之母。马克思、恩格斯认为,土地等自然物质资料是经济发展的基础。"没有自然

---

[1] 习近平:《〈中共中央关于全面深化改革若干重大问题的决定〉的说明》,载《人民日报》2013年11月16日。
[2] 马克思、恩格斯:《马克思恩格斯选集》第3卷,北京:人民出版社,2012年,第410、998页。
[3] 马克思、恩格斯:《马克思恩格斯选集》第1卷,北京:人民出版社,2012年,第55-56页。
[4] 中共中央文献研究室:《习近平关于全面建成小康社会论述摘编》,北京:中央文献出版社,2016年,第163页。

界，没有感性的外部世界，工人什么也不能创造。"[1] "自然界同劳动一样也是使用价值的源泉，劳动本身不过是一种自然力即人的劳动力的表现。"[2] 人类劳动只有与自然资源相结合才能创造财富，"劳动和自然界在一起才是一切财富的源泉，自然界为劳动提供材料，劳动把材料转变为财富"[3]。在过去相当长一段时间内，人们没有深刻地意识到这种经济共同体关系的重要性，往往是通过牺牲生态环境追求经济发展，为此付出了沉重代价。

"文明共同体"是人与自然生命共同体的核心内容。在唯物史观看来，一切人类文明的建立和发展都离不开自然环境，人类社会发展的历史归根到底就是人与自然关系的发展史。"历史本身是自然史的一个现实部分，即自然界生成为人这一过程的一个现实部分。""历史可以从两方面来考察，可以把它划分为自然史和人类史。但这两方面是不可分割的；只要有人存在，自然史和人类史就彼此相互制约。"[4] 可以说，自然环境是人类文明发展的根基，没有生态环境作支撑，就无法发展生产力甚至无法存活，人类历史和文明一天也无法持续下去。恩格斯说："人因自然而生，人与自然是一种共生关系，对自然的伤害最终会伤及人类自身。"[5] 历史上的四大文明古国均发源于生态良好、资源丰富的地区，而生态环境恶化则又导致它们的衰落。我国历史上盛极一时的楼兰古国和古丝绸之路，也因为西北地域的荒漠化而淹没于流沙之下。自北宋开始，我国经济重心之所以转移到南方，在某种程度上也与北方地区生态环境恶化有关。所以，"历史地看，生态兴则文明兴，生态衰则文明衰"[6]。

（二）人与自然生命共同体思想的生态哲学基础

人与自然生命共同体思想有着深厚的生态哲学基础。生态哲学是 19 世纪兴起的一门新兴前沿学科，是探讨生态科学领域的一种新的科学。作为一门新兴学科，生态哲学对生态科学进行了系统性的反思，提供了更加深层次的世界观、方法论和价值观。特别是对西方近代以来在自然科学领域盛行的主客二元论哲学、还原论的方法论和机械论的自然观进行了深刻批判，认为世界上万事万物特别是人与自然共处

---

[1] 马克思、恩格斯：《马克思恩格斯选集》第 1 卷，北京：人民出版社，2012 年，第 52 页。
[2] 马克思、恩格斯：《马克思恩格斯选集》第 3 卷，北京：人民出版社，2012 年，第 357 页。
[3] 马克思、恩格斯：《马克思恩格斯选集》第 3 卷，北京：人民出版社，2012 年，第 988 页。
[4] 马克思、恩格斯：《马克思恩格斯文集》第 1 卷，北京：人民出版社，2012 年，第 194、516 页。
[5] 习近平：《习近平谈治国理政》第 2 卷，北京：外文出版社，2017 年，第 209 页。
[6] 中共中央文献研究室：《习近平关于全面建成小康社会论述摘编》，北京：中央文献出版社，2016 年，第 164 页。

的生态系统处于普遍联系和相互作用之中,它们之间形成了一个有机整体的世界。[1] 人与自然的关系不是主体与客体二元对立的关系,也不是控制与被控制、利用与被利用的关系,而是相互联系、相互作用、相互影响的有机统一关系。自然不能被还原为、割裂为某种单一的原子要素,也不是盲目地遵循某种机械钟表式的自然法则,而是一个不断生成和发展、拥有自身历史的有机整体。自然也不仅仅是一个任人宰割的被动客体,而是能够对人类实践活动起到巨大的反作用。它除了对人有工具价值之外,还有着自身的内在价值。可以说,生态哲学将人对自然界的认知推进到一个更加深层、更加广阔的视域中,站在整个人类生存与发展的高度来审视人与自然的关系,重估自然本身的价值。

马克思、恩格斯在对资本主义的系统批判中,也展开了极为深刻的生态批判,创立了马克思主义生态哲学。他们对资本主义社会条件下人与自然的关系进行了系统分析,提出了一系列富有原创性的生态哲学思想。马克思、恩格斯将"实践原则"和"历史原则"贯彻到底,认为人类的一切生存活动、实践活动都必须依靠自然,人类的一切历史发展都与自然密不可分,人类发展史和自然史具有高度的同一性和一致性,人与自然在根本上说是辩证统一的关系,而不是二元对立、机械割裂的形而上学关系。正是资本主义生产方式摧毁了人与自然的和谐统一关系,它不仅带来了严重的生态危机和生态灾难,而且造成了人与自然关系的高度异化。资本主义所取得的一切胜利显然是以牺牲生态环境和工人阶级为巨大代价的,环境污染、资源枯竭、土壤恶化,工人阶级的生活环境和居住条件显得拥挤而脏乱不堪。资本在对自然进行掠夺的同时,也肆无忌惮地入侵了人与自然、人与人之间的关系,导致人与自然之间形成了严重的"物质变换裂缝"现象。要弥补这种断裂和异化,只有推翻资本主义生产方式,变革资本主义制度,建立人与自然和谐共处的共产主义社会。

习近平人与自然生命共同体思想是对马克思主义生态哲学的继承和发展。从生态哲学的基本理念来看,它突出地强调了人与自然之间的共同体关系,反对人与自然之间的主客二元对立,反对原子论式的还原论方法,坚持整体性、系统性的哲学思维,捍卫人类与自然之间的共生关系。从马克思主义生态哲学的立场来看,它突出地强调了人与自然之间的共生共存关系,坚持了"实践原则"和"历史原则",认为人与自然是基于人类实践活动的历史统一和辩证统一,从而继承和丰富了马克思主义生态哲学的理论思想体系。可以说,人与自然生命共同体思

---

[1] 王雨辰:《习近平"生命共同体"概念的哲学阐释》,载《社会科学战线》2018年第2期。

想是习近平生态哲学和生态文明思想的核心概念，它极其鲜明地体现了习近平的生态世界观、方法论和价值观，是我们理解习近平生态哲学思想、推进美丽中国建设的重要概念。

二、人与自然生命共同体的历史逻辑

人与自然生命共同体思想的提出既富有鲜明的时代特色，又有着清楚的历史发展脉络。站在唯物史观的立场，对人与自然生命共同体展开详细的历史逻辑分析，既是理论研究、理论发展的需要，也是更好地指导实践行动的必需。

（一）人与自然生命共同体的发展历程

随着生产力的发展和社会生产关系的变化，人与自然之间的生命共同体关系也不断发生变化，先后经历了三个不同的历史阶段和关系形态：前资本主义社会中人与自然之间和谐的、温情的生命共同体，资本主义社会中人与自然之间异化的和破裂的生命共同体，共产主义社会中人与自然之间复归的和重建的生命共同体。

前资本主义社会阶段包括原始社会、奴隶社会、封建社会。在这个阶段，人的发展既处于"人的依赖"也处于"物的依赖"阶段，此时，"物的依赖"更多的是对自然界的依赖。在自然力面前，人类更多的是顺应和服从自然界，对自然力尚没有能力进行大规模的征服、利用。人类与自然之间尚未发生普遍的物质变换，人类活动对自然环境影响较小，基本没有冲突。人类生产和生活排泄物基本可以被自然界代谢掉，人与生态环境之间依然保持着天然的、温情的、原始的统一和谐关系。此时，人类像动物那样只是听从于自然的安排，"人们同自然界的关系完全像动物同自然界的关系一样，人们就像牲畜一样慑服于自然界，因而，这是对自然界的一种纯粹动物式的意识（自然宗教）"[1]。在这个阶段，和人与自然的这种关系相对应，人与人之间表现为天然的共同体、血缘的共同体、地域的共同体或者政治的共同体。

在资本主义社会阶段，人类的主体性迸发出来，在自然界面前开始以征服者、占有者的姿态出现。生产力获得了巨大发展，人口数量剧增，科学技术突飞猛进，各种机器被应用于征服和利用自然力。"只有资本才创造出资产阶级社会，并创造出社会成员对自然界和社会联系本身的普遍占有。只有在资本主义制度下自然界才真正是人的对象……其目的是使自然界服从于人的需要。"[2]资本主义生产方式改变了

---

[1] 马克思、恩格斯：《马克思恩格斯选集》第 1 卷，北京：人民出版社，2012 年，第 161 页。
[2] 马克思、恩格斯：《马克思恩格斯全集》第 30 卷，北京：人民出版社，2012 年，第 390 页。

自然界物质的既有存在方式、原初状态、固定结构、空间位置，打乱了自然界原先的物质循环模式和循环路线，最终不可避免地导致环境污染、资源枯竭、生态危机。更根本的是它使得人与人之间、人与自然之间出现了严重的异化现象，自然界成为被征服和被控制的对象，人与自然的关系开始疏离、对立和异化。前资本主义社会中那种人与自然之间天然的、原始的、温情的生命共同体被无情地撕碎了，取而代之的是人与自然之间异化的、崩塌的生命共同体。与这种人与自然的关系相对应，人与人之间是"物的依赖"关系。

在共产主义社会阶段，人与自然之间的关系开始了更高层次的重建和复归。此时，私有制已经彻底被废除，自然界不再只是被一部分人占有用来剥削和奴役另一部分人的工具，而是归全体社会成员共同照管。"人们第一次成为自然界的自觉的和真正的主人，因为他们已经成为自身的社会结合的主人了。"[1] 在这个阶段，既不存在"人的依赖"现象，也不存在"物的依赖"现象，既实现了人的解放，也实现了自然界的解放，既实现了人与人的和解，也实现了人与自然的和解。"它是人和自然界之间、人和人之间的矛盾的真正解决，是存在和本质、对象化和自我确证、自我和必然、个体和类之间的斗争的真正解决。"[2] 资本主义社会中人与自然之间的异化关系得到了系统性的修复和重建，人与自然真正回归到一种理性自觉的生命共同体，每个人都实现了自由全面发展，人与人之间也是一种"自由人联合体"，既不存在"人的依赖"关系也不存在"物的依赖"关系。

（二）习近平人与自然生命共同体思想的历史超越

首先，人与自然生命共同体思想实现了对机械论的自然观的历史超越。机械论的自然观是在近代西方社会中占主流的一种科学思潮和哲学思潮。这种思潮兴起于近代物理学、数学、化学、天文学等自然科学突飞猛进的基础上，人们陶醉于理性所取得的科学成就，认为整个世界无非就是一台巨大的机器，它按照某种物理学的运动规律和法则在不停地运转。而人类科学的目标就是要发现机械运动规律，掌握世界运行法则。这一观念激发了人类渴望征服自然的欲望，宣称知识就是力量，科学和哲学的任务就是发现这种力量，驾驭这种力量来为人类服务。显然，机械自然观作为近代自然科学的行动纲领，片面地夸大了理性的作用，严重低估了自然界本身的力量和存在价值，甚至割裂和异化了人与自然之间的共生关系。习近平人与自然生命共同体思想正是要扭转这种片面化、异化的自然观

---

[1] 马克思、恩格斯：《马克思恩格斯文集》第9卷，北京：人民出版社，2009年，第300页。
[2] 马克思、恩格斯：《马克思恩格斯文集》第1卷，北京：人民出版社，2009年，第185-186页。

念，主张回归到一种真正本源性的自然观，认为自然本身绝不是一台盲目且毫无生命力的机器，而是具有顽强的生命活力，与人类形成了彼此休戚与共的命运共同体。这是一种新型的生态自然观，是对机械自然观的历史超越，是对马克思主义生态哲学的创造性运用和最新发展。它从历史唯物主义和辩证唯物主义的角度，深刻地阐释了人与自然之间的内在统一、和谐共生的关系，从根本上消解了机械自然观的理论逻辑基础。

其次，它克服了西方人类中心主义与生态中心主义的二元对立。前者强调人是自然界的主宰，人的利益高于一切，自然界对人类来说只有工具或者手段意义，将人类凌驾于自然界之上。后者坚持自然界的绝对优先性，撇开社会制度的分析和生产方式的批判，反对对自然的任何改造利用，消解了人的主体性和创造性，力求从道德角度构建人与自然之间的和谐关系，将希望寄托在人性和道德完善上。虽然人类中心主义与生态中心主义在理论主张上相互对立，但是二者都割裂了人与自然之间的辩证统一关系，因此都没有找到解决生态环境问题的根本出路。习近平人与自然生命共同体思想认为，人与自然之间不是绝对对立的，也不是简单统一的。它将人的尺度与物的尺度有机结合起来，既肯定自然界的价值，又反对将人的主体性消融在客体性之中，既强调人的主体性，又反对将人凌驾于自然之上。人与自然生命共同体思想强调人与自然之间是实践的和社会基础之上的辩证统一，这就克服了纯粹的技术主义路线和道德主义思维缺陷。

再次，它实现了对中国传统生态文化的历史超越。在中华民族优秀传统文化中，蕴含了丰富而又深刻的生态思想。"天人合一""道法自然""众生平等"是中国传统生态文化的最高表达，人与天、人与自然不是分离的关系，而是存在论上的统一、价值论上的统一、方法论上的统一，即人的存在与生存来源于自然、取之于自然，人的生命价值与自然价值具有天然的同一性、共通性，人类求道悟道的终极方法和路径是"法自然"。习近平总书记高度重视传统文化，他认为治理好中国，需要对中国古代的传统文化和治国理政智慧进行深入的挖掘和探索，吸取其中有益的思想养分，坚持古为今用、以古鉴今，积极推动生态文明建设。可以说，习近平人与自然生命共同体思想的提出，是对中国传统生态文化、生态智慧的当代阐释和创新发展，它不仅吸取和借鉴了中国传统生态哲学思想，而且自觉将传统优秀文化和当前文化紧密结合起来，努力实现传统文化的创造性转化和创新性发展。

最后，它实现了对西方共同体观念的历史超越。共同体是西方哲学史上的一个重要概念，经历了不同的历史发展阶段和思想转换。古希腊柏拉图最早提出了"城邦共同体"，认为城邦存在的目的就是要使公民获得幸福；西塞罗提出"法的共同体"，主张用法律的公平正义来重建社会秩序；中世纪的基督教主张建立"神的共同体"，让上帝来主宰人类社会；近代启蒙思想家卢梭提出"政治共同体"，主张用现代契约精神来重构国家政体；黑格尔提出"伦理共同体"的设想，以伦理来实现绝对精神的历史演绎。马克思在系统性地考察人类发展历史的基础上，提出了共产主义社会阶段的"自由人联合体"概念，认为只有颠覆资产阶级国家的"虚幻共同体"，超越由货币、资本构筑的"抽象共同体"，才能将人从被剥削、被奴役的状态中解放出来，才能建立每个人的自由本性得到充分发展的"真正共同体"。习近平在继承马克思共同体思想的基础上，面对当前严重的生态危机和生态治理困局，创造性地提出了人与自然生命共同体思想，这既融合了中华优秀传统文化的"生命共同体"，也是对西方历史上不同阶段的共同体思想的历史超越，同时又标志着西方所谓"普世价值"的日渐式微，显示了中国共产党人高度的道路自信、理论自信、制度自信和文化自信。

三、人与自然生命共同体的实践逻辑

人与自然生命共同体既是一种生态哲学理论，更是一种生态文明实践纲领。中国作为世界上最大的社会主义国家，要构建人与自然的生命共同体，必须探索一条新型的文明发展道路和发展模式，切实寻找到一条科学有效的治理路径，为世界生态文明发展贡献中国智慧和中国方案。

（一）生态治理观的重构

人与自然生命共同体思想在实践上提出了一种新的生态治理观。这主要体现在三个方面：

首先，生态治理应该坚持整体性和系统性原则，科学地展开对生态环境的治理和修复，对生态资源的利用和管理。一方面，要考虑到生态系统自身是一个整体，各种自然资源和要素之间是一个相互联系的有机整体，"山水林田湖草"是一个生命共同体；另一方面，要认识到人与自然生态系统之间也是一个整体，对生态系统的治理离不开对人类社会生产活动的治理，或者更主要的是对人类实践活动进行系统性、规范性的管理。从根本上来说，自然资源的枯竭、生态环境的破坏都是由于人类不加限制的肆意掠夺、开采和利用造成的，对自然生态的修复应该将关注的重点放在对现代工业、农业体系的改造升级和创新发展上，放在构建绿色、节约、低碳的生产生活方式上，让大自然真正回归到它的"自然本位"。

其次，生态治理应该正确处理好"有为"和"无为"的关系。生态治理要求我们必须保护自然、尊重自然、顺应自然，对自然抱着敬畏的态度。这种保护当然不是消极的、被动的、无所作为的保护，也不是让人类回归原始生活，而是要更加积极地、主动地、有所作为地尊重自然、认识自然、保护自然，要在理解自然规律、尊重自然规律前提下科学合理地利用自然。人类的一切实践活动都要遵循自然规律，"不以伟大的自然规律为依据的人类计划，只会带来灾难"[1]。"不要过分陶醉于我们人类对自然界的胜利。对于每一次这样的胜利，自然界都对我们进行报复。每一次胜利，起初确实取得了我们预期的结果，但是往后和再往后却发生完全不同的、出乎预料的影响，常常把最初的结果又消除了。"[2]

最后，生态治理的重点是要建立科学合理的社会制度和生产方式。在历史唯物主义者看来，人与自然界的关系不是孤立地进行的，而是以人与人的社会关系为中介的。要改变人与自然的关系，建设人与自然生命共同体，必须首先从改变社会制度入手，改革旧有生产方式，建立科学合理的社会制度。从本质上来说，资本主义生产方式是"反自然的"，因此"需要对我们的直到目前为止的生产方式，以及同这种生产方式一起对我们的现今的整个社会制度实行完全的变革"[3]。要建构人与自然生命共同体，必须建设一种"非资本主义"并且超越资本主义的生产方式，那只有社会主义或者共产主义的生产方式。我们必须认识到生态环境具有高度的公共属性，必须建立生态补偿机制，在操作上要遵循破坏者赔偿、受益者付费、保护者得偿的三大原则，为生态文明建设提供物质利益激励，节制资本的逐利性。

（二）生态正义观的重建

人与自然生命共同体思想不仅深刻反映了马克思主义的生态治理观，而且深刻揭示并重建了马克思主义唯物史观下的生态正义观。

首先，人与自然生命共同体思想体现了人与自然之间的生态正义。在当代著名政治哲学家罗尔斯的正义论体系中，不存在生态正义的相关论述。在罗尔斯看来，正义是社会制度的第一美德，它所针对和评价的对象是人类的行为和社会制度，而非作为客体的自然界。虽然自然本身无所谓正义与否，但人类对待自然界的方式却是与正义密切相关的。我们究竟是善待自然还是肆意掠夺自然，究竟是放纵人类自私欲望的无限膨胀还是过上有节制的简约生活，究竟是只顾着当代人的享乐而无视后代生存环境的恶化，究竟是让发达国家享受高能耗的奢侈生活而

---

[1] 马克思、恩格斯：《马克思恩格斯全集》第31卷，北京：人民出版社，2012年，第251页。
[2] 马克思、恩格斯：《马克思恩格斯选集》第3卷，北京：人民出版社，2012年，第998页。
[3] 马克思、恩格斯：《马克思恩格斯选集》第3卷，北京：人民出版社，2012年，第1000页。

让落后国家和地区的人民默默承受着生态灾难的可怕后果？这些问题显然不是纯粹客观的事实性问题，而是我们这个时代最鲜明、最突出的社会正义问题。生态环境问题归根到底是人与人之间的利益问题，它涉及整个社会不同主体的个人利益和公共利益，在这些不同的主体之间如何进行公平的利益分配，是当今时代最棘手的世界性难题。一旦我们承诺人与自然是生命共同体，就会获得一种全新的理论视域。

其次，人与自然生命共同体思想体现了代际之间的生态正义。生态环境的保护不仅是当代人的责任，更是涉及子孙后代的可持续发展。在同代人之间的正义问题是代内正义，而涉及不同代人之间的正义则属于代际正义或跨代正义。生态问题的复杂性在于，如何在不同的行动主体之间公平地分配自然资源，确定相应的生态成本和生态责任。任何资源的获取和占有都需要付出一定的代价，更何况很多自然资源是不可再生的，而即便是那些可再生的资源如果开采使用不当，也会埋下巨大的生态风险或造成不可预见的生态灾难。如果当代人占有了过多的自然资源，对自然进行了过度的掠夺，那么我们的子孙后代享有的自然资源就相对较少，他们所生活的生态环境就会糟糕而恶劣，这显然是一种当代人明显不负责任的表现，它所侵犯的恰恰是我们后代的生态利益，威胁的恰恰是人类整体生存与发展的核心利益。生命共同体思想的关键，不但是要实现当代人与自然的和谐相处，更是要保护所有世代人的核心生态利益。为此，我们必须限制当代人自私欲望的无限膨胀，明确地提出分担社会生态成本的集体责任，在全社会倡导低碳出行、保护环境、绿色生活的理念，为我们的子孙后代留下一片青山绿水和碧海蓝天。

最后，人与自然生命共同体思想体现了国际之间的全球生态正义。全球范围内的生态危机超越了国界，需要全世界各个国家的共同努力，用全球正义的视野在各个国家之间以公平正义、互利共赢的方式来处理和解决。对于全球性的生态危机，西方发达国家负有不可推卸的责任，它们处在全球工业价值链和生态链的上游，在生产方式和消费方式上消耗了世界上的大部分自然资源和能源，却把由此而造成的环境污染、生态灾难推向处于下游的发展中国家，利用落后地区的生态脆弱性进行帝国主义控制，肆意掠夺他国的自然资源，任意倾倒废弃物、出口洋垃圾，致使全球性生态遭到破坏和新陈代谢断裂。这是西方国家"生态帝国主义""生态霸权主义"的深刻体现，是一种全球范围严重的生态不平等和生态不正义。对此，我们必须捍卫全球生态正义观，超越民族国家主体的狭隘性，反对西方霸权主义和单边主义，"秉持共商共建共享的全球治理观，倡导国际关系民主化，坚持国家不分大小、强弱、贫富一律平等"[1]，在相互尊重、平等协商的基础上构建生命共同体和人类命运共同体。

（三）生态价值观的重塑

人与自然生命共同体思想的提出，既是一种全新的生态治理实践，也是一场新的生态革命和价值观的重塑。首先，它确立了生态生产力在人类社会生存发展中的核心地位。按照历史唯物主义的基本观点，生产力决定生产关系，社会的发展最终要取决于生产力的水平。正是基于这一基本论断，改革开放40年来我国实行了以经济建设为中心的国家战略，然而在经济取得快速发展和巨大成就的同时，我们忽略了生态环境，并为此付出了相当沉重的代价。提出人与自然是生命共同体，正是要扭转这一片面化盲目追求GDP的经济思维，强调良好的生态也是一种生产力，甚至是一种最优、最美好的生产力。要实现全面建成小康社会和国家的现代化，必须重塑整个社会的生态价值观，树立生态生产力的发展观，抛弃以牺牲资源和环境为代价的粗放型道路模式，统筹人与自然的和谐发展，正确处理人口、资源与环境之间的关系，坚持绿色GDP的经济发展理念，促进更高质量、更高标准、更高效益的经济增长。

其次，它捍卫了生态伦理在当代人类生活中的突出地位和关键作用。生态伦理是生态文化和生态文明建设的核心，它的基本要求是确立人类生产生活的基本生态责任，明确每个公民在保护环境、节约资源、绿色生活、绿色发展上的道德义务。构建人与自然生命共同体，离不开生态伦理与生态道德的支撑作用，必须把"绿色""美丽"等价值观纳入社会主义核心价值观之中，把生态道德纳入社会主义荣辱观之中。"生态文化的核心应该是一种行为准则、一种价值理念。我们衡量生态文化是否在全社会扎根，就是要看这种行为准则和价值理念是否自觉体现在社会生产生活的方方面面。"[2]对每个公民而言，最重要的生态伦理要求弘扬绿色生活，树立节俭、低碳、文明的"消费观"，反对各种盛行"拜物教"，推动社会消费从"物质主义"转向唯"心"主义，从唯"新"主义转向"功能主义"。

最后，它明确了社会主义生态文明建设的基本遵循。生态文明建设是新时代"五位一体"总体布局的战略目标之一，其根本任务就是要实现以人为本、全面协调可持续的科学发展。坚持以人为本，就是要从人类生存与发展的目的出发，更加重视人类的生态利益，自觉树立人与自然是生命共同体的生态理念，守好生态安全的底线。坚持全面协调可持续发展，就是要在全社会构建绿色、节约、低碳的生态文化体系，推动绿色发展和循环经济。绿色发展是人类发展观的一场深刻革命，只有

---

[1] 习近平：《决胜全面建成小康社会，夺取新时代中国特色社会主义伟大胜利——在中国共产党第十九次全国代表大会上的报告》，北京：人民出版社，2017年，第60页。

[2] 习近平：《之江新语》，杭州：浙江人民出版社，2007年，第48页。

践行绿色发展理念才可以从根本上解决我国生态环境问题。

总之，习近平人与自然生命共同体思想是新时代中国共产党人对马克思、恩格斯自然观的继承和发展，是对改革开放以来我国生态环境治理经验教训的系统总结，是我国生态文明建设、美丽中国建设的基本遵循。

原载于《当代世界与社会主义》2019年第4期。

从人学视角简析人类命运共同体的历史演进

中北大学马克思主义学院 刘向先

当我们站到人类视野的高山之巅，回望从蛮荒之处走来的这群灵长类动物，常常会有一种长途跋涉之后的沧桑之感；当把目光撤回到我们脚下这片热土时，又增添一种从沧桑走近繁荣的自豪。昨天的我们还处在一个连一颗钉子都被称作"洋钉"的时代，经过短短的几十年，今天的我们已经置身于一个在全球范围内拥有全产业链、能够生产所有工业门类产品的时代。取得这一切成就最重要的原因无疑是中国共产党的领导，党的历次代表大会是理解其重要性的重要节点，而党的十八大又具有重中之重的地位，习近平同志当选总书记则是其中最闪耀的亮点。总书记对于人类总体的观察和把握是高屋建瓴的，他在十八大后首次会见外国人士时就指出人类已经走到一个你中有我、我中有你的"命运共同体"时代，随后这一提法日益深入人心，得到国际社会广泛认可并被写入相关的联合国文件当中。如果说人类命运共同体只是一个理念，那"一带一路"的实践则是这一理念的具体化进程，这一理念与实践的结合具有深远的意义。人类命运共同体的出发点是人的生存与发展，从人学的视角解析显得理所当然。人学是对人的整体性理解和研究，本文拟从人的产生出发，解析人类命运共同体否定之否定的波浪式演进过程。

一、人因生存需要自发形成最初的人类命运共同体

从人学的视角看，用"人类"作为"命运"的限定词应该是最为恰当的，如果讲其他事物的命运则具有拟人化的特征。从宏观的方面来理解，命运表征事物发展变化的趋向，是必然性（命）和偶然性（运）的统一，对于无意识的事物来说，规律性是铁定的，并没有意识的反作用。而对于人及人类来说，命运就复杂多了，其规律不是单个人的表现，而是人们共同作用的结果，这个结果是受人的意志影响而又不以个别人的意志为转移的客观进程。杰出人物的出现就是要认识到这种必然性并揭示出这种必然性，从而因势利导，在这一点上，我们党对世界对人类都作出了重要的贡献。

回望历史不难发现，人类一路走来，总是朝着进化和有序的方向发展的。起初，还不是人的类人猿在生存本能和适者生存的作用下有了劳动的萌芽，经过漫长的演化历程，最终是"劳动创造了人本身"[1]。笔者追溯人的产生从劳动开始，有意省略掉类人猿之前的漫长进化过程。说劳动创造了人本身，经典的论据当然是恩格斯所指出的劳动使人手脚分工，直立行走，视野扩大，语言产生，等等。制造和使用工具应该是极其关键的一步，但后来有人观察到大猩猩等较高级的动物，发现它们也有使用和制造简单工具的能力，但最终都没有进化成具有意识的人。可见，人成为人应该还有别的特别之处，合理猜想这个特别之处应该是只有人能够携带工具，这样才迫使类人猿解放了自己的双手，才有手脚分工等后续的进化程序，以及再后来最为关键的语言的产生以及意识的形成。大猩猩等动物使用的所谓"工具"从来没有持久性，不会携带，不会保存，只能在本能作用下临时起意，对肢体的影响也极为有限，所以到最后也只有类人猿在物种方面获得提升，成为真正意义上的人。

人从诞生之日起，作为一个物种，并无爪牙之厉和筋骨之强，也无强大的繁殖能力，因而绝不可能以每一个单个独立的人而存活，人只有在群体中才能够真正成为人。人与人之间的相互作用、联结和交往构成了人类社会。处在人类社会中的人有了稳定的生与活的条件，"但是为了生活，首先就需要吃喝住穿以及其他一些东西"[2]。对物质生活资料的需要是人存在的最基本的事实。为了满足需求就必须从事生产劳动，需求不断增长，人的劳动能力也不断提高，从事物质资料生产的生产力是人类社会发展的基本动力，生产力发展的背后动因则是人的生存欲望以及不断增长着的各种需求。幼年时期的人类，由于生产力极其低下，面对豺狼虎豹以及风雨雷电，只有同类之间的相互协作，才能够生存和发展，于是在原始社会，人类就形成了第一个天然的命运共同体。在这个共同体中，人们学会了狩猎，学会了耕作，学会了从利用天然的洞穴遮风挡雨到建造更加灵活舒适的简单房屋。人类，甚至是低级一点的动物，本能的感觉也会告诉它们，离开了这个共同体必将是一个灭亡的命运。这个时期的人是极端纯粹的，人是在以后发展过程中才逐步复杂化的。

---

[1] 马克思、恩格斯：《马克思恩格斯文集》第9卷，北京：人民出版社，2009年，第550页
[2] 马克思、恩格斯：《马克思恩格斯文集》第1卷，北京：人民出版社，2009年，第531页。

二、人的能力提升决定了原始人类命运共同体的分化

人的能力是指其完成某些任务或达到特定目标所具备的身心条件,它是在与人的需求相互作用的过程中得到提升的。需求会直接给人自身"下达"任务或指定目标,如果最终满足了需求则标志着人的能力达到了某种水平,在此基础上会产生更高一级的需求,从而促进人的能力得到进一步提升。幼年时期的人类,其所有的任务和目标也不过就是满足生存或生活的需求,这种需求是极为初级的,人的所有的能力也不过表现为初步的生产力,人与人之间是共生的关系,此时人类的命运共同体是稳固的,任何单个的人都必须依赖这个共同体才能生存。伴随着人的进化,劳动的过程会不断刺激人脑进一步复杂化,人会不断累积经验,这是人的基本存在过程。随着生产力的发展,人们的产品开始有了剩余,来自动物的自私本能就起作用了,共同体就要解体了。这是一个残酷的但又合乎规律的过程。人的占有欲望原本是赤裸裸的,这个共同体内部的人们为了占有更多剩余的东西开始了残酷的同类以及同类各部落之间的斗争,战胜的一方成为奴隶主,战败的一方成为奴隶。人类命运共同体就这样分化了,不同的利益集团产生了。"整个社会日益分裂为两大敌对的阵营,分裂为两大相互直接对立的阶级"[1]——统治阶级和被统治阶级,其中一个阶级利用暴力规定和影响着另外一个阶级的命运。阶级社会形成之后,统治阶级把(他们)人的欲望膨胀化了,原始的占有的欲望泛化为一种支配一切的"权力"意志,这种意志逐步强大到"君叫臣死臣不得不死"的地步。被压迫的阶级成为被支配的从事物质生活资料生产的主力军和完全的被剥夺者,从此就开始了漫长的阶级社会的常态:被压迫的阶级始终进行着争取权益的斗争和反抗,矛盾和斗争成了阶级社会发展的动力,其中矛盾的焦点则是围绕能否促进生产力的发展而展开的。代表先进生产力的阶级,会主导改朝换代的方向。阶级社会是漫长的,一直到今天。人类在经历了各种改朝换代、相继的社会形态的更替之后,其生产力获得了极大的发展,其中科学技术的发展是最为显著的标志,"社会一旦有技术上的需要,这种需要就会比十所大学更能把科学推向前进"[2],历史显示,最急、最快且最有效率的应用首先表现在军事用途上。同类之间的相互残杀,成为自然界特有的现象。然而"历史是这样创造的:最终的结果总是从许多单个的意志的相互冲突中产生出来的,而其中每一个意志,又是由于许多特殊的生活条件,才成为它所成为的那样。这样就

---

[1] 马克思、恩格斯:《马克思恩格斯文集》第 2 卷,北京:人民出版社,2009 年,第 32 页。
[2] 马克思、恩格斯:《马克思恩格斯文集》第 10 卷,北京:人民出版社,2009 年,第 668 页。

有无数互相交错的力量,有无数个力的平行四边形,由此就产生出一个合力,即历史结果,而这个结果又可以看作一个作为整体的、不自觉地和不自主地起着作用的力量的产物"[1]。恩格斯合力论的思想表明,人类历史的发展是在人的主观意志作用下的客观自然过程,原始的人类命运共同体的变异是一个必然的结果,人类进入阶级社会其实是对原初人类命运共同体的第一次否定,按照辩证法所揭示的规律,更高级的人类命运共同体的形成也正是一种历史的必然。

三、人的现实发展境遇蕴含着构建新人类命运共同体的契机

人的发展历来是人学研究的重要内容。发展是新事物的产生和旧事物的灭亡,发展意味着质变,人的发展意味着人的"新质"不断替换旧质,人的本质变了人就变了。马克思指出:"人的本质不是单个人所固有的抽象物,在其现实性上,它是一切社会关系的总和。"[2] 可见,人的发展也一定内涵和表现于人类社会的发展。

人在生产力极度低下的幼年时期自发地形成了初级的人类命运共同体。"人们自己创造自己的历史,但是他们并不是随心所欲地创造,并不是在他们自己选定的条件下创造,而是在直接碰到的、既定的、从过去承继下来的条件创造。"[3] 人类在生产力获得不断发展的成长阶段,命运共同体的变异分化也是自然的,是由承继下来的条件所决定的。走出了原始社会,不同的人群有了不同的命运。人类社会私有制和阶级产生的条件需要生产力发展到一定的程度,产品有了剩余,并且出现了占有剩余产品的阶级,人群中的差别越来越大,国家的出现保证了这种差别的稳定性。对于财富的占有把人分化为不同的共同体即阶级和阶层,人类在动态斗争的平衡中发展着,不断增长的物质需求以及派生的精神需求使得包括制度创新在内的技术创新不断涌现,资本主义制度应运而生,"资产阶级在它的不到一百年的阶级统治中所创造的生产力,比过去一切世代创造的全部生产力还要多,还要大"[4]。资本无限制地逐利的本性使得商品无孔不入,当已发达国家内部已经无法使所有商品实现其剩余价值(如经济危机时期)的时候,就需要寻找新的国外市场,马克思在他的时代就已经预测了全球化时代的来临:"不断扩大产品销路的需要,驱使资产阶级奔走于全球各地,它必须到处落户,到处开发,到处建立联系。资产阶级由于开拓了世界市场,

---

[1] 马克思、恩格斯:《马克思恩格斯文集》第 10 卷,北京:人民出版社,2009 年,第 592 页。
[2] 马克思、恩格斯:《马克思恩格斯文集》第 1 卷,北京:人民出版社,2009 年,第 501 页。
[3] 马克思、恩格斯:《马克思恩格斯文集》第 1 卷,北京:人民出版社,2009 年,第 470-471 页。
[4] 马克思、恩格斯:《马克思恩格斯文集》第 2 卷,北京:人民出版社,2009 年,第 36 页。

使一切国家的生产和消费都成为世界性的了。"[1]

经济全球化的出现迫使人们对人类总体的发展境遇进行反思：全球财富的两极分化加剧了人类发展的不平衡，原有的民族、宗教、文化等各种矛盾不断激化，科技高度发达形成的瞬间万里、天涯咫尺的全球化传导机制又把各国的利益和矛盾高度交融，资源能源短缺、气候变暖、冰川融化、降水失调、海平面上升、环境污染导致怪病多发并跨境流行等无不是横亘在全人类面前的问题，其涉及人类文明能否延续。这些发展过程中的问题使不同国家成为一个共同体链条上的一环，其中任何一个地方出现问题，都可能导致全人类的灾难。一个国家的粮食安全或国内稳定出现问题，则饥民和难民必然会像洪流般蔓延，任何国家在道义压力之下都无法拒绝他们，而交通工具的进步又使难民潮的流动消弭了国界；互联网技术使人类联成一体，一个无声无息的网络攻击对人类造成的损失或有可能超过一场战争……总之，今天的人类已经无法互相切割，任何国家要想自己发展，也必须让别人发展；要想自己活得好，也必须让别人活得比较好，此一现象是构建现代人类命运共同体的原始动因。

然而我们也看到，有些发达国家一方面为了利益而输出资本和技术，另一方面又想极力阻挡发展中地区的崛起，总想永远保持原有的优势地位，但这样的意志显然是一厢情愿的。世界上的民族形态千差万别，文化各异，典型如我中华民族，勤劳智慧、埋头苦干是这个民族鲜明的特征，他们一旦有了稳定的环境和机遇，其赶超的能量就是不可估量的。当原有的老牌强国发现自己在进行资本输出和技术输出获取高额剩余价值的过程中，原本落后的国家竟然也因之有了一定的发展，甚至出现新兴经济体对其原有的霸权地位形成冲击的时候，他们从主导经济全球化进程转而做出了逆全球化的动作，但共同体的洪流已经是不可阻挡了。

人类社会的演化有其自身稳定的规律，世界趋向一个更高级的共同体是大势所趋。目前人类的生存和发展境遇已经蕴含着构建人类命运共同体的巨大契机。当今世界面临着百年未有之大变局，政治多极化，伴随经济全球化、文化多样化和社会信息化潮流不可逆转，各国间的联系和依存日益加深。人类面临着共同的挑战，那种想要自己高高在上而把别人踩在脚下的活法已经失去了存在的现实性，世界范围内的两极分化以及自以为优越人种的文化是社会动荡的根源，巨大的核武库以及核扩散的威胁使人们笼罩在前所未有的恐惧中，霸权强行施加的结果必然是害人又害己，是生存还是毁灭这一问题已不仅仅是一句台词而已了。然而我们的乐观植根于

---

[1] 马克思、恩格斯：《马克思恩格斯文集》第2卷，北京：人民出版社，2009年，第35页。

对人自身的认识，只有人是唯一具有理性的动物，过往的历史已经给了我们惨痛的教训，"伟大的阶级正如伟大的民族一样，无论从哪方面学习都不如从自己所犯错误的后果中学习来得快"[1]。现在面对同好和共灭的选择，实际上只有唯一的选择。不论人们身处何国、信仰如何、是否愿意，实际上已经处在一个命运共同体中。与此同时，一种以应对人类共同挑战为目的的全球共同价值观已开始形成，并逐步获得国际共识。

结　语

　　构建人类命运共同体倡议由中国人提出，这是我们这个民族对于全人类的伟大贡献。在构建人类共同体的实践中绝对不会一帆风顺，这也是由事物运动变化和发展的规律所决定的。这一伟大理念还需要进一步去宣传，让全世界更多的人知道、熟悉和认同。我们所倡导的命运共同体是结伴而不结盟，对话代替对抗；是和平共处，是共好多赢。我们在率先构建人类命运共同体的实践中要让更多的国家和民族具有切身的感受，要让这一理念转化成全球大多数国家的意志，使这个共同体的圈子不断扩展，产生巨大的引力效果，让某些既得利益的大国感受到绝大多数国家的觉醒和行动从而正视现实，相向而行；让另一些还在置身事外的国家开始引以为憾并且马上行动起来。尽管这个过程是漫长的，但我们有对于否定之否定规律的认识，我们坚信"初级人类命运共同体—差异化了的人类矛盾斗争统一体—更新了的人类命运共同体"这一过程会不断推进，目前我们已经走到了新的人类共同体的门口，我们还将期待一个共产主义的自由人的自由联合体的来临。

---

[1] 马克思、恩格斯：《马克思恩格斯文集》第1卷，北京：人民出版社，2009年，第379页。

马克思主义人学视角下的人类命运共同体反思

河南大学哲学与公共管理学院 原伟泽 赵可达

摘要：人类命运共同体是马克思人学思想在新时代发展的体现。现实的人是人类命运共同体的基础和归宿，满足现实人的需要是其产生和发展的动力因素和现实原因；现实人的实践劳动是人类命运共同体建构的唯一手段和依靠力量，实现人的全面发展是人类命运共同体的终极目标。人类命运共同体以全球视野倡导全人类开展合作与对话，人类命运共同体谋求全人类的共同发展进步。

关键词：现实人；需要；劳动；全面发展

随着经济与现代科学技术的发展，世界发展的全球化趋势日益增强，区域与区域之间的界限呈现两个特点，即界限绝对化的减弱和界限相对化的增强，诸如地理、气候等绝对界限的影响日益减弱，以科学技术进步为支撑的网络、运输等新的交往形式形成了新的空间界限。随着我国社会主义事业的发展，中国与世界的联系日益紧密，呈现多层次、宽领域的特点，中国的快速发展所带来的不仅是经济领域的交流，还有社会思想领域的对话。在这样的背景下，习近平总书记纵览全局，高屋建瓴地提出了人类命运共同体思想，在世界发展的大潮中，展现了新时代中国人对于人类发展的思考。人类命运共同体以现实人的存在为基础主体，以不断满足现实人的需要为动力，通过实践劳动这一人类所特有的生存手段，以实现人的全面发展为终极目标。人类命运共同体具有深刻的哲学意蕴，是马克思主义哲学与当代世界思想界、理论界的直接对话。对于人类命运共同体进行人学层面的解读，是新时代中国思想界和中国特色哲学话语建构的一个重要层面。

一、"现实的人"是人类命运共同体的基础

"现实的人"概念是在马克思对青年黑格尔派的批判基础上所形成的，在马克思的视域里，"现实"指的是包含个人与个人所依存的物质生活条件，在实践活动的作用下所形成的系统。"我们开始要谈的前提不是任意提出的，不是教条，……

是一些现实的个人,是他们的活动和他们的物质生活条件。"[1] 其第一要素就是人与物质生活条件两者之间相互依存,不能脱离,只有在这个前提下,"人"才是社会与历史的主体。人是集自然性、社会性和实践性的统一,既是自然界的一部分,又具备其他自然存在物所不具备的能动性。"人的存在是有机生命所经历的前一个过程的结果。只是在这个过程的一个阶段上,人才成为人。"[2] 人通过实践劳动的方式开展生存与发展的过程,在得到满足肉体在自然界生存所需的物质资料后,去从事经济、政治、宗教等其他活动,通过交往产生一系列社会关系,创造人类历史,构成"历史中的人"。"人既是历史的剧中人,又是历史的剧作者"[3],人类命运共同体的提出是在现实人的基础上,立足国内和国外实际情况,所提出的实践性和理论性相统一的发展概念。人类命运共同体的出发点是在全球化趋势加强的背景下,认真考察人类存在状态,旨在促进全人类正视现存问题,谋求人类良性发展的世界观与方法论集大成展示。任何理论的提出都有其理论出发点和理论目的,衡量一个理论具有科学性的标准是看其是否具有对所处时代的敏锐把握程度。不从现实的人出发,其理论是建立在空中的臆想楼阁,不依靠现实人为实践主体,理论的实现只是梦中呓语。要实现从理论到改变人类存在状态的效果,需要理论具备可行性,是一个从抽象向物质的转变过程。习近平总书记明确指出,人类命运共同体的目标是满足人民对美好生活的向往,"全党同志一定要永远与人民同呼吸、共命运、心连心,永远把人民对美好生活的向往作为奋斗目标"[4]。美好的生活就是要满足人民的物质需求和精神文化需求,由现实人存在状态出发,以改变现实人的存在状态为归宿。人类命运共同体概念的实现过程是依靠人民为实践主体,直面生存世界中的问题与不足,创造更加优越的生存条件,开创人类生存和发展的新历史。"中国坚持把人权的普遍性原则同本国实际相结合,坚持生存权和发展权是首要的基本人权。"[5] 现实的人是人类命运共同体的基础性因素,只有从现实人出发,把握现实人的生存状态,依靠现实人来参与整个过程,才能发现问题,最终解决问题,"道"才可以成"肉身"。

---

[1] 马克思、恩格斯:《马克思恩格斯选集》第1卷,北京:人民出版社,1995年,第66-67页。
[2] 马克思、恩格斯:《马克思恩格斯选集》第4卷,北京:人民出版社,1995年,第532页。
[3] 马克思、恩格斯:《马克思恩格斯选集》第1卷,北京:人民出版社,1995年,第47页。
[4] 习近平:《决胜全面建成小康社会 夺取新时代中国特色社会主义伟大胜利》,北京:人民出版社,2017年。
[5] 习近平:《致"纪念〈发展权利宣言〉通过30周年国际研讨会"的贺信》,载《人民日报》2016年12月5日,第1版。

二、"需要"是人类命运共同体的发展动力

人在自然界中存在的首要因素是获取维持生命生存的物质资料,"人们为了能够'创造历史',必须能够生活。但是为了生活,首先就需要吃、喝、住、穿以及其他东西"[1]。人是自然性和社会性的统一,要生存,就必须先获得维持肉体组织正常运转的物质。物质生产活动是人独特的存在方式,人与其他自然界存在物所不同的是,人不是从自然界单纯获取仅满足肉体生存和活动的成分,而是以实践的方式,通过生产活动来摄取一切有利于生存和发展的因素。物质生产活动不可能以孤立的个人来完成,需要通过交往产生联系,"以一定的方式进行生产活动的一定的个人,发生一定的社会关系和政治关系。经验的观察在任何情况下都应当根据经验来揭示社会结构和政治结构同生产的联系,而不应当带有任何神秘和思辨的色彩"[2]。人的需要影响着人与自然的关系,人的需要是以自然为基础去寻求满足自身生产活动的过程,人的需要促使生产能动性的提升,生产水平不断提高,生产水平又决定了人的需要形成,人既是主动创造的一方,又是被动受到约束的一方,在二者的相互影响下不断进行发展。"人的第一个历史活动就是生产满足肉体需要的资料,即生产物质生活本身,同时物质生活本身也是人们为了生活而必须每天进行的历史活动。"[3]因此来讲,人的需要具有二重性,即利己性和利他性,个人的直接目的是获取供自身需要的物质资料,人的社会性使得在社会中的每一个个体都与其他个体发生着直接或者间接的联系,产生与当时生产力相适应的生产关系和社会关系,个体的劳动又是生产本身,个体的发展离不开整个社会的整体性进步所提供的物质基础,社会的发展是在个体不断对需要的追求过程中不断前行。人类命运共同体自始至终都将保障广大人民的根本利益视为中心,致力于改善和发展人民的生存状况。"保障和改善民生没有终点,只有连续不断的新起点,要采取针对性更强、覆盖面更大、作用更直接、效果更明显的举措,实实在在帮群众解难题、为群众增福祉、让群众享公平。"[4]人的需要状况受制于人的生产劳动状态,生产又促进需要的升级,在原有的基础之上不断产生新的需要,"人以其需要的无限性和广泛性区别于其他动物"[5]。因此,打造稳定发展的经济发展环境是人类命运共同体的首要目标,不断提高社会生产的层次和

---

[1] 马克思、恩格斯:《马克思恩格斯选集》第1卷,北京:人民出版社,1995年,第78页。
[2] 马克思、恩格斯:《马克思恩格斯文集》第1卷,北京:人民出版社,2009年,第524页。
[3] 马克思、恩格斯:《马克思恩格斯选集》第1卷,北京:人民出版社,2012年,第79页。
[4] 习近平:《习近平谈治国理政》第2卷,北京:外文出版社,2017年,第362页。
[5] 马克思、恩格斯:《马克思恩格斯全集》第49卷,北京:人民出版社,1982年,第130页。

水平，才能满足人的物质需要。历史证明，不与所处时代生产力特点相契合的发展是不能长久的，生产水平决定着人的需要水平，保障人民的根本需要是发展纲领和发展理念的动力之源，任何不切实际的臆想，毕其功于一役的狂飙，最终都会陷入屡战屡败的境地之中。人类命运共同体倡导一切有利于发展生产力、满足人类需要的因素，只有生产力发展，才能满足人的自然需要与社会需要，在满足物质生活的基础上去开展精神活动。

在现代科学技术飞速发展和经济全球化的今天，和平与发展是当今世界的主题，世界各国人民对于安定美好的生存和发展环境的需要日益紧迫，经济全球化所带来的生产全球化与挑战并存，人的需要与生产的联系紧密程度高于以往人类历史的任何一个时期。国际环境的相对安定和中国的改革与发展是相辅相成的，人类命运共同体从全人类出发，以政治、经济、文化、安全、生态五个方面，全面分析了世界各地区人民的直接需要和根本需要，为全球化治理模式提供了一条新路径——"构建人类命运共同体，实现共赢共享"。[1] 孤立的个人不可能独立完成生产的每一个环节，不可能应对全球性质的问题，气候变化、恐怖主义、金融危机、网络安全等全球性问题已经深深影响着自然界，全人类面临着生存威胁。中国的发展使得中国与世界各国各地区的关系不断进行着调整，拥有相对稳定的外部环境对于中国特色社会主义事业的发展是有利的，符合人民对于生存环境的需要。"发展的目的是造福人民。要让发展更加均衡，让发展机会更加均等、发展成果人人共享，就要完善发展理念和模式，提升发展公平性、有效性、协同性。"[2] 全球性问题需要全球治理模式，任何一个国家或地区都不能置身事外，需要全人类范围内的求同存异，加强联通，不断满足本国人民的物质需要和精神需要。

三、"实践劳动"是人类命运共同体的建构手段

现实人获取物质生活条件的方式是实践，劳动是人与自然界发生联系的活动，马克思将实践概念同劳动概念放在了一起，劳动是现实人的存在方式，人的存在不是由先验因素的层层推理，而是人的劳动生产出了物质资料，也生产出了社会本身，构成人类历史。"人类史的真正前提是一些现实的个人，是他们的活动和他们的物质

---

[1] 习近平：《共同构建人类命运共同体——在联合国日内瓦总部演讲》，载《人民日报》2017年1月20日，第2版。

[2] 习近平：《习近平谈治国理政》第2卷，北京：外文出版社，2017年，第482页。

生活条件,包括他们已有的和由他们的活动创造出来的物质生活条件"[1]。实践劳动是对象性的活动,是改造自然和与自然相联系的手段。"劳动首先是人和自然之间的过程,是人以自身的活动来中介、调整和控制人和自然之间物质变换的过程。人自身作为一种自然力与自然物质相对立,为了以对自身生活有用的形式上占有自然物质,人就使他身上的自然力——臂和腿、头和手运动起来。当他通过这种运动作用于他身外的自然并改变自然时,也就同时改变他自身的自然。"[2]历史就是通过实践劳动进行生产的过程,"历史并不是把人当作达到自己目的的工具来利用的某种特殊的人格。历史不过是追求着自己目的的人的活动而已"[3]。人类的各项物质生产和精神建构通过实践劳动来进行具体实现,任何方针政策的实施都是现实人通过实践劳动进行生产创造来满足需要的过程。

人类命运共同体的建构过程,是全人类在求同存异原则下进行实践劳动的过程,实践劳动是实现理论转化为物质的关键性因素,是抽象向具体过渡的必要环节,当今世界,只有勇于向前,直面问题,反思发展中的不足之处,大力发展科学技术,开拓新的发展合作领域,才能提升整个社会的发展层次,增强对于世界性问题的应对能力。世界所面对的问题在以往人类历史中未曾出现,诸如经济危机、气候变化、恐怖主义等,其根源是人类在生产过程中与自然界关系的失衡。发展所带来的问题需要在发展中解决,人类命运共同体以全球视野去分析问题,从全人类角度提出全球合作,坚持共商共享、相互包容、互信协作,目的就是从思想上进行统筹,把人的实践劳动整合起来,形成"合力",建构起物质充裕和精神丰满的人类存在新状态。

四、"人的全面发展"是人类命运共同体的终极目标

在马克思的语境里,人的全面发展指"社会的每一个成员都能完全自由地发展和发挥他的全部才能和力量"[4],是从个体发展出发,进而推及全人类的自由发展。个体与整个人类的发展具有一致性,任何与所处时代生产力状况不相适应的生产关系,最终会以社会变革的形式发生改变。全面发展并不意味着必须以一种形式进行发展,也不是各项能力必须全部齐头并进,而是结合实际,不断满足自身需要,占有自己

---

[1] 马克思、恩格斯:《马克思恩格斯选集》第1卷,北京:人民出版社,1995年,第67页。
[2] 马克思、恩格斯:《马克思恩格斯文集》第5卷,北京:人民出版社,2009年,第207页。
[3] 马克思、恩格斯:《马克思恩格斯全集》第2卷,北京:人民出版社,1957年,第118页。
[4] 马克思、恩格斯:《马克思恩格斯全集》第32卷,北京:人民出版社,1998年,第405页。

的全面的本质。人是一切社会关系的总和，人与人和人与自然的关系在物质生产过程中产生和发展，社会关系影响个体能力的释放程度和主体意识，规定了人的发展范围。发展的目的不是为某一统治者或某一阶级服务，而是全人类的解放，使每一个社会个体都得到需要的满足。生产力的发展是实现人全面发展的基础性条件，只有生产力发展才能不断创造出坚定的物质基础，"自由个性是建立在个人全面发展和他们共同的、社会的生产能力成为从属于他们的社会财富这一基础之上的"[1]。人与社会的发展是统一的，孤立的个体通过实践劳动产生具有多种表现形式的社会关系，"一个人的发展取决于和他直接或间接地进行交往的其他一切人的发展"[2]。人所具有的自然性和社会性决定了人的主要生活层面是社会，是通过在社会中的劳动而满足自身需要的生产过程，自身的劳动既是自身获取生存资料的手段，又是在为他人创造生存资料，个体与个体之间在联系中互相得到满足，社会不断进行发展，个体才能实现全面发展，"只有在集体中，个人才能获得全面发展其才能的手段"[3]。任何压抑一部分人而去成就另一部分人的社会运行机制都不能从根本上提升人的发展水平，要在共同体的机制下，把个体实践劳动与社会发展方向进行整合，通过有效手段，创造有利于人全面发展的社会环境。

人类命运共同体以人的全面发展为终极目标，着眼于每一个个体的充分发展，以先进的科学性和巨大的容涵性为社会成员构建一个社会基础。"我们要在继续推动发展的基础上，着力解决好发展不平衡不充分问题，大力提升发展质量和效益，更好满足人民在经济、政治、文化、社会、生态等方面日益增长的需要，更好推动人的全面发展、社会全面进步。"[4]在全球化背景下，个体利益与群体利益具有核心趋同性，任何一个国家、一个民族，发展的前景与其对生产全球化的接受和理解程度密切关联。人类命运共同体正确处理不同利益之间的关系，全球性的生产发展需要世界各国家各地区人民加强配合，以合作的姿态而不是对抗的思维去进行交往，世界性的问题需要所有人类进行努力。"国家不论大小、强弱、贫富，都应该平等相待，既把自己发展好，也帮助其他国家发展好。大家都好，世界才能更美好。"[5]在经济发展的基础上，不断满足人的自然需要和社会需要，创造有利于劳动主体自由发展的

---

[1] 马克思、恩格斯：《马克思恩格斯文集》第8卷，北京：人民出版社，2009年，第52页。
[2] 马克思、恩格斯：《马克思恩格斯全集》第3卷，北京：人民出版社，1960年，第295页。
[3] 马克思：《1844年经济学哲学手稿》，北京：人民出版社，2000年，第89页。
[4] 习近平：《决胜全面建成小康社会夺取新时代中国特色社会主义伟大胜利》，北京：人民出版社，2017年，第11页。
[5] 习近平：《中国发展新起点，全球增长新蓝图》，载《人民日报》2016年9月4日，第3版。

社会环境,建立起平等共享、协商共赢、具备世界视野的发展进步机制。

人类命运共同体以现实的人为基础,以满足现实的人的需要为动力,以实践劳动为建构手段,以实现人的全面发展为终极目标,具有深刻的人学意蕴。人类命运共同体是在新时代立足我国实际状况,正确分析国内外发展趋势的理论精华,以开拓的视野和丰富的实践精神,为在全球治理模式下我国特色社会主义事业的发展提供了一个新的理论层域。

马克思共在论视野中的人类命运共同体探析

北京大学习近平新时代中国特色社会主义思想研究院　董　彪

摘要：在现时代，考察国际局势和重建世界秩序需要注意三个现实，一是民族国家仍然是国际关系最重要的主体，二是社会主义和资本主义构成的"一球两制"长期共存，三是多元文化的融突进一步加强。不同国家的利益博弈、不同社会制度的竞争对抗、不同文化价值观的交流交锋，已成为构建新型国际关系秩序的重要制约因素。为此，人类命运共同体着眼世界大局和人类福祉，提出凝聚共同利益、承担共同责任、遵守共同价值以实现共商共建的人类发展战略，在世界各国获得普遍认同和广泛赞赏。实际上，人类命运共同体立足于人类的共在的事实并试图重建人类的"共在"形式。从理论上看，人类命运共同体置身于马克思的类哲学和世界历史理论的延长线上，充分继承并发展了马克思的共在存在论；从实践上看，人类命运共同体超越了潜藏着各种分裂因素的虚假共同体的虚假"共在"模式，为新型全球化时代重建人类"共在"形式和人类文明秩序提供了中国方案。

关键词：马克思；共在；类哲学；世界历史；人类命运共同体

当今世界，既是全球化一体化日益加深的世界，也是潜藏着分化、对抗甚至分裂风险的世界。发展差距扩大可能导致穷国与富国"鸿沟"日益加深，国家利益博弈激化可能使国际关系落入囚徒困境，战略误判可能使大国竞争陷入"修昔底德陷阱"，不同道路和制度的竞争加剧，文化价值观和意识形态的冲突激化，这一系列现象都制约着人类社会的可持续发展。造成这些现象的原因在于主客二分的思维方式，并由此形成了国际关系中的本位主义、利己主义和霸权主义等思维方式。从哲学上看，形成这类思维方式的根源在于对存在的遗忘，进言之，根源在于对"共在"的遗忘。因此，今天推动构建人类命运共同体，需要立足于全球化时代人类"你中有我、我中有你"的共在事实，更需要形成全人类命运相连、休戚相关的共在意识，真正推动共在共存共生、实现共商共建共享。从理论上看，人类命运共同体置身于马克思的类哲学和世界历史理论的延长线上，充分继承并发展了马克思的共在存在论；从实践上看，人类命运共同体超越了潜藏着各种分裂因素的虚假共同体的虚假

"共在"模式，为新型全球化时代重建人类"共在"形式和人类文明秩序提供了中国方案。

一、马克思的类哲学与共在存在论

存在论问题是哲学家观照世界和社会人生的关键问题。马克思的存在论是以现实的人为基础、既指向现实个人又通往社会化人类的共在存在论。现实的个人是社会化人类的个别性基础，而社会化人类则是现实个人构成的普遍性总体。比较而言，这种关于人的存在论不同于古希腊哲学的抽象存在论（仅将人视为在本体论之下理性的存在者），也不同于费尔巴哈的感性存在论（即将人理解为感性的、具有类直观能力的存在者），亦不同于海德格尔的"此在－在世"的存在论（一种以意向性活动为基础的生存主义），更不是自由主义的单子化个人，而是在物质实践活动中历史地生成的、自成目的性的共在存在论。

马克思的共在论源自马克思的类哲学。对于人的类特性，布丰从自然史出发，把相互交配繁育出幼崽作为后代的动物视为人的自然属性，是一种基于物种繁衍的分类方法；康德从人类学出发，以祖源的相似性及其遗传变异中形成的相似性来划分人类，则是人种归类的方法。马克思对人类的认识，显然既不同于布丰也不同于康德，他是从"类哲学"（其核心是"人学"，以人在社会历史实践中的自成目的性为对象）的角度考察人的类特性。马克思指出，一个种的类特性就在于生命活动的性质，而人的类特性就是"自由的有意识的活动"[1]。质言之，人是具有自由意志并依照其自由意志进行生产生活的类存在物。这种自由意志和行动能力，使人不仅能在观念上使自身二重化，而且能在现实中能动地使自身二重化，从而既能与外部世界相区别，又能将外部世界纳入自身之中形成一个有机整体。一方面，"类特性"将自身与外部世界区别开来，使人区别于感性现实世界中的其他事物。人的类存在和动物的种存在完全不同，动物只是按照某一特定的种的尺度，自发地、被动地适应自然界，片面地、本能地生产和满足需要；人却能够自觉地、能动地改造自然界，能够按照任何一个种的尺度进行全面生产，能够把内在尺度运用于对象并能在所创造的世界中直观自身。另一方面，"类特性"使人能够将外部世界纳入自身，形成一个有机统一的整体。尽管不同意布丰和康德的分类方法，但马克思仍然坚持并发展了其观察人的唯物主义原则。他指出，人是有肉体组织和感性需要的现实

---

[1] 马克思、恩格斯：《马克思恩格斯选集》，北京：人民出版社，1995年，第46页。

存在者,"类生活从肉体方面来说就在于人(和动物一样)靠无机界生活"[1],植物、动物、阳光、空气、水源、林田山石,都是人的生活和活动的组成部分。人相较于动物更具普遍性,其生活的无机界范围比动物更大。同时,人与外部世界的关系也将他人纳入其中,从而形成人的社会关系。因为只有通过他人,人对自身的关系才成为对象性的、现实关系,人的关系才成为人的社会关系,人才成为作为类的、社会的人。在这个意义上,马克思扬弃了费尔巴哈的"类"概念,在批判其将"类"理解为内在的、无声的抽象普遍性的同时,指出人的类本质在现实性上是一切社会关系的总和。可见,类特性和类存在必须表现并实现为人与自然、人与他人的共在关系,因而人的"共在"在结构上最终表现为人与自然、人与社会、人与人类的统一。

根据人的主体性地位和存在样态的差异和变化,人类的"共在"形式在动态上大致可以分为三个阶段。第一阶段是前资本主义"人的依赖关系"状态,即人的个体性存在依附于血缘、地缘关系,人类的共在性仅仅局限于狭窄的地域范围和族群内部,而地域之间、族群之间则相互孤立、相互隔绝。第二阶段是资本主义的"以物的依赖性为基础的人的独立性"阶段,由于商品生产和货币流通日益普遍化、资本成为社会生产的主导力量,个体成为在市场空间中独立自由活动的单子化个人,人类的"共在"形式进入跨族群、跨区域、跨国界的相互联系状态。第三阶段是"建立在人的自由个性基础上的人的全面发展"阶段,此阶段扬弃了人对物的依赖性和社会关系的异化物化状态,每个个体的自由、整个群体的自由都得以实现。按照社会形态理论划分,此三个阶段可以依次纳入前资本主义社会、资本主义社会、共产主义社会之中。高清海教授在分析马克思的类哲学过程中,简明扼要地将其理解为"群体本位""个体本位"和"类本位"三个阶段,深刻地体现了人的"类本质"的辩证发展过程和人类"共在"形式的时空演变。从物役性独立性的"共在"走向自由性独立性的"共在",需要全球化的深入发展和进一步推进。从宏观的历史视角来看,人类命运共同体是处于第二、第三两个阶段之间的"共在"形式,因此,基于资本逻辑的世界历史理论对于分析"共在"和人类命运共同体具有重要意义。

二、世界历史的开启与"共在"的发展

从历史科学的宏观角度来看,真正意义上的人类"共在"是由全球化开启

---

[1] 马克思、恩格斯:《马克思恩格斯选集》,北京:人民出版社,1995年,第45页。

的，表现为人类由民族史、区域史、国别史走向世界历史的过程。斯塔夫里阿诺斯的《全球通史》认为，严格的全球意义上的世界历史直到哥伦布、达·伽马和麦哲伦进行远洋探险时才开始。在这以前，只有各民族的相对平行的历史，而没有一部统一的人类历史。世界历史固然可以被视为"全球性"由地理上的自在状态转变为人的自觉意识的过程，但其生成却绝非简单通过世界的"被发现"而完成，在根本上它是人的生产实践和交往实践在世界范围内普遍发展的产物，进言之，它形成于生产、分工、交换、交往、消费世界市场化的资本主义社会。在资本主义条件下，由于生产力获得极大增长和普遍发展，人类的交往方式和交往空间发生巨大变化，地理学上的全球性关联变成直接的经验现实，地域性的个人变成世界历史性的、具有普遍经验的个人，民族国家的历史也走出相互隔绝的孤岛状态，转变为世界历史。

世界历史在根本上是由资本逻辑推动的。资本逻辑包括两个层次，一是追求剩余价值增殖的财富逻辑，二是支配劳动和社会的权力逻辑。对剩余价值和物质财富的无限欲望促使资本不断"开疆拓土"，试图将所有产品都变成商品，将所有商品都变成货币，将整个世界都变成资本的市场，从而打破自然共同体的封闭孤立状态，推动交往普遍化和经济全球化的进程。但是，由于资本促使财富增长的过程也是其权力扩张的过程，资本逻辑也造成了人与自然、人与人、国与国之间的关系的分裂和异化。资本家利用私人财富支配工人，以满足无限制榨取剩余劳动的需要；同时又通过工人控制自然，使自然成为财富增长的手段，这样，资本就实现了对人与自然的双重掠夺。资本扩张使近代以来的人类中心主义变本加厉，其造成的环境污染和生态破坏导致人与自然关系的深刻危机；资本在分配财富和"分配"污染过程中形成的倒挂，使穷人与富人、穷国与富国在生活质量上的差异日趋扩大，使资产阶级与无产阶级、宗主国与殖民地之间的对抗日益加深。对于资本逻辑在世界历史发展中的作用，马克思始终辩证地对待：一方面看到了资本逻辑的积极意义，盛赞"资产阶级在它的不到一百年的阶级统治中所创造的生产力，比过去一切世代创造的全部生产力还要多，还要大"[1]，肯定资产阶级对全部生产关系的革命，对封建的、宗法的、田园诗般社会关系的变革以及对普遍交往的推动和对世界市场的开拓；另一方面看到了资本逻辑的消极作用，指出资本在世"从头到脚每个毛孔都滴着血和肮脏的东西"，批判资本逻辑造成人与自然、人与他人、人与社会、国家与国家、民族与民族、东方与西方之间关系的异化。

---

[1] 马克思、恩格斯：《马克思恩格斯选集》，北京：人民出版社，1995年，第217页。

二、人类命运共同体的内涵与方法论基础

在马克思看来，作为人类的"共在"形式，共同体对于人的发展具有至关重要的意义，"只有在共同体中，个人才能获得全面发展其才能的手段，也就是说，只有在共同体中才可能有个人自由"[1]。世界历史的开拓、全球化的推进使人类"共在"形式日益深化，并为人类创造了普遍交往的共同体，这无疑符合历史发展的规律和人的类本质实现的规律，因而具有重大意义。但是，全球化时代的普遍交往共同体，不过是建立在资产阶级财产共和国基础上的"拥有统一的政府、统一的法律、统一的民族阶级利益和统一的关税的统一的民族"[2]，人类并没有真正摆脱物的力量、偶然因素、"特殊的"普遍利益等因素的操控，此时的"共在"不仅没有超越近代以来的主客二元对抗，反而使这种二元论在资本逻辑的推动下继续强化和固化。因此，资本逻辑基础上形成的全球普遍交往共同体只是一种冒充的、虚假的共同体。马克思指出，无产阶级走向世界联合的使命，就是推翻这种虚幻共同体形式，走向共产主义，建立自由人的联合体。

从历史哲学角度看，人类命运共同体处于马克思世界历史理论和全球化理论的延长线上，并被置于全球普遍交往共同体和自由人联合体之间。但无论是出于理论论证的严谨，还是出于战略意义的考虑，人类命运共同体都不应简单地被定义为共产主义或自由人联合体的先期形式，而应被界划为社会主义处于初级阶段、资本主义和社会主义将长期共存状态下的人类的全新"共在"形式和真正共同体形式。

三、人类命运共同体对"共在"的诠释与重塑

如上所述，马克思的"共在"论为构建人类命运共同体提供了存在论基础。随着经济全球化、信息社会化、文化多元化的深入推进，人类进入生活高度"共在"、命运休戚相关的状态。但现时代考察国际局势和重建世界秩序还需要注意三个现实，一是民族国家仍然是国际关系最重要的主体，二是社会主义和资本主义构成的"一球两制"将长期共存，三是全球化与地方性两股力量斗争和角逐有可能进一步加剧。不同国家利益的博弈、不同社会制度的竞争以及不同文化价值观的融突，使整个世界在全球化一体化过程中潜藏着自我分化和二元对抗的危险。正是在此背景下，人类命运共同体立足于人与自然、人与社会、人与他人共在现实，主张超越国家利益的零和博弈，超越道路和制度的差异，超越文化价值观的分殊，实现整个世界的共

---

[1] 马克思、恩格斯：《马克思恩格斯选集》，北京：人民出版社，1995年，第119页。
[2] 马克思、恩格斯：《马克思恩格斯选集》，北京：人民出版社，1995年，第277页。

在共生和共建共享。

首先，人类命运共同体表明了当今全球化时代人类"共在性"日益增强和深化的现实。全球化的类型可以分为生产全球化、技术全球化、信息全球化、社会全球化、文化全球化等诸多方面，但全球化最核心的动力是经济全球化。按照产业革命引起的全球效应，可以将经济全球化分为三次浪潮。第一次浪潮出现在19世纪后半期到20世纪初，主要由英法德主导，体现为国际资本、劳动力的大规模流动和国际贸易的繁荣。第二次浪潮是在20世纪五六十年代，主要由西方资本主义参与，表现为由美国主导国际金融和国际贸易体制的建立和跨国公司的发展，社会主义国家被排除在外。第三次浪潮出现在20世纪八九十年代，表现为新技术的创新和扩散、后福特制和柔性生产制的逐渐形成，以及跨国公司的经营朝着微观化方向发展。这一时期，发展中国家借助发达国家政策调整之机，主动进行市场化改革和对外开放，融入全球化的过程之中。当今世界正处于第四次全球化的起点之上，前述全球化时期的旧殖民体系土崩瓦解，冷战对抗也不复存在，代之以发展中国家和新兴经济体的崛起，和平、发展、协作已经成为世界各国及其人民的共同选择。随着互联网的全球性普及，信息技术、人工智能以及工业4.0迅猛发展，打破固定生产空间的非物质劳动日益盛行，全球性互联互通被注入强劲动力。这种状态，正如习近平同志所指出的，"各国相互联系、相互依存的程度空前加深，人类生活在同一个地球村里，生活在历史和现实交汇的同一个时空里，越来越成为你中有我、我中有你的命运共同体"[1]。

其次，人类命运共同体看到了导致人类的"共在"形式分裂的因素。全球化是一把"双刃剑"，它在给人类带来机遇的同时也潜藏着各种问题和风险，如果不能恰当处理这些危机和风险，就可能导致人类的"共在形式"走向分裂。一方面，要素在全球范围内的非均质流动导致两极分化。从全球化的要素来看，世界不同的国家和地区并不可能平等地、平权地获得各种资源，资本、信息、技术、人才的全球性流动也并不是均质的，加上弱肉强食、丛林法则、赢者通吃的思维作祟，保护主义、单边主义、利己主义盛行，全球化可能使世界各国之间的两极分化和"马太效应"进一步加剧。并且，这种分化不仅是经济发展上的贫富分化，而且也可能是发达国家与欠发达国家之间的知识鸿沟、技术鸿沟、数字鸿沟。另一方面，风险在全球范围内扩散将可能使整个世界和人类的生存与发展受到威胁。由于科学技术高速发展、"加速""脱域""时空压缩"等现代性效应日益突出，个体生命被充分地链入世界历

---

[1] 习近平：《论坚持推动构建人类命运共同体》，北京：中央文献出版社，2018年，第5页。

史，个人的言论、行为的影响力被极度放大，个人对整个人类命运的影响前所未有，而这种影响往往具有自发性、突发性、不确定性。比如，某种传染性疾病可以在短短几个月甚至几天内就肆虐全球，其原因可能只是几个病例的频繁流动——这种超级传播者在封闭隔绝的时代是难以想象的（例如，新冠肺炎的影响和人类早期历史上发生的瘟疫是很不同的）。同样由于上述原因，人类可能遭受的传统安全与非传统安全威胁，如核武器扩散、恐怖主义、难民问题、能源危机、环境污染等也从区域范围内拓展到整个世界。今天，各类"黑天鹅""灰犀牛"等事件频发并形成"蝴蝶效应"，随时牵动着整个世界的敏感神经。这种风险全球化导致的现代性和现代社会秩序的脆弱性，无疑也威胁着人类的共在共生。

最后，人类命运共同体的目标是建立"个体－共同体－类－自然"有机统一、和谐共生的共在模式。人类命运共同体的目标是建立"持久和平、普遍安全、开放包容、共同繁荣、清洁美丽"的世界，实际上就是要建立人与自然和谐相处的生命共同体、人与他人平等互助的社会共同体、国家与国家和平共处的国群共同体以及不同文明形式多元共生的文明共同体。其一，树立大历史观、大格局观。各国应顺应历史发展的规律和趋势，站在全世界发展和全人类福祉的高度思考问题。当然，这并不是要用抽象的"人类"凌驾于民族国家之上，要求各国抛弃民族利益和国家利益，相反它主张各国在彼此尊重道路、制度、文化的选择的基础上，超越狭隘的民族国家格局，树立关切人类整体生存发展的全局意识和长远眼光，体现安全的共同性、发展的包容性、增长的普惠性。其二，树立共生思维，促进人与自然、人与人的共在共生。要着力解决资本逻辑造成的人与自然、人与人的关系异化以及整个世界二元分化和两极对抗的问题。就人与自然的关系来看，树立敬畏自然、顺应自然的观念，反对人类中心主义，把绿色权利纳入人权范围，促进人与自然和谐共生。就人与人的关系来看，在社会内部着力解决民生问题、防范贫富分化、阶层固化，实现公平正义。其三，树立交互主体性思想，促进国与国的关系和谐共生。主张国家不论大小、强弱、贫富一律平等，国际关系的双方尊重彼此的主体性，以真诚、真实、有效的原则进行沟通，树立交往理性，形成商谈伦理。在安全上，以对话协商反对武力对抗，主张一国的安全不应建立在他国的危险上，一国的自由民主不应建立在对他国的霸凌上。在经济上反对单边主义、零和博弈，主张一国的富裕不应建立在他国的落后上，建立优势互补、互利共赢的发展共同体。在文化上，以文明的交流超越文明的隔阂，以文化的平等超越文化的优越，以多元文明的交流互鉴促进人类文明的"美美与共、天下大同"。总之，只有人与自然、人与社会、人与人类之间共在共生，才能促进世界各国及其人民共建共享，实现建立美好世界的目标。

【基金项目】本文系教育部重大委托项目"人类命运共同体的基本理论和基本问题研究"（编号：19JZDZ015）阶段性成果。

三、构建人类命运共同体的理论路径

人类命运共同体与人类共同生存发展的历史境遇

哈尔滨远东理工学院马克思主义学院　赵永春

摘要：按照马克思社会"联合体"的思想，人类命运共同体是以不同国家为载体的跨越国界的国际联合，是人类本身，内含着世界人民与自然、与社会，人与人之间的同一性关系和幸福共享、灾难共担的历史命运。人类命运共同体离不开人类，人类本身也离不开人类命运共同体。人类命运共同体根源于原始群体，破裂于私有制和阶级的产生，重建于国家的形成和国与国之间某种合作协议的签订，历经合作、裂变、战争、局部重建的历史过程。在当代全球性发展面临诸多重大问题的情境下，客观上证明以国家为代表的本国共同体和以不同国家为代表组成的区域性共同体不能完成治理全球的重大历史任务。构建人类命运共同体是解决人类共同发展问题的正确途径和必然选择。人类必然通过构建人类命运共同体，在解决人类存在和发展的问题中奔向更加美好的未来。

关键词：命运共同体；解决问题途径；人的存在发展；美好未来

一、人类命运共同体及历史境遇

在马克思和恩格斯的文本中，似乎没有提出"人类命运共同体"这样的概念，他们对人类存在和发展的形式主要有以下几种提法：

（1）提出"群的联合"概念。"群的联合"的显著特征是以成年雄性宽容为标志的雄雌混居、共同生活和活动的相对稳定的群体。这是恩格斯在分析史前各文化阶段，包括蒙昧时代、野蛮时代到向人类家庭演变的历史过程中提出来的。恩格斯认为，从猿转变到人是多种因素起作用的结果，其中群的联合力量是不可缺少的重要因素。恩格斯指出：这些正在脱离动物状态的原始人类"为了在发展过程中脱离动物状态，实现自然界中的最伟大的进步，还需要一种因素：以群的联合力量和集体行动来弥补个体自卫能力的不足……而成年雄者的相互宽容，嫉妒的消除，则是形成较大的持久的集团的首要条件，只有在这种集团中才能实现由动物向人的转变"[1]。"群的联合"发展的结果是"氏族"。氏族是以血缘关系为纽带的比较稳固的社会集团。

（2）提出社会和国家概念。马克思认为社会是人存在的形式，国家是统治社会的政治工具和统治阶级的代表。如果说人与社会是不可分的，那么自从阶级产生以来，人、社会、国家也是不可分的。三者构成以国家为代表的人的存在形式。马克思讲的"人就是人的世界，就是国家，社会"[2]指的就是这个意思。

（3）提出"世界历史"的概念。马克思和恩格斯在《德意志意识形态》这部著作中，首先分析了"世界历史"概念产生的前提。马克思和恩格斯认为，人是人类社会的第一个历史前提，人创造了人类的历史。人最先拿入历史的是四种关系，即人和自然的关系、生产物质生活本身的生产关系、人的自我再生产的关系和人与对象生成的意识关系。这四种关系构成人类社会最初的历史。随着"英国发明了一种机器……并引起这些国家的整个生存形式的改变，那么，这个发明便成为一个世界历史性的事实；同样，砂糖和咖啡在 19 世纪具有了世界意义"[3]。还有，当某种战争成为光荣的"解放战争的现实基础"[3]的时候，"历史向世界历史的转变"[3]成为可能。

什么是世界历史？马克思所说的世界历史，指的"不是'自我意识'、宇宙精神或者形而上学怪影的某种抽象行为，而是纯粹物质的、可以通过经验确定的事实，每一个过着实际生活的，需要吃、喝、穿的个人都可以证明这一事实"[3]。马克思这样说："对于社会主义的人来说，整个所谓世界历史不外是通过人的劳动而诞生的过程，是自然界对向人来说的生成过程，所以关于他通过自身而诞生、关于他的形成过程，他有直观的、无可反驳的证明。"[4]这里的"对于社会主义的人来说"非常重要，他实际上规定了社会主义眼光中的"世界历史"的初级性，表明"世界历史"就是自然界的一部分，是共产主义世界性的前奏。世界历史是世界人民共同创造的、人民共同生产和生活的历史。马克思和恩格斯的"世界历史"的思想，孕育了人类命运共同体的内涵，只不过没有明确提出而已。

（4）提出"自然界和人的同一性"[3]概念。这是马克思和恩格斯在《德意志意识形态》这部著作中提出来的。马克思说的"自然界和人的同一性"概念，表示人们对自然界之间的狭隘关系和人与人之间的狭隘关系，以及人与自然界之间的狭隘关系和人与人之间的狭隘关系之间的关系，指的是人与自然界是个同一体，"人是自

---

[1] 马克思、恩格斯：《马克思恩格斯选集》第4卷，北京：人民出版社，1972年，第29-30页。
[2] 马克思、恩格斯：《马克思恩格斯选集》第1卷，北京：人民出版社，1972年，第1页。
[3] 马克思、恩格斯：《德意志意识形态》，北京：人民出版社，1961年，第42页。
[4] 马克思：《1844经济学哲学手稿》，北京：人民出版社，2008年，第92页。

然界的一部分"[1]。

（5）提出了社会"联合体"[2]概念。这是马克思和恩格斯在《共产党宣言》中提出来的。这里讲的"联合体"，指的是人类社会发展到高级阶段——共产主义社会的组织形式。共产主义社会消灭了阶级和国家，消灭了"三大差别"，代替以往国家和社会组织的是"自由的联合体"。在"自由的联合体"那里，"每个人的自由发展是一切人的自由发展的条件"[2]。以上引述，虽然不丰富，但在某种意义上似乎可以弥补马克思没有明确提出"人类命运共同体"这一概念理论上的不足。

根据马克思关于人的存在形式的思想，特别是根据马克思的社会"联合体"的思想，我们认为，人类命运共同体是一个历史范畴，在不同的历史发展阶段有不同的历史含义和不同的存在形态。

在人类产生之初，人类命运共同体以雄雌个体混合群居生活和活动为基本特征，直至发展到氏族组织，成为原始人类的命运共同体。人类在这个命运共同体中完成了由猿向人的转变，又通过新的社会形式存在发展延续至今。从而证明：人类命运共同体是人类本身，人类命运共同体离不开人类，人类本身也离不开人类命运共同体。

自从私有制和阶级产生后，原始社会的人类命运共同体分裂为以国家为代表的具有区域范围和由不同民族人口构成的国家共同体。从此，人类进入了以不同国家为代表的、以国家利益和民族利益为核心内容的争斗时代。整个社会进入了统治与压迫、分裂与统一、战乱与和平的历史时期。在人类有文字记载的五千年的历史长河中，人类命运共同体和人类经历了以国家统一为内容的无数次诸侯战争，经历了以殖民地掠夺和压迫、获取国家资本积累利益为内容的无数次侵略战争，经历了以争夺世界霸权为内容的二次世界大战。期间，虽然有不同的国家签署不同内容的合作协议，不久又被新的竞争格局和战争格局所打破。可见，人类命运共同体，根源于原始群体，破裂于私有制的产生和国家的形成，重建于国家的产生和国与国之间的某种合作协议的签订，历经合作、裂变、战争、局部重建的历史过程。

总结以往人类历史的发展经验，面对解决当今全球性问题，构建人类命运共同体成为当今世界人民的必然选择。当今的人类命运共同体，是以不同国家为载体的跨越国界的国际联合，内含着世界人民与自然、与社会，人与人之间的同一性关系，

---

[1] 马克思：《1844经济学哲学手稿》，北京：人民出版社，2008年，第92页。
[2] 马克思、恩格斯：《马克思恩格斯选集》第1卷，北京：人民出版社，1972年，第1页。

以解决人类面临的共同问题,实现合作、发展、共赢为目的,共享幸福,同担灾难,同系历史命运。

二、构建人类命运共同体的现实性

20世纪80年代以来,全球面临的问题日趋凸显,至今一个问题也没有得到解决。

(1)巨大的人口问题。这是一个被人们所普遍关注的问题。有研究结果表明,在2000年,世界人口已经达到60亿,整个世界一年的人口增长是7500万,根据联合国提供的资料,到2050年,全世界人口最低73亿,最高可达107亿。就是说,30年后,地球上将有73亿到107亿人。增加这么多人,地球上的拥挤程度该是多么严重啊!就中国而言,人口即使在实行计划生育的前提下,每年也增长1300万—1400万人,预计到2030年,我国人口将达到16亿。那时,中国的状况应该是怎样的呢?

(2)和人口问题相关的就是人类的吃用问题,也就是资源问题。这么多的人要吃、要用,我们就这么一个地球,就那么多耕地,就那么多的资源,怎么办?目前全球有60多个国家按人口比例计算粮食产量下降,120多个国家和地区依赖粮食进口,20多个国家严重缺粮,有5亿人挨饿,15亿人营养不良。非洲的埃塞俄比亚曾在1984—1985年因遭受大面积旱灾而爆发全国性大饥荒,致使100万人死亡。2015年,习近平总书记在美国纽约联合国总部举行的第七十届联合国大会一般性辩论中发表的讲话谈到了这样一个事实:"当今世界仍有8亿人生活在极端贫困之中,每年近600万孩子在5岁前夭折,近6000万儿童未能接受教育。"[1]根据我国目前的情况,到2030年,如果人口达到16亿,我们的粮食产量从现在起必须增长30%。要增加30%的粮食产量谈何容易。一般来讲,一年增长百分之几就不错了,而且随着经济的发展,我们的可耕地每年都在减少。有关专家统计,一年减少差不多一个县的面积,所以这是个很大的问题。意大利的奥雷利奥·佩西,在《未来的一百页——罗马俱乐部总裁的报告》中指出:"人口指数的增长,只能说是已经成为不治之症。除了昆虫,很少生物类能像我们这样迅速和盲目地繁殖着。此外,我们是贪婪和不足的,远远超出我们生理上的需要,这种贪婪对于保持我们的生存来说是毫无真正意义的。这些弱点导致人类迅速毁坏地球重要的生命圈中大部分生物,从而侵蚀自己生存的

---

[1] 习近平:《谈治国理政》第2卷,北京:外文出版社,2018年,第524页。

基地。"[1]这段话可谓一语击中人口增长的要害。

（3）环境问题。这是人们最担忧的问题之一，也是人类目前遇到的最严重的危机。有研究表明，人类可用耕地日趋减少，建设各种道路已使大面积的耕地永远消失。土地沙漠化严重，植被锐减，森林资源大面积减少，大气污染、气候异常，物种加速灭绝。联合国粮农组织"环境与发展"全球生态研究报告和其他研究材料很早就告诉我们：在森林方面，现在全世界热带森林每年被毁的面积已经达到1690万公顷，与1980年公布的每年砍伐森林1130万公顷相比增长了50%。被称为"世界之肺"的巴西亚马孙流域雨林，有一片面积达110万平方千米的茂密森林，现在已经被砍伐破坏殆尽。世界各地的森林都在不同程度地减少，如加拿大、苏联、非洲津巴布韦、中国等国家森林资源总体质量仍呈下降趋势。在土地沙漠化方面，每年有高达700万公顷土地沙漠化，同时，有2100万公顷的耕地完全丧失生产能力，目前全世界干旱土地占土地总面积的35%，大约有3/4的干旱土地不同程度沙漠化。在过去的50年里，撒哈拉沙漠南部，有65万平方千米富饶的土地沙漠化。每年全球因荒漠化造成的损失据估计高达420亿美元。每年耕地表土约有250亿吨流失。各地趋势如得不到遏制，世界可耕地面积还会减少30%。在大气污染方面，有资料显示，全世界每年有56亿吨矿物燃料变成粉尘、烟雾、有毒气体，滞留于大气之中，已经给大气增加了3600亿吨二氧化碳；全世界约有4亿辆汽车每年排入大气约18.3亿吨的二氧化碳。城市人口的一半左右生活在二氧化硫超标的大气中。在气候方面，由于大量二氧化碳排入大气层，造成"温室效应"，地球表面温度不断升高，给人类带来多种灾难性的影响。如海平面上升、海岸侵蚀加大、灾害性风暴频率增大、沿海地沦为沼泽地、滩涂资源大幅度减少、内陆地区雨量减少等。在物种灭绝方面，森林减少导致物种急剧消失。根据国际自然资源保护联盟的估计，全世界有6万种植物濒临灭绝，物种灭绝总数在66万～168万种之间。据生物学家统计，进入20世纪后，几乎每年都有一种鸟或哺乳动物从地球上消失。而现在，地球上平均每天就有1～3种物种灭绝，而每消失一种植物，都会引起5种不同的昆虫绝迹，而且这种绝迹还有加速的趋势。

（4）人的健康问题。现代社会的发展虽然在人类防病、治病方面取得了重大的突破，大大增强了人的体质，人的寿命有所延长，但人类面对癌症、肥胖、心血管疾病、艾滋病、老年痴呆症、帕金森综合征等严重摧残人类健康的现代病魔，至今没有找到非常有效的治疗途径。

---

[1]（意）奥雷利奥·佩西：《未来的一百页——罗马俱乐部总裁的报告》，北京：中国发展出版社，1984年，第24-25页。

上述问题是人类面临的全球性问题。解决这些问题，人类要抛弃三个幻想。一是抛弃依靠自然自身调节机制解决环境问题的幻想。"自然界的再生能力就是一种自我调节机制。"[1]自然界的自我调节机制起着平衡生态系统的重大作用，为一切生命体的生存和发展提供良好的生态环境。但是，现代科学技术和大工业突飞猛进的发展，已经打破了自然界原始的平衡制约关系。自然界不再能应付文明工业和不断地生产千万种新化学物质而大量喷射出来的废物，"自然界的再生能力不再能补救人类制造的这一切的损害。"就地表土的恢复而言，"在植物覆盖的自然条件下，自然界每隔100至400年或更多的时间才产生厚达10毫米的有机表土层；需要3000年至12000年产生相当于200毫米的土壤深度。所以一旦土壤流失了，将永远失去人类赖以生存的一切"[1]。可见，依靠自然界的自我调节机制解决人类生存的环境破坏的问题是不可能的。

二是抛弃人类放弃发展的幻想。人类要生存，总是要向前发展，这是人类永恒的主题。人类的许多问题仍然需要靠发展解决。未来的共产主义社会就是一个物质极大丰富的社会，人类不发展是不可能的。那种试图以"零增长"的办法解决发展中的问题的观点是不可取的。问题的关键在于，人类要寻找到既能发展，又能可持续，还能保护自然生态的办法。这是对人类智慧的一个重大挑战。

三是抛弃依靠一个或几个国家解决人类面临的共同问题的幻想。当今世界发展的一个显著特点是，科学技术、经济、金融、文化等多方面的发展，已经打破了国与国之间的界限，成为全球性的共同发展，人们把这种现象概括为全球化。在全球化的条件下，任何一个国家的发展都是你中有我，我中有你，互相渗透，是你离不开我，我也离不开你。因此，一个国家的单打独斗，既不能很好解决国家自身发展问题，也不可能解决全球性的人们普遍关心的重大问题。

由上可见，解决人类面临的全球性问题，要靠人类自己的努力，要靠全世界各国人民共同的力量。那种以国家为代表的本国共同体和以不同国家为代表组成的区域性共同体，至多只能解决某一局部领域或某些方面的问题，不能完成治理全球的重大历史任务。构建人类命运共同体则是解决人类共同发展问题的正确途径。这"是通过国家之间的自愿联合以利完成各种共同的目标"[1]。人类之所以必须这样做，是因为"这些全球性问题现在已向人类提出了比以往任何时候更大的挑战。没有一个民族或国家能够单独应付这些挑战；我们必须尽快地共同面对这些问题"[1]。构建

---

[1]（意）奥雷利奥·佩西：《未来的一百页——罗马俱乐部总裁的报告》，北京：中国发展出版社，1984年，第24-25页。

人类命运共同体就是解决人类面临的共同重大问题的重大举措。

构建人类命运共同体至少体现了人类的三个意志：一是全球性的问题是全世界人民共同面临的问题，由全世界人民共担世界性风险，共同解决世界性问题的坚强意志。人类命运共同体要求全世界人民团结起来，共同下好解决人类面临的全球性问题这盘大棋。每个国家都是这盘大棋中的重要棋子，谁都不能少。在这方面，要反对单边主义，反对霸凌，反对以强凌弱、以富欺贫。以国家不分大小一律平等、互利共赢的心态，处理各国之间的分歧。要对话，不要对抗，要和平，不要战争。

二是体现"大家一起发展才是真发展，可持续发展才是好发展"[1]，全世界人民共享发展成果的意志。人类面临这么多的问题，除了人口、环境、资源、健康方面的问题，还有"富者愈富、穷者愈穷"[2]的问题、极端贫困的问题、教育的问题等。解决问题的本身就是发展。这需要国际社会携手同行，在解决问题中享有发展的成果。

三是体现世界各国人民共同协商解决全球性问题的民主意志。世界的事要由世界各国人民来管，全球性的问题也要由全世界各国人民参与协商解决。构建人类命运共同体就是体现由世界各国人民共同治理世界的参与意志。习近平在《携手构建合作共赢新伙伴，同心打造人类命运共同体》一文中指出："世界的前途命运必须由各国共同掌握。"[1] 表达的就是各国无论大小，一律平等，共同参与解决人类面临的全球性问题，共同治理当今世界，共享世界和平的美好愿望。

三、人类命运共同体的发展趋势

有学者把"命运共同体"称为"超级组织"。"超级"在哪里呢？就超级在参与命运共同体的成员国都是平等的，共同协商处理命运共同体内部的事务，命运共同体不受哪一个国家的单独支配或控制。这样的早期组织是1945年10月成立的联合国。联合国的宗旨是"维持国际和平与安全""促进各国以人民的平等权利和民族自决为基础的友好关系""促进国际间有关经济、社会及文化方面的合作""提供协调各国行动的场所"[3]。但是，联合国成立至今，"人们认为联合国系统庞大，很官僚，办事效率不高和极端地政治化"[2]，使联合国虽然开了许多会议，成为各国交换意见的场所，发现和提出了人类面临的诸多重大问题，达到了一定的目的，发挥了重要

---

[1] 习近平：《谈治国理政》第2卷，北京：外文出版社，2018年，第524页。
[2]（意）奥雷利奥·佩西：《未来的一百页——罗马俱乐部总裁的报告》，北京：中国发展出版社，1984年，第24-25页。
[3] 郭群：《联合国》，北京：世界知识出版社，1957年，第11页。

作用，但至今没有解决人类面临的全球性问题。改革联合国或许是当今的政治家应当考虑的重大问题。

在联合国之后，人类较早建立的区域性共同体，是1958年由法国、西德、意大利、荷兰、比利时、卢森堡六国发起建立的"欧洲经济共同体"[1]，欧洲经济共同体"建立了工业品的关税同盟""实行了共同的农业政策""建立了经济货币同盟""建立了政治同盟"[1]。欧共体内部虽然存在诸多矛盾，但在总体上解决了经济发展问题，加强了同美国的竞争能力。

随着科学技术和经济的发展，客观上提出了建立新的各种不同共同体的要求，以解决人类面临的发展问题。与此相适应，在世界的不同地区出现了各种各样的共同体。如北美贸易区、亚太经合组织、东亚新兴经济体、南亚区域合作联盟、拉丁美洲经济体系、独联体国家、上海经合组织等。然而，这些经合组织只是在相对解决局部地区和各个国家在经济发展中的利益分配、合作、交流、互补等方面的问题上发挥了重要作用，就应对解决全球性的重大问题，尚有较大距离。

人类在这方面的巨大进步在于，人类为了应对气候变化，制定了《联合国气候变化框架公约》，并于2015年11月召开了联合国气候变化巴黎大会，探索"有效的全球应对气候变化解决方案，探索人类可持续的发展路径和治理模式"[2]。这预示着构建人类命运共同体发展的新方向。可以预言：随着科学技术的发展和人类文明的进步，人类将不断丰富和改变现有的存在形式，构建越来越适应世界人民共同存在、共同劳动、共同生活的人类命运共同体。世界人民也将通过自己的努力把人类命运共同体建设得更加美好。这虽然是一个较长的历史发展过程，但这是人类社会发展规律支配的必然，是任何力量也不可阻挡的历史发展趋势，人类命运共同体必然有其美好的未来。

---

[1] 北京大学经济系：《西欧"共同市场"》，北京：人民出版社，1974年，第3、14-15、19、21页。

[2] 习近平：《谈治国理政》第2卷，北京：外文出版社，2018年，第524页。

现实与路径：构建人类命运共同体的提出与实践

芜湖职业技术学院马克思主义学院 马和平

摘要：面对大发展大变革大调整的当今世界，党的十八大以来，习近平总书记提出了构建人类命运共同体的全新全球治理理念，这是中国共产党人面向人类未来提出的中国方案和中国智慧。当今世界已经形成了你中有我、我中有你的实然人类命运共同体，但它是建立在不平等、不公平的国际秩序和国际分工之上的。构建人类命运共同体[1]是要建设一个更加公平、更加包容、更加美好的应然人类命运共同体。它是联系发展世界观的外部体现，有着深刻的时代背景和客观基础，为此，我们要在提升实力、增强定力和展现魅力上"撸起袖子加油干"，推进人类命运共同体逐步成为现实。

关键词：构建人类命运共同体；世界观；伟大实践

面对大发展大变革大调整的当今世界，党的十八大以来，习近平总书记提出了构建人类命运共同体的全新全球治理理念，这是中国共产党人面向人类未来提出的中国方案和中国智慧。构建人类命运共同体呈现的是联系发展的世界观，有着深刻的时代背景和客观基础。我们需在提升实力、增强定力和展现魅力上发力，通过久久为功的伟大实践，推进人类命运共同体逐步成为现实，展现中国共产党的天下情怀和责任担当。

一、人间正道——构建人类命运共同体提出及影响

立足历史新方位，面对国际新形势，中国共产党人不忘初心，始终自觉肩负着为人类作出新的更大的贡献的使命，深刻把握人类社会发展的历史走向，深度关切当今世界的重大问题，运用联系发展世界观，统筹国际国内两个大局，提出了构建

---

[1] "实然人类命运共同体"和"应然人类命运共同体"是汪信砚先生在《构建人类命运共同体的本真意涵》（《社会科学辑刊》，2018年第6期）提出的观点。

人类命运共同体的全球治理理念。2012年12月，习近平总书记同在华工作的外国专家代表座谈时指出："国际社会日益成为一个你中有我、我中有你的命运共同体。"[1] 2013年3月，他在莫斯科国际关系学院演讲时又提出了影响深远的两个重要概念："命运共同体"和"新型国际关系"。[1] 2015年9月，在纽约联合国总部出席第70届联合国大会一般性辩论时，他发表了《携手构建合作共赢新伙伴，同心打造人类命运共同体》的重要讲话。2017年1月，他在联合国日内瓦总部出席"共商共筑人类命运共同体"高级别会议发表主旨演讲时，对人类命运共同体理念进行了深刻、全面、系统的阐述，主张共同推进构建人类命运共同体伟大进程。2018年3月，"推动构建人类命运共同体"内容被写入了第十三届全国人大一次会议第三次全体会议投票通过的《中华人民共和国宪法修正案》的序言中。至此，构建人类命运共同体正式上升为国家意志。

构建人类命运共同体思想是习近平新时代中国特色社会主义思想的有机组成部分，是我们党在当今世界处在大变革大调整大发展时期关于重建全球治理体系和建设新型国际关系的重要思想，它既植根于深厚的中华优秀传统文化之上，又是马克思主义中国化发展的理论必然。中华民族有着"己所不欲勿施于人"的交往传统，推行"和为贵"的交往法则，坚守"民胞物与"的天下情怀，追求"天下大同"的美好理想……所有这些无不为构建人类命运共同体提供了独特的民族视野、民族禀赋和民族气质。同时，"'共同体'思想是马克思关切人的存在、探究社会发展的理论结晶，渗透于唯物史观的创立和发展的全过程"[2]。马克思"共同体"思想为人类命运共同体理念提供了直接的理论来源。

人类命运共同体理念提出之后，得到了国际社会的普遍认同，联合国多个决议将它写入其中。2017年2月10日，联合国社会发展委员会第五十五届会议协商一致通过"非洲发展新伙伴关系的社会层面"决议。这是联合国决议首次写入"构建人类命运共同体"理念。2017年11月2日，第七十二届联大负责裁军和国际安全事务第一委员会（联大一委）会议将中国关于"构建人类命运共同体"的理念写入了本届联大一委通过的《防止外空军备竞赛进一步切实措施》和《不首先在外空放置武器》两份安全决议。与此同时，随着落实构建人类命运共同体理念而展开的"一带一路"等伟大实践以及这些实践的伟大成功，人类命运共同体理念愈来愈被国际社会所认同。

---

[1] 《习近平致力倡建"人类命运共同体"》，载《人民日报》2018年10月7日，第1版。
[2] 刘伟：《马克思主义共同体思想发展的新境界》，http://theory.people.com.cn/n1/2018/0103/c40531-29743230.html.

二、大势所趋——构建人类命运共同体的时代背景

真正的哲学都是自己时代的精神上的精华。构建人类命运共同体理念既是马克思主义政党与时俱进理论创新品质的根本体现,也是中国共产党对新的时代特征的准确认识和精确把握,更是我们党立足现实世界、顺应历史发展规律所提出的合规律性、合目的性的科学判断。就现实而言,主题依然没变和问题更加突出是提出构建人类命运共同体理念的两大时代背景。

(一)和平与发展仍然是时代主题

十九大报告指出,"世界正处于大发展大变革大调整时期,和平与发展仍然是时代主题。世界多极化、经济全球化、社会信息化、文化多样化深入发展,全球治理体系和国际秩序变革加速推进,各国相互联系和依存日益加深,国际力量对比更趋平衡,和平发展大势不可逆转。"

人类对和平的渴求源于对战争危害的深刻认识。有学者认为,人类史就是一部战争史。据瑞典、印度学者统计,从公元前3200年到公元1964年这5164年中,世界上共发生战争14513次,只有329年是和平的。这些战争给人类造成了严重灾难,使36.4亿人丧生。损失的财富折合成黄金可以铺一条宽150千米、厚10米、环绕地球一周的金带。我国是战争频繁之国。见诸史籍,有些眉目和头尾的战争,从夏朝至明代大约有3300余次,清代有400余次,近代也有数百次之多。我国历史上大约发生战争4000~5000次之多,约占世界历史上战争总数的1/3左右。1939年9月至1945年9月,德意法西斯和日本军国主义为了独霸世界,发动了第二次世界大战。据不完全统计,战争中军民共伤亡9000余万人,5万多亿美元付诸东流,"二战"是人类历史上规模最大、破坏性最强的世界战争。[1]战争结局完全脱离了发动者的主观意愿,不仅没有使发起国强大起来,反而更加分裂、衰退和虚弱。历史用无情而巨大的力量给了好战者致命一击。自人类进入核时代以来,世界大战一旦发生,将再无胜利者,传统战胜方与战败方的结局不复再现,终极结局将是人类毁灭。面对战争新样态,人类社会没有任何理由不更加珍视和平、热爱和平、保护和平。而事实也雄辩地证明,和平为人类带来了福音。"'明镜所以照形,古事所以知今。'两次世界大战的惨痛教训让各国人民痛定思痛,建立了以联合国为主体,包括国际货币基金组织、世界银行、世界贸易组织等机制的全球治理框架。……为过去几十年世

---

[1]《人类历史上目前为止,发生的大小战争总共大约多少次》,https://zhidao.baidu.com/question/1797539316494921467.html.

界和平与发展发挥了重要作用。"[1]

然而,冷战结束后,美国一家独大,以天下共主之态到处干涉他国内政,不惜以武力威胁,甚至直接发动战争推翻他国合法政权,推行所谓普世价值。尤其,特朗普总统执政以来,将"美国优先""美国第一"奉为圭臬,大肆推行单边主义和狭隘的功利主义,其直接目的是追求美国的绝对安全和绝对利益,而其更深层次的目标是要重新构建一个以西方为中心、以美国为核心的国际秩序。这种极端自我的中心主义势必会带来国与国之间的对立和冲突,美国已越来越成为世界动荡不定的主要因素。

"青山遮不住,毕竟东流去。"历史发展的规律无法主观改变。随着世界多极化、经济全球化、社会信息化、文化多样化深入发展,一些国家尤其发展中国家在此期间抓住了机遇,他们砥砺前行,努力奋进,取得了巨大成就。而这些成就的获得,也使他们更加珍爱和平、更加注重发展,因为他们深知,只有和平才能保障发展,只有发展才能促进和平。为此,他们顺应世界发展潮流,大力推进互利共赢的合作,为世界和平发展增添了不可忽视的力量。如国土面积约占世界三成、人口总数约占世界四成、经济总量超过全球的23%、对世界经济增长贡献率超过50%的金砖国家,其成员都是发展中国家,已逐步成为国际舞台上有利于世界和平发展的重要力量。尤为重要的是,越来越多的国家,尤其是绝大多数发展中国家,它们也越来越清楚,自己的路必须自己走,踩着别人的脚印不仅走不到自己的目标,还有可能掉到坑里去。它们对中国提出的合作共赢为核心的人类命运共同体思想倍感兴趣,而且还积极参与到中国为落实人类命运共同体思想而推行的"一带一路"建设中去。

(二)全球性问题需要全球参与、共同治理

十九大报告指出:"世界面临的不稳定性不确定性突出,世界经济增长动能不足,贫富分化日益严重,地区热点问题此起彼伏,恐怖主义、网络安全、重大传染性疾病、气候变化等非传统安全威胁持续蔓延,人类面临许多共同挑战。"

任何时代都有属于自己的问题。相较以往,当今人类面临的问题,最大的不同在于很多突出问题已经超越了单个国家、个别区域的限制而具有了全球性。不公的国际分工、贫富分化、恐怖主义、网络安全、重大传染性疾病、气候变化、难民等问题,不仅为不发达国家的人民造成了痛苦和伤害,也成了国际社会不确定、不稳定、不安全因素。如贫富分化问题,不仅在不发达国家成为社会不稳定的因素,现

---

[1]《习近平主席在亚太经合组织工商领导人峰会上的主旨演讲》,http://www.xinhuanet.com/2018-11/17/c_1123728402.htm.

在也成为发达国家的心病。如法国的"黄背心"运动，表面看来是燃油税提高的问题，实际上是法国国内贫富分化的结果。又如气候问题，地球变暖的结果损害的不是一个或少数国家的利益，关涉的是整个人类未来的生存。美国特朗普政府不顾国际社会的普遍反对，一意孤行，退出近200个缔约方在2015年巴黎气候变化大会上一致通过的《巴黎协定》，这种不顾国际社会普遍利益，极端自私的任性之举，不仅无益于全球性问题的解决，反而会引起蝴蝶效应，带来更大的危机。此外，必须指出的是，全球性问题的出现，并不完全是全球化的必然结果，将所有全球性问题归咎于全球化从而反全球化、阻止全球化的发展是本末倒置、舍本逐末的。相反，伴随着全球化而出现的全球性问题，只有在合作、共赢的基础上，通过世界各国的齐心协力，才能化危机为转机，变消极为积极。

  历史已经证明：原本属于单个国家或某一区域的问题，一旦不及时控制和正确引导，就会影响到世界其他国家政府决策、社会整体情绪和普通民众心理。如中东和非洲难民问题，表面看来是中东、非洲国家的问题，实际已经对欧洲的诸多国家的国内外政策产生了深远影响。正是很多问题日趋成为全球问题，许多国家，尤其是发达国家开始弥漫着一种往回缩、往后退的"刺猬心理"和"鸵鸟心理"。保护主义和新孤立主义开始在发达国家出现，并有愈演愈烈之势。特朗普的当选、欧洲新左派势力的壮大、逆全球化思潮的抬头，无不是以上情绪和心理的直接结果。

  这一方面表明当今世界已经越来越成为一个你中有我、我中有你的实然人类命运共同体，另一方面又体现出这种人类命运共同体存在着诸多弊端和问题。自工业革命，甚至上溯到哥伦布发现新大陆以来，西方社会凭借自身科技、军事等优势，用武力开门、用资本开路、用文化开脑，不断向世界各地拓殖，强行把世界拉到一起，人类历史真正进入了世界史。尽管随着生产力的发展，经济全球化的出现有其必然性，但西方社会的这种强力推进，其出发点并不是为了造福人类，而是为了追逐最大利润，达到自我利益最大化。因此，那些被西方国家强行拖入全球化的非发达国家，并不能共享盛宴，却要为西方国家的盛宴服务和买单，这是造成当今世界的不平衡、不公平、不稳定的直接原因。

  实然人类命运共同体从其形成之始就建立在不平等、不合理的国际分工之上，因此它越深入发展，对人类造成的伤害就越大。十八大以来，习近平总书记提出的构建人类命运共同体，就是要改变现有不平等、不合理的实然人类命运共同体，重塑国际交往规则，完善国际分工合作，建立互利共赢的新型国际关系，促进人类社会整体而全面的发展，建设一个更加公平、更加包容、更加美好的应然人类命运共同体。构建人类命运共同体，就是要从实然的人类命运共同体迈向应然的人类命运共同体，也可以说是由自在的人类命运共同体迈向自为的人类命运共同体。[1]

然而，作为世界唯一超级大国的美国，本应与国际社会同向同行、携手合作，为实然人类命运共同体向应然人类命运共同体的转变作更大贡献。然而，它却大开历史倒车，大搞保护主义和新孤立主义，高举"美国第一""美国优先"的旗子，退群、毁约、砌墙……其目的无非是要利用当今不平等、不合理的国际秩序和国际分工，确保自己绝对优势地位和既得利益。这既是它固有文明冲突论和实用主义外交理念的体现，也是一种自私自利、不负责任、逆历史潮流而动的"甩锅"行为。这种行为既无助于全球问题的解决，也不可能阻挡应然人类命运共同体到来。

三、实干为先——构建人类命运共同体的着力点

不同于西方国家，中国正以追求人类全面发展和解放为己任，面向人类未来，着眼人类命运，大力推进共建共享共赢的人类命运共同体。为此，我们需要在以下三个着力点上精准发力。

（一）提升实力，为构建人类命运共同体提供坚实保障

实力就是做事的能力。没有实力，构建人类命运共同体就不能从理念转变成现实，为此，提升我国实力是推进人类命运共同体建设的前提和保障。多种实力因素构成了综合国力，根据实力性质划分，可以将实力分为政治实力、军事实力、经济实力和文化实力，它们的关系为：

综合国力 =（经济实力 + 军事实力 + 文化实力）× 政治实力[2]

十八大以来，我国取得了历史性成就和历史性变革，中国特色社会主义进入了新时代，各方面实力大幅提升。经济实力上，20世纪90年代初冷战结束时，中国的经济规模只有美国的六分之一。到了2017年，我国国内生产总值（GDP）为82万亿元，约为美国国内生产总值（GDP）的70%左右。清华大学阎学通教授认为，按现有发展速度，2023年中国经济总量将超过美国。军事实力上，尽管还没有更精确的公开比较，但中国军事实力的强大是毋庸置疑的。近日，美国《商业内幕》通过对各个国家的50多项因素（国家人口、军队数量、交通后勤、储备资源、工业能力等）的对比，公布了世界军事排行的名次，中国排名世界第三位，仅次于美国和俄

---

[1] 汪信砚：《构建人类命运共同体的本真意涵》，载《社会科学辑刊》2018年第6期。
[2] 阎学通、何颖：《国际关系分析》（第3版），北京：北京大学出版社，2017年，第123页。

罗斯。[1]党的十九大报告提出,我国要"适应世界新军事革命发展趋势和国家安全需求,提高建设质量和效益,确保到二〇二〇年基本实现机械化,信息化建设取得重大进展,战略能力有大的提升","力争到2035年基本实现国防和军队现代化,到本世纪中叶把人民军队全面建成世界一流军队"。文化实力方面,中华文化历史悠久,历经五千多年绵延不断,是世界文明的重要组成部分。当前,我国"主旋律更加响亮,正能量更加强劲,文化自信得到彰显,国家文化软实力和中华文化影响力大幅提升,全党全社会思想上的团结统一更加巩固"。综上简述,当前,我国经济实力、军事实力和文化实力在世界上都位居前列,具有强大的竞争力。

不过,根据以上公式可知,无论经济实力、军事实力和文化实力怎样强大,如果政治实力小或者丧失,则这个国家就不可能有真正的实力,因为前三种实力是相加关系,而它们之和与政治实力则是相乘关系。所以政治实力为0,则综合国力归0。"1991年苏联解体时,苏联拥有和美国相同等级的军事力量,其经济规模相当于美国的三分之一,其文学艺术产品在世界上属于先进行列。然而,由于戈尔巴乔夫政府失去了国内和国际的政治动员能力,无法有效运用任何资源型的实力,苏联解体了,苏联这个国家就从世界上消失了。"[2]类似的例子比比皆是。历史上很多大国在灭亡时,往往经济实力、军事实力和文化实力依然强大,但说垮就垮,大多因为政治实力丧失了,我国历史上有些朝代灭亡之际就是这样。与此相反,有些小国由于政治实力强大,其抗打击能力成倍增长,例如古巴、越南、朝鲜等国。

当今世界各国,几乎都是由政党来治理国家的,因此,政党力量的强弱与一个国家的政治稳定和政治实力有着高度的相关性。[3]毋庸置疑,我国政治实力是强大的,它集中体现在确立了中国特色社会主义制度,而中国共产党的领导是中国特色社会主义的最本质特征。十九大报告强调:"一个政党,一个政权,其前途命运取决于人心向背。"十八大以来,在以习近平同志为核心的党中央坚强领导下,坚持和加强党的全面领导,坚持党要管党、全面从严治党,牢固树立"四个意识"和"四个自信","全党理想信念更加坚定、党性更加坚强",我国政治实力空前提升。

构建人类命运共同体,既要科学理念,更要坚强实力作为基础。人类命运共同体理念的提出,一方面是我们党对人类发展规律的科学把握和准确判断,另一方面也是中国特色社会主义进入新时代,我国综合实力发展到了一个新阶段,我们党发

---

[1]《外媒评出2018全球军事实力排行,有个国家军事实力被忽略了!》,http://www.sohu.com/a/279695245_100156489.
[2] 阎学通、何颖:《国际关系分析》(第3版),北京:北京大学出版社,2017年,第123页。
[3] 张涛:《论强有力政党的特征和建设途径》,载《当代中国政治研究报告》2005年第100期。

展到一个新阶段应自觉肩负的时代任务和历史责任。因此，不断提升我国综合国力，不断强化党的执政能力和执政水平，是践行构建人类命运共同体理念的前提条件和关键步骤。

（二）增强定力，为构建人类命运共同体提供战略支撑

作为新崛起大国，我国必须首先处理好与大国关系，尤其与美国的关系。"大国战略关系可以具体分为三类：盟友、非敌非友和敌手。"[1]我国奉行独立自主、不结盟的外交政策，和美国不可能成为盟友，但与美国为敌，显然也不符合我国国家利益。因此，如何保持与美国非敌非友的国际关系，需要相当的智慧和定力。

美国对中国崛起的心理是复杂的，中国在构建人类命运共同体的过程中，必须增强战略定力。"知止而后能定，定而后能静，静而后能安，安而后能虑，虑而后能得。"（《礼记·大学》）一方面，我们在全心全意谋发展、夯实自身实力的同时，要向世界讲好中国故事，让世界知道中国的崛起既是大势所趋，也是有利无害的。另一方面，在与美国交往中，应亮明底线，画出红线，让以美国为首的西方国家清楚知道中国的核心利益是什么。中国会以最大的决心、最大的诚意和最大的努力来发展中美关系，但中国绝不会以牺牲自己国家的利益，尤其是核心利益来发展中美关系，"任何外国不要指望我们会拿自己的核心利益做交易，不要指望我们会吞下损害我国主权、安全、发展利益的苦果"[2]。当然，坚持霸权主义、冷战思维的美国不可能对中国的崛起无所作为，更何况这与其冲突文明观也是不符的，为此，面对美国的打压和挑衅，我们必须要坚持底线思维，保持超强定力，既要敢于亮剑，又要善于亮剑。

（三）展现魅力，为构建人类命运共同体赢得国际赞同

拿破仑曾说，中国是一头沉睡的狮子，当这头睡狮醒来时，世界都会为之发抖。但拿破仑的话只说对了一半，我们是一头狮子，但这头狮子醒了比睡着了对世界更有价值和贡献。习近平总书记说："中国这头狮子已经醒了，但这是一只和平的、可亲的、文明的狮子。"[3]构建人类命运共同体，我们必须向国际社会展现自身魅力，赢得国际社会的普遍赞同，向世界表明中国是一只和平、可亲、文明的狮子，因为人类命运共同体需要国际社会积极参与，共建中实现共赢共享，共赢共享中推进共建。

为此，我们可通过准确阐释人类命运共同体本真意蕴、推进"一带一路"建设、

---

[1] 阎学通、何颖：《国际关系分析》（第3版），北京：北京大学出版社，2017年，第51页。
[2] 文秀：《习近平的领导风格及特点》，载《中国党政干部论坛》2014年第6期。
[3] 《习近平在中法建交50周年纪念大会上的讲话》，http://politics.people.com.cn/n/2014/0328/c1024-24759418.html。

建设区域命运共同体等凝聚共识、携手共进、互利共赢。准确阐释人类命运共同体本真意蕴，就要掌握话语权，逐步打破西方话语垄断和舆论垄断，准确传达中国声音，在世界范围内大力倡导和强化人类命运共同体意识，让国际社会准确了解构建人类命运共同体的天下情怀和中国智慧。"据不完全统计，自中共十八大以来，习近平已在130多个场合、共计180多次使用'人类命运共同体'的概念。"[1]推进"一带一路"建设是构建人类命运共同体的伟大实践，习近平总书记指出："我提出'一带一路'倡议，就是要实践人类命运共同体理念。"[2]自2013年提出到今天，借助"一带一路"建设，沿途各国在政策沟通、设施联通、贸易畅通、资金融通、民心相通上取得了巨大进展，而贯穿这"五通"的核心则是利益相通即共赢共享。"一带一路"建设实践，充分证明只要坚持共建共享共赢，就一定能将世界建设成一个持久和平、普遍安全、共同繁荣、开放包容、清洁美丽的人类命运共同体。建设区域命运共同体是构建人类命运共同体的有效途径。"合抱之木，生于毫末，九层之台，起于累土；千里之行，始于足下。"（《道德经》）构建人类命运共同体是一项久久为功、善作善成的伟大事业，需要国际社会通力合作、持久努力，积小胜为大胜。近年来，习近平先后谈到过的"中国—东盟命运共同体""中拉命运共同体""亚洲命运共同体""中巴命运共同体""中越命运共同体""中非命运共同体"等，莫不是通过强化共同利益的纽带而形成的，它们为我们构建人类命运共同体提供了有益的借鉴。[1]

【基金项目】2018年度安徽高校人文社会科学研究重大项目"习近平新时代中国特色社会主义思想'三进'路径研究"（项目编号：SK2018ZD054）阶段性成果。安徽省2017高等学校省级质量工程教学研究重大项目"大数据时代高校思想政治理论课教学路径创新研究"（2017jyxm0635）阶段性成果。

---

[1] 汪信砚：《构建人类命运共同体的本真意涵》，载《社会科学辑刊》2018年第6期。
[2] 习近平：《携手建设更加美好的世界——在中国共产党与世界政党高层对话会上的主旨讲话》，载《光明日报》2017年12月2日，第1版。

交往与人类命运共同体的构建

上海知识与价值科学研究所 高惠珠 刘利威

众所周知，在"交往"成为新时代热词的今天，在人学视域中对"交往"范畴进行深入研究，极为重要。自1978年我国实行改革开放政策以来，我国与世界各地的交往日益发展，加之当代西方著名哲学家哈贝马斯的《交往行动理论》（1981年版）传入我国后，在此书昭示的20世纪西方哲学出现从近代认识论意义上的个体性主体哲学转向本体论意义上的交互性主体性哲学之趋势的启发下，我国马克思主义理论界对交往范畴的研究也日益关注起来，并出现一批极有价值的研究成果。本文拟从人学视域对交往范畴与人类命运共同体的构建作一探讨。

一、交往与人的本质

何为人的本质？在1845年马克思的《关于费尔巴哈的提纲》一文中，有个著名的定义："人的本质不是单个人所固有的抽象物，在其现实性上，它是一切社会关系的总和。"[1] 正是在这一不下40字的短语中，已内涵了关于交往与人的本质关系的重要思想：其一，马克思指出，无交往的孤立的单个人是无所谓人的本质的，因为在现实生活中，这样的人不具有现实性，是不存在的，这样的人与动物无异。也就在1845年马克思、恩格斯合著的《德意志意识形态》（以下简称《形态》）费尔巴哈章中，他们指出："动物不对什么东西发生关系，而且根本没有关系。"[2] 因此，上述意义既说明人与动物的根本区别在于有无形成社会关系，又表明了这种关系的属人性。其二，在这段话中，马克思、恩格斯强调了现实性，社会常识告诉我们，在现实生活中，人际关系是人们交往的产物，有交往才形成关系。人与人之间的现实交往是现实关系形成的必要前提，也就是说无交往也就无关系，这说明人的本质与人的交往密切相关。其三，马克思、恩格斯强调了综合性，也就是说并非一种关系、一次

---

[1] 马克思、恩格斯：《马克思恩格斯选集》第1卷，北京：人民出版社，1995年，第56页。
[2] 马克思、恩格斯：《马克思恩格斯选集》第1卷，北京：人民出版社，1995年，第81页。

交往就形成了人的本质，人的本质是总体交往中其一切社会关系的总和所决定的。其四，"一切社会关系的总和"所决定的人的本质，既是现实单个人的即该人的社会关系的总和，也是类的，因为人的类本质也是由其一切社会关系的总和所决定的。从以上分析中，可以看出交往与人的本质的内在关联，从某种意义上说，交往也是人的本质之一。

以上分析，只是从发生学的意义上说明在人学视野中，交往与人的本质的一般关联，交往也可视为人的本质之一，那么具体情况又是如何的呢？

我们认为，交往同任何事物一样，有其质与量的区别，从质上看，有主动交往与被动交往之分，从量上看，又有局部交往与全面交往的区别。所谓主动交往，也可称为正常交往，如正常劳动中劳动者因分工不同为完成某一劳动任务而产生的联系、交往，在这一交往中，交往主体的地位是平等的，其形成的交往关系是合规律合伦理的，在这样的交往活动中，人不断得到提高，人的本质也日益趋向完美。而被动交往又可分为两个层次，一是因无知而被动，这是可以通过学习、锻炼提高的，在经受这一劳动的磨炼的过程中，人的交往能力得到提高，本质力量也日益完善。上述情况均是我们中国特色社会主义社会中常有的合规律现象。正如马克思所说：这是个"个人本质力量发展的历史"[1]。而被迫交往，情况就大不同了。被迫交往产生于私有制，在私有制下，"分工从最初起就包含着劳动条件、劳动工具和材料的分配……分工愈发达，积累愈增加，这种分裂也就愈剧烈"[2]。这种分裂的状况，在资本逻辑的宰制下，在现代资本主义社会显得更为剧烈。在这一以物的依赖性为基础的社会中，货币是人际交往的媒介，由此产生了双重效应，一是使交往关系物化（即货币化），个人挣破血缘、地域等束缚而表现出了独立性，二是使交往关系处于变动性并向全面性靠拢。"形成普遍的社会物质变换、全面的关系、多方面的需求及全面的能力体系。"[3] 虽然这"双重效应"从历史的角度看，总比"人的依赖关系"的原始社会、奴隶社会和封建社会进步了，但"被迫交往"使人受货币、金钱、"物欲"的宰制，仍与"自由自觉的活动"相违。

由此可见，在人学视域中，交往与人的本质的内在关联是不容忽视的，正向、高水平的交往可提升人的本质，而片面、被迫交往，则可能钳制人的本质的提升，乃至逼其倒退。

---

[1] 马克思、恩格斯：《马克思恩格斯选集》第1卷，北京：人民出版社1972年，第76页。
[2] 马克思、恩格斯：《马克思恩格斯选集》第1卷，北京：人民出版社1972年，第73页。
[3] 马克思、恩格斯：《马克思恩格斯全集》第46卷，北京：人民出版社1979年，第104页。

二、交往与人群共同体的发展

在人学视域，人的发展主要内含人的类社会存在形式的发展、人的类活动方式的发展（主要形式为劳动方式）以及个人生存能力的发展等诸方面，在此，交往起了重要作用，可以说离开了交往，这些方面均将无从谈起。交往的正向发展水平，决定了人类的正向发展水平，反之，亦然。

（一）交往推动了人群共同体存在形式的发展

众所周知，具有社会性特征的人类，群体性存在是它主要的存在方式，交往与人的群体存在形式发展的内在关系是，交往与人的群体存在形式呈正相关性，即交往的发展推动了人的存在形式——人群共同体的形成与演进。

在第一部分我们已谈到，有生产必有交往，生产与交往互为条件，相互促进。它们的相互作用所产生的正向效应，又推动了人群共同体的形成与演进。马克思在《1857—1858经济学手稿》中提出的三大社会形态理论实际就是人的三大群体存在形态。马克思指出："人的依赖关系（起初完全是自然发生的），是最初的社会形态，在这种形态下，人的生产能力只是在狭隘的范围内和孤立的地点上发展着。以物的依赖性为基础的人的独立性，是第二大形态，在这种形态下，才形成普遍的社会物质交换、全面的关系、多方面的需求以及全面的能力体系。建立在个人全面发展和他们共同的社会生产能力成为他们的社会财富这一基础上的自由个性，是第三阶段。"[1] 显然，马克思在概括出人的群体存在形态状况时，人的交往情况是其主要依据之一，"狭隘的范围""孤立的地点"都隐含着对交往状况的判定。确实，在原始社会，由于以石器为主的生产力水平的低下，人们只能在狭隘的、局部的范围和地域中存在，人与人的联系和交往主要表现为血族关系的交往，以此形成了以血缘关系为基础的原始交往共同体，即最初的人的群体存在形式。后来随着生产力的发展而出现了分工和交换（自然是物物交换），这种原始的血缘共同体为地域性共同体所取代。在地域性共同体中，人际交往与联系均比以前有所扩大。随着生产力与交往的相互作用的正向效应激发，在此推动下，人的依赖关系由血缘关系发展为封建关系，即人与人之间的人身依赖关系。马克思指出，在这一情况下，"人都是互相依赖的：农奴和领主、陪臣和诸侯、俗人和牧师，物质生产和社会关系以及建立在这种生产的基础上的生活领域，都以人身依附为特征。"[2] 但是，"交往创造了一种人类积

---

[1] 马克思、恩格斯：《马克思恩格斯全集》第46卷（上），北京：人民出版社，1979年，第104页。
[2] 马克思、恩格斯：《马克思恩格斯合集》第23卷，北京：人民出版社，1972年，第94页。

累、交换、传道、继承和发展自己本质力量的特殊的社会机制"[1]。这就是说，交往在人类社会存在两种形式：一是历时态代际交往，即当代人与上代人乃至前代人、更前代人的交往，所谓"传世之作"就是这种交往的产物；一是同时态的同代人之间的交往。这一同时态的同代人，既包含本地、本国，也包含着国与国、民族与民族之间的同代。这就是交往纵向与横向特征。这对人类存在形式的演进与发展极为重要，这也是人区别于动物的主要标志之一。正如马克思、恩格斯在《形态》中所指出的：我们周围的感性世界"是历史的产物，是世世代代活动的结果，其中每一代都在前一代所达到的基础上继续发展前一代的工业和交往形式，并随着需要的改变而改变它的社会制度"[2]。正是"交往"的这一特点，生产力和交往的相互作用为人类社会发展的第二个大阶段，即为人的第二大群体存在形式的出现创造了条件。马克思说："家长制的、古代的（以及封建的）状态随着商业、奢侈、货币、交换价值的发展而没落下去，现代社会则随着这些东西一道发展起来。"[3]由此出现了第二大社会形态，即以物为媒介的人的存在形式。在这一人的存在形式中，人的需求的全面性、关系的全面性推进了交往的普遍性，由此创造了以物为媒介的世界性联系。显然，这种交往，比血缘关系下的交往、人身依附关系下的交往要更进一步，现实的人的独立性、自由性较前者增强，但同时也造成了交往关系被物化的状况，造成了人受物的奴役，使对物的依赖性成为人这一存在形式的基本特征。这一基本特征的形成，自然是交往受物的宰割（即货币）的密切相关。正如上述已提及，这种交往形式大大拓展了交往的范围，在资本逻辑的推动下使世界性普遍交往得以产生，也就是世界历史得以形成。在世界历史时代，也就是人类命运共同体形成并开始起作用的时代，显然，这是交往由地域性向全球性发展的结果。

在此，需要说明，人的最佳群体存在形式，则是共产主义社会形态，也就是真正自由的人的全面交往共同体。这一交往共同体的特征是：建立在个人全面发展和他们的共同的社会生产能力成为他们的社会财富这一基础上的自由个性。[3] 这个共同体是"自由人的联合体"。在这一群体共同体中，全面发展的个人获得了"世界历史性存在"，故彼此的交往不再受"人"或"物"的依赖性的限制，地域性限制也不再受个人能力片面性的限制，而达到了"自由""自觉"的理想境界，即通过"交

---

[1] 范宝舟：《论马克思交往理论及其当代价值》，北京：社会科学文献出版社，2005年，第189页。

[2] 马克思、恩格斯：《马克思恩格斯选集》第1卷，北京：人民出版社，1972年，第48页。

[3] 马克思、恩格斯：《马克思恩格斯全集》第46卷（上），北京：人民出版社，1979年，第104页。

往",人能充分利用全世界的文明成果,提高、优化自身素质,实现人自身的解放。哲学家在他们身上,看到了"人之为人的理想",这是人的群体存在形式的理想境界,也是人类命运共同体发展的理想境界。

(二)交往促进了人群共同体生存能力的发展

人的生存能力可体现于诸多方面,例如上面已论及的人的以群体为生存形式,也是人生存能力的表现之一。但在诸多能力中,人群共同体的生产劳动能力是人类最重要、最根本的生存能力。

众所周知,现实的生产劳动必须以劳动者群体之间的交往为前提。因为生产劳动从一开始就需在人际协作中进行。马克思说:"孤立的一个人在社会之外进行生产——这是罕见的事,在已经内在地具有社会力量的文明人偶然落到荒野时,可能会发生这种事情。"[1] 马克思还说:"人们在生产中不仅仅同自然界发生关系。他们如果不以一定的方式结合起来共同活动和互相交换其活动,更不能进行生产。"[2] 哈贝马斯用物理学的能量交换观点看,也说明没有能量交换(交往)就没有成果。他说:"用物理学的观点看,劳动过程就是人的能量的使用和在占有外界自然时的能量转换。"[3] 人类群体间的交往会推进生产劳动水平的发展提升。因为交往会促进劳动者彼此的交流,推动彼此有关生产劳动新技术、新信息的流动。马克思、恩格斯在《形态》中曾提到"工场手工业的初次繁荣(先是在意大利,然后是在弗兰德)的历史前提,乃是同外国各民族的交往"[4]。这种状况,在我国实行改革开放中,对国际先进科学技术成果引进、吸收的巨大成就中体现出来,没有对外开放和国际交往,我国的劳动生产率不会如此迅速提高,也不会仅用40年的时间,就成为世界第二大经济体。同时,交往也是保护生产劳动成果的有效方式。马克思说:"某一地域创造出来的生产力,特别是发明,在今后的发展中是否会失传,完全取决于交往扩张的情况。"[5] 这说明,通过交往,可以保护一个地区生产劳动发展的成果。如果交往不发达,这些成果遇到天灾人祸就难以保留。特别像战争这种偶然因素,都会"以使一个具有发达生产力和有高度需求的国家处于一切必须从头开始的境地"[4]。即使没有战争,民族国家如果推行闭关锁国政策,自称老大,那么也会折损已有的人类先进

---

[1] 马克思、恩格斯:《马克思恩格斯选集》第46卷(上),北京:人民出版社,1979年,第21页。
[2] 马克思、恩格斯:《马克思恩格斯全集》第6卷,北京:人民出版社,1964年,第486页。
[3] (德)哈贝马斯:《重建历史唯物主义》,郭官义译,北京:社会科学文献出版社,2000年,第140页。
[4] 马克思、恩格斯:《马克思恩格斯选集》第1卷,北京:人民出版社,1972年,第60-61页。
[5] 马克思、恩格斯:《费尔巴哈》,北京:人民出版社,1988年,第54页。

生产劳动成果,削弱人的生存能力。所以,马克思、恩格斯早在一百多年前就说了:"只有在交往具有世界性质,以大工业为基础的时候,只有在一切民族都卷入竞争的时候,保存住已创造出来的生产力才有了保障。"[1] 在此,我们甚至可以说:这也为"人类命运共同体"的理念及"一带一路"方略的提出提供了理论依据。

(三)互联网时代的交往,为人类命运共同体的构建奠定了技术基础。

今日世界已进入"互联网+"的时代,在 AI 技术的支持下,远程交流不但可行,甚至可能比以往人与人面对面的交流更为清楚、明白,助人理解掌握,以此大大提高了人群共同体交往的广度、深度、清晰度与有效度。这一新时代人际交往的新方式将使人类实践能力的提高达到新水平、新高度。从实践能力的结构看,劳动技能属于硬实力,还需有软实力相匹配,而话语能力、审美能力、合作能力,则属于软实力。交往对人群共同体软实力的提高也具有重要的推动作用。其原因就在于,审美能力不是天生的,是在后天的交流互惠中逐步提高的,毕飞宇在其《小说课》一文中说得很精彩,他认为:"审美的背后隐藏着巨大的价值诉求,蕴藏着价值的系统与序列。可以这样说,一个民族和一个时代的质量往往取决于这个民族和这个时代的审美愿望、审美能力和审美水平。"[2] 李泽厚的名著《美的历程》就有此类能力提升的历史经验的反映。合作能力更是如此。在此引用一段生物学界的研究成果:"根据鲍尔斯和金迪斯的计算机仿真,一个完全自私的人类族群,由于无法建立稳定的合作秩序,最终会趋于灭亡。合作秩序是怎样建立起来的呢?必须依靠一种被桑塔费学派称为'强互惠'的行为,即'Strong Reciprocity'。所谓强互惠行为,就是我首先和别人合作,如果对方背叛合作,哪怕这种背叛不是针对我,我也要进行惩罚,甚至不惜花费巨大的个人成本。在桑塔费学派的术语里,这种行为也被称为'Altruistic Punishment'即'利他惩罚'。……根据计算机仿真,只有当一个人类族群演化出这种行为后,才能建立起稳定的合作秩序。"[3] 由此可见合作能力的重要性,而合作能力,就是正向交往产生的正能量。没有交往,合作就无从谈起,由此可见交往对提高人群共同体的实践能力(硬实力和软实力)的重要性。

三、交往对人类命运共同体构建的重要意义

在当代,人群共同体交往发展的最新表现就是全球化。"全球化"概念,由"罗

---

[1] 马克思、恩格斯:《马克思恩格斯选集》第 1 卷,北京:人民出版社,1972 年,第 60-61 页。
[2] 毕飞宇:《小说课》,北京:人民文学出版社,2017 年。
[3] 汪丁丁、罗卫东、叶航:《人类合作秩序的起源与演化》,载《社会科学战线》2005 年第 3 期。

马俱乐部"在20世纪60年代提出后，现已被全世界大多数国家所公认。交往的全球化发展，表现为交往主体的多元化。民族国家已不再是唯一的交往主体，跨国公司的出现，使经济、文化交往超越了国界，在国与国、市与市及多民族中存在。同时，交往方式也呈多元化模式，尤其是"互联网+"的出现，更推进了全球经济、政治和文化各领域的纵横联系。虽然战争的可能性无法排除，但和平与发展已成为世界主题。根据全球化的发展态势，以习近平同志为核心的党中央及时提出了"一带一路"的开放建设倡议。在这一时代背景下，进一步从人学视域对交往范畴进行深入研究，具有重要现实意义，至少可以产生三大积极作用：一是通过对交往范畴在生产力发展和社会发展中重要作用的认识，可以提高人们对"一带一路"倡议决策合规律性的认识，从而提高践行的自觉性；二是通过对交往在不同族群、人群中的活动形式、层次、结构、方式方法的专题研究，可使我们在推进"一带一路"建设中，自觉认识交往方式的民族区别、地域区别及国家区别，从而通过因地、因时、因人制宜，来提高交往的影响力和成功率；三是通过交往对人群共同体形成和发展中的重要作用的认识，推进人类命运共同体的构建与建设。

总之，社会是在人际交往中形成的，交往的发展不仅推动了人群共同体的发展，而且在人类命运共同体的建构中起着不可替代的作用，对这一作用的自觉认识将大大提高全党和全国人民对贯彻执行十九届四中全会进一步改革开放决策的自觉性。

论人类命运共同体与共同价值安全构建

中南林业科技大学 廖小平 孙 欢

摘要：人类共同价值的实现是世界各国生存、发展的前提，构建共同价值安全是各国人民的共同愿望。人类共同价值以全人类为价值主体，因而构建共同价值安全必须以全人类为安全主体，即要打造人类命运共同体。超国家共同体的形成需要一定的主客观条件，其中主观条件就是国际价值共识，也就是基于"文明交流互鉴"而非"文明冲突"的理念形成不同文明中的国家之间的价值认同和价值认异。"中国模式"蕴含着凝聚国际价值共识的思路和智慧。长期存在的国家间的价值异化是打造人类命运共同体、构建共同价值安全的毒瘤，建立公正合理的国际新秩序则是根除这颗毒瘤的根本举措。

关键词：人类命运共同体；共同价值安全；文明交流互鉴；价值异化

习近平在第七十届联合国大会一般性辩论时强调："和平、发展、公平、正义、民主、自由，是全人类的共同价值，也是联合国的崇高目标。目标远未完成，我们仍须努力。当今世界，各国相互依存、休戚与共。我们要继续和弘扬联合国宪章的宗旨和原则，构建以合作共赢为核心的新型国际关系，打造人类命运共同体。"[1] 共同价值之所以是联合国的崇高目标，是因为共同价值安全与否直接关乎世界和平与安全。因此，实现人类共同价值，或者说构建人类共同价值安全，是实现国家自身基本价值以及谋求自身安全的重要保障。第二次世界大战以来的历史进程告诉我们，单边主义、冷战思维、文明冲突于实现人类共同价值无异于南辕北辙，要构建人类共同价值安全，必须坚持多边主义、合作共赢、文明交流互鉴，打造人类命运共同体。

一、人类命运共同体为共同价值安全构筑主体基础

不论何种安全，安全态势本质上是关系性的，即任何国家的安全都不是绝对独

---

[1] 习近平：《习近平谈治国理政》第2卷，北京：外文出版社，2017年，第522页。

立的。即使在全球化之前，全球安全或人类共同安全并未成为一个国际社会关切的问题，地区安全也已经被许多国家所重视。在进入全球化时代之后，安全问题的界限更是从主权国家不断向地区层次的安全、全球层次的安全扩展。自世界范围内的去殖民化运动以来，地区层次的安全问题已经成为国际政治中的核心议题之一，冷战结束更是让地区安全成为国际安全关系的一种流行模式。巴里·布赞用"安全复合体"来形容这种模式，它是"一组单位，它们的主要安全化进程、去安全化进程或两者如此紧密地相互联系在一起，以至于不能把它们的安全问题彼此分割开来合理地进行分析或解决"。[1] 而且，巴里·布赞还认为，冷战以及冷战结束后，安全复合体都在国际安全关系中扮演着举足轻重的角色，如亚洲的南亚地区安全复合体、东北亚地区安全复合体、东亚复合体、横跨亚非的中东地区安全复合体、美洲的北美洲地区安全复合体（以美国为中心）、南美洲地区安全复合体、欧洲的欧洲联盟等。不过，从类型上来看，这些地区安全复合体可以说都是传统安全复合体或传统安全共同体。在此，我们强调安全复合体或安全共同体之目的是要表明，即使传统安全问题也突破了国家的界限，将安全的行为主体和价值主体局限为国家是片面的。

从国际安全形势来看，一方面传统安全共同体正在遭遇"安全困境"，即传统安全共同体在维护和构建地区层次的安全上表现乏力。另一方面非传统安全共同体的作用愈发重要。有学者还指出，如果建立在共同利益基础之上的合作，能超越利益认同阶段而进入制度性认同甚至观念性认同的阶段，行为体共同的合作预期将会更加强烈，合作的范围和水平也会得到扩大和提高，从而最终促成安全共同体的构建。[2] 不仅如此，如果能基于共同价值形成更广泛的价值共识，地区安全共同体的形成还能最终促成人类命运共同体的构建。

国家安全的价值标的是国家的基本价值。过去、现在以及将来，国家都是安全共同体中的重要行为主体和价值主体。但是，在面对人类共同价值安全威胁以及寻求共同价值安全的过程中，非国家行为体——包括地方政府、国际组织、学术团体、智库等将发挥重要作用。可以肯定的是，随着金融危机、生态环境问题、公共卫生问题、跨国犯罪、国际恐怖主义等人类共同价值安全威胁因素越发突出，非传统安全共同体已经成为传统安全共同体之外的、构建地区层次的安全乃至全球层次的安全的重要力量。随着安全的边界扩展到全球层面，安全的行为主体和价值主体

---

[1]（英）巴里·布赞、（丹）奥利·维夫：《地区安全复合体与国际安全结构》，潘忠岐等译，上海：上海人民出版社，2010年，第43-44页。

[2]（韩）金淳洙、韩献栋：《非传统安全合作与东北亚安全共同体的构建：基于中日韩环境安全合作进程的评价》，载《当代亚太》2010年第5期。

已渐渐清晰起来，那就是人类命运共同体。

正如习近平所言，和平、发展、公平、正义、民主、自由，是全人类的共同价值，也是联合国的崇高目标。这些共同价值的创造和实现是全人类实现可持续生存和发展的前提条件，背离和践踏共同价值是帝国主义、霸权主义的做法，在本质上是反人类的。习近平在第七十届联合国大会一般性辩论时的讲话不仅承认人类共同价值的存在，而且还告诉我们：创造和实现人类共同价值的理念和设想实际上在联合国宪章的宗旨和原则中早已得到确认，而能将人类共同价值变成现实价值的主体只能是人类命运共同体。

其实，"共同体"作为人类的一种存在方式是由人是社会存在物的本质决定的。从基于血缘形成的氏族共同体、部落共同体，到基于生活方式、居住地域、文化心理等形成的民族共同体、国家共同体，再到基于共同价值形成的安全共同体、利益共同体、命运共同体，人类无不是以共同体的方式存在。德国社会学家斐迪南·滕尼斯就曾这样描述人类社会共同体的发展："血缘共同体作为行为的统一体发展为和分离为地缘共同体，地缘共同体直接表现为居住在一起，而地缘共同体又发展为精神共同体，作为在相同的方向上和相同的意向上的纯粹的相互作用和支配。地缘共同体可以被理解为动物的生活的相互关系，犹如精神共同体可以被理解为心灵的生活的相互关系一样。"[1] 人类命运共同体既是一种地缘共同体，也是一种精神共同体。主权国家、国际组织、地球公民等都是人类命运共同体的具体成员，而真正将他们联结起来不仅需要人类共同价值，更需要在价值实践活动中凝结而成的价值共识。实际上，实现人类共同价值、构建人类共同价值安全与打造人类命运共同体是一个同构过程。而且，安全本身作为一种价值，人类命运共同体既是价值创造者，也是价值享受者。

二、文明交流互鉴为共同价值安全凝聚价值共识

不同国家之间在主观上就某种价值或某类价值及其合理性解释达成意见一致，我们称之为国际价值共识。我们认为，共识包括价值认同和价值认异两种情况，前者强调不同国家共同认可某种价值或某类价值及其合理性解释，后者强调不同国家虽无法共同认可某种价值或某类价值及其合理性解释，但对彼此各异的价值选择、价值观念及其对价值的合理性解释表示理解和尊重。所有的民族和国家，也可以说

---

[1]（德）斐迪南·滕尼斯：《共同体与社会》，林荣远译，北京：商务印书馆，1999年，第77页。

整个人类都有生存和发展的需要,也共同面对着霸权主义、恐怖主义、环境污染、南北差距、贫富分化、气候变暖、核威胁等全球性安全威胁。这表明,人类存在共同利益,而在实现共同利益的过程中结成的特定主客体关系就是人类共同价值。总之,人类共同价值是具体地、现实地存在着的。因此,形成人类命运共同体,构建人类共同价值安全的关键就在于能否形成国际价值共识。

目前,掣肘国际价值共识形成的主观因素主要是在西方社会流行的文明冲突论。该理论是美国哈佛大学著名政治理论家塞缪尔·亨廷顿(Samuel Huntington)提出的。他认为,冷战后世界格局的决定因素表现为七大或八大文明,包括中华文明、日本文明、印度文明、伊斯兰文明、西方文明、东正教文明、拉丁美洲文明以及可能存在的非洲文明。"文明的冲突"之所以是世界和平与安全的最大威胁,是因为它意味着内含着价值安全威胁——包括主权国家的自身价值安全威胁和全人类的共同价值安全。因此,一味地强调"文明的冲突"于世界和平与安全无益。

当前,世界正处于大发展大变革大调整时期,和平发展大势不可逆转,但世界面临的不稳定性不确定性也十分突出。也就是说,构建人类共同价值安全的总趋势是毋庸置疑的,但也确确实实存在多种共同价值安全威胁因素。一种文明把自己视为世界的中心,或者这种文明中的集团和国家对自身价值的实现赋予绝对的优先性,忽视或践踏全人类的共同价值,或者牺牲其他文明中的集团和国家实现自身价值的机会和权利,将构成世界和平与安全的威胁。这时我们需要的理论就不是"文明冲突论",而是"文明交流互鉴论"。正如习近平在联合国教科文组织总部演讲时所说:"文明因交流而多彩,文明因互鉴而丰富。文明交流互鉴,是推动人类文明进步和世界和平发展的重要动力。"[1]这就意味着,在多文明并存的体系中,文明之间相触碰难免发生冲突,但是不同文明之间更可以交流互鉴。如果一个文明中的国家和民族能了解和尊重其他文明中的国家和民族创造和实现的价值,在价值观上有所对话,并找寻到彼此的共同点——共同价值,那么处在不同文明中的国家和民族彼此间的价值冲突就会消融,就不存在什么"文明的冲突"了。具体来说,文明交流互鉴能促使不同文明中的国家和民族形成价值认异,彼此尊重价值以及价值创造和实现的主体性特性,从而减少这些国家和民族间的价值冲突,维护自身价值安全;文明交流互鉴也能促使不同文明中的国家和民族形成价值认同,就全人类的共同价值形成广泛共识,平等相待、合作共赢,携手实现共同价值,构建共同价值安全。

在 20 世纪 70 年代的经济全球化之前,由资本主义国家主导的国际社会形成过

---

[1] 习近平:《习近平谈治国理政》,北京:外文出版社,2014 年,第 258 页。

三种治理模式和共识：第一种是"实行自由主义国家模式与奉行自由主义国际体制，这就是早期自由主义治理"，这种模式的特征是自由贸易、金本位、均势国际制衡体系；第二种是"福利国家体制"，强调用政府干预来弥补自由市场对社会带来的负面作用，但也逻辑地导致了资本主义大国为了争夺海外市场的新型地缘政治竞争，原有的均势国际制衡体系被破坏；第三种是"嵌入式自由主义"的国际治理模式，它是建立在国内干预基础上的多边主义。[1]

不难发现，上述三种共识其实谈不上是严格意义上的国际价值共识，而仅仅是资本主义国家之间的价值共识。当前，人类社会所需要的是一种真正意义上的国际价值共识，而不是欧洲共识或欧美共识。因此，源自西方的"全球"价值，需要经过一个"告别"和一个"重塑"相结合的理性塑造过程：从"全球"价值的"告别"看，当下"全球"价值的强力预设必须转换为"同意"预设；从全球价值的"重塑"看，它必须经历一个源自西方的价值理念借助西方的政治经济统治力量，演变为源自西方愿意并实际上平等地对待非西方国家，并将西方与非西方同时放置到平等主体的位置上进行全球治理的变迁。[2]也就是说，现时代人类社会所需要的价值共识具有这样三个特征：首先，所谓价值共识并不是要求世界各国就西方价值及其合理性解释达成意见一致，而是可以就多元价值及其合理性解释达成意见一致，可以是西方价值，也可以是中国价值，还可以是非洲价值或别的什么价值。其次，价值共识也不再是欧洲共识或欧美共识的普世化或全球化，而是真正的全球价值共识。再次，形成价值共识的方式是世界国家、国际组织和全球精英的对话协商，而不再是西方国家一厢情愿地依靠自己的实力将西方价值推广为全球价值。或者说形成价值共识的前提是"文明交流互鉴"，而不再是"文明的冲突"。

面对各种安全威胁的蔓延，在寻求和平与发展的声音中，有些学者和政治家提到了"中国模式"。如郑永年教授认为，"中国模式"可以成为西方之外的另一种选择。[3]所谓"另一种选择"是说"中国模式"是一种既可以让贫穷落后的经济体发展且又能促进实现人类共同价值的、有别于"西方模式""美国模式"的发展模式。中国改革开放以来40年的发展历程已经证明，中国特色的治理体制不仅没有出现像美国、欧盟那样的系统性、颠覆式的市场危机，而且还能实现整个民族福利的"帕累托改进"。所谓"中国模式"当下主要是指自改革开放以来中国共产党领导中国人民

---

[1] 李滨：《新全球治理共识的历史与现实维度》，载《中国社会科学》2017年第10期。
[2] 任剑涛：《在一致与歧见之间——全球治理的价值共识问题》，载《厦门大学学报（哲学社会科学版）》2004年第4期。
[3] 郑永年：《中国崛起：重估亚洲价值观》，北京：东方出版社，2016年，第175页。

建设中国特色社会主义的理论和实践的总和，它具有多样性、特殊性、自主性的特点。邓小平曾在会见莫桑比克总统希萨诺时谈道："世界上的问题不可能都用一个模式解决。中国有中国自己的模式，莫桑比克也应该有莫桑比克自己的模式。"[1] 这充分肯定了中国模式的特殊性，也表明世界上的"模式"是多样性的。习近平也强调："我们始终认为，各国的发展道路应由各国人民选择。所谓的'中国模式'是中国人民在自己的奋斗实践中创造的中国特色社会主义道路。"[2] "中国模式"的精义就是自主性，就是中国人民自主选择适合自己的中国特色社会主义道路，自主创造和实现价值。在国家层面，"中国模式"强调不同文明中的国家和民族创造和实现的价值是平等的，各有千秋，也各有不足；在世界层面，"中国模式"强调不同文明中的国家和民族交流互鉴，倡导在实现自身价值的同时致力于实现全人类的共同价值。

相比"西方模式""美国模式"推崇强制认同或强力预设，"中国模式"偏向于自觉认同或"同意"预设，更重要的是"中国模式"还强调价值认异。或者说，"西方模式""美国模式"内含着"文明冲突论"，"中国模式"内含着"文明交流互鉴论"。"中国模式"不是一种样板，更不是一种普世模式。与其说是一种模式，不如说是一种形成价值共识的思路：始终把发展和改善人民生活作为党和国家的第一要务，始终尊重和维护人民的价值主体地位。有学者甚至认为，中国模式的根本特征体现在政治模式上：民主集中制与群众路线相结合，将权力行使的集中性、权力分享的民主性和权力来源的民本性有机统一在一起。[3] 因此，"中国模式"对构建人类共同价值安全的启示在于，价值共识首先确认的是一种政治共识，或者说是一种价值认异。换言之，世界各国的人民都能基于自身文化、价值传统自由，平等地展示自己，并在一种民主的程序中持续地和谐共存。不能否认作为类存在的人具有普遍性和共同性，不同国家或地区、不同民族的人也可能拥有共同的价值客体，但现实的人所具有的特殊性和差异性，也决定了不同国家或地区、不同民族的人在价值实现过程的层次性、实践手段的多样性、特殊内容结构的差异性。只有承认和尊重不同主体间的这些层次性、多样性、差异性，整个世界、每个社会才能保持良序状态。也只有持续保持这种良序状态，人类共同价值安全才有可能实现，并成为各国自身价值安全的外部安全保障。

---

[1] 邓小平：《邓小平文选》第 3 卷，北京：人民出版社，1993 年，第 261 页。
[2] 中共中央文献研究室：《十八大以来重要文献选编》（上），北京：中央文献出版社，2014 年，第 111 页。
[3] 王鸿铭、杨光斌：《关于"中国模式"的争论与研究》，载《教学与研究》2018 年第 5 期。

三、公正合理新秩序为共同价值安全根除价值异化

不公正、不合理的国家秩序是打造人类命运共同体的制度障碍，也是构成人类共同价值安全威胁的制度顽疾。从"早期自由主义""福利国家体制""嵌入式自由主义""新自由主义"等全球治理模式来看，国际秩序大致经历了欧洲主导、欧美主导、美国主导三个阶段。尽管不同阶段的全球治理模式在价值目标、价值原则、价值标准上存在较大的差异，但其中却存在一种始终如一的价值取向，即发达资本主义国家对发展中国家的剥削和压迫。不论是凭借军事实力而实现的海外殖民统治、瓜分势力范围，还是依靠先发优势、资本操作以及战后的国际政治经济体制对发展中国家"剪羊毛"，欧洲主导、欧美主导、美国主导的国际秩序都是不公正、不合理的。这种不公正、不合理也可以称为国家间的价值异化，即由于直接的殖民统治和不合理的国际分工，发达国家和发展中国家的价值创造主体和价值享受主体身份是不统一的，即价值创造主体和价值享受主体相分裂，具体来说就是发达国家更多的是价值享受主体，而发展中国家更多的是价值创造主体。因此，国家间的价值异化主要是指发展中国家作为价值主体的价值创造和价值享受的分裂。国家间的价值异化是造成西方文明与其他文明中的国家的价值冲突的主要原因，是威胁人类共同价值安全的重要因素。

进入21世纪，殖民统治的时代已经结束，导致国家间价值异化的主要原因就是不公正、不合理的国际秩序。所谓不公正、不合理的国际秩序就是建立在发达国家霸权基础上的秩序，是发达国家盘剥、打压发展中国家的秩序。以往由西方主导的国际秩序实际上是一种威斯特伐利亚秩序，其中虽有主权平等原则，但主要是指西方国家内部之间主权是平等的，是西方国家之间的等序格局，一旦主权延伸到西方与外部世界的关系上，则又构造出以不平等条约体系为核心的差序格局。[1] 第二次世界大战结束后，在非殖民化和亚非拉民族解放运动的推动下，世界各国尽管在形式上确立了以联合国主权平等原则为核心的等序国际秩序，但由美国主导的国际秩序使发达国家和发展中国家之间实质上仍存在差序格局。这种差序格局并不形成人类共同价值安全，而只会在"西方价值""美国价值"优先的理念下形成发达国家的自身价值安全。自21世纪以来，美国一直谋求建立单方支撑的世界霸权，废除一些行之有效的国际惯例，先后发动或参与了阿富汗战争、伊拉克战争、利比亚战争，以"自由""民主"之名构造所谓"自由世界"秩序，实则是干涉主义、霸权主义，伴

---

[1] 苏长和：《从历史维度认识国际秩序的演进》，载《现代国际关系》2014年第7期。

举"世界和平"的旗帜，实则成为全球安全的最大威胁。因此，在不公正、不合理的国际秩序格局中，打造人类命运共同体的设想难以落地，构建共同价值安全也只能是一些负责任的国家孤军奋战。反过来，公正、合理的国际秩序将成为打造人类命运共同体的制度保障，确保人类共同价值安全的制度防火墙。

构建公正合理的国际新秩序需要明确世界各国的价值主体身份。正如国家内的价值安全需要突出人民群众的价值主体地位，在国际交往中"国家"代表着作为整体的一国人民，因而"国家"是国际社会中的价值主体。作为价值主体的国家相互之间是平等的关系，就像国家内部每个人作为价值主体是平等的。构建公正合理的国际新秩序，首先就意味着世界各国以平等的价值主体身份参与国际事务，独立、自主地创造、享受和实现价值。一方面，国际秩序的意义不在于限制自由，相反是要赋予各国自由裁量权，使国际秩序成为保护国内社会秩序、政治制度、发展模式的外部条件；另一方面，构建国际秩序应秉承主权平等原则，避免将任何一个国家的发展模式、政治制度、价值观念强加给别的国家。正如习近平所言，我们的国权，我们的国格，我们的民族自尊心，我们的民族独立，关键是道路、理论、制度的独立。[1] 中国如此，其他国家亦是如此。公正合理的国家秩序最直接的表现就是允许并促进各国人民独立自主地追求美好生活。

构建公正合理的国际新秩序需要倡导合作互利共赢的价值理念。在全球化不断深入发展的时代，否认多元、强调单极、一国优先的霸权主义做法是行不通的。强调多元的全球治理模式，并不意味着弱化国家主权，更不意味着在国际交往中推崇损人利己的价值理想，而是要求在多边合作、包容协调的基础上寻求互利共赢。历史的教训以及世界各国在全球化时代共同发展的现实需要告诉我们，多边合作是实现共同利益、确保人类共同价值安全唯一正确的选择。近年，特朗普主政下的美国逆多边主义的国际潮流而动，重施贸易保护主义的故技，高呼"美国优先"，其实质就是单边主义，是极端利己主义的价值观在国家战略中的体现。国家层面的极端利己主义对人类共同价值安全是一种隐患，合作互利共赢的价值理念才是人类共同价值安全的主观要件。

构建公正合理的国际新秩序需要坚持共商共建共享的基本原则。合作，就是要求世界各国以对话协商的方式促进本国安全和共同安全，以和平的方式解决争端，反对动辄使用武力或以武力相威胁，反对因一己之私而挑起事端、激发矛盾，甚至不惜发动战争。因此，习近平强调，推动全球治理体系变革是国际社会大家的事，

---

[1] 习近平：《习近平谈治国理政》（第2卷），北京：外文出版社，2017年。

要坚持共商共建共享原则，使关于全球治理体系变革的主张转化为各方共识，形成一致行动。[1] 全球治理体系变革的方向则是，大国引领国际秩序构建，充分吸收采纳中小国家——特别是发展中国家的合理意见，共商共建公正合理的国际秩序，实现各国共享发展繁荣。特别是在国际金融危机后，国际政治利益格局正面临"重新洗牌"，新兴国家话语权得以不断增强。[2]

构建公正合理的国际新秩序需要强调发展优先的价值目标。我们认为，人类社会同样适用"木桶原理"，即一个国家的发展程度取决于最弱者的生活水平，人类社会的发展程度则取决于最不发达国家的发展水平。自资本主义国家寻求和抢占世界市场开始，发达资本主义国家与广大发展中国家之间的价值异化就长期存在，但不论是在殖民主义时期，还是在经济全球化时代，这种价值异化的根源都是资本主义生产方式和资本逻辑的全球无限扩张。在无法消除这一根源的情况下，构建公正合理的国际新秩序的目的表现为两个方面：一是共同安全；二是共同发展。我们知道，发展是安全的基础，没有共同发展就不可能有普遍安全、持久和平的人类世界。当然，我们强调发展中国家的意愿和利益，并不是否定发达国家的意愿和利益，而是在保持发达国家的繁荣和增长的同时，着重提升发展中国家的发展能力，推进发展中国家的可持续发展。总言之，促进各国尤其是发展中国家人民的福祉，是构建人类共同价值安全的根本举措。

---

[1] 习近平：《习近平谈治国理政》（第 2 卷），北京：外文出版社，2017 年，第 449 页。
[2] 王明国：《全球治理结构的新态势及其对国际秩序的冲击》，载《教学与研究》2014 年第 5 期。

人类命运共同体理念对逆全球化的时代回应

哈尔滨工程大学马克思主义学院 张 爽

摘要：自20世纪末苏联解体、东欧剧变以来，共产主义议题变得"不合时宜"。2008年国际金融危机之后，共产主义在西方国家复兴起来，成为西方激进左派政治运动的重要话语。然而，西方激进左派无法将共产主义话语转变为共产主义实践，最终其理论沦为空谈。当下是逆全球化趋势凸显的时期。逆全球化与新自由主义全球扩张和资本逻辑运作密切相关。面对逆全球化趋势的凸显，西方左派未能以共产主义话语对现实做出有效回应。习近平总书记提出的人类命运共同体理念，对世界发展趋势给出了明确答案，即作为世界发展总体趋势的全球化是不可逆的。通过对新自由主义和资本逻辑的转换与驾驭，人类命运共同体理念有力地回应了逆全球化的现实，为世界发展道路提供了另一种可能和选择。

关键词：人类命运共同体；逆全球化；新自由主义；资本逻辑；共产主义

1989年，世界上发生了两件重要的历史事件，一是柏林墙的倒掉，二是苏联解体、东欧剧变。这两个历史事件意味着自第二次世界大战之后资本主义社会形态与意识形态对社会主义社会形态与意识形态的斗争取得了胜利。在"历史终结论"中，整个世界进入了一种"后革命"氛围中，苏联模式的社会主义被批判，社会主义运动被压制和敌视，共产主义成为邪恶的代名词，对马克思主义和共产主义的研究都变得不合时宜了。这种状况一直持续到2008年国际金融危机的爆发。

一、2008年国际金融危机：共产主义的复兴与逆全球化的开始

2008年，美国次贷危机扩大为全球金融危机，企业崩盘，经济急剧下挫、倒退，失业率显著上升。2009年欧洲发生由希腊引发的欧洲债务危机。欧洲债务危机成为金融危机在资本主义世界中的延伸。2011年美国发生普通民众反对富有阶层的"占领华尔街运动"。这一切表明，曾经的"组织化的资本主义"被"危机资本主义"（梅扎罗斯）、"灾难资本主义"（娜奥米·克莱恩）所取代，资本主义曾经许诺的富

有、繁荣、正义、公平在现实的贫穷、衰落、分配不均中变为幻想,凯恩斯所期许的"休闲而富足的时代"与"经济上的福祉"并未应验,而马克思在《资本论》中揭示的工人阶级的贫困化规律成为现实。2008年的金融危机验证了马克思在《共产党宣言》中对资本主义的论断,并预见到了当前资本主义对生产力的消灭、对新市场的开拓和对旧市场的利用的现状。在这种情形下,共产主义复兴,并成为西方激进左翼的重要政治话语。

西方激进左翼对共产主义的理解从两个方面着手。其一,激进左翼将共产主义与社会主义相区别开来。在他们看来,社会主义即是苏联模式的社会主义,是"现存的社会主义"(real socialism)。这种社会主义以集权体制剥夺了人的自由和独立,同时也损害了对财富的生产。而人的自由发展、独立个性的解放和财富的创造恰是共产主义的核心。迈克尔·哈特甚至认为,社会主义在与资本主义并存的过程中,使自身成为资本主义的帮凶和共产主义的凶恶敌人。1989年苏联解体意味着社会主义失败了,如今2008年国际金融危机表明资本主义破产了,那么接下来的应该是什么呢?那就是共产主义。其二,激进左翼把共产主义视为对当代资本主义所造成的诸种危机与灾难的对抗,是对世界未来发展的解答。在《共产主义观念》中,科斯塔斯·杜吉纳斯和斯拉沃热·齐泽克指出,左翼学者认为共产主义观念意味着新政治的开始,但是共产主义观念却正面临着去政治化(de-politicization)的危险;共产主义是激进哲学和政治观念,必须与国家主义和经济主义保持距离;共产主义通过恢复"共同"(the "common")来构建一种新的共同体;共产主义的目标就是带来自由和平等,没有平等自由无法繁荣,没有自由平等无法存在。[1] 共产主义成为激进左翼回应资本主义新的圈地运动的政治话语。

激进左翼复兴了共产主义,让共产主义议题重新回到理论和现实中。然而,激进左翼对共产主义的理解在很大程度上是与马克思、马克思主义无关的,在很大程度上他们只是借用了"共产主义"这个概念。虽然激进左翼强调共产主义的去政治化的危险,但是他们回避了马克思的政治经济学批判,当面对资本主义的政治经济学的时候,他们没有给出有效的回应和有力的批判。所以,从总体而言,激进左翼的共产主义是一个囿于观念领域的革命,即巴迪欧和齐泽克始终坚持的以"激进的唯意志论"(radical voluntarism)对抗全球性资本统治的革命。与此同时,他们对社会主义的否定也使共产主义观念失去了向现实实践回归的可能,最终被复兴的共产主义沦为空谈。

---

[1] Costas Douzinas, Slavoj Zizek edt.: The Communism, Verso 2010, p. ix-x.

在共产主义复兴的过程中，还有一种趋势在酝酿和产生，这就是逆全球化。至2008年国际金融危机爆发之前，世界处于资本主义的全球扩张过程中。以"发展"为口号，资本主义借助跨国公司将资本的触角伸到世界各地，资本又通过开放市场、自由贸易、平等交易的要求，在全球范围内扫除自身脚下的障碍，实现自身在不同的国家和地域之间快速且自由地流动。在此过程中，资本主义击溃了它所面对的一切抵抗，转变为全球资本主义（global capitalism）。所以，全球化的实质是资本主义的全球化，全球化亦成为资本主义原动力的固有属性。在全球化的过程中，资本主义国家将越来越多的生产、技术、管理等职能和部门从本国转移到发展中国家，生产资本的出离导致资本主义国家从工业化走向去工业化，金融资本成为主要的支撑力量，美国的华尔街操纵着世界，成为世界发展的风向标。不受约束的华尔街金融资本最终导致不受控制的危机。2008年国际金融危机虽然爆发在金融领域，但其内在根源是资本主义的生产性经济危机或者说是实体经济危机。

由于实体经济被抽空，资本主义国家在金融危机后不仅复苏非常缓慢，而且还陷入了经济发展的结构性低迷状态中。同时，金融危机还暴露出资本主义国家在自己主导的全球化过程中曾经具有的绝对优势在逐渐弱化为相对优势，发展中国家在全球利益分配中的份额的增加严重地损害了资本主义国家的根本利益。资本主义国家间的全球利益分配不均问题也格外突出。正是由于在经济上资本全球获利受挫，于是资本主义国家在政治上开始收缩，实施地方保护和贸易保护政策，保护举措明显增多并不断升级，民族主义和民粹主义回潮。由此我们可以说，逆全球化是2008年国际金融危机的"副产品"。2008年国际金融危机是逆全球化产生的时间点，2016年英国脱欧、特朗普上台、意大利修宪公投失败成为逆全球化的爆发点。之后美国的不断"退出"行为推动逆全球化成为当下的显形趋势。可以说，逆全球化是发达资本主义国家全球获利受阻情况下的自保行为。

当2008年国际金融危机发生时，我们可以听到西方激进左翼以共产主义名义对资本主义的批判声音。然而，当逆全球化发生时，当贸易保守主义占据上风时，西方激进左翼的声音却非常微弱了，他们所复兴的共产主义观念没有对逆全球化作出回应。

二、新自由主义与资本逻辑：国际金融危机与逆全球化产生的背后原因

2008年国际金融危机和逆全球化产生都与资本主义施行的新自由主义经济政策密切相关，而新自由主义背后的决定力量是资本逻辑。资本的增殖本性推动资本主

义以新自由主义政策进行全球扩张，并在扩张中逐渐走向金融资本主义，在 $G—G'$ 的虚拟经济中实现了资本的最快增殖。当发生金融危机，资本在扩张中的增殖缓慢甚至受阻的时候，资本则走向收缩，收缩亦是资本保证自身获利不受损的行为表现。然而资本收缩只是暂时性的，从长期来看，资本收缩最终还会走向资本扩张。全球化和逆全球化在实质上反映的是资本扩张与资本收缩。

（一）新自由主义的内在矛盾与本性

新自由主义统领资本主义世界的标志性事件是 1979 年玛格丽特·撒切尔夫人出任英国首相。随后，1980 年美国总统里根、1982 年德国总理赫尔穆特·科尔、1982—1984 年丹麦首相保罗·施吕特等纷纷在本国施行了新自由主义的经济政策。至 20 世纪 80 年代末，新自由主义已经无可争辩地成为发达资本主义国家的意识形态。

新自由主义在全球拓展自身、取得压倒性胜利的同时，也遭遇到了自身的内在矛盾。其内在矛盾性体现在：第一，市场开放与垄断寡头的矛盾。新自由主义倡导市场开放、放松市场准入的自由度，但是其现实结果并不是市场开放国家在全球经济体系中获得预期的成果，却是垄断或寡头的独占。第二，自由贸易与资本控制的矛盾。新自由主义的核心概念之一就是自由贸易，强调自由与公平。按照新自由主义所宣称的自由与公平的原则，国家之间应该呈现出对称性交换局面，然而，实际情况却是，垄断竞争导致非对称性交换。对于不发达国家而言，自由贸易仅是属于美国等发达国家的，留给自己的只有遭受资本的盘剥。资本的逐利本性必然要求自由只能是资本获利的自由，自由只能是单向度的。第三，政府与市场的矛盾。新自由主义极其强调市场，极力弱化、否定政府的干预行为，但是新自由主义在全球的胜利却并不仅仅是资本逻辑扩张的功劳，没有国家政府的强力支持、没有军事的坚强保障，资本的作用发挥将会受到限制。对于资本主义活动而言，国家仍然是资产阶级首选的依靠对象。第四，市场自由的两面性。在生产性投资领域中和资本在生产领域的重新分配的情况下，信贷资金的流动在保持消费需求与生产活动之间的关系方面发挥了重要作用。市场上还存在着非生产性活动，即货币被投资于期货、债务、股票等投机领域中，货币转化为获得更多货币的资本。在这种情况下，开放的资本市场成为投机活动的工具，食利阶层由此而生。因此，哈维指出："华尔街上所发生的大多数事情都与推进生产领域的投资无关。它们仅是单纯的投机行为（它们因此被称为'赌场资本主义'甚或'秃鹫资本主义'）。"[1] 市场自由在生产领域和非

---

[1]（英）大卫·哈维：《新帝国主义》，初立忠、沈晓雷译，北京：社会科学文献出版社，2009 年，第 107 页。

生产领域中展现的两面性说明，新自由主义在实践中对自由的实现存在着价值趋向上的巨大差异。

新自由主义在实践中的诸多矛盾源于自身的本性，即对剥夺性积累的追求。新自由主义的剥夺性积累使自己与古典自由主义区别开来，"自由主义与新自由主义之间关键的差别在于：在前者情况中，出借方所承担的损失来自错误的投资决定，而在后者情况中，不管当地居民的生活和幸福会有怎样的结果，借用人则在国家和国际权力的胁迫下必须接受债务偿还成本"[1]。

新自由主义实现剥夺性积累主要通过四种途径：私有化、金融化、处理和操纵危机、国家再分配。

（1）私有化。公共财产私有化是新自由主义方案的信号特征。新自由主义国家将财产私有化作为为资本积累开辟新领域的手段，并争辩说这将促进成长和创新，是消除贫困并将高生活水平传递给民众的唯一途径。各种公共设施（包括水、通信、运输等）、公共福利保障体系（社会住房、教育、医疗保健等），甚至军事等都在资本主义世界实现了一定程度的私有化。"经过多年艰苦的阶级斗争而获得的共同财产权向私人统治权的恢复是正统新自由主义追求的所有剥夺政策中最卑鄙的一个。"[2] 私有化的最终结果是公共的和大众的领域变成了私人的、特权等级者的场所。

（2）金融化。自1980年开始，资本主义世界就掀起了金融化的浪潮。"新自由主义意味着金融化所有一切，将资本积累的权力中心迁移到所有者及其金融机构中，完全不顾其他资本机构的损失。正因如此，金融机构的支持和金融体系的完整性成为正日趋统治全球政治的新自由主义国家全体关注的核心。"[1] 新自由主义在面对金融体系的完整性与民众幸福之间的矛盾时毫不犹豫地选择了前者。

（3）处理和操纵危机。新自由主义为了实现剥夺性积累，还故意制造债务陷阱和金融危机，设置陷阱的就是华尔街—财政部—国际货币基金组织复合体。制造、处理和操纵危机的最终目的就是要把贫穷国家的财富转移到发达国家之中去。

（4）国家再分配。新自由主义国家成为再分配政策的主要代理机构。它改变社会民主时期财富从上层流向下层的趋势，通过利用政府行为施行私有化，通过各种税收行为和税收政策的改变，使财富留给富人，贫穷者依然只有贫穷。

新自由主义实现资本积累的过程就是创造不平等的过程，验证了马克思在《资

---

[1] David Harvey: Spaces of Neoliberalization: Towards a Theory of Uneven Geographical Development, Franz Steiner Verlag, 2005, P18.

[2] David Harvey: Spaces of Neoliberalization: Towards a Theory of Uneven Geographical Development, Franz Steiner Verlag, 2005, P33.

本论》中的论断，即当一个社会解除管制，实行自由市场经济，则在拥有生产资料的人和丧失生产资料的人之间会形成巨大的失衡，这就会造成"在一极是财富的积累，同时在另一极，即在把自己的产品作为资本来生产的阶级方面，是贫困、劳动折磨、受奴役、无知、粗野和道德堕落的积累"[1]。只要新自由主义政治发挥作用，收入与财富的巨大不平等现象的发生就会接踵而至。

（二）资本逻辑与马克思的政治经济学批判

资本推动着资本主义社会的发展，创造了现代社会，同时资本也逐渐演变成一种逻辑准则，按照自身运作规律规划社会发展，规定社会价值，规制人类行为和思维。这就是资本逻辑。资本逻辑在逐利的作用下，使自身不断超脱限定、突破界限，既不断地将利益的触角伸向世界各个地域、社会各个领域，制造虚假的需要，同时资本又不得不遭遇到自己的极限，导致自己身陷危机之中。资本为了保存并增大自己就必须在量上不断地突破自己的界限以满足欲望。资本是人类历史上第一个极具扩张性的力量，它挖掉了民族工业的基础，通过世界市场把一切国家的生产和消费变成世界性行为，世界浸润在资本的流动中。于是，资本逻辑以自身为准则实现了对世界的一体化统治，同时又导致这个世界深处分裂状态中。现代社会在发展中展现的趋同性是在资本的推动下实现的。在经济活动中，资本经过生产、流通、交换等环节使时间和空间相隔的人们发生联系，并在追逐利润的目标下相互结成一体，由此，现代社会结合为一个拥有统一的政府、法律、民族利益和关税的统一社会。资本又通过生产体系把自然界、社会及人自身等各种要素和关系都纳入自己的控制之中，把一切人和物都还原为利润或商品，并以作为资本的货币来衡量其是否具有价值以及价值量的大小。通过经济活动实现对现代社会政治、经济、文化、思想、社会生活、个体生活等各个领域的整合，资本把各种各样的职业者都变成了雇佣劳动者，并按照自己的面目创造了一个纯粹金钱关系主导的世界。

马克思对资本逻辑的批判是从对资本与劳动对立关系的批判开始的。国民经济学家从资本私有出发抽象地看待资本与劳动，以"资本是积累的劳动"的命题掩盖资本与劳动的对立关系，肯定了资本主义制度存在的合理性与正当性。而马克思则从资本私有出发揭露资本与劳动的对立关系，批判以资本为逻辑基础的资本主义制度。

马克思批判地指出私有制是导致资本与劳动对立的根本原因。虽然在国民经济学里，劳动者的劳动被视为国家财富增加的源泉，劳动者的价值在某种程度上得到了肯定和体现，但是由于私有制的存在，丧失生产资料的劳动者只能以名义上的人

---

[1] 马克思、恩格斯：《马克思恩格斯全集》第23卷，北京：人民出版社，1972年，第708页。

的身份通过劳动的方式参与到物质生产中,以生产出资本家的预付资本以及由此而来的利益。以分割为基础的私有制导致劳动者劳动的结果是资本在私有者一方的积聚,贫困在劳动者一方的加剧。所以,劳动者在实质上不过是生产资本和创造利润的工具,资本不是积累的劳动,而是对劳动的支配、剥削和占有,"资本是对劳动及其产品的支配权力。资本家拥有这种权力并不是由于他的个人的或人的特性,而只是由于他是资本的所有者"[1]。正是在资本主义社会里、在私有制条件下,劳动成为雇佣劳动,雇佣劳动使资本成为资本,资本控制着工人的生存与死亡,资本体现着资本家与劳动者之间剥削与被剥削的关系。私有制把劳动与资本分离开来,其结果是劳动者与生产资料相分离,劳动者与劳动产品相分离,劳动成为一种雇佣劳动。由于资本主义的私有制依然存在,资本对劳动的剥削、资本与劳动的对立关系就依然是当代资本主义的根本特征。

资本对劳动的对立关系源于资本的增殖本性。然而,资本增值却并不是没有界限的。在《资本论》中,马克思指出货币资本循环的公式是 $G—W \cdots P \cdots W' —G'$。在这个公式中,有两个重要的关键点。第一个关键点是 W,资本家用货币购买的商品,即生产资料 P_m 和劳动力 A,其中劳动力(雇佣工人阶级)的存在是货币资本循环得以实现的首要前提。第二个关键点是 P,生产过程。生产过程意味着资本流通的中断,但是资本的循环过程仍在继续。资本从流通领域进入了生产领域,通过雇佣工人的劳动完成资本主义商品生产($W'=W+w$),资本再次进入流通领域,转化为增殖的货币($G'=G+g$)。货币资本循环总运动的详细公式就是 $G—W(P_m+A) \cdots P \cdots W'(W+w)—G'(G+g)$。$W'(W+w)$ 和 $G'(G+g)$ 是在生产领域中通过雇佣工人的劳动而实现,"以实在货币为起点和终点的流通形式 $G \cdots G'$,最明白地表示出资本主义生产的动机就是赚钱。生产过程只是为了赚钱而不可缺少的中间环节,只是为了赚钱而必须干的倒霉事。因此,一切资本主义生产方式的国家,都周期地患一种狂想病,企图不用生产过程中介而赚到钱"[2]。资本增殖的界限就是劳动生产。一旦资本增殖离开生产领域,货币资本循环从 $G—W \cdots P \cdots W'—G'$ 变成 $G—G'$,资本就失去了约束,突破了界限,资本增殖成为一种投机行为,一种赌博。2008年国际金融危机就是新自由主义金融化政策投机失败的结果,2016年以来的逆全球化则是试图从 $G—G'$ 重新回归 $G—W \cdots P \cdots W'—G'$、从虚拟经济重建实体经济的一种尝试。所以从根本上说,无论是虚拟经济还是实体经济,无论是新自由主义还是保守

---

[1] 马克思、恩格斯:《马克思恩格斯文集》第1卷,北京:人民出版社,2009年,第130页。
[2] 马克思、恩格斯:《马克思恩格斯文集》第6卷,北京:人民出版社,2009年,第67-68页。

主义，无论是全球化还是逆全球化，它们最终都受到资本逻辑的支配。

三、人类命运共同体理念：在逆全球化时期对资本逻辑的转换与驾驭

面对新自由主义和资本逻辑，西方激进左翼意识到自由民主体制成为这个时代的神，资本主义社会不可能发生根本性的变革，唯有从马克思的深刻洞见中去寻找智慧，不仅改善政治体制，更要变革社会生产关系。齐泽克号召激进左翼向真正的共产主义战士一样去行动，介入对当今全球资本主义的真正对抗中去。然而，非常遗憾的是，西方激进左翼既没有在理论上真正地正视马克思的政治经济学批判，也没有在行动上真正地介入现实中。他们复兴的共产主义观念也没有给当今逆全球化时代一个有效的应对方案。

2012年，习近平总书记首次提出人类命运共同体概念。至今，人类命运共同体理念在实践中不断地得到充实、丰富和发展。以共存、共建、共享和共同发展为理念和价值追求，人类命运共同体要弥合新自由主义给世界造成的分裂，实现对资本自私性与排他性的积极对抗。与此同时，我们必须明确的一点是，人类命运共同体并不旨在否定资本的存在，而是要通过突破和驾驭资本逻辑，让资本支撑人的生存与发展。

（一）对人类命运共同体理念的基本阐释

"人类"是一个具象化的集合概念，包含生活于这个世界上的由每一个个体构成的群体，无论这个群体是何种身份、性质、处境，资本家/劳动者、资本主义国家/社会主义国家、发达国家/发展中国家/欠发达国家，等等。"命运"指特定对象在时空中的转化，实际上就是指人类主体的生存与发展、现在与未来，是以时间-空间的方式展现人类生存的厚度，用人类可以理解的维度说明人的存在。"共同体"是差异的合力，即以承认个体与差异的存在为前提的共性存在体。简言之，人类命运共同体是指生存于时空转化中的差异性个体的共在。此时的人类命运共同体还是一个抽象的概念。抽象的概念只有介入现实世界与实践中才会变得鲜活且具有价值。

习近平总书记提出人类命运共同体，并将人类命运共同体理念运用于国际事务与国际关系处理、人类存在与发展中，赋予其丰富的内涵。在空间中，人类命运共同体展现出三个层面：国际合作共赢的共同体，即突破零和博弈，走出修昔底德陷阱；民族复兴的共同体，即以人民为主体和依靠实现中华民族伟大复兴的中国梦；社会公正的共同体，即以公正的社会环境激发人民的凝聚力与认同心。在时间中，人类命运共同体展现为三个维度：历史维度，即突破资本主义历史发展周期律和中

国历史发展周期律；现实维度，即解决人类当下共同面对的生存与发展困境问题；未来维度，即建构通向共产主义的实践方案。人类命运共同体理念从空间和时间双重视角以人的逻辑重新建构起被资本逻辑撕裂的现代性，同时确立了建立在差异基础上的承认逻辑，即以多样性的统一、多彩性的共存、共享性的合作、平等性的发展为表现的思维逻辑。

人类命运共同体理念的承认逻辑在很大程度上传承了中国文化的思维模式。中国文化的以差异为基础的总体性思维方式与西方文化的建立在一元论基础上的主客二分的思维方式形成了鲜明对比。西方文化的主导理论是文化进化论和欧洲中心论，表现为二元对立的思维方式。这种思维始终在主体－客体框架中思考问题，在线性的等级序列中寻求发展，在无差别的同一中获得自我和他者的共同认同。因此，西方国家在看待世界的时候认为凡是与自己相异的任何存在都是应当被主体所规训的客体。西方国家规训其他国家的主要手段就是资本扩张。资本以自己的排斥性、驱逐性、剥夺性等完成了对世界的统治。与西方国家不同，中国走了另一条完全不同的道路，即与各国共同协作、彼此共赢的道路。这个道路展现的是以差异为基础的总体性思维，以尊重各国特殊性为前提，以共同发展和获益为主旨。这种思维转化为中国文化的包容理念，并以包容的理念对抗西方资本的统治逻辑。所以，我们看到了从华盛顿共识的退场到北京共识的推进，从单边主义的一国行动到多边主义的国家间合作的转变，从全球垂直统治体系到全球平行治理关系的逐渐建构。这些变化是中国在自身发展过程中向世界注入新的价值理念的结果。这个新的价值理念就是人类命运共同体理念。

（二）人类命运共同体理念对资本逻辑的回应

人类命运共同体理念提出的一个重要时代背景是全球化背景下逆全球化趋势的产生。在全球化过程中，全球化最早遭遇的是反全球化。反全球化运动的目的在于反抗全球化过程中出现的不公平、不公正、不平等、加剧的贫困、霸权统治等。反全球化的主体通常是发展中国家或欠发达国家、发达国家内部利益受损的劳工，全球化的主要推动者是全球范围内的主要经济大国。在这个时期，主要经济大国的经济发展状况良好，所以全球化是主流趋势。而现在发生的逆全球化的主体国家是主要经济大国，这些国家的经济状况在全球化过程中呈现下行趋势，资本自由扩张受阻，贸易保护主义必然抬头。因此，"全球经济周期的好坏与同时期主导世界经济的大国的经济状况息息相关。一言以蔽之，全球化或逆全球化的力量在于全球范围内的主要经济大国的贸易政策。这些主要大国的经济表现能在多大程度上代表全球经济，其全球化共识就能在多大程度上影响全球经济风向。……经济大国的贸易政策主要取决于大国资本在世界范围的优势多寡"[1]。面对资本主义经济大国主导的逆全球化趋势，人类命运共同体理念给大国关系注入新的交往理念；面对逆全球化背后资本逻辑的作用，人类命运共同体理念通过对其转换与驾驭，减弱或者消除逆全球化给世界发展带来的阻滞，继续推动、推进全球化进程。

人类命运共同体理念从思维方式、价值理念和实践三个方面发挥转换作用。在思维方式上，人类命运共同体的思维是建立在差异基础上的总体性思维，对差异的认同是共同体建立的前提。而资本逻辑的思维是建立在一元论基础上的主客二分思维，资本对他者的驱逐、排斥、还原都是对异质性存在的拒斥。以人类命运共同体理念对资本逻辑的转换将有利于解决资本逻辑扩张过程中引发的矛盾与冲突。在价值理念上，在实现对资本逻辑思维方式转换的基础上，人类命运共同体将中国优秀传统文化中的"和""合"的共同价值理念注入当今世界，在多样与多彩中寻求普惠的大同世界。资本主义寻求的是普世价值，即将一种价值视为全世界唯一的价值，并以这种价值观念统一全世界。普世价值所遵循的思维逻辑与资本逻辑是一致的，即一元的统治逻辑。人类命运共同体理念就是要将普世价值转化为普惠价值，用多元价值消解一元逻辑，进而消除资本逻辑造成的分裂状态。在实践上，人类命运共同体在实践上遵从多边合作关系，坚持均衡性、公平性和持续性原则，实现对作为西方文明行动旨趣的资本逻辑所催生的单边霸权统治关系的转换。这种转换有利于解决资本主义体系下的结构性、累积性和依附性发展等问题。

人类命运共同体理念对资本逻辑的破解与驾驭作用。资本塑造了以自身为主导的资本主义发展周期，资本主义发展过程中的起起伏伏都和资本扩张进程与状况密切相关。人类命运共同体理念需要破解资本主义发展周期律的作用，破解资本的统治逻辑，以人的发展的逻辑取代资本的统治逻辑，通过驾驭资本，让资本的力量去支撑人的发展，激发资本对人类生存与发展所具有的推动力作用。在《1844年经济学哲学手稿》中，马克思提出人的本质是自由的有意识的活动。马克思对人本质的如此规定与资本主义社会中人的异化存在状态直接对立，其目的是对抗资本逻辑对人的剥削和统治，对人性的泯灭和驱逐，希望能够以人的自由本性驯服资本的贪婪兽性。

综上所述，人类命运共同体理念明确了世界发展的总趋势全球化是不可逆的，当代出现的逆全球化趋势只是全球化发展过程中的一个特殊阶段，最终还是要归入

---

[1] 张韦恺镝、刘强：《逆全球化、反全球化与全球化新出路的中国方案》，载《世界经济与政治论坛》2018年第2期。

到全球化总发展中来。人类命运共同体理念通过对资本逻辑的转换与驾驭，使人与世界的发展有了另一种选择。人类命运共同体理念侧重强调一种思维方式、价值选择，人类命运共同体理念在实践中就表现为习近平总书记提出的"一带一路"倡议。依靠有关国家既有的双边和多边机制，借助既有的、行之有效的区域合作平台，"一带一路"倡议旨在借用古代丝绸之路的历史符号，高举和平发展的旗帜，积极发展与沿线国家的经济合作伙伴关系，共同打造政治互信、经济融合、文化包容的利益共同体、命运共同体和责任共同体。可以说，"一带一路"倡议是人类命运共同体理念在实践上的展现。

论习近平人类命运共同体理念对"修昔底德陷阱"的破解

燕山大学马克思主义学院　王建洲　刘永志

摘要：世界历史上，新兴大国与守成大国之间的"强国必霸－争霸必战－两败必衰"是一个常见性现象，即"修昔底德陷阱"。"修昔底德陷阱"是西方传统国际关系理论的一个学术推论或学术猜想，因其理论局限性而无法提供自我破解的有效方案。习近平总书记站在人类历史发展进程的高度，深度把握当今时代的有利条件和发展大势，把"构建人类命运共同体"作为解决人类前途命运重大课题的核心理念，合理兼顾守成大国的既有基本利益、新兴大国的未来基本利益和其他国家的普遍基本利益。在经济全球化、政治多极化、信息网络化、文化多样化的后工业时代，全球性问题和不确定性因素层出不穷，人类命运共同体理念是破解"修昔底德陷阱"的中国智慧和中国方案。

关键词：修昔底德陷阱；人类命运共同体；全球治理

"经过长期努力，中国特色社会主义进入了新时代，这是我国发展新的历史方位。"在新时代，我国日益走近世界舞台中央。一些西方学界所谓的中美之间"修昔底德陷阱"的言论甚嚣尘上，中美这对新兴大国与守成大国之间的必然逻辑似乎就是"强国必霸－争霸必战－两败必衰"。中美两国能否破解和跨越"修昔底德陷阱"呢？对此，习近平总书记在一系列重要场合、主旨演讲以及外交会面中不断用"中国智慧"深入阐释"中国主张"，高频度强调"人类命运共同体"。这些重要论述对于破解和跨越"修昔底德陷阱"，共同推动建设美好世界，具有重大的理论贡献和现实意义。

一、人类命运共同体理念对"修昔底德陷阱"破解的理论基础

古希腊历史学家修昔底德编纂了历史书《伯罗奔尼撒战争史》一书，叙述的

是2500年前古希腊两个大城市——雅典和斯巴达之间的战争。美国政治学家格雷厄姆·艾利森借用该书中关于伯罗奔尼撒战争的论述，创造了"修昔底德陷阱"（Thucydides Trap）概念，意欲概括新兴大国与守成大国之间因利益之争而爆发冲突和战争的宿命逻辑。艾利森于2012年和2013年在《金融时报》和《纽约时报》发表论文阐释"修昔底德陷阱"。

在西方传统国际关系理论中，"修昔底德陷阱"实际上是新兴大国与守成大国之间的"强国必霸－争霸必战－两败必衰"的学术推论或者说是学术猜想，体现的是二元对立的思维模式和零和博弈的保守观念。这个宿命逻辑所指向的重大现实关切是"古典世界的战争灾难是否会在当代重现"。所以，"修昔底德陷阱"虽说是古希腊城邦战争，但却指向当代世界难题，实际上是对当今国际关系所作的一种预判或假想。对此，习近平主席一语刺破了西方学者的话语陷阱："世界上本无'修昔底德陷阱'，但大国之间一再发生战略误判，就可能自己给自己造成'修昔底德陷阱'。"

（一）人类命运共同体理念以马克思主义为指导思想

人类命运共同体理念以马克思主义为理论指导，以马克思主义为实践指针，是马克思主义中国化、时代化的最新理论武器之一。

首先，人类命运共同体理念是"自由人联合体"理论在当代的创造性应用。在《共产党宣言》中，马克思和恩格斯论述："代替那存在着阶级和阶级对立的资产阶级旧社会的，将是这样一个联合体，在那里，每个人的自由发展是一切人的自由发展的条件。"在亚里士多德以来的"城邦共同体"理念基础上，结合"世界市场"和"普遍交往"的社会现实，特别是资本主义全球化的现状，马克思批判性地提出了"自然"的共同体、"虚幻"的共同体、"抽象"的共同体、"真正"的共同体等一系列"自由人联合体"的理论，由此开启了唯物史观视域下的"自由人联合体"范式，而人类命运共同体理念正是这一理论在当今时代条件下的应用和发展。据此，可以认为人类命运共同体理念是继承和发展了马克思主义"自由人联合体"理论，是从"抽象共同体、虚幻共同体"过渡到"真正共同体"的必经阶段。因此，人类命运共同体理念是科学社会主义在当代发展的最新进展。从人类社会的历史长河来看，21世纪仍将存在国家与国家、民族与民族、群体与群体的"抽象共同体"和"虚幻共同体"，只有通过"人类命运共同体"这个阶段，在消除和防止共同体的异化的过程中，才能一步步走向"自由人联合体"。

其次，人类命运共同体理念中的"共同繁荣"是对"共同富裕"思想的创造性推进和时代化发展。毛泽东同志曾说："……现在我们实行这么一种制度，这么一种计划，是可以一年一年走向更富更强的，一年一年可以看到更富更强些。而这个富，是共同的富,这个强,是共同的强。"邓小平同志多次强调"共同富裕",他说:"共同致富,我们从改革一开始就讲,将来总有一天要成为中心课题。社会主义不是少数人富起来、大多数人穷,不是那个样子。社会主义最大的优越性就是共同富裕,这是体现社会主义本质的一个东西。"而党的十八大以来,习近平总书记的政治眼界已不再局限于中国人的共同富裕问题,更是放眼全世界的共同繁荣问题。

最后,人类命运共同体理念是对中国化马克思主义中的"和谐世界"的继承和创新性推进。胡锦涛同志对"和谐世界"的阐释开创了新的理论高地,进一步提升了我们对社会主义本质的认识。在和平、发展、合作、共赢的时代潮流中,世界格局多极化趋势稳步向前,冷战思维和零和博弈逐渐丧失国际市场,而与中国传统政治文化的"天下观念"高度契合的马克思主义和谐世界观越来越深入人心,得到世界各国的广泛认同。在世界各国共同走向现代化的道路上推崇和谐理念,充分展现了中国共产党人对世界发展大势的科学研判,对"自由人联合体"概念的精准把握。习近平主席向世人坚定宣誓:"中国将始终做全球发展的贡献者,坚持走共同发展道路,继续奉行互利共赢的开放战略,将自身发展经验和机遇同世界各国分享,欢迎各国搭乘中国发展'顺风车',一起来实现共同发展。"显然,坚持求同存异、合作共赢、携手共进的"和谐世界"理念,不仅有利于化解和防范国际矛盾和重大风险,而且有利于重塑世界政治与经济新秩序,还有利于保持国际社会的持续健康发展。

(二)人类命运共同体理念以中华文明为文化基因

从政治哲学和文化理念上讲,人类命运共同体理念的文化基因就在中华优秀传统文化的核心理念之中。正所谓:"包括儒家思想在内的中国优秀传统文化中蕴藏着解决当代人类面临的难题的重要启示,比如关于道法自然、天人合一的思想,关于天下为公、大同世界的思想……关于中和、泰和、求同存异、和而不同、和谐相处的思想,关于安不忘危、存不忘亡、治不忘乱、居安思危的思想,等等。"在这些理念的指引下,中国从"站起来""富起来"到"强起来"的伟大飞跃,始终坚守着"见利思义"的价值准则,崇尚着"海纳百川,有容乃大"的全球境界。人类命运共同体理念内含的中国智慧展现出"计利当计天下利",中国现代化进程绝不类同于西方近代文明的发展思路,也表明中国具有破解和跨越"修昔底德陷阱"的理论指针,完全能够跨越"修昔底德陷阱"的泥沼。

其一,中国传统政治文化崇尚"天下观念",没有"修昔底德陷阱"的文化基因。中国古代的天下观念讲求"以天下观天下"和"以天下为天下",这是一种要维护全人类公共利益的"天下观念"。虽然当时所谓的"天下"还非常狭小,仅仅局限于中华大地,而不是今天的全世界乃至宇宙,但"天下观念"的思维方式和精神境界却彰显了中国传统文化的"以和为贵"和"全局观念"。"达则兼济天下，穷则独善其身"高度概括了中国历代"知识分子"阶层的政治理想和价值追求，也是中华民族"普天之下"博大胸怀的重要体现。中华民族的交融、形成与发展历程也体现了古人对共同利益的实践与追求。相比之下，"修昔底德陷阱"作为西方传统政治思维的典型代表，仅仅立足于本国利益来考量国与国之间的关系，完全是狭隘的经验主义论调。由此制造所谓"强国必霸""中国威胁"等论调更是自欺欺人，"以小人之心度君子之腹"。

其二，中华文明的基本精神是崇尚和谐，反对"穷兵黩武"。在中华大地上广为流传的"天人合一""民胞物与""协和万邦"等和谐思想，是处理人与人、人与社会、人与自然之间关系的正确准则。中华文化反对武力和战争，《孙子兵法》曰："攻城之法为不得已。"这种"和为贵"的理念是中国对外交往的文化底色，把"兼相爱、交相利"尊崇为"天下之治道"，在"共同的星球"因"共同的梦想"而创造"你好、我好、大家好"的美好世界局面，"倡导世界各国和谐共处、协作互信、发展共赢、互补融合，展现了中国精神的博大格局，体现了构建和谐世界的中国智慧。"

（三）人类命运共同体理念以西方共同体学说为经验参考

客观上讲，人类命运共同体理念，不仅是对马克思主义理论的时代化推进，是对中华文明优秀基因的传承和发扬，而且是以西方共同体学说作为经验参考，是对西方共同体理论和实践的极大超越。

从理论维度说，人类命运共同体的相关概念最早可以追溯到1887年由德国社会学家滕尼斯提出的"共同体"概念。之后，安东尼·吉登斯在其《现代性的后果》中把"全球化"和"共同体"两个概念作了对接性论述："不同的社会情境或不同的地域之间的连接方式，成了跨越作为整体的地表的全球性网络，就此而论，全球化本质上是指这个延伸过程。"由此可见，人类命运共同体理念把"共同体"概念提升到了"全球化"的高度，是对西方共同体理论的全面升华。

从实践维度说，"共同体"在现代国际事务中有着独特的发展轨迹。"二战"后，政界和学术界对"共同体"一词广为关注。起初，人们一般认为"共同体"就是拥有共同目标的若干国家或地区结成的统一行动联合体。迄今为止，国外的"共同体"的存续形态基本可分为领域性"共同体"和地区性"共同体"。当前，世界公认较为成功、影响较大的地区性共同体便是1967年成立的欧洲共同体和东非共同体以及1973年成立的加勒比共同体。另外，还有一些联盟性共同体、洲际式共同体并没有使用"共同体"的概念，但却是按照"共同体"的利益机制而运行。例如，北美自由贸易区、东盟,早已成为推动洲际、盟区发展毫无疑问的事实"共同体"。从某种意义上讲,"二战"以来的国际上的各层次各类型的"共同体"实践,尤其是一体化程度较高的欧盟运行机制,其反对战争、坚持和平、互利共赢、协同发展、文化认同等概念,在很大程度上为我国倡议构建"人类命运共同体"提供了一定经验。然而,我们在借鉴国外成功做法的同时,一定要对其共同体"同质"合作的本质保持足够的理性,因为我们倡议的"人类命运共同体"是一项史无前例的伟大壮举,是全球范围的"异质"合作,具有更大的创造性。

二、人类命运共同体理念对"修昔底德陷阱"破解的时代条件

今日世界,各国利益和各族民运从未像今天这样联系之紧密,从自然环境到经贸往来,从社会治理到政治外交,从科技发展到文化交流,"蝴蝶效应"无处不在,一荣俱荣、一损俱损已成为鲜明的时代写照。习近平主席以历史担当和博大胸襟,深刻洞察了当今时代特征和时代条件,向世界明确提出了"人类命运共同体"理念。更深入一步来讲,"西方文明的根本弊端使它难以解决世界难题和矛盾,西方中心论、自由主义、资本主导的逻辑终要走向破产,人类呼唤新理论和新文明。这就为构建人类命运共同体的出场提供了世界性场景"。

(一)经济全球化不断推进人类交往的共同体

人类社会的存在方式是在历史中演进的,在不同的发展阶段呈现出不同的样态。在过去很长的历史进程中,由于经济和科技落后,世界各地基本处于隔绝和封闭状态,更没有全球性的人类交往。时至今日,由于经济全球化的不断推进,人类社会的存在方式出现了全局性、根本性的变化。根据马克思主义实践理论,这种改变是人的实践活动的变化所引起的。在一个国家或地区内部,人的实践活动在特定的时空中进行。但在经济全球化阶段,各国经济都不再局限于自己的地理疆界内,而是谋求参与世界分工,要求在全球范围内参与生产要素的分配,这就促成了人的实践活动各个方面都在发生深度转型。在生产领域,不同国别的劳动者加速跨国流动,给全球经济的发展带来了新的活力;跨国公司、跨国的区域性经济组织遍及全球,极大地开拓着世界市场。在此基础上,人类交往方式也正在发生重大更新。例如,交往主体更加多样化:个人、民族、国家、民间组织、跨国公司等都可能成为跨国、跨境交往的主体。人类命运共同体理念深刻反映了这一客观趋势,顺应了这一人类大势,引领着这一时代潮流。

由于经济全球化的催生作用,当今全球公域问题,如世界和平、南北差距、恐

怖主义、生态危机、难民危机、金融风险以及网络安全等使各国利益骨肉相连，全世界各民族普遍感悟到人类发展的未来利益已经连接成为一个体系，达成人类命运共同体的世界共识意义重大、影响深远。在这样的时代条件下，人类命运共同体理念，彰显了系统性和全局性的发展思维，不仅具有破解和跨越"修昔底德陷阱"的功效，而且是破解世界发展难题的"中国方案"。

（二）政治多极化稳步推进国家交往的共同体

在政治多极化稳步推进国家交往共同体的基础上，凝聚世界各国发展的认知共识，共同构建人类命运共同体，是对西方国际关系理论的极大超越，是适应时代需要并体现国际主义精神的远见卓识。人类命运共同体理念所倡议的新型国际关系，超越了人种、国别、民族、党派以及社会制度的差异，能够汇聚起各国公认的最大公约数。这不仅为21世纪的世界政治发展提供了全新选择，而且充分展示了中国特色社会主义的高度自信与示范效应。

受西方现实主义理论的影响，在国际交往中，"修昔底德陷阱"过度强调国家的工具理性与资本理性的一面，而对价值理性和人类理性的一面视而不见。国家理性实际上是自我理性和人类理性的高度统一。诚然，国家是为追逐自身利益而存在的，但绝不能抛弃人类道德和国家伦理。在全球化时代，国家之间、地区之间相互依存的程度不断加深，解决全球性问题越来越需要世界各国加强合作。在这种新形势下，"修昔底德陷阱"所反映的理念越来越不合时宜。人类命运共同体理念所倡导的相互尊重、国家平等、公平正义、合作共赢，则是对国家理性二元论、统一性本真的回归，有助于强化国家理性中的价值理性和人类理性。就连美国一些学者也对"修昔底德陷阱"提出了批驳意见。例如，美国国际问题专家、前国务卿基辛格在"中国发展高层论坛2016"经济峰会上表示：中美之间不存在"修昔底德陷阱"，两国关系的前景是合作伙伴，而非对手。再有，康奈尔大学教授乔纳森·科什纳认为，"修昔底德陷阱"概念本身是对修昔底德的误读，是试图从表面上解读伯罗奔尼撒战争并得出结论，存在着巨大的分析危险。

（三）信息网络化快速推进社会交往的共同体

当前，由于科学技术的突飞猛进式发展，互联网在全球范围内迅速普及。网络技术为全球社会交往提供了公共平台，具有巨大开放性、高度全球化的特征。信息网络化突破了时间、空间对人类社会交往的限制，打破了国别地域、种族肤色、民族观念、宗教信仰、社会制度等各种"藩篱"。信息在网络空间中的流通速度不断加快、传播范围急剧扩大、传输效率极大提高，实现了人类社会在全球范围内的自由交往，缔造了"你中有我、我中有你"的社会交往共同体。由此可见，信息网络化所催生的社会交往共同体，既加速着人类共享信息资源的节奏，也在加快全球共同应对风险的步伐。可以说，信息网络化对人们生存方式和社会交往的颠覆性改变，给国际治理体系建设带来的发展机遇前所未有，造成的风险挑战也前所未有。信息网络化所催生的社会交往共同体的实质和内涵实际上是人类命运共同体理念在网络领域的反映和体现，是在网络空间注入中国理念和中国智慧的重要宣示，这在客观上有利于以网络为载体化解"修昔底德陷阱"的构成因素。

（四）文化多样化逐步推进民族交往的共同体

文化多样性是人类文明进步的源泉和动力，文化的多样性和差异性带来民族的交往和融合。20世纪以来，由于科技的巨大进步，西方各国原有的充满宗教神学色彩的精神文化世界遭遇重大危机，西方的精神文化研究逐渐走向以文化批判为主。西方学者尤其是针对工具理性的泛滥对人们精神世界的破坏和影响，进行着广泛而深入的研究，并积极吸收东方文明。例如，北京大学于2016年4月成立了南南合作与发展学院，来自27个发展中国家的48名学员，在学习生活中增进各地文化交流，促进各民族相互借鉴。

世界文化多元化逐步推进了各民族交往的共同体。各种思想文化和社会思潮相互激荡，一些带有普遍意义的行为规则、价值尺度和文明范式互鉴相融，使民族地域文化走向全球文化，增大了人类文化的"公约数"，推进了民族交往的共同体。这在很大程度上有利于化解"修昔底德陷阱"的风险。从历史上看，"修昔底德陷阱"只是在统计学上多次出现的历史概率。据统计，自15世纪末期到20世纪70年代这个历史阶段的119次大国战争中，守成大国与新兴大国同时参战64例。不可否认，这些数字从表面上确实反映出人类安全的隐患和困境。但是，如果系统分析就会发现，很多战争与新兴大国和守成大国关联性不是很大，而是带有民族问题或是宗教矛盾。而人类命运共同体理念倡导的"和而不同、兼收并蓄"的对话交流理念，有益于解决民族问题和化解宗教矛盾，从而有利于破解因民族宗教问题而引发的"修昔底德陷阱"。

三、人类命运共同体理念对"修昔底德陷阱"破解的实践探索

大道至简，实干为要。构建人类命运共同体，最关键的是行动。中国人民在以习近平同志为核心的党中央坚强领导下，在人类命运共同体理念指引下，正以实际行动打造人类命运共同体，向世界人民提供越来越多的优质公共产品，合理兼顾守成大国的既有基本利益、新兴大国的未来基本利益和其他国家的普遍基本利益。

（一）在共同应对全球公域问题中推动建设新型国际关系

当今世界发展的不确定性增强，各种问题和挑战层出不穷：全球化浪潮遭遇逆风，全球经济持续低迷，发展鸿沟越来越大，局部武装冲突频发，恐怖主义、难民危机等国际问题此起彼伏，各种意识形态交锋激荡。世界得了什么病症？我们如何医治这些病痛？国际社会一度迷茫彷徨。在此情形下，习近平总书记很早就站在人类历史发展进程的高度，提出"人类命运共同体"，解答人们心中困惑，为推动建设新型国际关系指明了正确方向。其中，中美合作具有巨大空间，中美共同应对全球公域是破解"修昔底德陷阱"的现实诉求。为此，中国愿意在相互尊重的前提下，继续与美国和平共处，积极推动中美关系取得更大进展。不仅如此，中国还积极推动中俄全面战略协作伙伴关系高质量运行。

同时，中国积极打造"全球伙伴关系"。2014年，中印开始构建"更加紧密的发展伙伴关系"，中德宣布建立"全方位战略伙伴关系"，中蒙、中埃均宣布建立"全面战略伙伴关系"。2015年，中国与巴基斯坦之间建立"全天候战略合作伙伴关系"……2018年9月，中非合作论坛北京峰会实现多向具有世界意义的创新："为高度不确定的世界带来重大确定性""为世界展示了构建命运共同体的最佳案例""从根本上改变大国崛起对发展中国家的战略意义"。由此可见，人类命运共同体理念能够维护可能将守成大国或新兴大国卷进"修昔底德陷阱"之第三方国家的基本利益，即能够大大降低引发"修昔底德陷阱"的全球治理无政府状态的可能性。

（二）以"一带一路"倡议补齐全球化短板

在人类命运共同体理念的指引下，"一带一路"倡议旨在满足人类重大需求，落实联合国2030年可持续发展议程。"一带一路"所要打造的区域经济合作架构，具有"开放、包容、均衡、普惠"性质，这实际上是补全球化的短板，助力全球化由部分全球化向包容性全球化方向迈进。"一带一路"的深入推进不断展现出中国特色社会主义制度的优越性，即政府与市场双引擎发力，帮助沿线国家建好基础设施，夯实市场机制和民主政治的民意基础，实质是给所谓的西方模式"补课"：补政策沟通的课，补设施联通的课，补贸易畅通的课，补资金融通的课，补民心相通的课。根据这一逻辑推理，中美两国在全球化纵深发展中将会进一步加强合作，跨越"修昔底德陷阱"。

在推进"一带一路"建设工作5周年座谈会上，习近平总书记强调："以共建'一带一路'为实践平台推动构建人类命运共同体，这是从我国改革开放和长远发展出发提出来的，也符合中华民族历来秉持的天下大同理念，符合中国人怀柔远人、和谐万邦的天下观，占据了国际道义制高点。"这个座谈会上的重要讲话得到了国际人士的积极评价,在国际社会赢得广泛赞誉。与会国外专家学者高度评论"一带一路"倡议,这就从国际道义和世界舆论上,为一些别有用心的国际人士制造"修昔底德陷阱"设置了"防火墙"。

(三)在深度参与全球治理中推动建立世界新秩序

"不合理的国际分工和治理体系给人类社会整体意识带来一种张力。人类社会亟须一种能够共同应对全球风险、保障人类整体安全,实现各国和平与发展的治理体系和发展理念。"在此情境下,中国正在以负责任的态度,深度参与全球治理,积极推动建立国际政治经济新秩序。2018年6月22日,习近平总书记在中央外事工作会议上讲话时,再次强调:"要高举构建人类命运共同体旗帜,推动全球治理体系朝着更加公正合理的方向发展。"

其一,人类命运共同体理念是以"善治"实现全球治理。信息化时代的"地球村"让世界各国、各民族、各地区共处于"同一个星球",为实现"共同梦想",各民族在科技、教育、文化、贸易等方面进行了多领域交往与深层次的合作,推动着国际交流向着常态化、规约化方向发展。

其二,人类命运共同体理念具有强烈的世界问题意识,超越了"修昔底德陷阱"只关注自身问题的狭隘倾向。习近平主席以大国领袖的政治勇气和担当精神,既善于破解国内发展难题,坚持以人民为中心的发展理念,又敢于担当重建世界秩序的历史使命和国际责任,用"人类命运共同体"来解决人类面临的共同难题。这个方案不仅有效,而且符合各方利益。这不仅是在超越"修昔底德陷阱",更是在资本主义体系之外的一种创新性选择,它符合马克思主义关于解放全人类、造福全世界的根本宗旨,日益得到世界各族人民的拥护和支持。

其三,面对全球治理中的各种难题,中国高度重视发挥联合国的核心引领作用,大力支持世界贸易组织、国际法院、万国邮政联盟、国际移民组织、国际劳工组织等国际组织履职尽责,切实支持二十国集团(G20)、金砖国家、亚太经合组织、上海合作组织等机制建设与发挥作用。人类命运共同体理念,使广大新兴国家作为国际组织的新生力量,在应对全球性难题上充分实现全球治理的公共职能,这有助于降低因国际组织缺位而导致国际社会治理无序所引发的"修昔底德陷阱"风险。

(四)在中美贸易摩擦中彰显人类命运共同体的价值

一年多来,中美贸易摩擦此起彼伏,一波三折。但是,我们认为这是暂时的,也是阶段性的。只要我们站在人类命运共同体的高度,就一定能够巩固和发挥新时代中美经贸关系的"压舱石"作用。首先,在人类命运共同体理念的指引下,积极扩大与其他国家的自由贸易,合理兼顾其他国家的普遍利益。其次,在人类命运共同体理念的指引下,创造性地加强多边合作,扩大各国利益交汇。再次,人类命运共同体理念也要求中美之间增加互信,构建合作关系。最后,作为人类命运共同体的重要组成部分,拥有14亿人口的社会主义中国日益走近世界舞台中央,理应立足国内,为人类作出更大贡献。面对中美贸易摩擦的不断升级,我们更加需要凝聚国内力量,协调推进"四个全面"战略布局。新中国成立70年来,特别是改革开放40年来,我国经济建设取得举世瞩目的成就,独立完整的工业体系和14亿人口的巨大市场,在人类命运共同体中占有举足轻重的比例,是我国应对美方贸易"阵地战"和"持久战"的重要实力,也是破解和跨越的"修昔底德陷阱"的实力基础。

总之,根据马克思主义联系与发展的唯物辩证法,中国离不开世界,世界也离不开中国;美国离不开中国,中国也离不开美国。而且,人类命运共同体理念正在全世界范围内得到广泛认可,并迅速达成共识。我们坚信,秉承人类命运共同体理念,我们就能破解和跨越"修昔底德陷阱",从而为美好世界建设作出更大贡献。

论构建人类命运共同体与人的自由全面发展

天津师范大学政治与行政学院　闵鹤翔

在经济全球化不断发展，各国相互联系、相互依存不断加深的当今世界，全人类的利益共同体、命运共同体正在日益形成，习近平同志以深远的世界历史眼光、深厚的天下情怀，不失时机地向世界发出了构建"人类命运共同体"的时代呼唤，中国人民要与世界人民一起共同开创人类美好的明天，充分体现了中国将自身发展同世界发展相统一的全球视野、世界胸怀和大国担当。

构建"人类命运共同体"是中国共产党站在马克思主义立场上，以共产主义事业的高度理论自觉，为逐步促进人的自由全面发展开辟了现实的起点和广阔的前景，为逐步实现人的全面自由发展创造根本条件提供了最可践行的最佳方案。

一、全面理解"人类命运共同体"与人的自由全面发展的内涵

习近平同志指出："世界各国人民都生活在同一片蓝天下，拥有同一个家园，应该是一家人，世界各国人民应该秉持'天下一家'理念，张开怀抱，彼此理解、求同存异，共同为构建人类命运共同体而努力。"[1]"人类命运共同体，顾名思义，就是每个民族、每个国家的前途命运紧紧地联系在一起，应该风雨同舟，荣辱与共，努力把我们生于斯、长于斯的这个星球建成一个和睦的大家庭，把世界各国人民对美好生活的向往变成现实。"[1]

"人类命运共同体"这一概念的人文含义是指超越不同地域、国家、民族身份的全世界人们的生死、祸福、贫富等境遇和发展变化在共同条件下担当共同责任的集体组织。它的核心内涵就是"天下一家"，就是全球200多个国家、2500个民族、70多亿人口的大家庭，这应该是一个和平发展、合作共赢的大家庭，应该是一个求同存异、开放包容、文明互鉴的大家庭。在这个大家庭中，政治上要相互尊重、平等

---

[1] 习近平：《在中国共产党与世界高层对话会上的主旨讲话》，载《人民日报》2017年12月2日，第2版。

协商，坚持大小国家一律平等，大家的事大家商量着办，坚持摒弃冷战思维和强权政治，坚持对话而不对抗、结伴而不结盟的国际交往原则；经济上要同舟共济，促进贸易和投资自由化便利化，建立非歧视性的多边贸易体制，推动经济全球化朝着更加开放、包容、普惠、平衡、共赢的方向发展；文化上要尊重世界文明多样性，以文明交流超越文明隔阂、文明互鉴超越文明冲突、文明共存超越文明优越，共同绘就一幅不同文化交流、互鉴、融合的宏伟画卷；安全上要统筹兼顾、综合施策、协商推进世界安全治理，坚持对话，以妥善的方法解决争端，以协商解决矛盾，理性管控分歧，以和平的方式应对传统和非传统的威胁，反对一切形式的恐怖主义；生态上要坚持环境友好，合作应对气候变化，保护好人类赖以生存的地球家园，要坚持走绿色、低碳、循环、可持续发展之路，让世世代代的人们享有绿水青山——金山银山。[1]

人类命运共同体的本质内涵是"共同利益"。利益是每个人的生存本质要求，是人所特有的一种社会关系，即通过社会经济关系表现出来的各种需要，最终表现为对劳动成果的占有和消费。但是，人性又具有社会性的本质要求，它决定了人不能像只具有自然本能的狼一样在交往中去抢夺和无偿占有各种利益。人类应摒弃零和博弈的利益观，秉持广泛的共同利益观，实现利益上的共建、共享，使世界各国和全人类的利益高度融合，才能真正实现各国人民的每个人的利益。秉持"大家好才是真正好"的互利共赢理念，在追求本国利益时兼顾其他国家的利益诉求，才能建立更加平等均衡的全世界利益融合体。[1] 在经济全球化深入发展所面临的不平等、不公正、贫富两极分化日愈严重的今天，实现世界人民的共同利益，构建人类命运共同体是全世界人民的迫切要求，更是全世界劳动人民获得利益共赢的根本途径。

当前构建人类命运共同体的最可行路径是"一带一路"，因为"一带一路"建设的基本原则是政策沟通、设施联通、贸易畅通、资金融通，加强各方面互联互通，建设包容、多元、普遍受益的全球价值链和产业链，从而增进各国人民的福祉。可见"一带一路"是一条共商、共建、共享的务实合作之路，是一条互利共赢、共同繁荣的机遇之路，它为建构人类命运共同体提供了最可践行的最佳方案和最现实的路径。

人的自由全面发展是马克思和恩格斯在《共产党宣言》中提出来的，他们指出，取代资产阶级社会的，"将是这样一个联合体，在那里，每个人的自由发展是一切

---

[1] 习近平：《在中国共产党与世界高层对话会上的主旨讲话》，载《人民日报》2017年12月2日，第2版。

人的自由发展的条件"[1]。后来马克思在《资本论》中又明确指出：共产主义社会"是以每个人的全面自由发展为基本原则的社会"[2]。在马克思看来人的自由全面发展是指人的发展的全面性和自由性。全面性发展就是人的各方面的潜能和本质力量得以充分发挥和人的个性的丰富和完善。自由性发展就是指个人的发展是不受异化劳动支配的充分自主、自愿、自觉的主动行为。人的全面性发展和自由性发展是互为条件、相互促进、辩证统一于人的高级生存状态的。劳动对于自由全面发展的人不再是艰辛的谋生手段，而是一种生活乐趣和人生活动的第一需要。"任何人都没有特殊的活动范围，而是都可以在任何部门内发展，社会调节着整个生产，因而使我们有可能随自己的兴趣今天干这事，明天干那事，上午打猎，下午捕鱼，傍晚从事畜牧，晚饭后从事批判，这样就不会使我们老是一个猎人、渔夫、牧人或批判者。"[3]实现人的自由全面发展是马克思、恩格斯的毕生追求，是科学社会主义的奋斗目标，共产主义社会是人的自由全面发展真正得到实现的社会。因此，人的自由全面发展是在人类文明演进的历史长河中，需要全世界人民联合起来，经过共同的持续不息的奋斗去创造和积累极大丰富的共有物质基础才能实现。

二、人类命运共同体为治理贫富分化、促进人的自由全面发展开辟了现实的起点和广阔的前景

当代世界是一个经济全球化的世界，全球化实质上是当代资本主义经济全球化，西方发达资本主义国家通过工商业和外经贸手段从国外廉价的劳动力资源和自然资源赚钱，用更加"文明"和便捷的赚钱方式促进了全球化时代新兴的快速资本积累。因此，资本主义经济全球化的现实结果并没有给全世界人民带来共同的富裕、繁荣和幸福，相反发展中国家和发达国家的差距越来越大，贫富两极分化更加悬殊，垄断私有资本的快速积累，使社会财富愈加集中到极少数人手中，全世界1%的人口拥有世界近半的财富。全世界还有8亿多人口挣扎在贫穷和饥饿线上。当代是一个发达资本主义国家的垄断集团占强势的经济全球化世界，据联合国贸易和发展会议统计，世界14个最发达的资本主义国家的跨国公司控制了整个世界生产的40%、世界贸易的60%、世界工业研制的80%、对发展中国家技术贸易的90%。

显而易见，由于经济全球化所带来的世界经济增长和社会财富的积累大部分被

---

[1] 马克思、恩格斯：《马克思恩格斯文集》第2卷，北京：人民出版社，2009年，第53页。
[2] 马克思、恩格斯：《马克思人格斯文集》第5卷，北京：人民出版社，2009年，第683页。
[3] 马克思、恩格斯：《马克思恩格斯文选》第1卷，北京：人民出版社，2009年，第537页。

少数人占有了，因而造成了世界上尤其是亚非拉欠发达国家大量的贫困人口，他们作为人类群体中的成员，其生存命运遭到了严重的威胁，因而不能健康舒适地活下去，他们没有追求幸福生活的起码条件，还有什么争取自由全面发展的可能。面对这样一个由于全球化利益纷争和新兴资本积累所造成的不公道世界，我们应该怎么办？国际社会有正义感的人们怀着期待与迷茫交织的心情，期盼能够正确回答这一"世界之问"，从而能提出切实可行的治理方案。当然，在全社会物质财富还未达到极大丰富的今天就要消灭资本主义私有制，实行财富的公平分配和各取所需是绝对不可能的[1]，但我们应该从现在起，为治理当代社会贫富分化，为未来社会人的自由全面发展有所作为，为逐步实现人的自由全面发展这个目标作铺垫是完全可能的。因为我们有马克思主义科学方法论辩证唯物主义和历史唯物主义作指导，辩证唯物主义要求我们，要遵循事物矛盾自身发展的客观规律以及矛盾双方的辩证关系，在对立统一中把握矛盾，在求同存异中解决矛盾。历史唯物主义所揭示的社会发展规律表明，人类的社会活动都是以争取某种经济利益为根本目的的。当代世界社会所有矛盾的焦点都是经济（即物质）利益，正如马克思所指出的："人们奋斗所争取的一切，都同他们的利益有关。"[1] 利益集中表现在不同阶级、阶层、集团和个体的经济利益，社会关系中的矛盾首先是为了经济利益而发生的，经济全球化的当代世界最突出的矛盾是贫富两极分化和发展中国家与发达国家的差距，作为全球化进程中历史活动的主体之间的这种矛盾双方都是为了实现自身的经济利益与对方处在既对立又统一的经济活动过程中。为了恰当治理当代世界经济全球化进程中最突出的贫富两极分化问题，只能从矛盾双方的共同利益出发，主张求同存异、和平发展、合作共享，各国人民应该共享经济全球化和世界经济增长的成果，坚持国家不分大小、贫富和强弱一律平等，维护国际公平正义，不能把经济全球化建立在国内和国际贫富两极分化的基础上。我们应该顺应时代潮流，维护世界各国人民的共同利益，应该坚持"你好我好大家好"的理念，构建以合作共赢为核心的新型国际关系，打造一个和平发展、开放透明、包容互惠的人类命运共同体，共同克服许多国家民众依然面临的贫困落后状况，让全球化发展成果能惠及世界各国人民，这是处理和化解当代国际社会最突出的矛盾，解决贫富两极分化的不公道问题的最可行办法。构建人类命运共同体是彰显如何治理当代世界矛盾的中国智慧，是开辟全球发展繁荣的文明未来的内在要求，是使世界各国人民一起共同开创人类美好明天的中国方案，从而让公平正义的阳光普照我们共同生活的星球。

---

[1] 马克思、恩格斯：《马克思恩格斯全集》第1卷，北京：人民出版社，1955年，第82页。

历史总是伴随着人们追求美好生活的脚步向前发展的，人类美好的明天就是实现了人的自由全面发展的"自由人联合体"即共产主义社会。可以说今天的"人类命运共同体"是明天的"自由人联合体"的最现实的起点，今天的社会主义社会是明天共产主义社会的初级阶段，社会主义事业的一切行动都是为共产主义社会添砖加瓦，构建人类命运共同体为逐步实现人的自由全面发展开辟了最广阔的前景。通过"人类命运共同体"在政治、经济、安全、文化、生态等多方面实践措施，逐步地促进人的全面发展，为实现"自由人联合体"的最终目标奠定基础和创造条件，这是社会主义社会的本质要求，是共产党人的初心和使命。在中国特色的科学社会主义大道上，中国共产党人坚持用马克思主义的立场、观点、方法和全局视野观察世界、解读时代、引领未来，既为中国人民谋幸福，又为世界人民谋福利的博大胸怀和天下情怀，向全世界发出了构建人类命运共同体的时代呼唤，它充分体现了我们党不忘初心、牢记使命，在中国特色的科学社会主义大道上坚定不移地向共产主义方向继续前进。

三、构建人类命运共同体是为逐步实现人的自由全面发展创造条件

在资本主义全球化生产方式占强势的当代世界，可以说资本主义经济已经发展到了极点，但是人的自由全面发展所需要的生产力高度发达、社会产品极大丰富、三大差别消灭、各尽所能按需分配等条件还远没有具备，所以我们现在要做的事情就是要为将来实现人的自由全面发展创造这些条件，这将是一个长期、曲折、复杂而艰难的历史进程，在这个历史进程中，人们的世界观、人生观和价值观是多元的，对解决经济全球化利益矛盾的认识和方法是不同的，但同时国际经济的相互依存度越来越高，社会合力的作用更加突出，这就需要我们设计一种国际社会普遍期待的能被全世界人民广泛认同、普遍接受、共同追求的具有最大公约数的最佳方案，这就是"人类命运共同体"方案。在经济全球化、世界一体化的今天，不同的国家、民族和个人之间必然存在着共同的利益因而需要互相依存，必然存在着共同的责任因而需要相互合作。因此，"人类命运共同体"主张"天下一家"，全人类是一个大家庭，是一个求同存异、持久和平、合作共赢、共同繁荣的大家庭。只有这样的大家庭才能齐心协力携手共命运，同心促发展。这种一家亲的人情世情容易被不同国家、不同地域和不同民族的广大民众所接受；"人类命运共同体"方案还提倡"共同利益"，实行利益上的共商、共建、共享，秉持"大家好才是真正好"的互利共赢理念，建立更加平等均衡的全世界利益融合体，而已经有100多个国家和国际组织响应和加入的"一带一路"倡议是连接世界各国共同利益和民心相通的纽带，是构建"人类命运共同体"的具体路

径。所以,"人类命运共同体"能把全人类的诉求、希望和力量汇聚起来,让大家团结一致促进全球化经济朝着有利于人的自由全面发展方向发展。

"人类命运共同体"方案在政治、经济、文化、安全、生态等方面的主张集中到一点,就是要使全世界的人们联合起来,同心同德、同向同行携手并肩走和平发展、共同发展、共享发展、可持续发展的经济全球化之路,这是一条推动经济全球化向着文明、健康的方向发展,更好地造福各国人民的光明之路。可见"人类命运共同体"方案回答了人类社会向何处发展、怎样发展的问题。只有让人们携手同行,在通向共同美好未来的路上,才有可能让大家齐心协力为实现人的自由全面发展所需要的物质方面、精神方面和社会关系方面逐步创造有利条件。所以,"人类命运共同体"是促进人的自由全面发展最务实、最可践行、最有价值的国际方案。人的自由全面发展通俗形象地说就是可以自由自在地干这干那而不受生存条件的限制。这就要摆脱为生存而整天被束缚在单一的专业劳动上,从而能获得充分的自由支配时间去全面自由地发展自己。人类要实现这样的生存状态,现在我们要做的事情就是要脚踏实地、扎扎实实地为它创造最基本,也是最根本的生产力条件,即社会产品极大丰富,这是以人为中心的全社会公共的社会产品的极大丰富,而不是作为剩余价值和资本积累被少数人占有的社会财富。所以,人的全面自由发展的根本条件只能是在消灭了资本主义私有制和异化劳动以后才能真正实现,而人类命运共同体的共同担当和共同责任的构建趋向就是要汇聚起世界人民的强大向心力,在社会主义和资本主义两种制度、两种文明、两种价值竞争的全球化历史条件下确认和把握人类文明演进的历史走向,为消灭私有制和异化劳动进行过渡性的有理、有利、有节的伟大斗争,为全世界劳动人民逐步减少被生活资料的直接生产所占去的必要劳动时间和逐步减少以至最终彻底消除被资本家剥削所占去的剩余劳动时间,从而增加可供自己自由支配的"自由时间"去自由全面发展自己的能力、才能。所以,打造人类命运共同体是作为人的自由全面发展理想的实践运动,为逐步推进和促成人类迈向共产主义美好未来提供了历史动力和实践的最佳方案。人的自由全面发展的"自由人联合体"就存在于现实的人类命运共同体实践运动中,资本主义社会必将向共产主义社会发展的趋势是不可逆转的。可见习近平同志关于"打造人类命运共同体"的伟大构想充分体现了21世纪中国马克思主义发展的理论成果和中国共产党对共产主义事业的高度理论自觉。

人类命运共同体与中华传统文明的当代激活

中央社会主义学院 孙明霞

在党的十九大报告中,习近平总书记指出:"我们生活的世界充满希望,也充满挑战。我们不能因现实复杂而放弃梦想,不能因理想遥远而放弃追求。没有哪个国家能够独自应对人类面临的各种挑战,也没有哪个国家能够退回到自我封闭的孤岛。我们呼吁,各国人民同心协力,构建人类命运共同体,建设持久和平、普遍安全、共同繁荣、开放包容、清洁美丽的世界。"[1] 从1840年开始中国以被动的方式被西方的坚船利炮拖入世界历史而陷入历史低谷,到今天中国以主动的方式捍卫人类共同发展的全球化方向并构建人类命运共同体,人类命运共同体的历史性出场,不仅是中国走向世界舞台中心的庄严宣告,也是当代中国在"世界观"上从被动转向主动的重要见证。

作为中国向人类社会提供的中国方案与中国智慧,人类命运共同体也具有深厚的中华文明历史底蕴,有效激活了中华民族优秀传统文化的合理因素,从而呈现出中国风格与中国气派。中华民族优秀传统文化的合理因素之所以能够在人类命运共同体的文明转型过程中得以激活,这是由中华民族优秀传统文化的内在合理因素所决定的。从总体上看,中华民族优秀传统文化博大精深,源远流长,其中有助于人类命运共同体文明转型过程的有益思想资源主要体现为以下要点:

第一,中华传统文明的"天下为公"的王道政治理念有助于发展人类命运共同体的持久和平。中华传统文明素来推崇"大同"理念,秉持《礼记·礼运》中所载的"大道之行,天下为公"的理念。"天下为公"的理念在孟子思想中发展为王道政治,并与霸道政治相区别。按照现代政治哲学的观念看,王道政治与霸道政治的原则性区别:王道政治强调天下整体的公共性,霸道政治看重民族国家的私利性。霸道政治推崇弱肉强食的丛林法则,信奉"力量即正义"的实力原则,秉持"非敌即友"的二元观念,最终必然表现为冷战思维与霸权政治,最终对国际社会的持久和平构成严峻的挑战。对此,黑格尔在《法哲学原理》中已经作出了深刻的分析,"可

---

[1]《中国共产党第十九次全国代表大会文件汇编》,北京:人民出版社,2017年,第47页。

是国家是个体，而个体性本质上是含有否定性的。纵使一批国家组成一个家庭，作为个体性，这种结合必然会产生一个对立面和创造一个敌人"[1]。黑格尔在此指出，国家之所以会不断创造"敌人"，究其根源是因为国家在本质上是个体性，也就是仅从自我利益出发，这正是霸道政治的内在原则。"个体性"的内在原则也被黑格尔称为"特殊性"，所以黑格尔指出，"国家在它们的相互关系中都是特殊物，因此，在这种关系中激情、利益、目的、才德、暴力、不法和罪恶等内在特殊性和外在偶然性就以最大规模和极度动荡的嬉戏而出现"[2]。与霸道政治的强调个体性和特殊性的内在原则相比，中华传统文明的王道政治更加注重普遍性与共通性，因而天下为公的王道政治理念必然强调"协和万邦"的理想国际秩序。

第二，中华传统文明的"修文偃武"的和平主义理念有助于落实人类命运共同体的普遍安全。习近平总书记在十九大报告中指出："中国奉行防御性的国防政策。中国发展不对任何国家构成威胁。中国无论发展到什么程度，永远不称霸，永远不搞扩张。"[3]这并非是中国的"外交辞令"或"权宜之计"，而是基于中华传统文明深厚传统的必然选择。因为中华传统文明历来注重"和为贵"，崇尚"远人不服则修文德"，反对穷兵黩武与扩张征服。对此，明代著名传教士利玛窦曾经发出这样的感慨："虽然他们有装备精良的陆军与海军，很容易征服邻近的国家，但他们的皇上和人民却从未想过要发动侵略战争。……我仔细地研究了中国长达四千多年的历史，我不得不承认，我从未见到有这类征服的记载，也没听说过他们扩张国界。"[4]中华传统文明之所以坚持修文偃武的和平主义精神，这与中华传统文明的生产方式有关。与"逐水草而居"的游牧文明和"面向大海"的西方文明相比，中华文明很早便进入农耕文明，成为追求自给自足的和平型文明，并不具备游牧文明与西方文明的流动性、征服性、进取性的文明特征。更为重要的是，数千年农耕文明使中华文明追求自给自足、自力更生，依靠自己的力量实现发展，而不是对外转移矛盾或攫取资源来发展。同样面对"人口多、资源少"的困境，西方国家在历史上应对"马尔萨斯陷阱"的方式是通过海外殖民，将本国矛盾转移到国际上去；然而中国却从来都是依靠农业上的"内卷式"发展来提高农业生产率，由此在有限的中国耕地上养活日益增长的中国人。直到今天，中国依然依靠袁隆平的杂交水稻技术来解决中国人的饭碗问题。中华文明由此铸就了崇尚和平的文明基因。

---

[1]（德）黑格尔：《法哲学原理》，范扬、张企泰译，北京：商务印书馆，1961年，第342页。
[2]（德）黑格尔：《法哲学原理》，范扬、张企泰译，北京：商务印书馆，1961年，第351页。
[3]《中国共产党第十九次全国代表大会文件汇编》，北京：人民出版社，2017年，第48页。
[4]（意）利玛窦：《利玛窦中国札记》，北京：中华书局，1983年，第58-59页。

第三，中华传统文明的"和而不同"的和谐共存理念有助于实现人类命运共同体的共同体原则。中国始终是一个超大规模的文明形态，在文明内部保持着丰富的多样性，因此，中华传统文明在漫长的历史发展过程中既强调统一性，也尊重差异性，由此形成了兼顾共性与个性的"和而不同"的和谐共存理念。"和而不同"的和谐理念与追求整齐划一的同一性原则具有本质区别，即尊重差异性与多样性。值得注意的是，中华传统文明的"和而不同"的和谐共存理念与马克思主义的共同体原则具有内在的一致性。马克思的"真正共同体"强调的是个性与共性的有机统一。正如马克思所说："在过去的种种冒充的共同体中，如在国家等中，个人自由只是对那些在统治阶级范围内发展的个人来说是存在的，他们之所以有个人自由，只是因为他们是这一阶级的个人。从前各个人联合而成的虚假的共同体，总是相对于各个人而独立的；由于这种共同体是一个阶级反对另一个阶级的联合，因此对于被统治的阶级来说，它不仅是完全虚幻的共同体，而且是新的桎梏。在真正的共同体的条件下，各个人在自己的联合中并通过这种联合获得自己的自由。"[1] 也就是说，在真正的共同体中，个人的全面而自由的发展是一切人全面而自由的发展的必要条件，这也正是个人与集体、个性与共性的和谐辩证法。注重个性与共性有机统一的共同体原则与中华传统文明的"和而不同"理念高度契合。因此，在新的历史条件下，中华传统文明的"和而不同"理念有助于实现人类命运共同体所坚持的共同体原则。

第四，中华传统文明的"推己及人"的他者主义理念有助于建构人类命运共同体的协商伦理。西方文明的以自我为中心的原则给全球治理带来了极大的困境，自我中心主义往往强调自身利益至上的绝对地位。与西方文明不同，中华传统文明一贯坚持"己所不欲、勿施于人"的理念，强调"将心比心""推己及人"的同理心，反对"以眼还眼，以牙还牙"的狭隘观念，更反对"先下手为强、后下手遭殃""宁使我负天下人，休叫天下人负我"的"先发制人"的手段和"唯我独尊"的心态。这便是以他者为重的伦理观念，而不是以自我为中心的文明姿态。与"己欲达而达人，己欲立而立人"的伦理姿态相比，"己所不欲、勿施于人"的他者主义伦理观念看似消极，但在处理自我与他者的关系中具有积极意义，因而成为处理国与国关系和人与人关系的黄金伦理法则。这是因为，以他者为重的伦理观念反对强加于人的压迫姿态，进而形成了"反求诸己"的内敛性格，因而具有和平性与包容性，而不是自我中心主义的扩张性。因而，中华传统文明的"己所不欲，勿施于人"的准则最终成为各个国家、各种文明能够和谐共存的重要基石。在新的历史条件下，看似

---

[1] 马克思、恩格斯：《马克思恩格斯文集》第 1 卷，北京：人民出版社，2009 年，第 571 页。

消极的"己所不欲、勿施于人"的他者伦理正是构建人类命运共同体协商伦理的价值基础。共同协商是建构人类命运共同体的重要机制。从协商程序上看,民主协商必须经由对话环节,而对话是否成功有效的关键在于倾听,进而倾听势必需要尊重他者。这意味着,如果缺乏尊重他者的伦理观念,倾听就会沦为充耳不闻的自我封闭,对话就会陷入一家独大的自说自话,协商也就蜕变为徒有其表的外在形式。

第五,中华传统文明的"不往而教"的文化自信理念有助于促进人类命运共同体的文明对话。中华文明一直有"礼闻来学,不闻往教"的传统,从不主动对外进行价值观输出。正因为中华传统文明坚持"礼闻来学,不闻往教"的传统,于是形成了"桃李不言,下自成蹊"的文明性格。这意味着,中华传统文明从不主张强加于人的文化输出,从不谋求文化霸权。中华传统文明之所以坚持"礼闻来学、不闻往教"的精神,这是由中华文明的地理依赖性所决定的。西方文明的核心精神是基督教,尤其是在新教改革之后,每个信徒都可以与上帝建立直接联系。这种文化特性决定了西方文明可以摆脱地域限制而到处传教,无论身处何地,只要心中有上帝,哪里都是传教的热土。与"信仰上帝"的基督教文明相比,中华传统文明的儒家传统则是"重视家庭"。上帝可以无处不在,但是家乡只有一个。正因为家庭观念是中华传统文明的轴心,所以中华传统文明始终立足本土,依托熟人社会,因而形成了以家庭为中心的"同心圆结构",由此构成了中国文化传播所独有的地理依赖性。习近平总书记在十九大报告中指出:"要尊重世界文明多样性,以文明交流超越文明隔阂,以文明互鉴超越文明冲突,以文明共存超越文明优越。"[1]在这方面,由于中华传统文明的地理依赖性,因而中华民族从不谋求超越地域限制的文化霸权,进而有助于推进不同文明与文化之间的交流互鉴,并将有效抑制不同文明与文化之间的冲突与隔阂。

第六,中华传统文明的"海纳百川"的兼容并包理念有助于推进人类命运共同体的开放包容。从文明角度看,建构人类命运共同体,不仅需要不同文明的共存、对话与交流,也需要不同文明的互鉴、包容与交融。换言之,作为文明转型方案的人类命运共同体应当在尊重文明多样性的前提下,积极构建会通不同文明的"文明共同体"。在此方面,中华传统文明具有"海纳百川"的文化包容力,为不同文明的有机交融提供了有益借鉴。从族群交融的视角看,中国各民族虽然在历史上不乏冲突,但最终都在不同阶段融入中华民族共同体。在中国历史上,凡在军事上战胜中华的少数民族,最后都在文化上成为中华文明大家庭的一员。与西方文明的民族冲

---

[1]《中国共产党第十九次全国代表大会文件汇编》,北京:人民出版社,2017年,第47页。

突相比，中华文明更加强调民族包容，更加强调各民族之间的交往交流交融，更加强调中华民族共同体意识。从宗教融合上看，其他地区往往因为宗教的排他性特征而引发激烈的宗教冲突，但在中国历史上，先有印度佛教传入，后有西方基督教、伊斯兰教传入，中华传统文明均对其接纳吸收，进而出现了诸如中国禅宗等新型宗教思潮。一方面，各大宗教在宗教中国化的历史进程中汇入中华文明的洪流；另一方面，中华传统文明也在吸收各大外来文化和宗教的过程中，不断包容创新，不断发展壮大。正是凭借着中华传统文明"海纳百川"的包容力，中华文明成为一个巨大的"文明漩涡"，融多种族群于一体，汇多元文化于一炉，最终使中华传统文明有效保持了与时俱进的顽强生命力。因此，中华传统文明的包容力将为推动中西文明融合、建构全人类共同价值提供历史镜鉴，从而为人类命运共同体系上文化纽带。

正因为中华传统文明具有王道高于霸道、文治高于武功、和谐高于同化、他者高于自我、对话高于对抗、包容高于排他的文明性格，因而中华传统文明能够在人类命运共同体的文明转型时刻提供宝贵的借鉴资源和深刻的思想启迪。值得注意的是，这并不意味着中华传统文明可以未经反思便被现成地照搬到人类命运共同体的当代建构的实践过程中，而是需要一系列的创造性转化与创新性继承。也就是说，人类命运共同体激活了中华传统文明的现代活力，而不是对中华传统文明的因循守旧的简单抄袭。在此意义上，人类命运共同体的文明转型也为重新焕发中华文明的生机活力提供了宝贵的历史性契机。如果中华传统文明错失了参与建构人类命运共同体的历史时刻，那么中华传统文明就无法融入马克思所说的"世界文学"，而只能停留在"地方性知识"的尴尬境地。只有在介入人类命运共同体的建构历程中，中华文明才能与世界上其他文明携手并行，共同致力于文明融合与转型。

构建人类命运共同体，不仅需要中华传统文明的历史出场，也需要中华传统文明的创新更化。中华文明与社会主义文明的有机融合，最终能借助于人类命运共同体而创造出新的文明形态。正如英国著名历史学家汤因比所说："西方观察者不应低估这样一种可能性：中国有可能自觉地把西方更灵活也更激烈的活力与自身保守的稳定的传统文化熔为一炉。如果这种有意识、有节制地进行的恰当融合取得成功，其结果可能为人类的文明提供一个全新的文化起点。"[1]在此意义上，作为文明转型方案的人类命运共同体，正是使汤因比的预言成为现实的伟大实践。

---

[1]（英）汤因比：《历史研究》，刘北成译，上海：上海人民出版社，2000年，第394页。

论人类命运共同体与人类文明交流互鉴的统一和合

北京交通大学 杨 蔚 王 泽

人类命运共同体与人类文明交流互鉴是国际间交流与合作日益密切的背景下，伴随着我国实现中华民族伟大复兴中国梦以及实现社会主义现代化而展现出的实践和理论问题，近年来正在逐渐成为学术界关注的热点问题。

学界分别对人类命运共同体与人类文明交流互鉴研究较多，但是对二者的相互关系进行的专门研究并不多。本文在梳理二者内涵的基础上，力图对二者的内在统一契合关系进行探究阐述。

一、人类命运共同体的提出、理论渊源

（一）人类命运共同体提出

"人类命运共同体"起源于人类共同生存的家园意识，形成于"二战"后人们对战争破坏性作用的限制与约束诉求，发展于新科技革命助推下的经济全球化。[1]在全球性问题凸显、人类生存与发展面临的共同挑战日益增多、现有国际秩序格局发生深刻改变的背景下，和平、发展、合作成为各国的共同诉求，中国作为负责任的大国提出"人类命运共同体"这一新理念和解决方案。

2004年，有学者提出中国应当构建"利益汇合点"，提议中国发展过程中建立轻易拆解不开的、多方面的和不同领域、不同层次的利益共同体。[2]2011年《中国和平发展》白皮书中不仅阐述了中国推动实现全人类共同利益，共享人类文明进步成果，同各国各地区建立并发展不同领域不同层次的"利益共同体"的主张，也提出"命运共同体"的概念，指出"要以命运共同体的新视角，以同舟共济、合作共赢的

---

[1] 徐亮：《"命运共同体"的价值意义》，载《唯实》2015年第9期。
[2] 郑必坚：《世界热议中国：寻求共同繁荣之路》，北京：中信出版社，2013年，第5页。

新理念,寻求多元文明交流互鉴的新局面,寻求人类共同利益和共同价值的新内涵,寻求各国合作应对多样化挑战和实现包容性发展的新道路。"[1]

在新时代背景和话语体系下,基于对"共同体"概念的重构,中国共产党提出"人类命运共同体"概念,党的十八大报告中在关于合作共赢新型大国关系的解释时提出"人类只有一个地球,各国共处一个世界……要倡导人类命运共同体意识,在追求本国利益时兼顾他国合理关切,在谋求本国发展中促进各国共同发展,建立更加平等均衡的新型全球发展伙伴关系,同舟共济,权责共担,增进人类共同利益"[2],认为全人类应共同构成一个同呼吸、共命运的整体。人类命运共同体意识体现了国际法的人本意识、合作意识和共进意识等价值观,以维护或推进全人类的共同利益为最高宗旨。

习近平2017年1月18日在联合国日内瓦总部的演讲中,提出面对人类共同的挑战,中国给出的中国方案就是建立人类命运共同体。他指出,人类正处在大发展大变革大调整时期。世界多极化、经济全球化深入发展,社会信息化、文化多样化持续推进,新一轮科技革命和产业革命正在孕育成长,各国相互联系、相互依存,全球命运与共、休戚相关,和平力量的上升远远超过战争因素的增长,和平、发展、合作、共赢的时代潮流更加强劲。"同时,人类也正处在一个挑战层出不穷、风险日益增多的时代。世界经济增长乏力,金融危机阴云不散,发展鸿沟日益突出,兵戎相见时有发生,冷战思维和强权政治阴魂不散,恐怖主义、难民危机、重大传染性疾病、气候变化等非传统安全威胁持续蔓延。"他说:"让和平的薪火代代相传,让发展的动力源源不断,让文明的光芒熠熠生辉,是各国人民的期待,也是我们这一代政治家应有的担当。中国方案是:构建人类命运共同体,实现共赢共享。"[3]

(二)"人类命运共同体"的理论渊源

人类命运共同体是当代人类生存和发展现实需求的产物,作为一种理念和解决现实问题之道,人类命运共同体的提出并非空穴来风,而是有其理论渊源。

首先,源于马克思主义共同体思想。马克思在《政治经济学批判1857—1858年手稿》中提出,人类历史上有自然形成的共同体和劳动者本身创造出来的共同体。在论述亚细亚所有制形式时,马克思指出:"在这种土地所有制的第一种形式中,第

---

[1] 国务院新闻办公室:《中国的和平发展》,载《人民日报》2011年9月7日。
[2] 胡锦涛:《坚定不移沿着中国特色社会主义道路前进 为全面建成小康社会而奋斗——在中国共产党第十八次全国代表大会上的报告》,载《人民日报》2012年11月18日。
[3] 习近平:《共同构建人类命运共同体——在联合国日内瓦总部的演讲》,载《人民日报》2017年1月20日,第2版。

一个前提首先是自然形成的共同体。"[1]

自然形成的共同体不是劳动的产物，而是家庭或部落的群体——天然的共同体，它是人类起源时代的共居共生形成的群体，其成员个体离不开群体，只有作为共同体的成员才能生存。在自然形成的共同体之后，由于工具的发明的推动，历史上出现了劳动者本身创造出来的共同体。这种共同体是就手工业劳动的行会同业公会制度来说的。中国共产党提出的人类命运共同体理念，是对马克思、恩格斯社会共同体思想的创造性运用和发展，是对几代中国共产党人思想的继承，是中国特色社会主义理论体系的重要成果。"人类命运共同体"在"维护人类利益的世界视野、协调社会发展的内在冲突、关注现代个人的生存境遇等角度，与'自由人的联合体'具有理论契合，是马克思主义时代性的较好尝试"[2]。

其次，源于中国优秀传统文化。中国古代历史上有和同之辩，传统文化一向强调和而不同，以和为贵，求同存异，在交往中有着"己所不欲勿施于人"的道德原则，追求"天下大同"的美好理想。人类命运共同体思想深植于中国优秀传统文化的土壤之中，主张世界各国各民族跨越自我中心主义和狭隘的民族主义、功利主义，共命运，平等相待，相互尊重，共同应对面临的共同危机。这与中国以"和"为核心的优秀传统文化精神一脉相承，既以传统文化理念为底蕴，又是在新时代对这种文化理念、社会理想的超越和创新发展。

最后，源于国际交往的普遍性理念。人类只有一个地球，全球化把世界各国、各民族空前紧密地联系起来，国际交往日益密切和普遍化。尽管不同民族和国家利益、文化传统、价值观有差异和冲突，但是都有生存、完善、发展和对未来的美好追求。人类命运共同体是各种共同体形态历史发展的结果，源于人自身的内在能动性、源于人只能存在于共生关系之中[3]，也是人类交往中形成的普遍性理念，同时还是对中西方自古以来追求世界大同和永久和平的思想在21世纪的展望。

二、人类命运共同体的内在意蕴与特点

（一）人类命运共同体的内在意蕴

关于人类命运共同体的内涵，国内学界理解认识也并不统一，分别从传统文化、

---

[1] 马克思、恩格斯：《马克思恩格斯全集》第30卷，北京：人民出版社，1995年，第466页。
[2] 卢德友：《"人类命运共同体"：马克思主义时代性观照下理想社会的现实探索》，载《求实》2014年第8期。
[3] 金应忠：《试论人类命运共同体意识——兼论国际社会共生性》，载《国际观察》2014年第1期。

国际主义、生态有机体、法治文明、共生论以及人类共同价值等多层次多角度加以阐释。[1]

这些多角度的理解，可以说明，人类命运共同体所涉及的是关于人类发展、社会历史文化发展交流对话中的根本问题。正是由于其多义性，才彰显出其构建性和包容性。

本文认为，人类命运共同体既是一种理念，又是解决人类共同问题的现实方案。其内在意蕴在于，它强调世界不同民族、不同国家的命运与共，在此基础上，形成整个全人类的彼此相依共生。因而人类命运共同体是多层次的共生论。

首先，人类命运共同体是民族国家的共生。人类命运共同体是民族国家命运共同体之间在共生关系利益交融发展并赋予体系结构性过程中建构起来的，有自己发展变化的逻辑前提和逻辑演绎的条件和依据。[2]

其次，人类命运共同体是全球的共生。人类命运共同体是中国基于人类共同利益而作出的推动世界各国合作共赢的新理念，在妥善合理处理各国利益关系的基础上，从人类只有一个地球的角度出发，跨越民族和国家，把人类视为一个相互依存、有着共同命运的整体，不仅包括人类的生存发展问题，也包括人类赖以生存的前提——自然生态环境的保护。因此，人类命运共同体是全球人类和生态环境的共生。

（二）人类命运共同体的特点

人类命运共同体是基于不同国家和民族共同存在的前提下的共同体，因此有以下特点：

第一，差异性。这种差异性表现为层次性和类别性。世界各国有着不同地理环境和历史文化条件，现实经济发展程度和政治、社会制度也不同，彼此联系交往范围程度不同，不同层次的共同体在价值、利益、责任和命运等方面又表现出不同的价值追求，体现出差异性。

第二，超越性。人类命运共同体是站在世界和全球角度看待人类未来命运的，超越了民族国家、社会制度和意识形态的"共同体"表述。它主张超越"冷战思维"，摒弃"意识形态挂帅"，号召一种"尊重多样化社会制度"，强调"求同存异""和而不同"的人类国际交往价值观，不仅是理解中国和平外交政策的基点，同时表明中国共产党的世界观和全球观正在发生深刻的变化。[3]

第三，本土性。人类命运共同体与以往霸权主义和强权政治以及"人道的民主

---

[1] 张继龙：《国内学界关于人类命运共同体思想研究述评》，载《社会主义研究》2016年第6期。
[2] 丛斌：《让共同体意识为全面深化改革铸魂》，载《中央社会主义学院学报》2016年第1期。
[3] 董建萍：《关于战后世界社会主义发展的若干思考》，载《观察与思考》2016年第1期。

的社会主义"等观点有本质区别。"命运共同体"思想是具有中国特色、中国气派、中国风貌的文明交往理念,它不同于西方文明交往思想本质在于融合东方文明,特别是中华民族优秀传统文化资源,而是以东方文化价值观为内核,勾画出不同于西方的新型文明交往范式。[1]

第四,全球性。这种特征表明"人类命运共同体"的本质特征是国际社会的集体主义,是对国家个体主义的一种扬弃。在当代世界,每个国家都自觉和主动追求本国利益的最大化,单个国家可能无法意识到共同体的体系价值和整体利益,因此,"国际社会中的行为体须合理关切他者利益",从而建构共赢的命运共同体。[2] 人类命运共同体以一种新方式回答了全球范围人类社会未来走向何处的问题。

三、人类文明的交流互鉴

最早谈文明交流互鉴的文章发表于 2014 年,习近平 2014 年 9 月 24 日在纪念孔子诞辰 2565 周年国际学术研讨会暨国际儒学联合会第五届会员大会开幕会上的讲话题为《从延续民族文化血脉中开拓前进 推进各种文明交流交融互学互鉴》,学界 2018 年以后特别是 2019 年亚洲文明交流大会召开后,对于人类文明交流互鉴的研究才渐渐多起来。

文明有狭义和广义之分。广义的文明是指人类创造的物质和精神财富的总和,也可以理解为人类历史中体现的社会发展道路、社会制度、社会意识、生活方式和行为规范等。从人类文明展现的横向角度而言,无论是陆地文明与海洋文明、东方文明与西方文明,还是东亚文明、南亚文明、中东文明、地中海文明、拉美文明,文明的多元并行始终是世界在同一时空维度下的自然图景。

文明或文化的多样性既是人类社会的遗产,又是不可否认的事实。2001 年 11 月 2 日,联合国教科文组织第三十一届会议通过的《世界文化多样性宣言》第一条就指出:"文化多样性"是"人类的共同遗产"。"文化在不同的时代和不同的地方具有各种不同的表现形式。这种多样性的具体表现是构成人类的各群体和各社会的特性所具有的独特性和多样化。"

习近平在《论坚持推动构建人类命运共同体》中指出:"文明多样性是人类社会的基本特征。"而文明华章激荡人心和波澜壮阔之处,就在于"人类历史就是一幅不

---

[1] 任思奇、邓若玉:《习近平"命运共同体"思想探源》,载《人民论坛》2016 年第 5 期。
[2] 徐亮:《"命运共同体"的价值意义》,载《唯实》2015 年第 9 期。

同文明相互交流、互鉴、融合的宏伟画卷"[1]。

文明交流互鉴是文明成长的规律。2014年3月27日,习近平访问联合国教科文组织总部并发表演讲,他说:"文明因交流而多彩,文明因互鉴而丰富。文明交流互鉴,是推动人类文明进步和世界和平发展的重要动力。"[2]这一论述,深刻揭示了文明交流互鉴的意义和文明发展规律,以及文明在世界和平发展中的重要作用。

在2019年5月亚洲文明对话大会开幕式上的主旨演讲中,习近平指出:"交流互鉴是文明发展的本质要求。只有同其他文明交流互鉴、取长补短,才能保持旺盛的生命活力。"[3]文明因交流互鉴而存在发展,交流互鉴是文明进步的本质要求。世界各国各地区、不同民族、不同语言的人民创造了多种多样、丰富多彩的文明。通过种类繁多、生动有趣的文明形态,牢牢把握交流互鉴的本质要求,遵循文明发展客观规律,才能破除人类文明发展道路上的问题,推动世界文明前进发展。

文明交流互鉴理念强调文明与文化之间的平等、多元、多样发展,文明在共同生存、共同交流中互相借鉴。这一理念反对文明冲突论与文化霸权主义,尊重世界文明多样性,适应了当前全球文化交流合作的趋势与需要,有利于推动世界各国进行文化交流合作、实现国际合作共赢的命脉、促进共同构建人类命运共同体。

在习近平文明交流互鉴观中,文明的自觉自信与交流互鉴非但不是彼此排斥的,反而呈现"普遍-特殊"的辩证关系。一是文明自觉自信,不是在唯我主义的封闭体系的塑造,而是在与其他文明形态对话互动的确证。固然地理环境、人文历史的迥异,使不同文明存在诸多差异,但这种特有的身份标识与实际意义的确立,离不开以他者为参照,自我文明的传统元素同当今时代的共鸣点,也往往在与他者的交流互鉴中被重新发掘。

四、人类命运共同体与人类文明交流互鉴的统一和合

人类命运共同体与人类文明交流互鉴,二者无论从人类历史发展趋势与规律的纵向角度还是现实实践展开的横向角度看,都具有内在契合,体现出内在和合统一性,是历史发展规律与现实问题解决方案的统一。

在经济全球化浪潮中,带给人类文明的交往图景是什么?全球化的文明是否会

---

[1] 习近平:《论坚持推动构建人类命运共同体》,北京:中央文献出版社,2018年,第256页。
[2] 习近平:《在联合国教科文组织总部的演讲》,http://world.people.com.cn/n/。
[3] 习近平:《深化文明交流互鉴 共建亚洲命运共同体——在亚洲文明对话大会开幕式上的主旨演讲》,载《人民日报》2019年5月16日,第1版。

蜕变为文明的全球化？对此问题，有两种观点：一种是坚定的普世主义，他们给出的答案无疑是文明的未来是单一、共性和同质的。但后冷战时代的挫折已然证明这是注定无法实现的。另一种是朴素的多元主义，他们认为无论作为语言、文字的知识活动，还是习俗、制度的生活内容，都是对独特、差异的确证。[1]这种观点过度强调了孤立、特殊的事实解释，不可避免走向碎片化、身份化的文明观。

习近平提出的文明交流互鉴观，无论是主张"实现多元共生、包容共进"，还是褒扬倡导"各美其美，美人之美，美美与共，天下大同"的理念，在憧憬人类文明全景的问题上，都可以看出"世界大同，和合共生"的基本价值遵循。

（一）文明交流互鉴是推动人类文明进步和世界和平发展的重要动力

文明交流互鉴是人类文明交流的桥梁纽带，是人类文明前进的阶梯，人类文明的进步与发展离不开文明交流互鉴。任何一种文明在历史发展长河中，并不是自我封闭的，而是在竞争和比较中取长补短，在相互交流中保护自己的特色，在求同存异中共同发展。任何一种文明如果长期自我封闭，必将走向衰落。交流互鉴是文明发展的本质要求。只有同其他文明交流互鉴、取长补短，才能保持旺盛生命活力。

生命有机体需要新陈代谢，文明也如此。中国作为四大古文明中唯一没有中断的文明古国，正是因为其具有开放包容的文明交流态度，在一次次与不同民族的交流融合中实现自身进一步的发展更新。西汉时期张骞出使西域将中原文化带到西域，又将胡人的文化艺术精髓带回中原丰富人民生活；唐朝时期文化兼收并蓄，极具开放性，与不同国家的文化交流频繁，遣唐使来华学习交流、鉴真东渡、玄奘西行等都促进中华文明与他国文明的交流；郑和下西洋又将中华文明的影响力带到印度洋周边地区，同时又将当地的文学著作、艺术品等带回中国……这些与别国的文明交流活动都为中华文化不断注入新鲜血液，为中华文明的源远流长增添生命力，中华文明的发展水平因中西方文化、经贸的交流互鉴而不断提升，中华文明在交流互鉴中繁荣进步。

文明交流互鉴是人类各种文明互补的基础。在人类历史发展进程中，人类向工业社会、信息社会的转化，在全球化浪潮的席卷下，在某种意义上，世界越来越成为一个整体。各国经济、政治、文化、科技等方面交往交流与合作越来越密切，推动着不同文明的交流，只有在相互尊重、彼此平等的交流互鉴中，才能形成人类不同文明的共存与互补，形成文明文化上的共赢。如果推行文化上的霸权主义，只能导致对抗。

---

[1] 吴海江、徐伟轩：《论习近平文明交流互鉴观的时代内涵》，载《社会主义研究》2019年第3期。

文明交流互鉴是人类各种文明创新的前提。事物的发展规律告诉我们，矛盾是事物发展的内在动力。在事物发展过程中，必然有新的异质力量推动事物发生变化。人类文明的进步发展，需要不断创新，或者说本质上就是创新的过程。创新的过程是立足原有文明文化，汲取新的异质因素，从而生发出新的文明因素的过程。中国古代哲人有"和同之辩"，懂得"和实生物，同则不济"的道理，从而提出处理事物之间和人与人之间关系的"和而不同"的主张。在当代，这样的思想方法论告诉我们，世界各国不同文明文化要彼此尊重和包容，平等地交流互鉴，才是人类文明创新和发展进步的前提和基础。

文明交流互鉴是实现可持续发展的重要途径。人类生存和发展过程中，越来越面对更多的共同危机和挑战，面对经济社会发展与环境、能源、粮食、人口的矛盾，保证人类的可持续发展已成为世界各国的普遍共识。也只有通过不同文明的交流互鉴，集人类不同智慧和方案，才能面对共同危机和挑战。因此，文明的交流互鉴不仅是一种理念，也落地成为解决人类未来生存与发展问题的现实选择和重要途径。

（二）文明交流互鉴为构建"人类命运共同体"提供文化支持和精神指引

构建人类命运共同体，必须有良好的人文基础和精神支撑与引领。当今时代，经济全球化发展推动各国之间的经济贸易、文化交流、社会民生、国防军事等各领域的交流合作日益频繁密切，世界各国的交往日益加深。各国在文化交流与文明互鉴中必将促进人类命运共同体的建设。2019年5月15日，习近平在亚洲文明对话大会开幕式的主旨演讲中强调：我们要"夯实共建亚洲命运共同体、人类命运共同体的人文基础。""人是文明交流互鉴最好的载体。深化人文交流互鉴是消除隔阂和误解、促进民心相知相通的重要途径。"[1] 中华优秀文化传统倡导开放和包容，主张求同存异、和而不同的大同理念，对于不同文化，向来主张相互尊重与包容共存，在交流中融通。各国人民通过文化交流与沟通可以了解不同民族地域的风俗人情和渊源底蕴，了解他国的文明发展，在理解尊重他国文明文化的基础上尊重世界文明多样性，进一步增进不同民族、不同国家地区的联系与友谊，增进双方的了解、认识与共识，共同构建人类文明的精神文化基础，为人类命运共同体的构建提供文化支持与思想基础。各国在文明交流互鉴中秉持开放包容、平等共处的交流原则，在吸收借鉴他国优秀文化文明之处的同时继续提升本国文明自身的发展水平，坚决反对文化霸权主义，抵制歧视他国文明、强调本国利益优先的思想。文明交流互鉴会推

---

[1] 习近平：《深化文明交流互鉴 共建亚洲命运共同体——在亚洲文明对话大会开幕式上的主旨演讲》，载《人民日报》2019年5月16日，第1版。

动人类命运共同体的构建,从而为世界带来和平与稳定,共同推动人类文明及人类生存发展进步。

(三)构建人类命运共同体为文明交流互鉴提供坚实基础和现实可能

构建"人类命运共同体"既是人类发展的崇高理念,同时也是中国对人类面临共同问题的现实解决方案。人类命运共同体的构建必将为文明交流互鉴奠定现实基础,提供载体,打开广阔空间。

人类命运共同体以人类整体命运和整体未来利益为出发点,面对人类现实挑战和未来危机,在肯定世界各国各民族不同民族及其文化和合理性、注重其地位和价值的前提下,强调不同民族国家的交流和协调,力倡各个国家、各个民族跨越差异寻求合作、协调,在多元文化共生的基础上寻求互通,形成共同的价值认同和应对共同危机的高效有力机制。人类命运共同体有自己发展变化的逻辑前提和逻辑演绎的条件与依据,它强调的是不同民族面对共同压力和挑战的相互依存和互补共生。

世界文明交流互鉴需要一定载体。人类命运共同体的建立,将在现实制度和载体方面搭建不同民族文化交流的平台,使不同民族文化更加紧密相连,彼此交流互补,从而为不同文明交流共融提供现实基础和途径。

综上所述,人类命运共同体与文明交流互鉴,二者互相促进,相互推动,形成内在和合统一的关系,推动人类历史发展。

四、新时代人学的发展与探索

从现象学到人学

——重温当代人学思潮的初心和使命

吉林大学哲学社会学院 沈亚生

摘要：当代中国人学思潮的产生和发展，一方面有着我们国内文化和理论进展的内在因素在起作用，另一方面也有着苏联和20世纪西方人道主义文化和人学思潮等外在因素的作用。德国哲学家舍勒提出的哲学人学，海德格尔、萨特提出的存在论、解释学，胡塞尔晚年提出的相互体性、交往主体性和生活世界理论，它们作为当代人学理论的最初形式，都是20世纪初德国哲学现象学运动的产物。而现象学运动所载负的文化使命就是从对主体、对人本身的沉思和批判出发，通过人心和人性的重建，去找到克服科学危机、哲学危机和全人类的生存危机的思想力量。回顾人学思潮的理论发端和初心使命，我们会更加明确，当前我国人学理论工作的主旨就是要在改革开放的历史新时期，努力重建我们的"相互主体性"和"生活世界"，重建一种革新了的人性、人格和人的价值。

关键词：人学；现象学；存在论；人性；人格；生活世界

一、当代人学思潮的源头问题

我们现在经常讲不忘初心和牢记使命，这对于我们人学理论的研究和思考也是非常重要的。要重温人学思潮的初心，首先要明确这个"初"到底是来自哪里，要找到人学思潮的发端、源头在哪里。然后我们才能清理出这个思潮在它的启蒙之时的初心，它要解决什么理论任务，担负着什么样的文化史命。

中国当代人学思潮的发端，从内在的理论因素来看，主要是发源于20世纪我国的"文革"之后，哲学理论和文化各个领域中普遍发生的，对人性与人格、人的价值、人的权利、人的自由等问题的理论反省，得益于哲学界关于"人道主义与异化问题"的大辩论所积累的理论成果。黄楠森教授在《人学的足迹》一书中指出，正是那个时期关于人的各种根本性问题的思考和辩论，为他本人以及中国哲学理论界的人学研究，铺垫下坚实的根基。他写道："但在实践标准大讨论之后的关于人道主义和异化问题的讨论中，我逐渐认识到人学不能否定，人学应该作为一门科学来建立和建设。"[1]虽然关于"实践是检验真理的唯一标准"的大辩论在我们的当代中国思想史中占据了前台的地位，但是黄楠森教授在他的文献中，在全国人学学会的多次年会上，都反复回顾20世纪80年代初那次人道主义与异化问题的大讨论，还多次回顾1983年5月在中央党校召开的"纪念马克思逝世一百周年理论研讨会"的情景。他多次语重心长地指出，相比于实践和真理标准问题，人道主义和异化问题，以及由此而派生出来的人学问题才是真正的、更加深远和持久影响我国哲学理论和文化各领域发展的根本性课题。黄楠森老师关于人学思潮在中国兴起的内在逻辑和其重大使命的总结是精辟和准确的。

然而，我们还必须看到当代中国人学思潮之发端还有着外在的理论因素的作用。人道主义也好，人学也好，这些理论标签和旗帜，就像中国现代文化中的许多基本因素，就像"哲学""辩证法"这类基本的学术概念一样，都是"进口"或"合资"的产品。我们看到，我国人学理论运动在很大程度上根源于苏联哲学和西方哲学成果对我们的影响。20世纪的"二战"之后，由于德国战败，德国现代文化和哲学的主要成果在很长时期里完全失踪。而法国和其他一些国家的人道主义文化和存在主义哲学则成为欧洲和整个西方文化的主旋律。但是苏联的哲学理论界在很长时期里对西方的东西完全否定，在20世纪五六十年代他们组织过三次大规模的对"资产阶级人性论和人道主义"、对法国萨特的存在主义哲学的理论批判运动，当时的中国理论界也紧随其后展开过几次这样的理论批判运动。但是在20世纪80年代初，这个势头出现了逆转，苏联出版了一本题目为《改革与新思维》的书，书中提出了建设人道主义的社会主义，用谈判和妥协来取代国际政治中的冷战和阶级斗争等一系列"新思维"的人道主义原则。这就宣告了"二战"以后，用你活我也活的斗争原则来处理人类社会各阶级之间、民族之间、意识形态的不同阵营之间矛盾的冷战时代已经结束。苏联的哲学理论界对西方人道主义和人学问题态度的转向，也是在那时顺势而生。1987年暑期在北京西山由北京大学马列学院主办的全国高校教师马克思主义理论教学的集体备课研讨会上，当时的前中央宣传部理论局负责人在总结发言中就讲道，人道主义与异化的争论已成历史，而苏联正在兴起的人学研究才是我们应该有所作为的理论前沿。从那以后我国的人学运动才拉开大幕。那个时期苏联科学院建立了人学研究所，他们的几个高级

---

[1] 黄楠森：《人学的足迹》，南宁：广西人民出版社，1999年，第1页。

写作班子著述和出版了一批重要的人学著作，这些作品被译成中文广泛发行。正是在这些东西影响下，1988年第一期的《社会科学战线》上发表了吉林大学邹化政教授的《哲学即人学论纲——通往唯物主义的科学道路》论文，首次在我们国内举起了"人学"的理论旗帜。几乎与此同时，高清海教授与孟宪忠教授合作写出相同观点的论文《马克思主义哲学即人学》也发表在《光明日报》理论版上，同年9月，北京大学黄楠森、韩庆祥合作写出的《人学研究的几个基本理论问题》发表在《北京大学学报》上。

苏联的人学问题从何而来？我们发现，苏联关于人道主义文化和关于人学的理论思考主要是由对待西方的思想成果，特别是从对法国萨特为代表的存在主义哲学的讨论而引发的。萨特曾经宣称，存在主义是一种人道主义，他又说存在主义哲学是一种人学，如果能用人道主义和人学来补充马克思主义的学说，那么存在主义本身就没有独立存在的必要了。这表明人道主义和当代人学思潮的源头，从更深层上看还是来自西方的哲学与文化。而且，当人们深入研究萨特的思想时又发现，原来萨特是德国哲学家海德格尔的学生，他的重要著作《存在与虚无》法文版还有一个副标题"哲学现象学的本体论研究"。海德格尔与20世纪初期的德国哲学家、哲学现象学运动的创始人之一舍勒关联密切，后者是最早举出哲学人学旗帜的思想家和哲学家。黄楠森老师在《人学原理》一书中说，现代意义上的人学是舍勒开创的。[1] 联邦德国出版的《百科全书》写道："哲学人类学是哲学的一部分，它研究人的本质及其在世界中的地位。"[2] 欧阳光伟教授指出："哲学人类学诞生于20世纪20年代，它由德国哲学家马克斯·舍勒创立，经过几十年的发展，在当代它已经成为包括哲学人类学、心理哲学人类学、宗教哲学人类学和文化哲学人类学等分支的庞大的哲学体系。它以德国为中心，流传于欧洲大陆，渗透到英美诸国，并在苏联和东欧国家产生了广泛的影响。"[2] 上文中所讲的"哲学人类学"在英文中与"哲学人学"是一个词（philosophical anthropology），"人学"（anthropology）则是这个概念的更进一步简化。这样看来，萨特和海德格尔的存在论、舍勒的人学思想都是德国哲学现象学运动的产物。可是舍勒和现象学在怎样的文化时代，在什么样的哲学背景下走上了人学之路，这个更深一层的问题还是需要探究。

---

[1] 黄楠森：《人学原理》，广西：广西人民出版社，2000年，第290页。
[2] 欧阳光伟：《现代哲学人类学》，辽宁：辽宁人民出版社，1988年，第6页。

二、舍勒开创哲学人学的主要工作

尽管西方的、中国的、古代的和现代的哲学中,许多国家、民族的哲学中都不乏对人性、人生、人与自然的关系、人的尊严、价值、人的实践等一些重要问题的探讨,但是就像德国哲学家卡西尔在《人论》一书中所说的那样,各种学术和学科建立发展几千年,自觉系统具有独立意义的人学或人类学却始终没有出现。海德格尔也说,长期以来的欧洲哲学只关怀于"存在者",却忘怀了"存在"本身。他认为存在的本质是"此在","此在"就是"在世界中""在时间绵延中"展开的、处于生存和价值体验状态中的人本身。海德格尔所说的"存在的遗忘"实质是在说,欧洲的哲学在很长时期里忽略了人的问题在一切理论问题中的核心位置。当然,"人学"或"人类学"这个词早在柏拉图和亚里士多德那里就偶然被使用过,马克思的时代就有过一些历史学、考古学式的人类学研究。17世纪英国思想家休谟的《人性论》是一部高度自觉和深入全面地研究人本身的光辉著作,此书旨在从人性基础出发来解决心理学认识论和情感论伦理学等问题。而且休谟宣称,在哲学和科学的各个领域的研究,就像一场战役中,许多攻打外围碉堡的战斗都不能最终解决战役的胜负,只有最后攻破敌军司令部才能获得彻底的胜利。而对人性的研究就是攻克所有理论问题司令部的战斗。但是18世纪初休谟时代的自然科学、理性主义哲学和资本主义社会等现代性的问题还没有充分成熟,所以他的人学研究还不具有现代或当代的意义。

直至20世纪初,德国哲学家舍勒才真正开创了当代意义上的哲学人学。他明确提出:"哲学人类学的任务是,精确地描述人的一切特殊的专有物,成就和产品,是如何从在以上叙述过的人的存在的根本结构中产生出来,如语言、良心、工具、武器、正义和非正义、国家、宗教和神话、科学、历史性和社会性等。"[1]这里他所讲的研究"人的存在的根本结构"即是我们所说的,把人性或人的本质(人性或人的本质这两个词在英文中是一个词 human nature)作为哲学人类学研究的中心问题。舍勒1926年《人在宇宙中的位置》《人与历史》等后期的作品中提出要探索人在宇宙中的特殊位置,就必须全面研究"完整的人",这个任务包括:一要研究人与自然的关系。二要研究人类的起源和形而上学本质。三要研究人的生理、心理、伦理各种活动相互关系及三者的更深层基础,人的冲动性与能力。四要研究人的生命和精神心理发展史,心理与肉体的关系,社会发展方向与规律。五要研究人学研究方法论,

---

[1] 刘晓枫:《舍勒选集》,上海:生活·读书·新知三联书店,1999年,第1356页。

舍勒还主张必须用现象学的直观和还原方法来研究人。舍勒的人学理论提出了三个方面的思想，一是关于人的本质论，二是关于人的价值论，三是关于人的现实活动论。关于人的本质，他认为现象学就是教人用直观来排除事物杂乱表象而达到本质的把握。这种把握的第一层是达到粗浅常识与实证科学的知识，以自然欲望为基础、以自然现象为对象、以实用为目的知识。达到这种知识的只能是自然人。第二层是对事物本质的知识，理论科学所达到的知识。达到这一层理解才能成为精神人，成为有人格的人。而第三层才是本质直观所达到的，最为完善的事物极限绝对的知识，也叫作"拯救的知识"。达到这种知识的人才有完整的人格，成为神圣人。这实际是说人的本质是对宗教信仰的追求。关于人的价值论，舍勒认为，人格的发展就是从感性价值上升到实用价值，上升到生命价值，然后到精神价值和宗教价值五个层次。那些超越了感性、生理、心理领域的欲求达到生命和精神的领域的人，才是有人格的人。关于人的现实活动论，舍勒认为人格不是实体，而是各种精神活动的统一，一个静态的人也不成为自我，自我是一个动态的变化过程，人格处于客观实在世界与主观价值世界的关系和活动当中。他还反对把人定义为理性动物，反对用技能、使用语言、制造工具等活动来定义人。他反对用自然进化论对人的说明，倾向于用文化、精神、宗教信仰来说明人。另外，他还认为人的本质是不能定义的，他主张把对人的理解与对神的理解结合起来。

　　为什么舍勒在其理论探索的至高点上走向了人学之路呢？舍勒的博士论文是研究伦理人格，他一生的大部分论著都是关于人格和伦理方面问题的。舍勒一生的学术活动可以用两个字概括：一个是变，他的思想发展第一阶段是他的青年时代，受到康德认识论和柏格森生命哲学影响，他把逻辑和伦理作为研究主题，提出先验逻辑的认识论方法和生命本能与科学认识相结合的伦理观。第二阶段是他的中年时代，他把现象学方法运用推广到伦理与宗教、政治、文化等领域的研究中，提出了现象学的伦理观与宗教观。第三阶段是他的晚年，他放弃有神论转向泛神论，放弃现象学研究，提出人类学的转向，用经验和形而上学结合的方法来研究生命冲动和精神本质，明确提出哲学人类学的任务。他的学术生涯中思路和主题不断变换。他的学术活动第二个特点是广，他的研究领域涉猎极广，涉及现象学认识论、生命哲学、伦理学、心理学、教育学、知识社会学、历史、佛学、社会学、资本主义文化批判等。舍勒就像一个游击队员一样，时代和社会的热点出现在哪里，他的思考和论著就追寻到哪里。但是他在每一个领域的研究的深处，都不得不回归到人性与人格这个最为根本性的问题上来。到了他学术活动的最后阶段，他宣称自己以前在各个领域中的一切研究都是边缘性的，人的问题才是所有科学和智慧的核心问题。在"论人的理念"论文中舍勒说道:"按照某种理解,哲学的所有核心问题都可以归结为这样一个问题:人是什么,人的存在在世界和上帝的整体中占据何种形而上学的位置?"[1] 舍勒从伦理宗教、社会文化和政治的现象学的基地出发走向人学之路,这是由于他面对欧洲和全人类的伦理、政治等方面的价值观迷失危机,最终看到,只有从对人的独立和深入思考的人学理论中,才能找到克服这些危机的理论法宝。

舍勒与现象学运动的创始人胡塞尔的相互影响是不可忽视的。虽然在他们合作的一开始就发生了根本性的分歧,但是在现象学的"面向事情本身"原则上,在把"直观"作为一切思考的最终根据的原则上,他与胡塞尔是高度一致的。他反对胡塞尔把心理学认识论作为现象学的主题,反对把先验自我作为探索一切问题的原点,这又与现象学的另一位大师海德格尔相吻合。海德格尔从存在者存在的发生学——此在论和时间论的研究中透示出人性、人生和人的价值意义,并且举起了哲学解释学(实质也是人学和人性论)的旗帜。胡塞尔从心理学认识论的思考,从寻求知识的本质和基础的现象学,走向相互主体性、交往主体性和生活世界理论,这实质上也是走向了人性和人学的思考道路。在胡塞尔那里,一切心理学和认识论与主体性、先验性问题的最终解决,原来也必须依赖于人的问题如何解决。舍勒和海德格尔后来都贬低现象学而另起炉灶,但他们最初都是从现象学这个理论基地出发,都是从现象学的研究进程中脱胎而出的。他们都从现象学的主观性优先的原则和直观的方法论原则出发,各自游历了不同理论领域,然后把对人性、人格等人学问题看作是最终的理论归宿。这里展现出的问题是:哲学现象学为什么和怎样孕育出了人学思潮?

三、人学为什么要从哲学现象学中脱胎而出

舍勒在19世纪20年代初期宣告了人学的开创,海德格尔在20年代中期出版了《存在与时间》,从而奠定了此在论的人学体系。而胡塞尔则在30年代的文献中开始提出相互主体性和生活世界论,这理论虽然不成熟,但也指出了人学问题在一切理论问题中的核心位置。这三位哲学家的殊途同归显示出人学思潮产生的逻辑必然性。特别是胡塞尔,不仅著述丰富,而且其思想发展的进路和变化线条清晰。如果把他的文本和思想串联到一起进行清理时,就会比较清楚地看到一幅当代哲学人学思潮是怎样、为什么从德国现象学的母体中脱胎而来的思想路线图。我们还能清楚地看

---

[1] 刘晓枫:《舍勒选集》下卷,上海:生活·读书·新知三联书店,1999年,第281页。

到，人学的诞生之初承载着怎样的文化和哲学使命。

　　胡塞尔有着一种寻根问题的精神。在数学、逻辑学、心理学的教学和研究中，他都发现这些科学知识欠缺着真正根基，都处于危机和动摇之中。胡塞尔在哈勒大学的十几年是其思想发展的第一个阶段。这期间的代表作是《逻辑研究》，而"第六逻辑研究"是这个阶段胡塞尔思想成果的总结。这个文献的主题是要为心理学和逻辑学提供新的理论基础，提出直观的原则和主观意向性的原则。特别是他提出了"面向事情本身"的理论口号，这种破除传统和挑战权威的精神感染了整个德国和欧洲的理论界。第二阶段是他在哥廷根大学的十余年，这期间的代表作是作为哲学现象学学派创立宣言的《哲学作为严格的科学》和《纯粹现象学通论》。胡塞尔在这里提出了重建科学知识基础，建设本质科学、严格科学、关怀人文价值的纯粹现象学的理论任务。他在这里还完善了现象学直观、还原等方法论原则，并且把主体性、意向性原则向前推进，而达到了先验自我的存在和自我能动地构造出关于对象的知识论原则。第三阶段是其在弗莱堡大学时期，代表作是《笛卡尔的沉思》，当时许多人对胡塞尔的先验自我论不能说明先验自我本身如何发生进行了批评，也就是认识论的主观唯我论困境。为了解决先验自我的发生学问题，胡塞尔先是在康德的主观和先验的时间观理论中摸索，后来他在笛卡尔的"他人自我"与"本己自我"的"同情""同在"等理论中，在莱布尼茨的单子先定和谐理论中，找到了"相互主体性"理论这个答案。

　　相互主体性的概念后来演变为"交往主体性"的概念。这个理论有几个主要内容：一、确认他人存在，这种确认是由现象学直观来导出和论证的。二、确认本己自我与他人自我的平等与和谐，在这里他借助了莱布尼茨的单子先定和谐论，此后又把这种神秘的先定和谐推进到有了现实合理性的交往和谐论，并认为正是这种人际间交往形成的和谐构成了相互主体性。三、相互主体性或交往主体性也是一种精神观念，但不是个人的而是社会或人类的主观性。它不是先于人类历史，而只是先于个体人的，这实际上是一种通过人与人之间的交往与社会的文化传承积淀而形成的、固化了的、社会化了的意识结构，这在休谟那里曾被看作是人性或人的本质。我们知道，在笛卡尔和康德的认识论中，主观、自我没有区分大写的人类之我的主观与小写的个体之我的主观。一旦这个区分被悟出，一旦个体之人的同一性或本质被归结为整体人类的社会文化交往，那么先验自我的发生学之谜就不攻自破，而这正是胡塞尔"交往主体性"理论的思考路线。但是胡塞尔的这个路线已经不再是心理学和认识论的路线，而是上升到人性论和人学的路线了。因为相互主体性或交往主体性实质上就在个人的认知活动或主观性中所体现出来的人类文化传承造就的具有普遍意义的人性。

胡塞尔思想发展的最后阶段是《欧洲科学的危机与超越论的现象学》（以下简称《危机》）一书中呈现出的"生活世界"论。这个理论不但包含了交往主体性理论的原则，还进一步考察了作为普遍人性代名词的相互主体性这种东西如何形成。这本书在其开头的第一部分讲"三个危机"——科学危机、哲学危机、人类社会生存的危机问题，这些关于"危机"的理论道出了当时现象学运动的文化背景和其所面临的最迫切的理论任务。我们知道胡塞尔的时代也正是物理学和整个自然科学发生第二次大革命的时代。光学、电学、有机化学等科学家成果都使得传统自然科学的最基本观念和知识变得可疑。而实证心理学和实证社会科学的开创也使得精神文化、社会历史领域的各种知识和信念面临革新和洗礼。在哲学界，科学实证主义和片面的理性主义都暴露出致命的缺失，都面对着人本主义思想家们的批判与声讨。第一次世界大战的野蛮破坏性和胡塞尔在战争中失去儿子的切肤之痛，使他意识到全人类面临着生存危机的灭顶之灾。而胡塞尔所能做的就是从现象学出发去挖掘出产生这些危机的根源，去谋划出克服这些危机的道路。

《危机》这部书的第二部分是以回顾笛卡尔以来的哲学史和科学发展史为线索，来对陷入了"物理主义"和"客观主义"的科学危机与哲学危机进行批判。这些批判和论述展示出现代欧洲人遗忘了古希腊时代的人文精神，遗忘了"生活世界"。在这里胡塞尔指出，由生活实践需要而产生出来的现代科学和由启蒙理性产生出来的笛卡尔哲学，如何在其进展中误入歧途，走上了危害人类思想健康和危害人类生存的歧路。这部书的主要成果体现在书的第三部分，讲"生活世界"的理论中。这个理论有几点要义。第一，胡塞尔讲的"生活世界"就像现象学理论所讲的一切问题一样，都只是讲人和社会的精神文化生产与生活，完全没有社会的物质生产与生活的含义。第二，这种精神或文化不是个人的心理活动，而是社会化和全人类化的主观意识结构——相互主体性。第三，这种相互主体性形成是由社会历史的文化交往而来，所以也是交往主体性。第四，但这种文化交往的真正根基不是指社会历史中那些科学化或理论化了的精神活动或成果，而指人们的那些前科学、前理论的但却在实践中起决定性作用的情感、风俗、习惯等，这些东西就像"潜规则"一样，支配着人的生产与生活实践。第五，"生活世界"或者是人的前理论性的精神观念，有些是仅仅关联于外部对象的，有些是只关联于人本身而相对地脱离了外部对象的，其实这后一种精神观念的理论根基就是我们所说的人学。在胡塞尔看来，前者应该成为自然科学的真正基础，后者应该成为人文社会理论的真正根据。第六，正是这些关乎人性和人的价值伦理、实践利害方面的直观或潜意识，才是相互主体性或人的生活世界，也是人性中最根本的东西。《危机》这部书要说明的就是，理论中和现实生活中所有的危机都是由于对"生活世界"的遗忘，是由于对人性与价值的迷失，要摆脱危机我们必须返回"生活世界"，去重建人性和人的价值本身。

他在《危机》一书的最后讲道："哲学的历史，从外在的历史上的丰富学识方面来看，就其注意方向是指向世界中存在着的人，指向作为理论构成物（命题体系）的诸多种哲学而言，它是其他诸多文化形态中的一种文化形态，就其外在的逝去了的生存系列（它将这个生成系列——光来自不发光的东西——称作是发展）来看，它是一个在世界中、在世界的空间时间中发生的因果过程。"[1]这话的关键在于它指出了，这个时候胡塞尔心目中的现象学，区别于其他学术的根本就在于，前者是以人本身为最高和最基本的问题，已经演变为"人学"。胡塞尔最后还说："人的本质是理性，理性使人感到满足，感到幸福。理性使人成为一种目的性存在，成为是应当如何的价值性存在。目的论和价值决定了人的一切存在与发展。"[1]他为什么要把人性最终归结为理性呢？因为如果像"生活世界论"所主张的，把前理论、前逻辑的东西看作是人之生存的根基，这是不是反理性或非理性呢？胡塞尔非常反感海德格尔的反科学主义，也不赞成舍勒的伦理学情感主义，这是他反复强调自己是理性主义者的原因之一。但是在反对当时欧洲科学实证主义和缺失人文关怀的片面理性主义方面，他们又是异口同声的。

结　语

20世纪初的德国哲学现象学运动是当代人学思潮的前身和母体。这个运动的初心和使命是，在欧洲和西方世界的科学危机、哲学危机和全社会的生存危机中隐藏着所有危机的最终根源，这就是那个时代的人性和人格本身的迷失与误入歧途。而哲学人学之所以会从哲学现象学运动中脱胎而出，它的文化和社会使命就是要引导出克服这些危机的道路和重建新的"生活世界"，即新的人性、人格和人的价值。正是这个初心和使命的力量推动了当代世界的人学运动，也推动了中国人学思潮和发展。当代的中国在改革开放四十年后，科学、哲学和全社会的生存现实中是不是也面临着深刻的矛盾和危机？在这些危机中，是不是也存在着旧时代人性与人格的垮塌和重建新时代的"生活世界"的迫切需要？已故的高清海教授在他学术生命的最

---

[1] 胡塞尔：《欧洲科学的危机与超越论的现象学》，北京：中国商务出版社，2008年，第322、324页。

后时期指出:"进入二十世纪九十年代我的思想自觉更加明确了。我意识到,一切问题都集中于人的问题和对人的理解方面。"[1] "依据这一理论来看中国今日的现实,我们不能不承认,我们的落后不只表现在经济、社会、技术等方面,最根本的是落后在'人'的发展方面。"[1] 应该看到,我们今天的人之发展,最根本的任务,就是克服以往由封建传统文化和苏联专制文化传染和造就出的依赖人格和资本主义时代产生的物化人格,去构建出具有强大的思想批判能力的独立自由人格的新的"生活世界",去引导当代中国的哲学家和知识分子都能够像胡塞尔和海德格尔所说,使自己的思想"面向事情本身"。

---

[1] 高清海:《哲学与主体自我意识》,北京:中国人民大学出版社,2010年,第250、253页。

福山"历史终结论"的抽象人性史观批判

安徽师范大学马克思主义学院 陶富源

摘要：30年前，福山提出的"历史终结论"，即所谓西方自由民主已取得历史终结性胜利的观点，之所以命运不佳，说到底是因为，其所依据的乃是一种与唯物史观相背离的、充斥混乱和悖谬的、以"追求精神承认"为始原的抽象人性史观。以这种历史观为支撑的"历史终结论"，作为一种猜测和妄断，不仅是对西方自由民主历史进程的罔顾，而且也是对百年未有世界之大变局，特别是作为其表现的当今世界自由民主发展潮流的无视。因而它的终结，即被时代潮流所击破，是一种历史的必然。

关键词：唯物史观；福山历史终结论；抽象人性史观；批判

弹指30年过去，日裔美籍学者弗朗西斯·福山的"历史终结论"，即所谓西方自由民主已取得历史终结性胜利的观点，从开初的名噪一时，到如今的备受冷落，真可谓风云变幻、世事沧桑。回顾这一段历史，特别是从历史观的深处来对"历史终结论"及其命运加以剖析，这对我们进一步认清其理论本质，把握世界大势，以及坚定中国特色社会主义的道路自信，都是很有意义的。下面就此从五个方面来展开论述。

一、福山以"追求精神承认"为始原的抽象人性史观

为了说明这一观点，下面分三点来谈。

（一）福山历史终结论的自我辩护

30年前的1989年，在东欧剧变、苏联解体，西方精英为之一片欢腾的时代背景下，福山以其敏锐的政治嗅觉，捕捉到了这种乐观情绪后面的理论诉求，为其驱使，他在美国《国家利益》杂志上发表了《历史的终结？》一文，旨在用理论的方式来表述眼前所发生的一系列事变，来说明上述乐观情绪背后的根本缘由。随后，他于1992年，又在该文基础上加以扩充，于是形成和出版了《历史的终结与最后的人》的著作。其文章和著作所论述的一个根本观点，就是"历史终结论"。在福山看来，

西方自由主义市场经济和多党议会民主,已取得历史的终结性胜利。

这一观点自问世以来,在获得西方主流政治党派和相关人士价值认可的同时,却也遭到愈来愈多的批评。面对这些批评,福山并不"服软"。他于2014年6月6日在《华尔街日报》上撰文声称:"二十五年之后,……尽管世界政治有短期的起伏兴衰,民主理想仍具有巨大无比的力量。"由此,他得出结论说:"我的根本思想仍然是基本正确的","民主依然挺立在'历史的终结'处。"[1]另外,福山在2019年5月发表的一篇文章中,仍在坚称:"我的观点至今未变。"[2]

福山为什么如此固执?在他看来,上述所谓批评都是无的放矢,都是基于具体历史事实的所谓"小写的历史",而他所言的则是"大写的历史",即"宏大的哲学意义上来说"的"历史"。对此,福山在书中有一个说明。他说:"大写的'历史'""指的并不是发生的事件,甚至也不是重大的事件",而是"把全人类在一切时代的经验都纳入解释范围,并将之理解为一个唯一的、连续的、不断进化的过程的历史"[3]。于是,在他看来,如果依据"大写历史"的观点,那么也就要求:"当我们去观察广泛的历史潮流时,重要的是不要被短期的发展牵着鼻子走。持久的政治体制的标志是它的长期稳定性,而不是它在特定十年里的表现。"[4]

(二)对福山"大写历史"的解析

第一,福山关于"大写历史"这一命题的提出,不无道理。虽然他对这一命题只是给予了描述性,而非概括性的说明,显然,这是不够的。在笔者看来,所谓大写的历史,也就是以普遍方式把握的、彰显人类整体性和方向性的历史。这种对历史的普遍把握,其所着眼的自然不是历史的一时一事,而是历史的潮流和趋势。但在肯定这一点的同时,也不能走向另一极端。

第二,囿于历史的一时一事,固然会带来认识的局限,但也不能把对具体历史事实,特别是那些具有典型性、代表性历史事实的把握,即所谓"小写的历史",与对历史潮流和趋势的把握,或曰"大写的历史"绝对对立起来。因为在科学意义上,大写的历史毕竟是通过对无数小写历史的概括提升而来的。不然,如果脱离了小写

---

[1] (美)弗朗西斯·福山:《历史的终结与最后的人》,陈高华译,桂林:广西师范大学出版社,2014年,第1-2、6-7页。

[2] (美)弗朗西斯·福山:《民粹主义动摇民主根基》,《美国外交政策》,转引自《参考消息》2019年5月27日。

[3] (美)弗朗西斯·福山:《历史的终结与最后的人》,陈高华译,桂林:广西师范大学出版社,2014年,第1、10页。

[4] (美)弗朗西斯·福山:《历史的终结与最后的人》,陈高华译,桂林:广西师范大学出版社,2014年,第2页。

的历史,那么大写的历史,也就成了空洞和虚无,或关于历史的疯话和胡言。而疯话和胡言在历史哲学的园地中是毫无立足之地的。也就是说,作为历史哲学理论的大写历史,或多或少都是以一定历史事实为支撑的。

第三,在这一点上,福山的"历史终结论"也不例外。不过,它所依据的只是对片面历史事实的罗列,并把这些事实强行纳入其主观设置的框架中罢了。那么既然如此,福山为什么还要在文章中一味强调,要以所谓"大写的历史"去拒斥"小写的历史"呢?说穿了,在这里,他是以此作为遁词或借口,去拒绝那些基于确凿事实的对他的批评。或者说,这是他为了自我保全所采取的一种策略。对此,是不可不察的。

第四,仅就历史潮流和趋势的把握而言,这里还有一个把握角度,或以什么历史观为指导的问题。如果角度不同,那么对历史潮流和趋势的把握也就各异。与此相联系,从中引出的结论自然也会有别。因此,这里的关键,不在于在一般意义上去承认要把握历史的潮流和趋势,而在于要在科学历史观的指导下,去把握历史的潮流和趋势。这样,才能使大写的历史达于真实。在迄今为止的人类思想史上,有重大影响的历史观主要有三种:一是古代所通行的,把历史理解为神性展示的先验神性史观;二是近代以来所流行,并不断获得翻新的,把历史理解为人性展示的抽象人性史观;三是在19世纪中期所兴起的唯物史观,即以物质生产方式为核心的系统社会历史理论,可简称为物质生产史观。这一理论现在已被包括不少人文社会科学家在内的越来越多的人士所认可,认为它是对人类历史最具解释力的科学历史观。

可在福山那里,他既声称其所言说的"历史"是"大写的历史",同时又说他要"对历史……做非唯物论的解释"[1]。那么福山所持的这种非唯物论的历史观是什么?为了说明这个问题,这里,还得从福山对其"历史终结论"进行论证的逻辑理路谈起。

(三)福山历史终结论的逻辑理路

福山为了证明其"历史终结论"的合理性,他所依据的是一种可名之为"追求精神承认"的逻辑。这一逻辑贯穿于他对人性、人类历史,以及西方自由民主等依次递进的总体说明中。具体说来,就是:

第一,福山把"追求精神承认"视为人区别于动物,或"人之为人"的"最基

---

[1]（美）弗朗西斯·福山:《历史的终结与最后的人》,陈高华译,桂林:广西师范大学出版社,2014年,第14页。

本、最独一无二的特征"[1]。所谓追求精神承认，也就是从"另一个意识"那里，获得以"自我价值感和身份感"为内涵的"尊重"或"名誉"。[2]

第二，精神承认的追求或"名誉"的获得，是一个斗争乃至"血战"的过程。福山说："历史开端时期的这种血战为的不是食物、住所或安全，而是纯粹的名誉。"[3] 正是这种争夺名誉的斗争，在历史的开端时期，造成了主人与奴隶的区分。即在生死的决斗中，"甘愿冒生命之险去追求荣誉"的一方成为主人，而"屈从于怕死的本能"的另一方则成为奴隶。[4] 不过，在福山看来，这种主奴双方的承认，是一种不平等、不充分的承认。于是，"因得不到充分承认而产生的不满情绪，构成了促进历史向后来阶段发展的'矛盾'"[4]。这一矛盾导致人们去"寻求一种满足主人和奴隶双方在相互平等基础上得到承认的方式"[5]。如此一来，人类历史也就表现为"主人与奴隶之间内在不平等的承认被代之以普遍的相互承认"的历史，[4] 或曰追求"精神上平等承认"的历史。

第三，上述斗争的结果，也就导致了西方自由民主制度的确立。因为这个制度"承认他们作为自由个体的自主权"。福山认为："自由民主的理想则已尽善尽美。"[6] 作为这一理想体现的"自由民主制度"也就"不是偶然之物，……而是人之为人的本性的发现"[7]。于是，他得出结论说："自由民主也许是'人类意识形态演化的终点'和'人类政体的最后形式'，并因此构成'历史的终结'。"[6]

从福山对其"历史终结论"进行论证的上述逻辑理路不难看出，他所依据的是一种以"追求精神承认"为始原的抽象人性史观。那么这一历史观的科学性和解释力到底如何？为了说明这个问题和澄清其间的理论是非，下面就人的最本质特征、

---

[1]（美）弗朗西斯·福山：《历史的终结与最后的人》，陈高华译，桂林：广西师范大学出版社，2014年，第163页。

[2]（美）弗朗西斯·福山：《历史的终结与最后的人》，陈高华译，桂林：广西师范大学出版社，2014年，第181、162页。

[3]（美）弗朗西斯·福山：《历史的终结与最后的人》，陈高华译，桂林：广西师范大学出版社，2014年，第14页。

[4]（美）弗朗西斯·福山：《历史的终结与最后的人》，陈高华译，桂林：广西师范大学出版社，2014年，第15页。

[5]（美）弗朗西斯·福山：《历史的终结与最后的人》，陈高华译，桂林：广西师范大学出版社，2014年，第168页。

[6]（美）弗朗西斯·福山：《历史的终结与最后的人》，陈高华译，桂林：广西师范大学出版社，2014年，第9页。

[7]（美）弗朗西斯·福山：《历史的终结与最后的人》，陈高华译，桂林：广西师范大学出版社，2014年，第71、72页。

人类历史的本质，以及西方自由民主制度得以确立的真实逻辑等三个问题，分别来展开论述。

二、人类历史并非是"追求精神上平等承认"的历史

如上所言，福山所持的作为人生第一逻辑的"追求精神承认"，纯属子虚乌有。因而以这一逻辑为前提所推演出来的所谓历史逻辑，即认为人类历史是人追求精神上平等承认的历史这一观点，自然也就不能成立。这里的不能成立，不仅是指从上述错误前提所引申出来的这一结论不能成立，而且是指从既有前提出发，导出这一结论的推理过程本身充斥逻辑矛盾，不能自圆其说。这里的逻辑矛盾主要表现在以下三个方面。

（一）从人性的同一逻辑推不出作为历史开端的主奴斗争逻辑

福山把"追求精神承认"视为人为之人的最本质特征，或曰普遍人性，那么既然如此，也就很难解释其在书中所描述的人类历史开端时期的状况，即在人类的生死决斗中，成为主人的一方，表现了追求精神承认的顽强意志；而成为奴隶的一方却没有这样的意志，如福山所言，他们"屈从于怕死的本能"。如此一来，这里的逻辑矛盾也就产生了，即如果肯定上述普遍人性的存在，那么势必导致对奴隶是人的否定；反之，如果肯定奴隶也是人，那么也就必然造成对上述普遍人性的否定。为了避免这一逻辑矛盾，福山在理论上作了这样一种处理：承认主人和奴隶都是人，即都具有普遍人性。但这种人性，对主人而言是一种现实存在，而在奴隶那里则是一种潜在存在。[1] 然而这一辩解仍然没有解决问题，即在历史的开端处，主人为什么生来具有人性的现实性，而奴隶却没有。从辩证论的观点看，潜在与现实是矛盾的两个方面，是不可分割的。现实是以潜在为前提，通过扬弃，并赋予其外在直接性的存在。从潜在到现实是事物发展的客观逻辑。如果如福山所言，主人生来就具有人性的现实性，那么岂不是有违事物发展的客观逻辑。如此一来，这种与客观逻辑不符的观点，也就只能是一种虚假意识。

需要指明的是，最早论述主奴关系理论的是黑格尔。他指出主奴区分不仅在于二者自我意识觉醒程度的区别，而且还在于二者力量的悬殊，即"主人既然有力量支配他的存在，而这种存在又有力量支配它的对方（奴隶），所以在这个推移过程

---

[1]（美）弗朗西斯·福山：《历史的终结与最后的人》，陈高华译，桂林：广西师范大学出版社，2014年，第209页。

中,主人就把他的对方放在自己权力支配之下"[1]。这里的"力量"所指为何,黑格尔语焉不详。马克思从这里出发,对其加以了历史唯物主义的确认。在马克思看来,这里的"力量"及其对比是指两个物品拥有者之间的关系,即"我的物品对你的物品所具有的权力的大小"。马克思指出,这种权力的大小,"当然需要得到你的承认,才能成为真正的权力。但是,我们互相承认对方对自己物品的权力,这确是一场斗争"[2]。于是,这样一来,马克思也就揭示了主奴关系的本质,即主奴关系是以物品拥有权的大小为前提的、通过斗争借以获得承认的一种社会物质支配关系,而非福山所言的作为固有人性两种不同表现形式(潜在与现实)的斗争关系。

(二)从人性的精神逻辑引不出作为人类历史初创手段的暴力逻辑

福山把人的最本质特征归结为追求精神承认。如是,为这一特征的精神性所决定,那么实现这种承认的手段一般也是精神性的,即采用或口头或文字或其他作为精神标识的方式即可,而且这也不难。然而福山在书中所描述的人类历史开端时期的状况似乎与这一合理推断并不符合。那时的人们,为了追求精神承认,却弃用精神手段,而用暴力手段,以至展开"血战"或"生死决斗"。为什么会是这样?在这里,只有两种可能的解释:一是,如果人们实际所追求的,并非如福山所言的仅仅是纯粹精神的承认,而是内含物质利益的精神承认,或是比精神承认更为基本的物质利益的承认,甚至是根本对立的物质利益的承认,那么为了争夺这种根本利益,才会不惜使用暴力。不然,在逻辑上就难以解释。二是,如果如福山所言,人们所追求的仅仅是纯粹精神的承认,那么在肯定这一点的前提下,也就只能把这里的暴力使用视为一种偶发事件,即个别人在情急之下的一时冲动。可是,上述两种解释,对福山来说,都是不可接受的。因为如果采用第一种解释,即否认追求精神承认是人的最本质特征,那么也就从根本上违背了他的理论立场。这是福山不能接受的。反之,如果采用第二种解释,即用偶然性来说明人类历史的开端,那么这也有违福山关于"大写历史"的初衷,因而对他来说,这也是不能接受的。其实这一逻辑矛盾,是福山抽象人性史观自找的。在马克思看来,"人们奋斗所争取的一切,都同他们的利益有关"[3],特别是与物质利益有关,而与所谓先天人性无关。在奴隶社会中,主奴关系的核心并不是所谓追求精神承认的斗争,而是争夺根本利益的阶级斗争。由于涉及根本利益,所以这一斗争也就必然表现为激烈的冲突。

---

[1](德)黑格尔:《精神现象学》上卷,贺麟、王玖兴译,上海:上海人民出版社,2013年,第181、186页。
[2] 马克思、恩格斯:《马克思恩格斯全集》第34卷,北京:人民出版社,1972年,第35页。
[3] 马克思、恩格斯:《马克思恩格斯全集》第1卷,北京:人民出版社,1995年,第82页。

（三）从人性在历史展现中的不平等逻辑推不出平等逻辑

福山认为，人类历史是"主人和奴隶之间内在不平等的承认被代之以普遍的相互承认"的历史。如此一来，这里也就隐藏着一个不容回避的问题。如果如福山所言，追求承认是普遍的人性，那么人类一开始所追求的不平等承认，是否也属普遍的人性？这里有两种可能的回答：一是，如果认为那种对不平等承认的追求符合普遍的人性，那么这样一来，也就势必要否定追求平等承认是符合人性的。如是，福山上述所言的作为普遍人性展示的人类历史是以追求平等承认替代不平等承认的历史这一观点，自然也就泡汤了。二是，如果认为人类一开始所追求的不平等承认，其中的"不平等"并不符合普遍的人性。那么既然如此，人类在一开始为什么要追求这种"不平等"呢？如果按照上述思路，那么其致动因，势必要到普遍人性之外去寻找。另外，这个并非源于普遍人性的致动因，似乎还强劲有力，以致在人类历史的开端时期，它还能对普遍人性加以规定和制约。如此一来，那种把人类历史归结为普遍人性展示，或归结为"追求精神上平等承认"的历史的观点，也就不能成立了。不难看出，面对如此的两难，福山确实无能为力。

福山在从人性逻辑向历史逻辑推演的过程中，为什么会遭遇上述种种两难推论？说到底，是因为福山用先天人性来说明历史的观点，这本身就是错误的、荒谬的。因为不是所谓先天人性创造历史，而是人类创造历史的活动生成人性。对此，马克思早就说过，创造历史的人们的生产实践活动不仅使客观世界改变着，而且使"生产者改变着，炼出新的品质，通过生产而发展和改造着自身，造成新的力量和新的观念，造成新的交往方式、新的需要和新的语言"[1]。

三、西方自由民主制度的确立并非所谓人性的发现

福山把西方自由民主制度的确立说成是人性的发现，这一观点牵强、空洞，是不能成立的。从逻辑上说，人性之发现，这其中所包含的谁之发现、何以发现，以及何时发现三个问题，是绕不开的。应该说，福山在其论述中，虽然没有明确列出这三个问题，但还是有所涉及，从而提出了关于人性的"奴隶发现""劳动发现""近代发现"等观点。下面就此来分别加以分析。

（一）所谓"人性的奴隶发现"是一个虚假命题

人性的发现者是谁？是处于尊贵地位的主人，还是原本处于屈辱地位的奴隶？

---

[1] 马克思、恩格斯：《马克思恩格斯全集》第46卷上，北京：人民出版社，1979年，第496页。

在福山看来，主人本来就拥有人性的现实性，并能积极顽强地加以表现，因而对主人来说，自然不存在人性发现的问题。而对奴隶来说，才存在这样一个发现或回归问题。那么这里的奴隶是个体，还是作为阶级的群体，福山没有说明。因为福山在其论述中只是一般地、笼统地论及主奴关系，而从不涉及主奴的阶级关系。众所周知，个人只是社会生活，包括政治生活的前提，并非是其主体。通过社会关系把个人组织于其中的民众、阶级、政党，以及国家，才是这样的主体。如是，任何个人在政治生活中的作用都是微不足道的。另外，人的活动都是有意识的活动。因而综合上述两点，在人类社会发展中，如何实现个体觉醒向群体觉醒的提升是一个重要问题。诚然，这里的提升，不是福山所言的先天人性发现意义上的提升。因为如前所说，根本不存在这样的先天人性，因而先天人性的发现是一个虚假命题。在阶级社会中，只存在各阶级，包括各阶层的人们对自身实在处境、根本利益和其所拥有的实现这种利益的自身力量的发现。当然，这种发现一开始是该阶级或该阶层的少数先觉者。这个少数首先是提出思想，喊出口号，拟定纲领，然后通过宣传鼓动，制造舆论，从而形成了该阶级或民众的觉醒，或曰思想解放，或曰启蒙。

（二）所谓"人性的劳动发现"不能自圆其说

在这个问题上，福山沿用黑格尔的说法，认为是通过改造自然的"劳动，奴隶恢复了他的人性"。福山甚至承认，"奴隶通过劳动……不仅可以改变他出生于其中的自然环境，也能改变他自己的自然本性"[1]。孤立地看，这里的所言与历史唯物主义观点很是相似。然而在实际上，他所说的奴隶劳动并非实际存在的劳动，而是其想象中的、被赋予了伦理性和自由性的劳动。福山认为，奴隶从原先的被迫劳动而逐渐变成了出于"义务感和自律感"的劳动。又认为，"劳动本身就代表着自由"，因为"通过科学和技术"，"显示人克服自然规定并通过劳动进行创造的能力"[1]。因而在福山看来，劳动也就成为奴隶恢复其人性的手段。福山在这里有些语无伦次了。如果如他所言，奴隶把自己的劳动看作是对主人应尽的义务，看作是应自觉做好的劳动，即具有了所谓"义务感和自律感"的劳动，那么安于这种劳动的奴隶，不仅永远是奴隶，而且还是鲁迅先生所斥责的"万劫不复的奴才了"[2]。这种奴隶或奴才还会为改变自身处境和争取人的权利而抗争吗？显然不会。这是其一。其二，奴隶通过劳动掌握了生产技能，获得了在自然面前的某种自由，但这并不意味着在人际关系，即主奴关系上获得了自由。尽管这两种自由的实现在历史的发展中是相互交织

---

[1]（美）弗朗西斯·福山：《历史的终结与最后的人》，陈高华译，桂林：广西师范大学出版社，2014年，第208页。
[2] 鲁迅：《鲁迅全集》第4卷，北京：人民文学出版社，1958年，第453页。

在一起的，但其本质所指和实现途径毕竟是不同的。其三，在主奴关系上，福山把奴隶在饥饿压迫和皮鞭抽打下的劳动，说成是所谓"自由"劳动，这很荒唐，是毫无根据的。

（三）所谓"人性的近代发现"是一种纯主观的设定

以西方自由民主制度的建立为标志的人性发现，不早不晚，恰恰发生在近代，这作何解释？福山在书中没有明确提出这个问题，也没有加以说明。这只是他如此这般的认定。其实，从福山人性逻辑中提出的这一问题，恰恰在其人性史观的范畴内，是无法解释的。虽然他的"历史终结论"以及所谓"大写历史"的命题，给人的印象是似乎他很重视历史，然而他所论的"历史"只是一个抽象的名词或单纯的"套语"，并无实质的内容，即根本没有体现历史过程本身所具有的发展性、前进性的特征。他把以往几千年来不断发展和丰富的人类历史，硬塞进其主观设置的主奴关系的简单公式中，因而他所言的"历史"，实际是"非历史"的。因此，在福山的著作中，呈现给人们的，往往不是依据历史真实逻辑的发挥与论证，而是从人性逻辑演绎出的宣示性断言或结语。因此，在其间，思维的脱节和跳跃常有发生，悖谬不经之处不胜枚举。究其原因就在于，这种关于历史的所谓人性逻辑与历史的真实逻辑是毫不相干的。

（四）西方自由民主制度确立的真实逻辑

历史的真实逻辑，归根结底，就是作为历史第一逻辑的生产力发展逻辑。正是在这一逻辑的推动下，人类才得以从无阶级社会过渡到阶级社会，并促进了阶级社会中代表生产力发展要求的新兴阶级和阶层在生产中地位和作用的提高，从而促使他们提出了改变对他们不利的旧生产关系和社会关系，并建立有利于他们的新生产关系和社会关系的要求。正是这种要求和实现这种要求的阶级斗争和其他形式的斗争，推动着人类社会从奴隶社会前进到封建社会，并继而前进到资本主义社会，也才有了近代以来西方自由民主制度的确立。为了掩盖西方自由民主的阶级实质，资产阶级思想家就炮制出种种理论，企图撇开西方自由民主的思想和制度得以产生的历史条件和阶级基础，将其与资产阶级本身分割开来，从而把它描绘成一种超阶级的、完全独立的、符合所谓人性的、有普世价值的存在。他们这样做的目的在于给西方自由民主涂上一层神圣的色彩，让人顶礼膜拜，从而使这种制度所维护的西方资产阶级统治和西方霸权得以万古长青。当然，这只是一厢情愿。应该说，福山的"历史终结论"是忠实服务于这种政治诉求的一个范例。因为它更贴近地反映了当代西方垄断资本实现全球扩张的利益、愿望和要求。

为了达到上述目的，福山在书中，还试图拉上黑格尔、马克思为其站台，以壮声威。说他们也有其"历史终结论"的观点,并以此来为自己的观点作证。然而,这是徒劳的。

四、黑格尔和马克思帮不了福山的忙

福山在书中说:"黑格尔和马克思都认为,人类社会的演化并不是无限开放的,在人类达成一个能满足其最深层、最基本的愿望的社会形式之后,它就会终结。因此,这两个思想家都设定了一个'历史的终结':对黑格尔来说,这个终结就是自由国家,而在马克思那里,则是共产主义社会。"[1]福山此处所论,其言下之意是,他提出"历史终结论"并不突兀,因为黑格尔和马克思早已有言在先。不仅如此,在他看来,黑格尔还是其鼻祖,这也就为其观点的确立构建了一个学理的深度背景。那么其真相到底如何?下面先从福山与黑格尔的关系谈起。

(一)福山对黑格尔"历史终结论"的误读

在黑格尔的理论体系中,确实有关于"历史终结论"的一些论述,而且在这些论述中还明确使用了"整个世界的最后的目的""历史的最后阶段"等术语。[2]另外,在哲学性质上,黑格尔的这些论述与福山的"历史终结论",同属唯心主义和形而上学的范畴,这也是没有疑义的。但黑格尔的"历史终结论",并不能用来为福山的"历史终结论"提供佐证,甚至根据。因为此"历史",非彼"历史";此"终结",亦非彼"终结"。归纳起来,二者的区别有以下三点:

第一,立论的意图不同。黑格尔的"历史终结论",其立论意图是服务其哲学体系的最终完成。黑格尔为了实现其哲学体系的完整化和绝对化,不得不为其设立一个终点。或者说,黑格尔的"历史终结论"所服务的是其哲学意图。而福山的"历史终结论"则不然,其所服务的是政治意图,即用理论的方式来为西方自由民主制度的永恒性、普世性进行辩护,以达到在经济全球化背景下,为把非西方国家纳入西方体系,在理论上提供论证和支撑。

第二,"历史"的指谓不同。黑格尔"历史终结论"所言的"历史",是指绝对观念自我认识的历史行程。即在绝对观念从"肯定"到"否定"的基础上,借助认识和逻辑,从而达于其对"否定之否定"的实现和完成。或者说,是实现以概念与现实相结合、主体与客体相统一为目标的,从抽象到具体、从低级到高级、从贫乏

---

[1](美)弗朗西斯·福山:《历史的终结与最后的人》,陈高华译,桂林:广西师范大学出版社,2014年,第10页。

[2](德)黑格尔:《历史哲学》,王造时译,上海:上海书店出版社,2006年,第18、143页。

到丰富的前进上升的理性自觉过程。而福山"历史终结论"中的"历史",所指谓的则是作为抽象人性展示的、感性地存在的人类历史,特别是政治历史。

第三,"终结"的意涵不同。黑格尔"历史终结论"中的"终结"或"终结点",是通过世界历史所实现的作为绝对精神本质的"自由"。他说:"整个世界的最后的目的,我们都当作是'精神'方面对于它自己的自由的意识,而事实上,也就是当作那种自由的现实。"[1]在黑格尔看来"世界历史无非是'自由'意识的进展"[2]。黑格尔依据其所谓的"自由意识的各种不同的程度"表现,从而描绘出"世界历史"的走向,即从东方的中国、印度、波斯一路走来,经过希腊、罗马、法兰西,到日耳曼结束,从而经过了一个从低级到高级的上升过程。在黑格尔看来,自由意识的实现,之所以青睐日耳曼,主要不是我们通常所认为的,黑格尔有其日耳曼的民族主义情结,故而把日耳曼视为自由意识最高体现的高贵民族;另外,也不是福山按照自己的意愿所杜撰的,日耳曼已经成为"自由国家"。在黑格尔看来,这原因只在于日耳曼进行了宗教改革,并由此改良了世俗生活,从而使自由精神得到了满足、良心有了安息之地。

由此可见,归根到底,黑格尔"历史终结论"的"终结",其所指谓的是绝对精神自我实现或自我完成意义上的终结。相反,福山"历史终结论"中的"终结",其所指谓的则是西方自由民主在历史上的终结性胜利。或者换句话说,是非西方意识形态和制度在历史上的终结性失败。总之,黑格尔的"历史终结论"对论证福山的"历史终结论"并无帮助。下面接着来谈谈福山与马克思的关系。

(二)福山对马克思"共产主义社会论"的曲解

因为马克思的这一理论所依据和体现的是唯物辩证论与历史辩证论。马克思指出,世界是物质运动的世界。"在物质的固有的特性中,运动是第一个特性而且是最重要的特性。"因此,在唯物辩证论看来,世界上根本没有一经产生就永恒存在,从而终结了其运动、变化和发展的东西。因而那种所谓达于绝对真理的"真理终结论",或实现了所谓历史最后目的的"历史终结论",都是不实之词,或虚妄之论。在马克思那里,共产主义社会,也就是通过对"必然王国"的超越所不断实现的"自由王国"。或者说,是以超越必然王国为基础,同时又开启向自由王国迈进的新征程,即如恩格斯所说:"只有从这时起,人们才完全自觉地自己创造自己的历史。"[3]而向自由王国迈进,这是一个永远不能完全达到,却又是一个可以不断接近的

---

[1](德)黑格尔:《历史哲学》,王造时译,上海:上海书店出版社,2006年,第18页。
[2](德)黑格尔:《历史哲学》,王造时译,上海:上海书店出版社,2006年,第17页。
[3] 马克思、恩格斯:《马克思恩格斯选集》第3卷,北京:人民出版社,1995年,第634页。

历史过程。用毛泽东的话说："人类的历史，就是一个不断地从必然王国向自由王国发展的历史。这个历史永远不会完结。"[1] 由此可见，马克思的共产主义社会论并非福山所指称的"历史终结论"，这是他对马克思的一种曲解。

另外，马克思的历史辩证论，用来对现代西方自由民主的命运进行把脉，也是有价值的，完全适用的。

五、现代西方自由民主的命运堪忧

福山的"历史终结论"把西方自由民主加以理想化、绝对化，认为作为理想，它已"尽善尽美"；作为制度，它已"一劳永逸地解决了平等的承认问题"，从而使人们得到了"完全的满足"，因而它将普化于世界，成为"人类政体的最后形式"。实际情况如何呢？这里谈以下两点认识。

（一）现代西方自由民主只是人类自由民主的个别形态

现代西方自由民主制度，是经过300多年风风雨雨而形成的东西，它凝结了历史进步的成果，但同时也只是历史长河中的一幕。换句话说，它既不完美，也非普世，而且已经总体失范，正在遭遇信任危机，因而迟早会被更高的自由民主所取代。

所谓凝结了历史进步的成果，是指，其一，它用政治上的自由民主替代了封建专制，从而体现了近代历史发展的潮流；其二，它逐渐赋予了公民以普遍选举权，并实行了多数决定的原则；其三，它给予民主以程序化、法治化的规范；其四，它对公权力运作的制衡和监督给予了制度安排。

所谓它将被更高的自由民主所取代，是指，其一，如前所说，西方自由民主是少数人的，并非如福山所言，是对所有人的平等承认，因而它将为多数人的自由民主所取代；其二，西方自由民主是基于个人选票基础上的自由民主，它将被诉诸公民权利、政党责任、社会法治、国家法理等加以统筹的，以及选举与协商相统一的自由民主所代替；其三，西方自由民主片面强调公权力对自由民主原则的保障，而忽视了自由民主对公权力得以有效运作的集中统一原则的尊重；其四，西方自由民主更多的是形式上的自由民主，即停留在作为一项政治权利的公民选举权保障上的自由民主，而非一切政治权利，更非社会和经济权利保障上的自由民主，因而它将被形式与内容广泛统一的自由民主所取代。以上取代是一定会发生的，至于何时发生，这取决于西方各国的传统、国情（包括条件、时机和民众意愿），以及国际环

---

[1] 毛泽东：《毛泽东著作选读》上册，北京：人民出版社，1986年，第845页。

境。这是别国不能越俎代庖的。不过,就现实而言,现代西方自由民主已经总体失范,其寿命堪忧。

(二)现代西方自由民主已经总体失范

所谓总体失范,是指它不是偶感风寒,而是疾病缠身,且治愈无望。这表现在以下几个方面:

第一,现代西方自由民主的经济基础正不断削弱。其原因在于,随着以"东升西降"和"南升北降"为核心内容的百年未有大变局的逐渐形成,西方的经济盈余并不足以供养西方自由民主。西方自由民主作为少数人的自由民主,之所以能在以往相当长的时期内获得其国内多数民众的支持,这其中一个重要原因在于:过去西方在主宰世界的历史条件下,从广大东方国家攫取了巨大利益,在西方富人大发横财的同时,国家通过向富人课税和政府再分配,使穷人在生活上也多少得以改善。这种经济上的利害关系,决定了西方广大民众对这种少数人的自由民主采取了某种容忍态度。然而随着东方国家在政治上走向独立,经济上获得自主,加之经济全球化和科技进步的推动,世界重心正从西方向东方转移,西方国家所获得的国际经济利益必将缩水,这种情况反映到其国内,必将加剧其1%与99%的矛盾。由此,西方自由民主也就失去了被民众认可的经济基础。

第二,现代西方自由民主的政治基础遭不断肢解。这里的政治基础是指,对现代西方自由民主的政治力量支撑。然而,随着资本主义由自由竞争进入垄断,西方各国的政治力量正在发生分化和极化。在资本与权力缠绕日益紧密的情况下,一边权力的弱化与另一边权力的强化,以及权力中心的转移等,都必然关联着不同资本集团的利益。这从而也就使政府和议会、执政党和反对党之间的矛盾加深、对立加剧,以致趋于极化。于是,权力分工逐渐演化为权力分割;权力制衡愈益变成为权力掣肘。这样也就必然使政府运作代价高昂,而效率低下;议会中的各政党大搞否决政治,导致议会的立法和监督功能失序紊乱。对此,福山自己也不无忧虑地指出:由于"利益没有得到共享",因而美国已变成"派性明显的两极化政治体制"[1]。这就使美国自由民主的政治基础不断被肢解。可问题虽然是明摆着,但在现行资本主义制度下,似乎又解决无望。

第三,现代西方自由民主日益被金钱腐败。这里是指,随着资本对政治介入的加深,西方的自由民主日益变成了金钱操纵的自由民主。在这个制度下,所谓一人

---

[1] (美)弗朗西斯·福山:《历史的终结与最后的人》,陈高华译,桂林:广西师范大学出版社,2014年,第2页。

一票的多数决定制,这里的多数并不是代表了多数人利益的多数,而是名义的多数,是被海量宣传所忽悠的多数。需要指明的是,这里的金钱操纵,并非只是政治道德腐败,而更根本的,则是政治制度腐败。不难看出,要消除这种腐败,非改变西方的政治制度不可。

第四,现代西方自由民主的移植祸结世界。这里的移植有两种情况:一是一些非西方国家在经济全球化和现代化的过程中,不顾本国国情,不了解西方自由民主的弊端,把现代化等同于西方化,照搬西方的经济发展和民主政治模式,结果遭受失败。二是一些西方国家特别是美国,为了一己私利,向一些非西方国家强推其自由主义经济制度和民主政治制度,结果造成灾难。

中国人民不信邪,经过 40 年的改革开放,中国抵御了那种把中国西化的图谋,走出了一条中国特色社会主义道路。与西方代议制民主相比,中国所坚持的党的领导、人民当家作主与依法治国相统一的民主政治建设方略;中国的人民代表大会制度、中国共产党领导的多党合作和政治协商制度、保障人民权利与集中国家权力相统一的制度、选举民主与协商民主相贯通的制度,以及人才推举中的选举和选拔相结合的制度等,都显示了其独特优势。以上正反两方面的事实说明:民主,还得靠各国人民自己探索,还是要走自己的路。

总之,福山"历史终结论"所依据的,是一种充斥混乱和悖谬的、以"追求精神承认"为始原的抽象人性史观。以这一历史观为支撑的"历史终结论"作为一种猜测和妄断,不仅是对西方自由民主历史进程的罔顾,而且也是对百年未有世界大变局,特别是作为其表现的当今世界自由民主发展潮流的无视,因而它的"终结"被时代潮流所击破,是一种历史的必然。

"推理"关系中的特殊性和普遍性

——论《黑格尔法哲学批判》中马克思对黑格尔的批判

北京大学哲学系 陈广思

摘要：马克思在《黑格尔法哲学批判》中对黑格尔国家学说的"市民社会（特殊性）-等级要素（中介）-国家（普遍性）"的推理关系进行了集中的批判。在这种推理中，中介环节内部分裂为几种相互对立的特殊物，每一种特殊物都在篡改和冒充它们各自需要代表的对象，导致推理失败，并暴露了这种推理的实质是各种特殊物为了争夺并不存在的普遍物而形成的斗争形式。既然这种推理每一个环节都出现问题，那么就应否定黑格尔国家学说中现成意义的特殊性、中介和普遍性，在"人民"或现实个人领域重新确立特殊性概念，并以之为前提发展出真正的普遍性，通过无产阶级革命的方式使它们达到真正的统一。

关键词：市民社会；国家；特殊性；普遍性；推理

一、黑格尔国家学说的"推理"及其中介因素

推理活动在形式逻辑中表现为"三段论"。在黑格尔逻辑学中，推理是概念论阶段中主观概念的一个环节，黑格尔把它表述为理性的活动。这是一种需要中介才能进行的活动，它的基本形式是：个别性（einzelnheit）通过作为中介的特殊性（besonderheit），与普遍性（allgemeinheit）达成统一。[1] 中介环节在推理中发挥着重要的作用，黑格尔说："推论的活动也可说是扬弃中介性的过程——也可认作使主词不与他物相结合，而与扬弃了的他物相结合，亦即与自身相结合的过程。"[2] 单独理解《法哲学原理》中的"国家"章，这里的推理表现为：市民社会和国家通过种种中介因素而获得统一。按照黑格尔的说法，市民社会属于特殊领域，国家属于普遍物，

---

[1]（德）黑格尔：《小逻辑》，贺麟译，北京：商务印书馆，2010年，第356页。
[2]（德）黑格尔：《小逻辑》，贺麟译，北京：商务印书馆，2010年，第370页。

因此这是"特殊性－中介－普遍性"式的推理。关键的地方就在于中介，它由从市民社会中形成的等级要素来担任。市民社会一共划分为三个领域，即三个等级：农民等级、产业等级和普遍等级；前两种又属于私人等级，普遍等级是以社会的普遍利益为职业的等级，军人和政府官僚都包含在其中。[1] 从这三个等级中分别产生三种等级要素代表各自领域的利益，共同构成立法权的一个环节，成为这些领域与国家之间相联系的中介。从农民等级中产生的是土地贵族或世袭贵族，他们组织成贵族院或上院；产业等级中的同业公会和区乡组织通过选派议员的方式组织成众议院或下院；普遍等级在立法权中等同于在政府中供职的等级，即掌握着行政权的政府官僚等级。对于这些等级要素，黑格尔认为它们的真正意义在于国家通过它们进入人民的主观意识，人民借此参与国事。在《法哲学原理》302节，他说："各等级所处的这种地位和组织起来的行政权有共同的中介作用。由于这种中介作用，王权就不至于成为孤立的极端，因而不致成为独断独行的赤裸裸的暴政；另一方面，自治团体、同业公会和个人的特殊利益也不致孤立起来，个人也不致结合起来成为群众和群氓，从而提出无机的见解和希求并成为一种反对有机国家的赤裸裸的群众力量。"[2] 等级要素的中介作用在这里被表述得很清楚。等级要素在推理中摆脱自己的抽象地位，使自身与两个极端共同构成一个有机整体的方式，被黑格尔称为"最重要的逻辑真理之一"[2]。

在黑格尔那里，普遍等级要素和私人等级要素虽然同是中介，但前者的中介作用比后者要高。普遍等级要素的中介作用主要表现在行政权上，行政权是执行国家现行的法律和制度，使之贯穿到市民社会之中的权力，因此它所发挥的本身就是使特殊从属于普遍事务的中介作用。[3] 政府官僚是国家与市民社会之间重要的中间等级，是和君主直接接触的最上层。国家通过官僚机构自上而下地管理市民社会。相比而言，私人等级要素的中介作用就很有限，例如区乡组织和同业公会等等级要素在发挥自己的中介功能时，"都需要行政权的全权代表、担任执行的国家官吏以及最高咨议机关……来照料"[4]。私人等级要素对自己领域的普遍福利和公众自由的保障，只在于"补充"高级官吏的见解或者对官僚机构进行自下而上的监督，高级官吏就算没

---

[1]（德）黑格尔：《法哲学原理》，范扬、张企泰译，北京：商务印书馆，2014年，第212-216页。

[2]（德）黑格尔：《法哲学原理》，范扬、张企泰译，北京：商务印书馆，2014年，第321页。

[3]（德）黑格尔：《法哲学原理》，范扬、张企泰译，北京：商务印书馆，2014年，第308页。

[4]（德）黑格尔：《法哲学原理》，范扬、张企泰译，北京：商务印书馆，2014年，第309页。

有私人等级要素"同样能把事情办得很好"[1]。由此来看，私人等级要素的中介作用似乎是对行政权的中介作用的"补充"。另外，在黑格尔看来，立法权是政治国家的整体，它包含私人等级要素、行政权和王权三部分，私人等级要素是市民社会的代表。由此，这三者本身就存在一种推理关系（私人等级要素－行政权－王权），共同构成政治国家的抽象整体，其中行政权是私人等级要素和王权的中项。总之，马克思说："行政权是君王和等级要素的中项，而等级要素又是君王和市民社会的中项。"[2]据此，如果我们能够像黑格尔那样，把王权、君王、国家制度和政府等属于政治国家的东西统一归入国家这个普遍性范畴中，那么，黑格尔国家学说具体的推理形式就表达为：市民社会－私人等级要素－行政权－国家。这是黑格尔国家学说的"特殊性－中介－普遍性"推理的具体表现。当然，由于黑格尔在《法哲学原理》中会单独讨论私人等级要素、行政权或它们的组成成分的中介作用，所以在不同场合这种推理形式会有不同的表现。总之，黑格尔的国家学说赋予了这些现实内容以恰当的逻辑学形式，或者说，为他的逻辑学寻找到了恰到好处的现实内容，这使他关于市民社会和国家的推理似乎无懈可击。

但是马克思并没有被黑格尔这种理论的表面完美迷惑。他针对等级要素在国家和市民社会之间的中介作用指出："各等级应该怎样着手把这两种相互矛盾的信念结合在自身中，黑格尔并没有说明。"[3]马克思的质疑在这里是根本性的，这是因为他发现黑格尔实际上赋予了推理中的中介因素以多重的甚至相互冲突和矛盾的规定，导致推理根本进行不下去，但黑格尔似乎对之视若无睹。我们知道，在逻辑推理中，如果中项出现问题，那么整个推理就将会崩塌。由于黑格尔的国家学说在很大程度上是对当时普鲁士社会现实的反映，它给出了现代政治社会的"准确图景"[4]，因此推理的崩塌不仅与逻辑学有关，而且更与现实有关。

二、被中介着的特殊性和普遍性

关于马克思对黑格尔国家学说的推理关系的批判，我们先来看他对黑格尔《法

---

[1]（德）黑格尔：《法哲学原理》，范扬、张企泰译，北京：商务印书馆，2014年，第314、319、320页。
[2] 马克思、恩格斯：《马克思恩格斯全集》第3卷，北京：人民出版社，2002年，第109页。
[3] 马克思、恩格斯：《马克思恩格斯全集》第3卷，北京：人民出版社，2002年，第85页。
[4]（美）约瑟夫·奥马利：《卡尔·马克思的方法论》，姚远译，《金陵法律评论》2012年春季卷。

哲学原理》第 302 和 304 节内容的讨论。这两节强调了一个典型的推理：市民社会的各个集团和单个人的利益作为特殊性一端，通过私人等级要素和行政权共同发挥的中介作用，扬弃自身的极端性，与作为普遍性的王权、国家或政府融合在一起。中介因素最初的抽象地位在推理过程中成为一种"合乎理性的关系"[1]。这是"市民社会－私人等级要素－行政权－国家"的推理，但马克思否定了推理过程的成功，因为在这种推理中，私人等级要素和行政权作为两个相互独立的中介因素，都以自己的方式改变了各自代表的极端的真实面目，将一个虚假的极端呈现在另一个极端面前以寻求统一。

具体来说，在"市民社会－私人等级要素－行政权－国家"推理中，私人等级要素将市民社会转化为"缩小了的人民"反映出来，它消除了市民社会的无机性，用少数政治家或一个有确定人数的委员会（即两院成员）代表市民社会。在马克思看来，黑格尔这样做似乎是出于"国家理由"："因为立宪君主制只能同缩小的人民融洽相处。"[2]"缩小了的人民"是对市民社会的神圣化，也是对它的抽象。这导致真正的市民社会在国家面前隐退不见，或者成为一种观念。另外，行政权将国家转化为"扩大了的政府"[3]反映出来，单一的、不可触摸的君王被转换成"一批受限制的、可以捉摸的和身居要职的人"[4]，也就是国家高级官僚，他们是君王的世俗化或经验化。行政权对国家的这种转化，也导致了"真实"的国家在市民社会中隐退不见，成为人们心中的彼岸之物或纯粹的观念。这也是一种抽象。马克思说："行政权是君王这一方的政治国家抽象，等级要素则完全是市民社会这一方的同样的政治国家抽象。这样一来，中介作用就好像充分实现了。两个极端都摆脱了各自的偏执性，它们各自的特殊本质的火焰相互交融……于是，合乎理性的关系，推理，就似乎完成了。"[2] 马克思在这里所用的虚拟语气表明事情是适得其反的。中介环节没有发挥出它们的中介作用，它们直接代替了它们所代表的极端参与到推理过程中。换言之，社会的中间等级并没有如实地向国家反映出市民社会的真实面貌，也没有如实地向市民社会反映出国家的真实情况，一切真实的内容都在中间等级中被"篡改"了，国家与市民社会即使能够达到统一，也是与一个虚假的对方达到的虚假的统一。

在这种情况下，市民社会和国家之间的矛盾并没有消除，而是被转移了。由于私人等级要素是市民社会的抽象，行政权是政治国家的抽象，市民社会与国家之间

---

[1]（德）黑格尔：《法哲学原理》，范扬、张企泰译，北京：商务印书馆，2014 年，第 323 页。
[2] 马克思、恩格斯：《马克思恩格斯全集》第 3 卷，北京：人民出版社，2002 年，第 105 页。
[3] 马克思、恩格斯：《马克思恩格斯全集》第 3 卷，北京：人民出版社，2002 年，第 87 页。
[4] 马克思、恩格斯：《马克思恩格斯全集》第 3 卷，北京：人民出版社，2002 年，第 107 页。

的冲突就通过推理而被转移到私人等级要素和行政权这两种中介因素之中。这两种因素都属于立法权内部环节,因此这种冲突就成为立法权的内部冲突。马克思说:"看来,这里还可能存在的唯一对立,就只是两种国家意志和两种代表之间、两种流射体之间、立法权的政府要素和等级要素之间的对立,因而也就是立法权本身内部的对立。在这里,'共同的'中介作用似乎也非常适合于这两个要素一争上下。"[1] 可见,在这里黑格尔寄予重望的"特殊性-中介-普遍性"推理已经不再成为推理了。然而,更复杂的是,市民社会和国家之间的矛盾不仅被转移了,而且还以相反的形式表现了出来。由于"市民社会-私人等级要素-行政权-国家"的推理现在只剩下"私人等级要素-行政权",私人等级要素与行政权成为两个相互对立的极端,它们需要寻找一个新的中介来消除相互之间的矛盾,达成统一。马克思经过分析,发现市民社会不适合做这种新的中介,因为它在立法权中没有自己的地位,只有君主制原则适合,因为它们既然代表了整个国家,也就代表了市民社会。[2] 于是原来的推理形式就转变成了新的推理形式:"私人等级要素-国家-行政权",原来的中介成为极端,原来的极端反而成为中介,这是马克思所说的"在吵架中调解人成为吵架人,吵架人成为调解人"的荒谬情况。[3]

事已至此,马克思不得不考虑一个问题:黑格尔的国家学说到底有没有证据表明等级要素能够起着中介作用?1842年,普鲁士等级委员会第一次召开,有些人坚决反对等级制,认为等级代表只能实现特殊利益,但不能实现普遍利益,并质疑:现代社会是否还存在等级?按等级来划分社会的做法是否已经过时了?[4] 这些问题本身也是当时马克思在思考的问题,这一点可以从他的《克罗茨纳赫笔记》中看出来。从黑格尔国家学说的推理的角度来看,黑格尔一方面以市民社会和国家的对立为前提,但另一方面又试图通过一些外在的中介因素来协调它们,这样他就不得不赋予等级要素多重自相矛盾的规定:为了国家利益,它必须被规定为市民社会的对立物,为了市民社会的利益,它又必须被规定为国家的对立物。如此一来,等级要素作为中介,就成为像"木质的铁"一样自相矛盾的东西。[5] 例如在黑格尔对议员等级的规定中,议员一方面必须代表区乡组织和同业公会的特殊利益,但另一方面又必须

---

[1] 马克思、恩格斯:《马克思恩格斯全集》第3卷,北京:人民出版社,2002年,第107页。
[2] 马克思、恩格斯:《马克思恩格斯全集》第3卷,北京:人民出版社,2002年,第109页。
[3] 马克思、恩格斯:《马克思恩格斯全集》第3卷,北京:人民出版社,2002年,第110页。
[4] 马克思、恩格斯:《马克思恩格斯全集》第3卷,北京:人民出版社,2002年,"注释"第20条,第654页。
[5] 马克思、恩格斯:《马克思恩格斯全集》第3卷,北京:人民出版社,2002年,第105页。

"在实质上"维护国家利益,不能为区乡组织或同业公会的特殊利益反对普遍利益。马克思说,议员这个例子很好地说明了黑格尔"怎样有意无意地抛弃事物的固有特征,怎样给具有局限形式的事物加上与这种局限性相反的意义"[1]。这些都说明了等级要素的中介作用更多是一种被虚构的功能。在形式逻辑的推理中,中项被赋予多重规定是一个大忌,因为它会导致"四概念错误",黑格尔的国家学说赋予作为中介环节的等级要素以多重的规定,是导致等级要素丧失中介作用的重要原因。

总之,在特殊性和普遍性之间,如果需要借助作为第三方的、独立的中介因素来使它们达成统一的话,那这本身说明它们彼此是相互分裂的。市民社会和国家处于分裂和对立状态,国家只是在符合自己的尺度的形式之下才能容忍市民社会的存在。这是欧洲近代社会的一种现实,同时也是黑格尔国家学说的重要前提。正因为特殊性和普遍性在推理中是相互对立的,它们甚至是这个推理被提出来的前提条件,所以,无论中介因素是发挥着积极作用,还是消极作用,都不能根本地消除这种对立,而只能使特殊性和普遍性的关系被不断地复杂化,认为等级要素能够统一市民社会和国家,这不过是"立宪国家批准的法定的谎言"[2]。

不过,上述的讨论都是在这样一个前提下进行的:国家是一种现实的普遍物,在"特殊性-中介-普遍性"的推理中,普遍性是作为普遍性而发生着作用。但是现在,我们不得不继续追问:与特殊性相分裂和对立的普遍性,是否还是真正意义的普遍性?与市民社会处于相分离和对立的关系的国家,是否真正作为普遍物而起着作用?在马克思看来,答案是否定的。真正意义的普遍性必然与特殊性处于统一关系中,与特殊性相对立的普遍性必然不是真正意义的普遍性。但如此一来,普遍性就将在推理中缺失。那么这会导致什么情况?

三、"不存在"的普遍性和特殊性之间的斗争

在《批判》中,"特殊性-中介-普遍性"推理中普遍性的缺失有几种情况,上述官僚机构用"扩大了的政府"来代替国家已经涉及其中一种。在普鲁士,官僚阶层是在君主专制主义与封建等级制度相斗争的过程中形成和发展起来的,它是统治者的统治工具,但在现实中慢慢形成自身独立而相对封闭的职业阶层,有自己特定的利益。在《批判》中,马克思对官僚机构有很多的描述,例如认为它是"国家意

---

[1] 马克思、恩格斯:《马克思恩格斯全集》第3卷,北京:人民出版社,2002年,第152页。
[2] 马克思、恩格斯:《马克思恩格斯全集》第3卷,北京:人民出版社,2002年,第82页。

识""国家意志""国家威力"。这些描述其实都为了说明，官僚机构是一种形式主义的国家，它掌握了国家并把国家当作它的私有财产，"国家已经只是作为由从属关系和消极服从联系起来的各种固定的官僚势力而存在"[1]。从官僚政治与同业公会的关系的角度来看，这导致的结果可以从这句话中反映出来："'普遍利益'只有在特殊东西作为某种'普遍东西'同普遍东西保持对立时，才能作为某种'特殊东西'同特殊东西保持对立。"[2]

简言之，在普遍性缺失或者可以被特殊性据为己有的情况下，剩下的都是在特殊性与特殊性之间发生的"故事"。官僚机构和同业公会都在试图排斥对方以争夺国家这种普遍物，把自己确立为新的历史原则。这种争夺暴露了双方其实都只是一种特殊物，普遍性只是它们的一种装饰。这反映了在黑格尔国家学说的推理中，中介因素不再作为中介，而是转变为特殊物的现象，这是导致中介因素丧失其中介作用的另一个重要原因。马克思看到，黑格尔所描述的等级要素就是现代意义的等级要素，它们虽然从市民社会中产生，但已经与市民社会相分离，而且内部也分裂为几种拥有特殊利益的集团之间的对抗。官僚机构和同业公会的相互对抗就是这种表现，除此之外，土地贵族阶层与议员阶层也各自作为特殊集团相互对立。他们相互争夺着，都要把国家变成他们的私有财产。在这种情况下，加上市民社会作为特殊领域也奋发起来反抗已经成为一种外在物的各种等级要素的侵犯，一切都处于混战中。马克思在1842年已经深刻意识到："特殊东西在其单独活动中总是整体的敌人，因为正是这个整体使特殊东西感到它自身的界限，因而也就使它感到自己是微不足道的。"[3]现在，这些特殊物都决心摆脱这种微不足道，突破自身的界限，方式就是抢夺并不存在的普遍物。马克思、恩格斯后来在《德意志意识形态》中说："普遍的东西一般说来是一种虚幻的共同体的形式，在这些形式下进行着各个不同阶级间的真正的斗争。"[4]在虚幻的、因而"不存在"的普遍性"背后"，进行着的是特殊性与特殊性之间的真正斗争。这句话所说的正是现在这种情况。

除了官僚机构之外，私人等级要素也同样会窃取国家这种普遍物。针对黑格尔在《法哲学原理》第305～307节讨论的第一等级要素，即长子继承权享有者等级，马克思发现，这个等级在立法权中所具有的政治意义和效能，既不是从国家也不是从市民社会那里获得，而是从这些等级成员所拥有的不可让渡的、无依赖性的私有

---

[1] 马克思、恩格斯：《马克思恩格斯全集》第3卷，北京：人民出版社，2002年，第61页。
[2] 马克思、恩格斯：《马克思恩格斯全集》第3卷，北京：人民出版社，2002年，第59页。
[3] 马克思、恩格斯：《马克思恩格斯全集》第1卷，北京：人民出版社，2002年，第344页。
[4] 马克思、恩格斯：《马克思恩格斯文集》第1卷，北京：人民出版社，2009年，第536页。

财产（世袭领地）中获得。既然这种私有财产能够赋予它们的拥有者以政治规定或参与国家的能力，说明它们本身就作为国家制度在发挥着作用，甚至政治国家也成为以这种私有财产为主体的东西："国家在自己的顶峰就表现为私有财产。"[1] 在其他场合也可能出现类似的情况。例如马克思在《克罗茨纳赫笔记》的摘抄反映了英国下院议员曾以自己是人民的真正代表的名义颁布法律，他们认为，这些法律"既不需要贵族的批准，也不需要国王的同意，就可以生效。"[2] 这实质上也就是以人民的名义来替代国家法律，将自己当成了普遍物。

从更根本的角度来看，被黑格尔当作普遍物的国家作为与市民社会相对立的政治国家，在现实中本身就不是普遍物。在近代欧洲逐渐发展起来的资本主义的作用下，国家制度和国家内容从中世纪直接相统一的状态被分离开来，国家内容处在国家制度的界限以外，国家制度本身发展为政治国家；两者相互对立，因此对彼此来说都成为一种特殊物。或者说，在近代，国家制度和这些其他领域一起发展到了特殊现实性的程度。但是，虽然政治国家只是一种特殊物，不过在君主制制度下，它却具有规定和管辖一切其他特殊物的普遍意义，在这里部分决定整体，整体从属于特定的政治制度。[3] 就此而言，政治国家本身就是一种善于将自己冒充为普遍物的特殊物。马克思后来的政治经济学研究表明，在资本主义社会中，国家是资本权力的政治表现形式，是资本的或资产阶级的"国家"。这是对国家的特殊性更根本的确认。

由此可见，国家和法这些按其概念应当是普遍性的东西，在现实领域中总是被某些特殊物所掌握，从而成为现实的特殊物，真正的普遍物在现实领域中始终达不到自己的概念。在黑格尔国家学说的推理中，普遍性从来没有真实地存在过。马克思说，在黑格尔那里"普遍的东西到处都表现为某种确定的东西，特殊的东西，而单一的东西则在任何地方都达不到自己的真正的普遍性。"[4] "黑格尔把普遍的东西本身变成一种独立的东西后，就把它同经验的存在直接混淆起来，并立即非批判地把有限的东西当作观念的表现。"[5] 当黑格尔出于思辨哲学的立场，试图把国家理念当作一种独立于现实事物的"主体"确立起来，它就会被特殊化为家庭、市民社会或者君王等经验物，普遍物就是以这种不是作为自己的方式"存在"着。在黑格尔的国

---

[1] 马克思、恩格斯：《马克思恩格斯全集》第3卷，北京：人民出版社，2002年，第138页。
[2] 马克思：《克罗茨纳赫笔记》，《马列著作编译资料》第11辑，北京：人民出版社，1980年，第52页。
[3] 马克思、恩格斯：《马克思恩格斯全集》第3卷，北京：人民出版社，2002年，第39-43页。
[4] 马克思、恩格斯：《马克思恩格斯全集》第3卷，北京：人民出版社，2002年，第52页。
[5] 马克思、恩格斯：《马克思恩格斯全集》第3卷，北京：人民出版社，2002年，第55页。

家学说中，没有什么东西能够作为真正的普遍性发挥作用，反过来，也没有什么东西（包括单一性的君王）能够通过"特殊性-中介-普遍性"的推理而达到真正的普遍性。

到这里可看到，黑格尔的"市民社会-私人等级要素-行政权-国家"推理不仅几乎每个环节都出现问题，导致推理失败，而且根本就不是统一特殊性和普遍性的推理。这是各种意义的特殊性为了争夺"不存在"的普遍性而形成的斗争形式。"不存在"的普遍性在这里接近拉克劳（Laclau）普遍性理论的一个重要概念：空的能指（empty signifier）。它指示着这样一种普遍性：它总是被某种特殊性所"污染"，既是各种特殊性混战的战场，也是它们意欲夺取的对象[1]；这个对象不存在于现实任何一个地方，但一旦某种特殊物在混战中胜出，"获得"了它，它就立刻成为这种特殊物的神圣化身。这种由特殊性所冒充的普遍性阻止了社会与它的真实本质的同一，并使自己成为社会的这种"本质"，成为构造一种具有表面合理性的社会秩序的重要条件，对社会关系的建构和解构具有重要意义。因此，在现实领域中普遍性是一个"不可能的同时又是必要的对象"[1]。但同时我们需要看清楚问题在这里还没有得到根本的解决，因为这种社会秩序实质是由特殊物根据自身狭隘的利益立场建立起来的。诺曼·莱文认为，特殊性起决定作用是导致社会秩序的非理性的一种标志。[2] 对此，我们可以有适当的补充：某种特定的特殊性在社会中起决定作用，才是根本导致社会秩序的非理性的原因，而且在不同的历史条件下就总已经有不同的特定特殊性在起着这种决定作用，因为特殊性之间的混战总以某种特殊性从中胜出并将自己宣布为普遍性为暂时的结局，社会秩序的非理性就隐藏在这种"普遍性"所强加给社会的表面的理性秩序之下。这种表面的理性将在发挥完它的历史积极作用后，暴露出它的非理性的一面，成为需要被否定的对象。

要建构一种真正合理的社会秩序，就必须有真正的普遍性。在现实社会普遍性的缺失是现有的历史社会条件的结果，但对马克思而言，这并不意味着在未来某种社会条件下它不会成为一种现实。马克思虽然从青年时期到成熟时期一直都在批判各种虚假的普遍性，乃至主张取消国家，但这并不表明他放弃对真正的普遍性的追求，而只是表明他还没有找到普遍性合适的出场方式。对马克思而言，真正的普遍性并不是某种已然存在的事实，而是有待从特殊性领域中生成的东西，无产阶级

---

[1]（美）巴特勒、（英）拉克劳、（斯洛文尼亚）齐泽克：《偶然性、霸权和普遍性——关于左派的当代对话》，南京：江苏人民出版社，2004年，第54页。

[2]（美）诺曼·莱文：《马克思与黑格尔的对话》，周阳等译，北京：中国人民大学出版社，2016年，第193页。

（来自特殊性领域的阶级）通过革命的方式（即以自身而不是以任何第三方因素为中介）批判和扬弃现代社会种种虚假的普遍性，寻求作为真正的普遍性的共产主义社会。这个思路虽然还没有完全包括马克思关于实现真正的普遍性和建构一个合理的社会的全部理论要素，但是马克思在《批判》中所形成的观点——以特殊性领域为前提批判虚假普遍性和发展出真正的普遍性的具体发展。从这个角度来看，马克思这个观点既是他的主要哲学思想的起点，同时也是把握他的哲学的特质的重要线索。

从文明批判看文化建设的现实路径

——以西方现代性批判为视角

天津师范大学马克思主义学院 薛晋锡

摘要：文化建设的现实任务要求我们对其理论境遇进行澄清，文化与文明是两个不同层次的概念。文化说明的是人类精神的内在价值，它表达着人们对自身存在意义的自觉；文明指涉的是文化精神的外在表现，从辞源上看，文明又是一个彻底的现代性概念。人类文化生命的展开是一个充满矛盾的历史进程，文化时常被运用于针对文明进程的批判。现代西方文明的悖论性质与其理性主义文化传统的历史性展开之间存在着深刻的关联，技术理性与实证主义的弥漫使人们感性的幸福、灵魂的激情受到了压抑，西方现代性文明不再能为其文化发展提供健康的精神环境。在现代性境遇下进行文化建设，以下几个方面的努力值得我们注意：在文化精神的培育方面，保持开放包容的文化心态。在文化传统的涵养方面，加强传统文化的创造性转化。在文化景观的设计方面，力争让文化载体提供丰富的能指意义群。在文化产品的提供方面，借助公共性批判来提升文化产品的公共性品格。

关键词：现代性；理性主义；灵魂；能指；公共性批判

按照国家发展规划的要求，中国将会在2035年基本实现社会主义现代化，社会生活的现代化必然伴随着人的活动方式的一系列变迁。文化表达着人们对自身存在意义的自觉，《国家"十三五"时期文化发展改革规划纲要》指出，"文化是民族的血脉，是人民的精神家园，是国家强盛的重要支撑"，并且强调，"繁荣发展社会主义先进文化，是党和国家的战略方针"。文化建设的现实任务要求我们对其理论境遇进行澄清，经济结构调整与产业换代升级的现状表明，我们仍然处于现代性为主的工业化阶段。在现代性语境下开展文化建设，关键在于找准理论探讨的参照系。为此，我们尝试从文化与文明的词义辨析入手，经由对西方现代性文明的批判来回应文化建设的时代主题，期望能为当前文化精神的塑造提供理论参考。

一、文化与文明的词义辨析

首先，从辞源上来分析，文化表达的是人们对自身存在意义的自觉，文明主要说明的是组织有序的生活状态，后者是一个彻底的现代性概念。虽然两者的词义相互影响，但是文化却时常被运用于针对文明进程的批判。

一般而言，人们是在与自然相对应的意义上来说明文化的，是在与野蛮相区分的意义上来探讨文明的。英国著名文化批评家威廉斯指出，"culture（文化）在所有早期的用法里，是一个表示'过程'（process）的名词，意指对某物的照料，基本上是对某种农作物或动物的照料"[1]。自 18 世纪末期起，文化一词开始被隐喻为对人为事物的"照料"，它被用来说明"心灵的陶冶""理解力的培养"等社会性活动。中华传统中更是有"观乎天文，以察时变；观乎人文，以化成天下"[2]这样的说法。整体而言，文以载道、以文化人，进而开显存在的意义，这构成了文化一词的本义。

在英语世界中，"civilization（文明）通常被用来描述有组织性的社会生活状态"[3]。文明一词潜藏着西方启蒙运动的理想，它"凸显了现代性的相关意涵"，表达着人们对于世俗进步的信仰，与野蛮的混乱相对，它追求的是"一种确立的优雅、秩序状态"[4]。在威廉斯看来，最晚从 19 世纪初期起，文明一词就已经具备了现代性的基本特征，它至少包括了优雅的行为举止、系统性的知识、稳定的社会秩序三个方面的含义。

虽然文明一词也包含着文雅教化的意涵，以致它与文化的词义长久以来一直不易厘清，但是从历史上看，文化却时常被运用于针对文明进程的批判。这种批判最早在西方浪漫主义对现代性进程的反动中得以展现。

启蒙时代的主流思想家将文化等同于文明开化的现代性历程，进而用一种普世主义的文明观来表达对理性进步的信仰。他们认为 18 世纪的欧洲文明已经达到了人类文化的高峰，而全球其他区域在现代化进程中必然要遭受欧洲的宰制。与此相反，德国浪漫主义的先驱赫尔德林认为，"'优势的欧洲文化'这个念头其实是对于大自

---

[1]（英）威廉斯：《关键词——文化与社会的词汇》，刘建基译，北京：生活·读书·新知三联书店，2016 年，第 148 页。

[2]《周易》，杨天才等译注，北京，中华书局，2011 年，第 207 页。

[3]（英）威廉斯：《关键词——文化与社会的词汇》，刘建基译，北京：生活·读书·新知三联书店，2016 年，第 92 页。

[4]（英）威廉斯：《关键词——文化与社会的词汇》，刘建基译，北京：生活·读书·新知三联书店，2016 年，第 93 页。

然尊严的一种极大的侮辱"[1],进而主张多元主义的文化观,"人类文化不仅仅是欧洲文化,它通过不同的时间和地点向每一个人展示自身"[2]。在整个浪漫主义运动中,文化的多样性被广泛运用于反衬新兴工业文明对人性的压抑,它成为对启蒙理性进行自觉批判的有力武器。

其次,从哲学人类学上来考察,文化体现的是人类精神的内在价值,文明则指涉的是文化精神的外在表现。

对于文化与文明的辞源辨析有助于我们澄清两者的具体所指,但是要将两者作为人类行为的具体机制来进行感性的描述,还必须借鉴哲学人类学的视角。作为20世纪人道主义哲学流派的一支,哲学人类学把形而上学的思辨与经验科学的描述相互结合,对人的存在方式中的文化规定性做出了清晰的界定。

哲学人类学立论的基点是:人处于自然进化的未成型阶段,在物竞天择、适者生存的外部压力下,其他物种均进化出了高度专门化的器官来适应环境,这也就形成了动物的各项本能;而"人,力不若牛,走不若马",自然器官未曾达到专门化的水平,人只有发展其后天的行为方式才能幸存于自然界,文化就是人用于弥补本能缺陷的"第二自然"。"文化是人类的'第二天性'。每一个人都必须首先进入这个文化,必须学习并吸收文化。"[3]

哲学人类学的创始人舍勒在《人在宇宙中的位置》一文中指出,"按照原始关系,较高级的存在形式是较弱的,而较低级的存在形式是较强的。换言之,原本孱弱的精神和原本强大的即与一切精神的观念和价值相比盲目的欲求,通过正在演变着的使隐藏在万物的表象后面的压抑变成精神和观念而相互渗透,同时使精神变得生机勃勃,并赋予它以力量"[4]。人自从凭借精神来"升华"自身的本能欲望,才开始真正摆脱自然界的限制并成为自由自觉的存在者,进而过上了一种具有人文属性的文化生活。作为一种精神性的存在者,人一方面将自身的实践成果系统化、理论化,使其获得了观念上的清晰度与纯洁性;另一方面,凭借劳动实践的对象化过程,人们将自然界中的异己之物转化成了为我之物。这两方面的现实成就体现为社会文明所达到的程度。

---

[1] (英)威廉斯:《关键词——文化与社会的词汇》,刘建基译,北京:生活·读书·新知三联书店,2016年,第151页。
[2] (英)伯恩斯等:《历史哲学:从启蒙到后现代》,张羽佳译,北京:北京师范大学出版社,2008年,第89页。
[3] (德)蓝德曼:《哲学人类学》,彭富春译,北京:工人出版社,1988年,第223页。
[4] (德)舍勒:《舍勒选集》(下卷),刘小枫选编,上海:生活·读书·新知三联书店,1999年,第1356页。

总而言之，人只有生活在文化中，才能真正生存于自然界之中，文化说明的是人类精神的内在价值，文明则体现着人类精神生活的现实成就，文明是文化精神的外在表现。

最后，从生存论上来剖析，人类文化生命的展开是一个充满矛盾的历史进程，其间伴随着文化与文明之间的冲突。

经由对自身内在精神价值的自觉，人开始突破自然界的限制并获得了自由。但是，就人对自身存在意义发现的能力和现实程度而言，他仍处在"必然王国"的限制之下，文化生命中的这一矛盾根源于人类生存的历史性特征。正如文德尔班所言，"人性之屹立于崇高而广阔的理性世界中不在于合乎心理规律的形式的必然性，而在于从历史的生活共同体到意识形态所显露出的有价值的内容。作为拥有理性的人不是自然给予的，而是历史决定的"[1]。人只能在现有物质生产成就的基础上来反思既有文明，也只有在回望已有文化形态的基础上才能展开文化生命的再创造，进而根据变化了的生存环境来重塑自身存在的价值与意义。

人类文化生命的这一历史性特征造成了文化与文明之间的冲突。当某一种文化的精神价值已经在既有文明成就中发挥殆尽，而新的生存境遇开始呼吁对存在意义的重新发掘时，文化与文明之间的脱节和对立就会展露无遗。以至于历史哲学家斯宾格勒不无感慨地指出，"每一文化，皆有其自身的文明"，而每一种文明都是其文化的逻辑结果和必然命运，"文明是一种发展了的人性所能达到的最外在和最人为的状态。它们是一种结论，是继生成之物而来的已成之物，是生命完结后的死亡，是扩张之后的僵化……它们是一种终结，不可挽回，但因内在必然性而一再被达成"[2]。

二、对西方现代性文明的文化批判

根据威廉斯的分析，文明是一个纯粹现代性的概念，文明一词的意蕴中包含着"得失参半"的两种性质，它表达的是西方现代化进程中所产生的一系列悖论。马克思就曾对这一过程作出过深刻的评价，在他看来，"人类是自然的主宰，但人又是人的奴隶，是他自己的卑贱的奴隶。甚至科学的纯粹之光似乎也只能在愚昧无知的黑暗的背景前面生辉。我们的一切发明和进步的成果，似乎仅仅赋予精神的生命以物

---

[1] （德）文德尔班：《哲学史教程》（下卷），罗达仁译，北京：商务印书馆，1993年，第928页。
[2] （德）斯宾格勒：《西方的没落》（第1卷），吴琼译，上海：生活·读书·新知三联书店，2006年，第30页。

质的力量，而抽掉了人的生存，使之贬低成一种物质的力量"[1]。

西方现代文明是资本全球化主导下的工业文明，我们尝试从以下三个方面回到它的文化根基处来展开批判性的分析：

第一，西方现代文明的悖论性质与其理性主义文化传统的历史性展开之间存在着深刻的关联。

伴随着资产阶级在 17 世纪的崛起，理性逐渐成为这一阶级的战斗口号，人们虽然对这一概念并未形成过公认的、单一的定义，但是对它的理解却体现出了鲜明的时代特征：理性意味着人们对客观必然性认知程度的提高以及自身行动的自由，理性包含着人们对不合理现实的批判性改造。首先，理性确立了人的权威，人们完全可以凭借自身的力量来开展对自然与社会的改造，使自身朝着理想状态不断前进。其次，理性包含着对世界普遍规律的把握，人们利用"概念化的知识"来洞察蕴含在个别事物中的共同规律，依靠知识所赋予的力量就可以判定存在着的一切事物。再次，"理性的概念包含着按照理性行动的自由"[2]，理性主体可以通过实践批判来获取现实生活中的幸福。

然而，随着近代科学技术的进步以及它在改造自然方面成就的凸显，经验实证的方法逐渐被视为理性活动的典型，人们开始在机械化的自然模式之上来探讨社会生活的规律。"人们认为他们彼此间的关系产生于被物理规律的必然性所决定的客观规律，并且，他们认为，他们的自由在于使自己的存在适应必然性。"[3]实证主义在近代的复兴与人们对理性的片面化理解密切相关，随着文化精神中批判性、否定性特征的失落，西方现代性文明已经不能再为个体的人生幸福与精神自由提供希望。

第二，从本质上讲，实证主义是一种对经验现实采取肯定性的思维方式，它并不关注对人们内在精神价值的培养，反而是助长精神压抑的有效手段。

正如胡塞尔所看到的那样，"实证科学正是在原则上排斥了一个在我们的不幸的时代中，人面对命运攸关的根本变革所必须立即作出回答的问题：探问整个人生有无意义"[4]。从科学与生活、文化的关系来看，它应该是一种严肃而健康的生活方式，本应为人的生存提供丰富的价值基础。然而，在以量化分析与概念推演为显著特征的实证科学中，客观自然与人类社会只不过被视为有待去开发与整合的纯粹质

---

[1]（德）A.施密特：《马克思的自然概念》，欧力同等译，北京：商务印书馆，1998 年，第 1 页。
[2]（美）马尔库塞：《理性与革命》，程志民等译，上海：人民出版社，2007 年，第 220 页。
[3]（美）马尔库塞：《理性与革命》，程志民等译，上海：人民出版社，2007 年，第 221 页。
[4]（德）胡塞尔：《欧洲科学危机和超验现象学》，张庆熊译，上海：上海译文出版社，1988 年，第 6 页。

料，整合的理性在此被片面化为了技术理性，生活的原则被抽象化为了对技术性规则的肯定和遵从。

与此同时，技术理性在工业文明时代的成功不仅创造了丰富的物质财富，而且为现代生活带来了效率与便捷。人们虽然时时感受到现代社会"一体化"进程所造成的压抑感，但也确实享受着它所带来的舒舒服服的不自由状态，进而在思想和行动方面都表现出了马尔库塞所说的"单向度"化趋势。概而言之，在实证科学与技术理性的主导之下，人们对生活意义的重新发现将不再可能，西方现代性文明已经不再能为文化进步提供健康的精神环境。

第三，实证思维并没有为个体灵魂的成长提供空间，灵魂的激情在资本主义时代反而遭受着压抑。

与西方理性主义同时崛起的就是人们对于灵魂的关注。灵魂这一概念在文艺复兴时代的文学作品中首次得到现代意义上的表述，它产生的"要求宣告了一个新社会，与这个新社会相伴随的是由解放了的人用理性控制的世界。这些解放人的标志，在于具有个人自由和具有个人的内在价值。因此，'内在生活'或灵魂的丰富性，便与新发现的外在生活的丰富性联系在一起"[1]。灵魂与肉体的情欲、感性的快乐密切相关，然而，西方理性主义传统并没有为灵魂的概念留下应有的位置。

自笛卡尔以来，灵魂一直建立在作为"我思"的思维主体之上。依据笛卡尔的原初设想，自我受制于两个领域的划分：一方面，在与外在物质世界相对立的意义上，笛卡尔界定出了作为思维主体的纯粹自我；另一方面，笛卡尔又试图把自我理解为灵魂，理解为"情欲"的主体，这包含了爱与恨、忧与喜、感激与羞愧等感性因素。在笛卡尔看来，自我一方面是精神主体，是纯粹的思维；另一方面，自我又是肉体性的东西，是情欲的主体。但是，笛卡尔最终将灵魂的激情归结为血液的流动及其在大脑中所引起的变化，他只是专注于对灵魂的活动原则进行先验性的揭示，并不关心现实社会中人们欲求的满足状况。可以说，"在理性主义的原初构想中，体系中没有后来实际上被看作构成灵魂的东西（即个体的情感、欲望、欲求以及本能）存在的地方"[2]。

在理性主义后来的发展中，康德明确否认了经验心理学的科学地位，在他看来，"经验心理学以后可能成为科学吗？没有。我们对于灵魂的知识，整个地看，太有限了"[2]。黑格尔也只是将感性对于外物的欲望态度视为个体通达自我意识阶段的一个

---

[1]（美）马尔库塞：《审美之维》，李小兵译，桂林：广西师范大学出版社，2001年，第18页。
[2]（美）马尔库塞：《审美之维》，李小兵译，桂林：广西师范大学出版社，2001年，第16页。

必要过渡，关于灵魂活动的经验心理学在此被转换成了意识活动的"精神现象学"。

理性主义传统对灵魂的遗弃指示出资本主义时代的一个基本事实，那就是，灵魂无法在社会劳动的现实过程中被实证性地分析并加以控制。只有将具体劳动还原为抽象劳动，将感性主体抽象化为劳动力，资本主义的再生产才能被有效地核算并组织起来，在此，物质生产的现实过程仅由理性的一个部分，即技术理性来主导。也正是在这一过程中，人们之间丰富的感性交往被各种实证性法则所规训，肉体的情欲、灵魂的激情在资本主义的现代性文明中遭受着压制。

三、文化建设的现实路径

如果将人们之间性别与出身的差异排除在外，并且不计他们在经济地位上的区别的话，个体必定会以文化作为其生存意义的重要依据。著名社会学家费孝通先生将文化自觉的历程概括为十六个字，即"各美其美，美人之美，美美与共，天下大同"[1]。在现代性境遇下进行文化建设，我们应该对自身文化所具有的当代意义进行批判性地省察，把握其来龙去脉，提炼其精神实质，努力让文化为现实生活提供具有时代前瞻性的精神价值。为此，以下几个方面的努力值得我们注意：

第一，文化精神的培育方面，注意保持开放包容、兼收并蓄的文化心态。

文化精神的自觉与人们对自身存在意义的发现息息相关，只有开放包容的社会氛围才能为文化的彼此借鉴提供必要的保障。多元互动、兼收并蓄的文化心态才会带来精神价值的健康成长。

现代人主要运用概念推理的抽象思维去把握世界，"而原始人的集体表象则不像我们的概念那样是真正智力过程的结果。它们的组成部分包括了情感的和运动的因素"[2]。根据法国学者布留尔的分析，一方面，原始思维主要服从于"互渗律"，原始人并不排斥思维中的矛盾律，相反，他们运用神秘化了的形象思维在互不相干的物象之间建立起了稳定的互生关系，在原始族群中存在着许多世代相承的"集体表象"。族群内部的文化发展过程中，后人总是不自觉地因循着前人的精神信仰与行为方式；另一方面，族群又会主动去限制其成员的文化想象空间。这就使得个体在原始状态下不可能意识到自身的独立存在，更不会对文化传统形成自觉的批判态度。"集体表象"这种原始思维方式意味着个体思维对集体意识和文化传统的绝对服从。

---

[1] 费孝通：《费孝通论文化与文化自觉》，北京：群言出版社，2005年，第233页。
[2] （法）布留尔：《原始思维》，丁由译，北京：商务印书馆，2009年，第82页。

原始思维中的"集体表象"是用神话(化)方式建立起了诸多物象之间的同一性,其中还存在着丰富的感性认知和情感想象。到了以概念推演为主要特征的现代思维中,感性世界的具体差异进一步被思维范畴所整合,物象的杂多被抽象为了观念中的统一。在此,观念上的"一既是原理和本质,也是原则和本源。从论证和发生意义上讲,多源于一;由于这个本源,多表现为一种整饬有序的多样性"[1]。也正是以此为基础,技术理性才真正在现代生活中弥漫开来。

由此可见,在文化发展的现实进程中,始终存在着一元对多元、保守对开放的压制。只有对其保持自觉的批判态度,才能为文化精神的培育提供健康的社会心态。

第二,文化传统的涵养方面,加强传统文化的创造性转化,留住文化记忆的"乡愁"。

一般认为,在传统中国的乡土社会中,人们是按照"老吾老以及人之老,幼吾幼以及人之幼"[2]的"差序格局"来建构现实生活中的人伦秩序的,以心性之学为核心的儒家学说构成了传统文化的基础。通过对自然情感进行自觉提升,生命中的气质之性也就被教化为了义理之性,儒家以此为基础来建立人文信仰并规范社会秩序。在孟子看来,"口之于味也,目之于色也,耳之于声也,鼻之于臭也,四肢之于安佚也,性也,有命焉,君子不谓性也。仁之于父子也,义之于君臣也,礼之于宾主也,知之于贤者也,圣人之于天道也,命也,有性焉,君子不谓命也"[3]。自然欲望的满足没有尽头,而且在现实际遇中可能无法被完全实现,与此相反,人应该主动去追求仁、义、礼、智等具有社会文化色彩的精神价值,在此过程中甚至不能轻易向命运低头。

传统乡土社会是一个由熟人关系组成的超稳定结构,社会成员的内在信仰与外在秩序、个人利益与社会关切之间存在着直接统一性,这为儒家文化的成长提供了社会基础。现代生活是一个充满流动与竞争的动态过程,不仅出现了私人生活领域与社会公共空间的区别,而且个体之间基于社会地位、职业身份、精神信仰甚至兴趣爱好所形成的分化也越来越深入。在分化与变迁逐渐占据了主流的历史境遇下,对个体之间权利义务关系做出明确约定的法律与制度的重要性明显上升。哈贝马斯提出,现代社会出现了体制与生活世界的二元分立。体制是由代表技术理性原则的资本和权力对生活进行整合所形成的结果,它体现为各种社会组织和管理制度。生活世界是人们在平等交往的基础上所形成的意义世界,它表达着人们对于文化价值的自觉追求。

---

[1] (德) 哈贝马斯:《后形而上学思想》,曹卫东等译,南京:译林出版社,2012年,第29页。
[2] 杨伯峻:《孟子译注》,北京:中华书局,2005年,第16页。
[3] 杨伯峻:《孟子译注》,北京:中华书局,2005年,第333页。

文化生命的展开是一个历史性的过程,"一切已死的先辈们的传统,像梦魇一样纠缠着活人的头脑"[1]。然而面对现代生活中的分化与变迁,只有自觉进行传统文化的创造性转化,才能真正留住文化记忆的"乡愁"。

第三,文化景观的设计方面,淡化文化载体的具体所指,力争提供丰富的能指意义群。

根据马尔库塞的分析,工业文明时代的文化体现出鲜明的"肯定性"特征,这不仅表现为思维领域批判性与否定性色彩的弱化,而且这种对现实的抽象肯定态度更是渗透进了人们的文化心态之中。这个文化世界"在根本上不同于日常为生存而斗争的实然世界,然而又可以在不改变任何实际情形的条件下,由每个个体的'内心'着手而得以实现"[2]。文化与人们对精神价值的自觉息息相关,正是因为精神的内在价值与外在的社会现实之间保持了一定的距离,人们甚至可以在恶劣的生存环境面前极力维护起灵魂的崇高与纯洁。马尔库塞从发达工业文明中看到,灵魂的激情遭受到技术理性与实证规则的压抑,人们逐渐习惯于从精神的幻象中来寻求自我安慰,进而开始用想象中的幸福来对冲现实生活的苦难。

文化景观承担着为人们提供审美想象空间的社会作用,景观设计与布局围绕一定的文化载体来展开。如果文化载体仅仅为人们指示出单一的意义,那么个体在其中所能获得的情感认同必定是非常有限的。景观设计应该力求将文化载体塑造成为一种象征性的存在,并且让其为个体展现出丰富的能指意义群,使人们在欣赏中能够主动获得情感的升华与精神的自由。

第四,文化产品的提供方面,借助文化生活中的公共性批判,提升文化产品的公共性品格。

无论对于民族文化传统来说,还是对于个体精神生活而言,文化生命的展开都必须在社会历史中进行。刘勰在《文心雕龙》中指出,"时运交移,质文代变""歌谣文理,与世推移"。在历史哲学家兰克看来,每一个历史时代虽然具有其独特的意义,但是它所展现出的不过是同一人类精神的不同侧面,"它的价值并不依赖于它所产生的结局,而是依赖于它的存在本身,依赖于它内在的自我"[3]。也正是基于对人类精神生活的积极信仰,黑格尔才首次将社会历史的现实过程展示为理性进步的逻辑进程。因此,人们可以用灵魂的崇高、精神的伟大、理性的进步等积极的价值来评判和塑造我们的文化生命。然而,随着西方现代性文明的崛起,经验实证主义开始

---

[1] 马克思、恩格斯:《马克思恩格斯选集》(第1卷),北京:人民出版社,2012年,第669页。
[2] (美)马尔库塞:《审美之维》,李小兵译,桂林:广西师范大学出版社,2001年,第7页。
[3] (美)马尔库塞:《审美之维》,李小兵译,桂林:广西师范大学出版社,2001年,第23页。

走进思维方式的中心,它直接导致理性精神中的批判性色彩逐渐式微。

但是,"理论是灰色的,生命之树常青",在社会生活的现实进程中,始终存在着主流价值观与社会心理的对接、民族大传统与文化小传统的互动,普遍性愿望与特殊性诉求的生成等辩证议题。这提醒我们在文化产品的提供方面,应该主动发挥公共性批判的作用,通过提升文化产品的公共性品格来达成文化生活中的最大公约数,以此来接续我们的文化生命,进而使文化真正起到对时代进行有效引领的积极作用。

信息技术时代主体境遇的生产审视

河北省社会科学院　覃志红

摘要： 信息技术时代，人类社会的生产方式发生了深刻的变革，生产主体人的工作和生活样态也相应发生了改变，随之衍生出一些关涉主体境遇的社会问题。如，主体的自我重塑及其在数字化生存中的异化，信息垄断或差异化获取所带来的主体间数字鸿沟，以及"机器换人"给人的生产主体地位所带来的挑战，等等。马克思生产理论的精神实质和方法论原则体现在其生产研究的社会历史整体视野中，即生产的历史阐释、社会批判与价值诉求的有机的统一，这为我们今天正确理解处于信息时代生产大循环中的人的主体境遇，提供了宝贵的思想资源。

关键词： 信息技术时代；生产；主体境遇；马克思生产理论

随着现代科技的迅猛发展，知识革命浪潮借助信息化、数字化强势来袭，人类社会开始进入一个信息技术时代，甚而有学者提出我们已经进入一个极端个性化信息定制的后信息技术时代。这样一个新的时代背景对我们的经济、社会、文化、生活都产生了广泛而深远的影响。科技进步在生产过程中的作用日益显著，信息化、智能化、网络化不仅变革着社会生产方式，也改变着生产主体——人的工作方式和生活样态。与此相应，诸如人的数字化生存、信息技术异化、新的人机互动模式以及机器换人等关涉主体境遇的社会问题也随之凸显出来。如何正确审视这些问题，在实践中促进生产进步与人的发展的协调并进，就成为当前一项重要的现实课题。

一、信息技术时代的生产及主体

纵览人类社会历史，继第一次工业革命以机器代替手工，引入机械生产技术，开启"蒸汽时代"的大规模工厂化生产以后，第二次工业革命则借助电力、内燃机、新交通工具和新通信手段等新的生产技术条件，又把人类带入分工明确、以流水线为主要特征的大规模批量生产的"电气时代"。以电子计算机技术、原子能技术、生物工程和空间技术为主要技术标志的第三次工业革命则将人类社会推进到自动化生产模式。而未来"工业4.0"则借助信息物理系统（Cyber-Physical System，CPS）的智能化，将人类社会推进到第四次工业革命，并将向我们展现一个以智能制造为主导的全新的工业蓝图，通过互联网将实体世界与信息系统相结合，使得生产企业未来将机械设备、库存系统以及物资融合在一起，并进行自主交换信息，定制化生产模式开始逐步开启，更多灵活、个性化和数字化的产品与服务将被提供。

生产是关乎人类社会生存与发展的最为重要的实践活动。"他们是什么样的，这同他们的生产是一致的——既和他们生产什么一致，又和他们怎样生产一致。"[1]在信息化时代，信息流、物流、知识流等逐渐实现全球流通，社会生产已突破传统的时空界限，呈现出一种时空压缩的发展态势，呈现出诸如生产要素多元化、生产材料新型化、能源结构多样化、产业结构高级化、生产组织柔性化、社会消费符号化以及生产范围全球化等许多新的发展特点。现今生产的主体与传统制造业时代已经有了很大的不同，无论是雇佣劳动的具体形式还是劳动阶层的分化，以及劳动者的消费生存甚至思维状态都发生了很大的变化。在经济全球化背景下，由于资本生产的全球化、知识化、专业化、技术化、社会化发展，雇佣劳动朝着异质化方向演变，古典意义上的雇佣劳动者在减少，以知识和服务为中心的新型雇佣者开始增多。

如今，信息作为知识、产品乃至人类生活过程本身的对象性凝结，越来越成为生活不可或缺的部分。以数字化、智能化、互联网为核心的互联网革命，表现为消费者驱动型的革命，通过对消费者和消费行为的数字化、连接化反过来变革大机器、大生产时代的生产生活模式。信息（数据）作为一种柔性资源，缩短了迂回、低效的生产链条，促进了C2B（Customer to Business，即消费者到企业）方式的兴起，生产与消费将更加融合。技术手段的提升、信息（数据）开放和流动的加速，以及相应带来的生产流程和组织变革，使得生产样式已经从"工业经济"的典型线性控制，转变为"信息经济"的实时协同。在线产业带是传统产业带和专业市场在工业4.0、互联网背景下的一种映射延伸。C2B模式要求生产制造系统具备高度柔性化、个性化，以及快速响应市场等特性。这与传统的B2C（Business to Customer，企业到消费者）商业模式下的标准化、大批量、刚性而缓慢的生产模式已截然不同。

数字化网络不仅改变了人们接收、处理转化、发送信息的方式，而且更新了物质生产中人与机器的互动模式。信息技术为灵活的工作方式提供了现实可能，使得就业形势更加多样化。"信息经济"条件下，由于沟通、协作的门槛降低，评价和信用制度的完善，专业技能的价值进一步凸显，个人能力可以得到充分发挥，就业的

---

[1] 马克思、恩格斯：《马克思恩格斯选集》第1卷，北京：人民出版社，1995年，第68页。

灵活性也进一步提高。年轻一代经由网络、利用外包方式，可以充分安排自己的时间和工作地点，为多家企业提供服务。信息技术与生产技术进一步融合，重构了传统的制造业和创新活动的边界，"创客"一族也开始崛起，并在互联网时代蓬勃发展。安德森在其《创客新工业革命》一书中指出："建立在高科技数字制造之上的'创客运动'赋予了普通人利用大型工厂按需制造产品的能力。"[1] 与此相应，企业的雇佣方式和组织形式、人们的就业方式和收入结构，都将发生改变。

现代生产往往从生产到生活，再到信息，再由信息到生活，再回到生产，形成一个生产的大循环。在这个生产的大循环中，大数据已渗透到人们生产生活的每一个角落，并改变着人类的生活、工作与思维。人类的思维方式在数字化网络技术的影响下也发生了改变，由线性思维发展为非线性思维。人类的生产、生活、交往等行为方式都发生了改变，甚至教育和学习方式也产生了巨大的变化。信息时代的生产在拓展人们交往空间的同时，也重新调整了人与人、人与社会乃至人与自然之间的关系。所有这些，共同构成一种崭新的组织模式，释放出空前的生产能力。

二、马克思生产理论的研究视角

人类社会历史的发展与生产时空的转换相伴相随。人类只有首先生存下来并能够生活才能够创造历史，这是历史的首要前提和现实基础。而为了能够生活，人首先要满足自己生存的基本物质需要，并开始提供满足这些基本需要的物质资料的生产活动，人类的生命和物种才能得以延续，而且正是借助生产这个经验现实，感性直观与主体性在现实的人身上才真正得以统一起来。关于"生产"的研究，不管是在马克思主义哲学，抑或是在马克思主义经济学中，都是一个具有基础性意义的理论问题。马克思关于生产研究的理论视野和方法论原则，对于我们今天理解处于信息时代生产大循环中的人的主体境遇，提供了宝贵的思想资源。

（一）马克思生产研究既超越传统形而上学又走出纯粹经济学的局限

马克思研究生产问题是从学习、继承、批判古典政治经济学开始的。而经济学的理论视域是马克思借以深化其历史观形成并进入生产研究的重要空间。一方面，经济学的理论视域帮助他超越传统形而上学，实现实践的哲学观的转变，进而创立唯物史观；另一方面，马克思借助经济学又跳出经济学的学科局限，他虽然沿用了

---

[1]（美）克里斯·安德森：《创客新工业革命》，萧潇译，北京：中信出版集团，2015年，第92页。

"生产"这一概念，却在历史视野下对生产诸问题进行了深刻反思，建构起独特的生产理论。对于生产，马克思虽以资本主义社会生产方式为主要研究对象，进行了大量细致的实证研究，但他并没有只是将其作为经验事实来加以叙述和分析，而是把资本主义生产方式纳入整个社会历史发展的过程，同时将其视作这一发展过程的结果来加以认识和把握。相比纯粹经济学的研究而言，现实的社会历史，是马克思研究生产问题的重要背景和现实依据，也逐渐成为一种动态生成的分析方法。

1843年，为了解答"物质利益难题"，马克思曾陷入思想和理论的困惑，这促使他开始了自己早期的政治经济学研究，生产问题也随之开始进入其理论视野。在最初的生产研究中，马克思先将市民社会与私人经济利益相关联，剖析作为社会世俗基础的市民社会的秘密，深入探寻资本主义社会劳动异化的实质及其形成的原因和深层根源。随后，马克思又将理论的视角从人之外的私有财产转向直接关乎人本身的劳动，把问题的探讨从"物质利益"转向了"生产劳动过程"，使物的探讨与人的自由追寻和主体的实现紧密相连。马克思将社会物质生产力的发展演进，与主体人能力的提高及自由的发展看作同一个问题的两个方面。也即在马克思那里，对于生产而言，物的方面和人的方面的价值追求是并行不悖的。继而，在对社会意识的研究过程中，马克思也并非像旧哲学家那样谈抽象的意识，而是借助生产谈论具体存在的社会意识。他尖锐地指出："'思想'一旦离开'利益'，就一定会使自己出丑。"[1] 在马克思看来，过去旧的社会意识已经深深融入了社会的物质生产和生活之中，也即已经被物化成一定社会的物质生活基础，而未来新的社会意识正孕育于现实的一定的社会生产生活之中。"由此可见，一定的生产方式或一定的工业阶段始终是与一定的共同活动方式或一定的社会阶段联系着的，而这种共同活动方式本身就是'生产力'；由此可见，人们所达到的生产力的总和决定着社会状况，因而，始终必须把'人类的历史'同工业和交换的历史联系起来研究和探讨。"[2] 思想意识层面的批判必然要被深化为经济层面的生产（资本）批判，这样马克思就超越了传统形而上学，这也正是马克思所开创的以改变世界为己任的新哲学观的实质性要求。马克思对生产问题研究的逐渐深入也构成历史唯物主义新世界观创立的重要一环，尤其为探寻历史源头、揭示历史发展动力和解剖历史现象等提供了基本的原则和方法。他以直接生活的物质生产为出发点，深刻阐释了历史唯物主义的基本原理。而在其成熟时期的著作《资本论》及其手稿中，马克思则真正深入生产现实，对资本主义

---

[1] 马克思、恩格斯：《马克思恩格斯全集》第2卷，北京：人民出版社，1957年，第103页。
[2] 马克思、恩格斯：《马克思恩格斯选集》第1卷，北京：人民出版社，1995年，第80页。

生产方式进行"人体解剖",也就彻底完成了对政治经济学的批判与超越,使生产研究走出纯粹经济学的局限,进入更广阔的社会历史总体性视域。

(二)马克思生产理论的方法论原则:生产的历史阐释、社会批判与价值诉求的有机统一

马克思自己曾强调:"不论我的著作有什么缺点,它们却有一个长处,即它们是一个艺术的整体。"[1]在马克思主义创始人那里,马克思生产理论是一个意义整体,并未作分门别类的学科化区分。这一研究成果本身是马克思经济学研究和哲学研究相互融会贯通、相互促进的理论产物,同时又有着鲜明的价值旨向。后来随着马克思主义理论在传播和解读过程中被分割成哲学、政治经济学和科学社会主义几个板块来加以研究和灌输,学科分化式的研究越来越明显。这种学科分化式研究在历史上曾起到了一定的积极作用,推进了一些具体研究的深化和细化。但是越来越多的学者已经开始认识到,过于分门别类的理论研究不利于完整准确地把握马克思生产理论的精神实质及其形成发展过程。特别是在经过一段时间的分门别类研究后,尤其需要对研究进行统合、整理、贯通,这也是理论研究在更高层面上得以提升和发展创新的必然要求。

回顾马克思生产研究的逻辑转换,从物质利益难题到市民社会解析,从异化劳动探源再到历史发源地解密,从确定历史观出发点为"直接生活的物质生产"到深入生产方式内部寻找历史钥匙,再到对资本主义社会进行"人体解剖"和深刻的社会批判,随着马克思经济学研究的不断深入,马克思关于生产的研究主题也随之不断拓展和深化。一旦马克思开始了有关物质利益难题的追问,他原有的理性哲学观的内在矛盾便凸显出来,思想上的矛盾进而推动马克思努力寻求哲学观的根本性变革。马克思在对生产问题展开研究的同时,也在不断清理着自己的哲学思想和理论认识,逐渐完成了其哲学观的变革和唯物史观的创建。

在《1857—1858年经济学手稿》的《导言》中,马克思对自己的政治经济学研究对象和方法都作了详细的阐述。他明确以物质生产为研究对象,特别将一定社会性质的生产当作理论的出发点,并赋予"生产"以经济学和哲学(历史唯物主义)的双重含义。马克思所理解的生产并非资产阶级经济学家眼中"孤立的个人的生产""与其他环节相割裂的生产""处于永恒资本主义生产关系中的生产",与此相反,马克思立足历史唯物主义,运用科学的抽象,将生产研究放置在个人活动与社会生产的普遍联系中,放入生产、分配、交换、消费各环节相互统一的总体之中,纳入生产与流通的

---

[1] 马克思、恩格斯:《马克思恩格斯文集》第10卷,北京:人民出版社,2009年,第231页。

运动过程的统一之中，概言之，真正从历史的和社会的运动的整体视域来谈论生产。而在资本主义社会，生产方式受制于资本的权力结构，这是其所特有的生产特点，马克思由这一生产现实出发，在超越经济学局限的更宽广视野里揭示出资本主义这种狭隘的经济活动和生产结构本身的历史性和暂时性。这一致思路径就决定了马克思的生产研究有着鲜明的批判立场，绝非纯粹的非批判的实证分析。马克思从政治经济学批判视角来进行的生产研究，并不是仅仅停留在形而上地探讨经济现象、远离实际社会生产生活的所谓的纯粹的经济学研究，而是将经济学与哲学在社会历史维度高度结合，既强调物质生产等经济现象都是历史发展的产物而非既定的一成不变的事实，同时又把这些经济现象作为现实的社会存在，放在整个社会结构中，对其中各个要素之间的内在关联和相互变化加以深入研究，从而呈现出社会历史的整体视野。在这一过程中，资本主义生产的总体批判逻辑逐渐凸显。

也正是因为有着历史观和价值观的有力支撑，马克思在对资本主义社会现实所进行的政治经济学研究中，才能够既借助经济学的视野，同时又跳出经济学的学科和方法局限，使得历史唯物主义的哲学内涵在对资本主义社会现实生产的经济批判中得到了深化与发展。马克思生产理论不仅是哲学研究和经济学研究相互结合、相互促进，并与历史现实密切结合的理论产物，而且具有鲜明的政治意蕴与价值旨向。为人的自由全面发展寻找解放的道路，始终是马克思生产理论不变的更不能忽视的理论主旨，而这也正是马克思所开创的以"改造世界"为理论宗旨的哲学革命的根本价值旨归。生产研究的历史唯物主义基本观点同对资本主义社会政治经济学批判的立场，二者紧密相连，并且相互影响，坚持唯物史观和人的自由解放正是马克思政治经济学的重要的本质的特征，而对人的自由全面发展的根本价值诉求恰恰在历史唯物主义立场和政治经济学批判中找到了现实的实现路径，并作为一种方向的指引贯穿理论的始终。也即是说，生产的历史阐释、社会批判与价值诉求的有机的统一，就构成了马克思生产理论的精神实质和方法论原则，而这也正是马克思生产理论的理论品格和逻辑魅力之所在。

事实上，现实的生产内容包罗万象、多种因素交互作用，生产的过程始终在不断的发展演变中，不能仅仅从一个孤立的学科视角一成不变地来看待生产，而是要用辩证的态度来整体地审视，在关系中、过程中和系统中动态地把握生产。马克思生产理论也是一个发展着的有机整体，只有从整体上系统地、完整地把握马克思生产理论，才能最大限度发挥出其整体性的理论功能、逻辑魅力和实践价值，并为现实的生产提供理论指导。此外，任何关于生产的研究和思考都不能脱离开处于社会关系中的个人所面对的生存境遇，研究生产不能脱离服务人的基本主题，生产是为人的生产，生产研究最终要以实现人的自由全面发展为根本价值旨归。

三、现实生产中的主体境遇之思

信息技术时代新的生产方式与交往形式带来了人的主体境遇的极大改变，同时也衍生出一些现实问题。如：

1.主体的自我重塑及其在数字化生存中的异化。在信息社会，人的数字化生存已成了无法逃避的趋势，在享受数字化带来的便捷的同时，人在数字化生存中的异化也成了人们难以摆脱的矛盾。数字化在拓展人的生存空间、丰富交流平台、帮助主体重塑自我、提升人的生存品质的同时，也带来了新的生存困境。由于各类信息流不停息地瞬时传送，无形中将人们捆绑在网络及移动设备上，甚至可以随时处于工作状态，无限延长了人们的工作时间，从而令使用者信息过载与超负荷工作。人们不断感受到来自信息技术的强烈的、越来越紧迫的压力，焦虑感日益增强。而信息技术的快捷、可靠、易渗透、可移植等优势又极易使人们对其形成某种程度的依赖，技术成瘾现象相当普遍。人被虚拟成了数字，数字化影响、干扰甚至左右着人的工作和生活，人反倒成了原本为了服务人的技术工具的奴隶。

2.信息垄断或差异化获取所带来的主体间数字鸿沟。在信息技术时代，人们掌握的知识和信息越多，对于自然的认识和了解就越发深入，对自然环境和资源的利用和开发程度也就越高，因而信息就成为一项极其重要的资源，对信息资源和技术的垄断成为攫取高额利润的重要条件。随着数字技术向各领域的渗透，对信息的掌握和接触成为一种所谓的"数字素养"或"数字能力"，而这种素养和能力在主体间存在着很大的差异。信息技术虽然有助于实现世界的互联互通，但也导致不少地区和人群被边缘化。由信息资源、技术垄断以及不同国家、地区和人群接触到新技术的时间差异所造成的数字鸿沟，导致社会新的不平等和不公平，反映出信息领域的贫富分化，成为社会公平问题在新时代的新表征。

3."机器换人"给人的生产主体地位所带来的挑战。信息技术扁平化、去中心化、跨地域性、广联性等特征促进了人类社会、网络世界和物理世界三者间的"人机物"深度融合。随着人工智能技术的发展，生产的自动化水平逐步提高，劳动力市场对常规工作的需求正在加速下降，越来越多的人工操作被机器所取代，出现了所谓的"机器换人"，这种变化必然带来劳动者在劳动中的作用和地位的变化。"机器换人"在一定程度上造成了暂时性的失业问题，由此导致一种社会性的机器恐慌与焦虑，人在生产中的主体地位似乎受到威胁。

而马克思生产研究的理论视野和方法论原则为我们正确看待信息技术时代主体境遇的上述问题提供了社会历史总体性的观察视角。

（一）既要顺应信息技术发展的必然趋势，也不可忽视其背后隐蔽的资本逻辑

互联网信息技术在经济社会生活各领域的深度应用，使互联网成为一个聚合、转化、加速的平台，优化了生产的资源配置方式，生产的针对性与生产效率都得到显著提高。从整个历史进程来看，这是生产力不断发展进步的必然趋势，必将带来生产方式的深刻变革。信息和信息技术不仅隐性地物化在生产力诸要素中，而且渗透在生产关系中，通过科技政策导向、利益分配效能驱动、合理组织机构的建构等手段，带来产业结构的升级、就业格局的重组以及管理方式的改进等生产方式的变化，直接或间接地影响和推动生产力的进一步发展。就"机器换人"来说，虽然会导致短期结构性失业，带来产业结构转型的阵痛，但现代科技和机器人的使用毕竟减轻了工人重复性的体力劳动，加速了企业生产过程的标准化进程，极大地释放了生产力。同时也衍生出了更多数量的新兴产业，相应地创造出了新的用工需求，提升了实践的层次，拓延了人类发展的时空，开发了个体的潜能，为实现"人自由而全面的发展"提供了可能和条件。就我国的经济发展而言，我们不可能继续依靠人口红利和资源高耗，必须要重视科学技术的发展，顺应生产力发展的趋势，走创新驱动的发展道路。

马克思在《资本论》中曾深刻地揭示了资本主义经济的基本矛盾是资本主义私有制和生产社会化的矛盾，指出这种固有的基本矛盾决定了资本主义经济必然发生周期性的经济危机。而其深刻根源就在于其私有制的经济基础决定了"商品生产者及其生产资料在社会不同劳动部门中的分配上，偶然性和任意性发挥着自己的杂乱无章的作用"[1]，致使社会分工形成"无政府状态"[2]。当今时代互联网信息技术对于生产力的提升，对于生产关系的促进，对于生产方式的巨大作用力都是显著的。同时，互联网信息技术渗透入社会生活各个领域，并物化为整个社会的公共资源，使得社会物质资料中属于公共所有的比重日益增加，从而为未来社会彻底消除生产社会化与生产资料私人占有之间的矛盾创造条件。

在《1857—1858 年经济学手稿》资本章中，马克思对资产阶级有机体制及总体的生产作用过程作了阐述。他认为，在完成的资产阶级体制中，具有资产阶级形式的各种经济关系互为前提且互相设定，而且这种一定生产方式中经济关系互为前提、

---

[1] 马克思：《资本论》第 1 卷，北京：人民出版社，2004 年，第 412 页。
[2] 马克思：《资本论》第 1 卷，北京：人民出版社，2004 年，第 413 页。

相互设定的情况也适用于任何社会有机体。据此，马克思指出，在资本主义生产方式下，生产过程是从属于资本的。这是由资本的实质及其运动趋势决定的。通过创造剩余价值实现增殖就成为资本的唯一目的。"资本画了一个圆圈，作为圆圈的主体扩大了，它就是这样画着不断扩大的圆圈，形成螺旋形。"[1]马克思形象地描述了资本这种类似于涡轮效应的普遍趋势，资本把一切纳入自己的体系，并摧毁一切阻碍其发展的限制，资本在一切地方使生产方式服从自己，服从资本的统治。它使得无论生产与生活都呈现出总体性的发展态势。正是这种总体性、普遍化的发展态势促成世界经济一体化，并形成世界经济、政治、社会、教育、文化等的普遍全球化发展趋势。受经济全球化的影响，信息时代的社会经济生活并未完全脱离资本无限扩张的内在逻辑，我们在肯定信息技术为我们的生产、生活带来更多自由和便利，为社会创造更多价值的同时，也不可忽视其背后隐蔽的资本运作的逻辑。应防止信息资源不合理地被独享或专用，避免因资本的无限扩张而对作为生产主体的人的生存发展空间的吞噬。

（二）以人民为中心，凸显人作为创新主体的核心价值，贯彻共享发展理念

事实上，知识和信息并非一种外在于人的独立的物质性存在，信息、科学和技术等非实体性的生产要素本身也并不能直接形成现实的生产力，它们只有通过劳动者的劳动渗透到生产力系统中，才可能形成现实的生产力。在数字经济时代，数字成了最大的生产资料和生产要素，于是，以获取、理解与整合数字信息为根本的数字素养和数字能力就成了数字人才的必备素质。因此，所谓信息时代的"信息生产力"本质上是劳动者（人）对信息、科学和技术的掌握、运用和发挥，使其作用于实体性生产资料从而形成生产能力，其实质是"创新"劳动的结晶。因此，信息技术时代的本质其实就是"创新"，而其中最关键和最核心的因素则是作为创新主体的人的知识化，创新型人才是信息技术时代最有价值的资源。

信息的互联互通只是互联网最直观的表象，信息传输的背后其实是人与人的连接。因此，即便是在信息技术时代，任何关于生产的研究和思考都不能脱离开处于社会关系中的个人所面对的生存境遇，研究生产不能脱离服务人的基本主题。马克思主义经济哲学乃至整个理论的出发点就是从事实际活动的"现实的个人"，而其理论归宿则是以"每个人的自由发展"为条件的"一切人的自由发展"[2]。这一出发点就明确了马克思主义理论的基本主体立场，而这一最终理论归宿则指明了其根本的价

---

[1] 马克思、恩格斯：《马克思恩格斯全集》第31卷，北京：人民出版社，1998年，第146页。
[2] 马克思、恩格斯：《马克思恩格斯全集》第30卷，北京：人民出版社，1995年，第107-108页。

值旨向。以马克思主义为指导思想的中国特色社会主义改革实践不能离开这个主体立场和价值导向，在一定意义上可以说，是否真正坚持人民立场是真假马克思主义的试金石。

信息、智能时代的"机器换人"，从物质资料层面来看，意味着生产企业固定资产比重的增加，但从生产主体的角度来看，它对劳动者的技术水平、技术手段及生产工艺等均提出较高要求，从而提高了对高技能劳动者的需求，导致人力资本投资水平伴随产业结构升级不断增加。虽然从生产力水平提高的角度来看，这是社会进步的表现，但是在实际操作层面，"机器换人"则会涉及一系列关乎民生的重大问题。对于把人民对美好生活的向往作为奋斗目标的社会主义国家而言，"坚持以人民为中心"，则要对涉及转岗的劳动者做好相应的补偿、培训和就业指导工作，帮助劳动者掌握新的技能，顺利实现转岗。在切实保障劳动者合法权益的同时，还应通过加大信息技术方面的教育普及和公共服务供给，努力减少、弥合和消除由数字化、人工智能等带来的技术鸿沟，让全体人民共享改革发展的成果。

（三）避免单纯的技术导向倾向，超越物的局限，促进经济社会总体协调发展

信息技术的发展进一步彰显了科技的力量。数字化、大数据分析等技术的应用使得定量分析有了长足的发展。如今，科学技术已经拥有足够的影响力来改变其他领域的评价机制，使得后者也带有了很强的技术化倾向。自然科学的知识形式、思维方式和研究方法随之被看作是最为行之有效的，科技本位思想盛行，人文精神、价值理性式微。在科学技术统治的时代孕育了狭隘的科学主义功利观，而与极端功利主义科学观相应的是片面追求效益的原则，这就致使人类在对物质、技术、量化评价的盲目追求中日渐迷失自我，进而使人的生存环境和内在自我均陷入现实发展的困境，人为造成了科学与人文之间的疏远和隔绝。令人担忧的是，这种片面的技术化倾向教育的弊端已经从大学教育蔓延至幼儿教育，片面的人才发展将使创新失去发展的深层动力。

信息技术时代的核心要素是创新主体，而创新主体的培育不应仅局限在与生存问题休戚相关的技术层面，还应重视精神文化的涵养，更需要保证人才的身心健康和全面发展。特别是当前社会发展所面临的创新动力不足、持续发展的深层活力不够，以及一系列迫切需要解决的生态和社会难题，都需要我们走出狭隘的技术性思维，消除人为造成的科技与人文之间理论和研究方法绝对差异化所带来的混乱，驱除由科技的专业化和标准化造成的科学发展的停滞与科学意识形态裁制人的情形。

改革开放40年来，我国经济社会发生了巨大深刻的变革，然而，发展不平衡、不充分的问题仍然十分突出。而社会发展布局以及发展的整体性和系统性，既涉及区域、城乡、部门、行业之间的关系,也涉及物质文明与精神文明的关系,最终还涉及主体人与人之间的关系。今天,当我国的改革进入全面深化发展阶段。一方面,改革将进一步触及深层次主体间利益格局的调整和制度体系的变革,要啃硬骨头、涉险滩;另一方面,改革不再只停留在个别领域,而是要在加强顶层设计的基础上,全面系统地展开,各方协调形成合力。

信息技术时代则为优化要素配置、增强发展的整体性创造了有利的条件。各级生产部门及研究者既要积极借鉴并运用先进的信息和大数据技术,善于将经济学的数量模型分析等实证研究的有益成果上升到哲学理论层面,又不能一味陷入纯粹数量化的经济分析中,而缺少整体宏观的社会历史批判性视野,要充分重视经济学与哲学的内在统一和关联。从政府乃至整个社会来看,应避免单纯的技术导向倾向,适当增加技术考核中的人文导向,努力打造综合创新的文化氛围,同时加强对劳动者的人文关怀,改善劳动者的工作环境,防止因信息技术和机器的使用对劳动者发展空间过度挤压而造成对人的创造力的扼杀,更好地激发劳动者生产的积极性和主动性,促进人的全面发展。只有这样,才能使实践主体具有开放性和创造性的思维,突破现有知识和传统方法的局限,对于信息技术时代社会生产和人的发展难题,尝试从多视角、多层次、多维度地去思考并加以解决。

运用马克思主义人学理论指导意识形态领域的斗争

95795部队教研部　刘东国　陈　勋

摘要：马克思主义人学思想有着深刻的"以人为本"底蕴，表现在：人处于实践和理性的出发点地位；社会发展是"人的解放"的过程；"每个人的自由发展"是人的发展的目的。马克思主义人学思想有着强烈的革命性和实践性特征。我们要运用马克思主义人学理论指导意识形态领域的斗争。

关键词：马克思主义人学理论；指导；意识形态；斗争

马克思主义人学创始人对"人"的新发现在于揭示出"人是人的最高本质"、人的本质是一切社会关系的总和等命题，并从人的存在方式的多样性角度提炼出人的本质和特点。马克思主义人学思想有着深刻的"以人为本"底蕴，表现在：人处于实践和理性的出发点地位；社会发展是"人的解放"的过程；"每个人的自由发展"是人的发展的目的。马克思主义人学思想有着强烈的革命性和实践性特征。我们要运用马克思主义人学理论指导意识形态领域的斗争。

一、坚持马克思主义"以人为本"原则，分析批判当代西方人本主义思潮

（一）坚持"以人为本"的唯物史观立场，批判当代西方人本主义的唯心史观

人文主义是早期资产阶级在反封建、反教会斗争中形成的思想体系，它反对一切以神为本的旧观念，宣传人是宇宙的主宰，所以人文主义又被称作人道主义或人本主义。但需要指出的是，西方资产阶级的人道主义及其各种学说和流派，从唯心主义的历史观出发，从所谓不变的、普遍的、抽象的人性出发，实质是从资产阶级自身的根本利益出发，把本阶级的根本利益诉求，通过个人自由、个人价值、个人幸福等所谓人性或理性的基本要求表现出来。说到底，这一价值观是与私有制的经济基础相联系的，是维护剥削阶级生产关系的思想工具。与西方人本主义的唯心史观相对立，"以人为本"的思想坚持历史唯物主义的基本立场，肯定人民群众在社会活动中的主体地位，坚持人民群众是推动人类历史发展的根本动力。

（二）坚持集体主义原则，反对"个人本位""自我中心"

在价值观上，西方人本主义往往主张以"个人本位""自我中心"为主要的价值追求。这与我们党所坚持的以人为本思想有着本质区别，不能混为一谈。因为我党坚持集体本位、国家本位，对军队来说，军人个体就是以军队整体为本位。

我们所主张的"以人为本"不能简单归结为就是以个人为本，不是鼓励"为我主义""自我中心"，而是强调在调动每一个个体积极性的基础上，以集体主义为原则，坚持的是社会主义的"集体本位""国家本位"，走共同富裕之路；坚持"个体价值本位"与"社会价值本位"的有机结合，达到从"个体价值本位"向"社会价值本位"的转换。反对单纯的"个人本位"理念和行为；反对"自我中心"或"自我主义"。

（三）坚持"以人为本"的原则，反对资产阶级追逐自私自利、"贪婪欲望"为本

资产阶级经济学家亚当·斯密的"看不见的手"，如果意译过来，就是人的本质是自私的。资产阶级认为，每个人的天性或本质就是追逐、聚敛财富的贪婪欲望。我们的"以人为本"是科学发展的核心，尽管资产阶级追逐、聚敛财富的贪婪欲望有推动经济增长和发展的一面，也能激发人的原动力（潜力等），但它不能作为我们所倡导的"以人为本"的核心。我们提倡"以人为本"不是以这种"贪婪欲望"为本，更不是最大限度地调动这种"贪婪欲望"的积极性、主动性、创造性。马克思主义认为，"自私"不是人类历史上从来就有的，因而也不会是永恒的。随着人类社会的演进，随着公有制最终全面的确立，人们的自私心理最终必然会被消除。这就是在更高层次上的否定之否定。

（四）坚持尊重个人利益和个人选择，反对西方极端个人主义和拜金主义

马克思主义者不会赞成人的本质都是自私的观点。我们提倡公私兼顾，尤其是在国家、民族根本利益和个人利益发生冲突的时候，优先服从国家、民族的根本利益。我们决不能重蹈西方极端个人主义和拜金主义的覆辙，而要切实加强政治文明和精神文明建设，在尊重个人利益和个人选择的基础上，使个人利益与集体利益、国家利益有机地协调起来。

二、用马克思主义人权理论分析批判资产阶级人权的虚伪性

马克思主义认为，人权是一个综合性的社会范畴，是人作为社会存在物所获得的社会承认和界定，是人们之间结成的一种社会关系；人权是以人的生存权为基础的多种权利和基本自由的统一体，内容涵盖自由权、平等权、民主权、生存权；人

权不只是资产阶级所说的个人权利,还有集体权利、国家权利和社会权利,这些都是人权的表现形式。总之,人权是人的权利的最一般的表现形式,是人的最基本的权利。我们要用马克思主义人权理论分析批判资产阶级人权的虚伪性。

(一)用马克思主义"自由权"理论分析批判资产阶级"自由"的虚假性

《德法年鉴》时期,马克思发现资产阶级自由是以私有制为基础的,是为私有制服务的。所谓政治自由最终只是财产自由、行业自由,只是有产者的自由。只有人类解放,只有劳动的自由,才是真正的人的自由。

"出版自由"是资产阶级的无上特权,是资本家利用报刊制造社会舆论的自由,是富人欺骗、腐蚀、愚弄穷人的自由。资产阶级的宪法在一般词句中标榜自由,在附带条件中则废除自由。自由这一权利一旦和政治生活发生冲突,就不再是权利。

社会主义人权的实现具有真实性。社会主义不是形式上宣布权利和自由,而是让人民能实际享受权利和自由。现在是人民当家作主,国家干部是人民的公仆。公民只要遵纪守法,不违法乱纪,拥护共产党领导,热爱祖国,走社会主义道路,在政治上就是自由的。

(二)用马克思主义"民主权"理论分析批判资产阶级假民主的欺骗性

资产阶级人权论所讲的人实际上是作为资产者的个人,但他们把这种个人提升为一般的人,把个人和一般的人混同起来,在抽象的、一般的人的权利的幌子下片面强调个人权利。资产阶级的人权论是以个人权利为根本特征的。口头上喊得很响:"法律面前人人平等",但资产阶级享有特权;对资产阶级内部讲民主,而对工人阶级却不实行民主。最民主的资产阶级共和国从来都是资本镇压劳动者的机器。每当被压迫人民敢于起来反对主子、捍卫自己的权利时,资产阶级制度的文明和正义就显示出自己的凶残面目,残酷地加以镇压。只要财产还在资本家手里,民主就只不过是掩饰资产阶级专政的骗人的幌子。

在人权问题上,马克思主义是承认个人人权的,不仅注重个人人权,而且还着眼于集体人权。个人人权是集体人权的体现,集体人权是个人人权的基础和保障。我们争取人权、捍卫人权的斗争,首先是争取和捍卫集体人权,争取和捍卫国家主权,这是马克思主义的基本立场,也是与资产阶级斗争的方式。我们要联合全世界被压迫民族和人民推翻资产阶级剥削制度。

(三)坚持马克思主义人道主义人权观,彻底揭穿帝国主义国家对殖民地的压迫和掠夺赤裸裸地表现出资产阶级文明的伪善和野蛮本性

马克思在《1844年经济学哲学手稿》中,通过对人的实践本质的论证,形成了一种关注人、尊重人、维护人的人道主义。在对异化劳动的激烈批判中,更显露了

他的人道主义的批判性和变革性,又在人的实践本质之现实的工业活动表现中,揭示了人道主义的自然发生性,提出人道主义要和自然主义相结合,最终形成了他的现实的、革命的、实践的人道主义。

马克思说:"这种共产主义,作为完成了的自然主义,等于人道主义,而作为完成了的人道主义,等于自然主义。"[1]这里所说的"这种共产主义",即"共产主义是私有财产即人的自我异化的积极的扬弃,因而是通过人并且为了人而对人的本质的真正占有"[1]。我们应该彻底揭穿帝国主义国家对殖民地的压迫和掠夺赤裸裸地表现出资产阶级文明的伪善本性。它们采取不同的"人道"标准,以"人道"为借口对别国进行干涉和仲裁,践踏人权。

三、用马克思主义人性论分析批判战争中的非人性

人性不是天赋的,而是人在其活动过程中作为整体所表现出来的与其他动物所不同的特征。马克思主义遵循历史唯物主义原则,主张社会发展决定人性。"不管是人们的'内在本性',或者是人们对这种本性的'意识',即他们的'理性',向来都是历史的产物。"[2]作为主体的人的特性和作为客体的社会运动是互相作用、互为因果的。在一定的社会历史条件下形成的人性,转过来,又通过人的活动对历史发展起促进或阻碍作用。人既是历史环境的产物,同时又是社会历史环境的创造者;既是剧中人,又是剧作者。我们要祛恶扬善,反对资产阶级人性论。

(一)坚持国际上"人的安全保护"原则,反对战场上的滥杀无辜

联合国战争法有规定,参战人员要着参战服装,交战国(或交战对象)双方均不得在战场之外滥杀无辜;就是在战场范围之内,对不涉足或不参战的居民及他们的居住区也不得滥杀无辜和无理炸毁。要维护联合国战争法中的人性原则,并用这个原则来约束参战人员的作战行为。

(二)力倡人的善良性,反对战争中的非人性

反对战争,尽可能制止战争,尤其是反对和制止毁灭人类的热核大战,反对战争中的非人性,这是当代战争伦理的基本原则。

借助人类道德理性力量,使高技术武器的发展运用听从善良、人道的呼唤,尊重生命、保护环境和维护生态平衡。如果说道德意味着"善良",那么每个道德行

---

[1] 马克思:《1844年经济学哲学手稿》,北京:人民出版社,1985年,第77页。
[2] 马克思、恩格斯:《马克思恩格斯全集》第3卷,北京:人民出版社,1960年,第567页。

为，不论其明确表述与否，显然，都必须蕴含着善良原则。汤恩比在《选择生命》中指出："要对付力量所带来的邪恶结果，需要的不是智力行为，而是伦理行为。"爱因斯坦也指出："科学是一种强有力的工具。怎样用它，究竟是给人带来幸福还是带来灾难，全取决于人自己，而不取决于工具。"[1] 因此，必须利用人性善良的一面，依靠人类伦理自觉精神来趋利避害。

（三）坚持战争中的人道主义立场，发挥"道义"在战争中的特殊作用

现今国际社会，人道主义被视为战争所必须遵循的重要原则，以国际法的形式被固定下来，敦促交战双方加以落实。这里的人道主义是道德规范与法律条文的结合，有时又称"人道法"。

中国共产党领导的人民军队以推翻殖民主义、帝国主义、国民党反动派的统治和维护和平以及反对一切形式的霸权主义为宗旨，始终奉行革命人道主义精神。新中国成立后，中国政府还先后被批准和加入了《1949年日内瓦公约及其附加议定书》《禁止细菌（生物）及毒素武器的发展、生产及储存以及销毁这类武器公约》《禁止或限制使用某些可被认为具有过分伤害或滥杀作用的常规武器公约》等国际人道主义法，自觉履行国际义务，遵守国际通行的道德法则，大力弘扬人道主义精神。总之，我们要坚持战争中的人道主义立场，发挥"人道"在战争中的特殊作用。

---

[1] 爱因斯坦：《爱因斯坦文集》第3卷，北京：商务印书馆，1976年，第56页。

基于人性论与制度博弈的共享机制的构建

燕山大学马克思主义学院 张云飞

摘要：目前，可以把共享经济在发展过程中面临的各种困境统称为共享危机。造成共享危机的原因可以概括为两个方面：一是人性存在的弱点；二是制度博弈造成的失衡现象。共享危机只是当前阶段的暂时现象，通过共享机制的建构可以克服这场危机。在共享机制建构过程中，需要注意五个方面的问题：（1）完善以防止人作恶为直接目的的制度设计；（2）明确共享经济发展的基本方向；（3）明确共享经济发展的价值取向；（4）建立复合多元的产品供给体系；（5）不断完善共享经济发展的监督监测机制。

关键词：共享危机；共享机制；人性论；制度博弈

随着信息技术的发展，共享经济作为新的业态蓬勃兴起。共享经济也被称为分享经济。今年两会政府工作报告从"提高社会资源利用效率，便利人民群众生活"的角度首次提出支持和引导分享经济的发展。"分享经济是指利用互联网等现代信息技术，以使用权分享为主要特征，整合海量、分散化资源，满足多样化需求的经济活动总和。"近期以来，共享单车的发展状况引起社会与媒体的广泛关注，引起关注的问题主要包括某些人把共享变为独享、损坏共享单车、单车骑行事故责任的认定、用户押金方面存在的金融黑洞等。我们把共享单车以及其他共享经济发展过程中存在的一系列困境统称为"共享危机"。面对共享出现的危机，我们从哲学人性论和制度博弈的视角出发分析此种现象出现的原因，进而对共享机制的建构提出一些意见和看法。

一、人性的弱点

人是一个矛盾集合体，既有身体，又有意识。卢梭曾言"人是生而自由的，但却无往不在枷锁之中"。卢梭这句话可以从两个方面加以理解，首先自由是人与生俱来的禀赋和权利，但在社会中却受到各种强力的限制，这些强力表现为套在人身上的桎梏。其次，从人兼具身体和意识来看，意识的本性是自由，但是每个人都具有身体，所以才能够被各种强力所束缚。身体依赖于各种物质生活条件的满足，受到各种物质条件的制约；精神则追求对于外在条件的超越，满足人类形而上的诉求。身体与意识之间的矛盾关系是每个人时刻面对和处理的基本关系，在做出各种价值选择时要考虑是满足身体的需要，还是满足意识或精神的需要。现实生活中的个人往往受制于身体的需求，忽视意识或精神层面的追求，之所以如此有其现实的原因。

身体对于每个人生存的极端重要性促使自我保存欲望成为人的第一本能。从一个人的生存角度来看，身体具有以下几个方面的特性：（1）与人时刻相伴。只要一个人存在，他就是与身体的共在，没有身体就没有人的意识，身心俱灭就是从这样一个意义上而言的。身体承载整个生命，身体的消亡就是生命的终结。"人的亲身活动告诉自己的是，人有身才有一切，无身则一切皆无，什么财富、权力、爱情、事业、真理、智慧、生命，这些世上至为宝贵的东西，哪一样都要依托并落实为人的身体活动。"（2）身体的状况不可观测、不可预知、难以控制。我们可以观看外在世界的运动和变化，但是身体好像处于一个黑箱之中，我们很难使之处于视域之内。身体处于正常运行的状态时，我们不会对它进行特别的关注；但身体出现某些状况时，我们又难以预知其自身的真实状况。当人们心中的理想和身体的欲求发生冲突时，身体以其无比强大的力量牵引着人们的行为。（3）身体指向可欲的对象，处于不断地与外界进行物质交换的过程之中。每个人在其生命过程中都面临着一些非常真实的问题。孔子认为"食色性也"，获得食物和维持种的繁衍是人的本性。马克思确认"一切人类生存的第一个前提"和"一切历史的第一个前提"是人们为了能够"创造历史"，必须能够生活，这就首先需要通过生产物质生活本身为生命的维持提供吃喝住穿以及其他一些东西。生活中的个人都具有现实性，这种现实性表现在他们是"从事活动的，进行物质生产的，因而是在一定的物质的、不受他们任意支配的界限、前提和条件下活动着的"。这些个人不能脱离他们的现实性，他们都在受限制的条件下从事活动，进行物质生产。在生产和生活资料私有的条件下，尽量扩充自己私人占有的份额，尽量减少维持自己身体存在所需的费用，尽量增强和扩展自己从事活动的物质界限、前提和条件，就会成为现实中的个人理性思考和算计的结果。正是因为现实中的个人具有身体，具有自我保存的欲望，他们才会想方设法在不会遭受相应处罚的条件下把共享的东西转化为独享的东西。

仅仅从身体需求出发会导致个人与社会关系的紊乱，会导致把个人利益摆在至上的位置。身体之间的相互隔离造成每个人都是独立的个人，身体之间的相互联系造成每个人都从属于一个较大的整体，造成个人在社会中生存。这就需要我们在生存过程中正确处理个人与社会之间的关系。有的学者强调个人是人类历史发展的起点，个人可以独立于社会而存在。也有学者强调个人是现代社会的产物，整个人类文明发展的结果就是个人的诞生。上述两种观点在一定程度上都存在割裂个人与社会二者关系的倾向，马克思则注重个人与社会之间的辩证综合。他认为，个人不是历史的起点，而是历史的结果。越往前追溯历史，个人越表现为不独立，从属于一个较大的整体，这个整体以家庭、氏族或者公社的形式表现出来。作为历史起点的单个的孤立的个人是"18世纪的缺乏想象力的虚构"，这种个人实质上是封建社会形式解体的产物和16世纪以来新兴生产力的产物，也就是说在特定的历史发展阶段上才有个人独立性的增强。同时，这个历史阶段却伴随着有史以来最发达的社会关系，个人表现为只有在社会中才能独立的动物。一个人的个人价值与社会价值之间是辩证统一的关系。我们要充分注意到，只有在社会中具有自身的地位和作用，个人才能实现自身的价值，这就像一个商品只有卖出去供他人和社会使用才能实现这个商品的价值是一样的道理。现实生活中就是有些人不能正确处理个人与社会之间的关系，把个人利益放在至上的位置，甚至因为个人利益不惜损害公共利益。他们没有看到只有实现社会和整体的进步才能加强个人的地位和作用，共享产品正是符合社会公共利益的社会生活的产物，损坏或独占共享产品就是阻碍社会和整体的进步，在一定程度上也会恶化自己的生活环境，迟滞社会发展的进程。

在身体条件相互比较活动的参与之下人们会在内心中产生妒忌和恶意。马斯洛的需求层次理论进一步揭示了在身体实现自我保存的基础上人与人之间需求的差异。一般来说，在生理需求得到满足之后，人们才会追求安全需求、归属需求、尊重需求和自我实现。社会中的个人由于生存状况不同，需求的层次也存在不同。由于各自物质条件和需求层次的差异，在比较活动的参与之下，就会在一些人的内心中产生恶意和妒忌。这正像休谟所说的那样："直接观察他人的快乐，自然使我们感到快乐，因此，在与我们自己的快乐比较时，就产生一种痛苦。他的痛苦就其本身来考虑，使我们感到痛苦，但是却增加我们自己的幸福观念，并使我们感到快乐。"这种"恶意使我们在不受他人侮辱或侵害时，就对于他们的苦难和不幸发生一种喜悦"。在比较活动的基础上产生这种恶意和妒忌就会促使一个人主动破坏他人所有的或者共享的物品，通过破坏行为使自己的内心产生快感。这正是某些人破坏共享产品这种行为背后的心理机制，自己虽然在破坏行为中没有获得实际的好处，但是通过破坏行为获得了心理上的补偿。

人的生存和生活受制于身体需求的满足，在人的生活中起到主要制约作用的不是人的意识，而是人的身体，我们可以把这种状况称为"人性的弱点"。马克思充分注意到这一点,他认为,意识虽然具有超越性和相对独立性,但是意识不可能是一种独立主体的思维创造过程,它是人们在物质生活和物质交往过程中形成的对于现实的反映,"观念的东西不外是移入人的头脑并在人的头脑中改造过的物质的东西而已""不是意识决定生活,而是生活决定意识",人不是以头立地的动物,而是以脚立地的动物。进一步而言,身体或生活的状况造成当前"共享的危机",于是我们就不能简单地从提高人的意识水平或者伦理道德水平出发来克服或者跨越这场危机,而应当从制约人的身体活动或者改善人的生活状况出发加以解决。

二、制度的失衡

当社会出现共享危机时,许多媒体的报道都意识到管理制度方面存在问题,例如《"共享":重在制度完善、细节落实》《共享发展需要制度支持》《发展共享单车仍需制度补位》《单车共享,亟须优化制度设计》等文章对于相关问题进行了分析。下面我们将侧重于从制度博弈的视角分析出现共享危机的原因。制度的制定与执行过程实质上是利益相关方之间博弈的过程,这些利益相关方主要涉及制度的制定者、制度的执行者、制度的受影响者以及制度的监督者,需要强调的是制度相关方都在制度的制定和执行过程中追求各自利益的最大化。

"人有嫉贤妒能的天性,故发现新方式和新秩序的危险,历来不亚于寻觅未知的水源和沃土,此乃人皆善于指摘而非褒扬他人的行为使然。"新制度的产生就像开疆拓土一样为人们的生活创造新方式和新秩序,制度的制定者从一开始就应该准备接受人们的指摘。同时,制度的制定者在制定制度的过程中不应该以人的美德作为前提,而应该刻意防止人作恶,"关于人类,一般地可以这样说:他们是忘恩负义、容易变心的,是伪装者、冒牌货,是逃避危难、追逐利益的"。制度的制定者也存在作恶的可能性,他们也同样具有逃避危难、追逐利益的本性。一般来说,制定制度的人不应该是制度的执行者,如果二者合一,那么他们就会在制定制度过程中把自身利益放在其中,从而在制度的执行过程中获利,造成一系列社会不公正现象的出现。"不遵守法律,尤其是立法者本人所为,便树立了恶劣的先例;在城市里日日都有新的侵害,于统治者最有害。"在共享出现危机的情况下,制度的制定者首先需要承担责任,这种责任表现为制度的供给不足,制度需要及时补位。

制度的执行者时刻面对反身性的困境。反身性的概念首先由索罗斯提出,他认为人的认知功能和参与功能之间相互作用,"认知功能旨在提高我们的理解,而参与功能则意在影响世界。……这两种功能是互相交织的,只要它们互相交织便会互相产生影响。我把这种相互影响称为'反身性'"。简单来讲,一个人对于事件的认知与事件的结果之间相互影响,就制度的执行者来说,他对于制度的理解与执行制度的结果之间相互影响,二者之间往往会出现远离均衡的状态。在这种情况下,当制度执行的结果远离执行者的认知时,执行者就会依靠自身的认知采取行动,从而对于制度执行的结果发生作用;另外,制度执行的结果也会改变执行者的认知,二者之间相互影响。反身性问题同时也可以表现为,当一种制度需要约束制度执行者自身的时候,他对于制度的认知就会改变制度执行的结果,简言之,制度的执行者很可能成为制度的破坏者。"一个政体不论是怎样构成的,如果其中有一人不服从法律,其他一切人就必定要受其摆布。"

制度的受影响者也在制度博弈过程中承担重要角色,他们不是完全被动的,而是主动的参与者,他们在制度博弈过程中也在追求自身利益的最大化。具体到共享制度的运行而言,制度的受影响者既包括提供共享产品的企业,也包括共享产品的消费者。对于企业和消费者的行为,我们不能作简单的道德评价,也不可能通过道德来规范企业和消费者的行为。只要制度存在漏洞或者灰色地带,企业或者消费者就会利用这些漏洞或灰色地带为自己谋利。例如共享单车的乱停乱放影响市容市貌的问题,如果政府管理部门不作出相关的制度安排,企业出于节约运行成本的考虑就不会采取行动规范共享单车的停放,消费者出于自身出行方便的考虑就不会浪费时间寻找共享单车的停放点。再比如共享单车骑行责任的认定,如果没有相关责任的认定办法和细则,消费者就会把责任归之于共享单车的故障,企业则会把责任归之于消费者的疏忽,双方就会出现相互推诿责任的状况,造成社会矛盾的积累,影响社会和谐。

制度的制定和执行都需要进行监督,缺乏监督的制度将形同虚设,制度的监督者也参与到制度博弈过程之中。制度的监督可以以公权力的形式来运作,也可以通过社会监督和舆论监督的形式来运作。制度监督是以制度制定过程和执行过程的公开透明为前提的,如果一切都是在黑箱之中操作,信息存在不对称的情况,那么制度监督也很难发挥效用。在信息技术充分发展的基础上出现的共享经济业态将会深刻改变人们的出行方式,绿色智慧出行将会成为大家可以期待的未来。共享经济的发展需要制度供给,制度的监督可以有效保障制度的制定和执行。但是,同时也要注意制度的监督者也有个人的利益参与其中,例如媒体具有制造舆论的功能,于是它们就会追求新奇独特、吸引眼球,把某些极端事件放大,在某些例外事件聚焦,某些媒体的炒作会影响大家对于事情本质的判断。由此可见,制度的监督者也需要在一个整体框架之中执行自己的职能。"知屋漏者在宇下,知政失者在草野",使受到制度影响的人真正成为制度制定和执行情况的监督者有利于建立制度的反馈调节机制。这种反馈调节机制正是我们所谓的监督发生作用的整体框架，监督者受到制度制定者和执行者的影响，同时对于制度制定和执行情况能够产生有效的反作用。只有这样，制度才能有效平稳运行。

制度的制定者、执行者、受影响者和监督者共同参与制度的博弈，各自追求自身利益的最大化，都面临博弈论中的"囚徒困境"。在信息不对称的情况下，参与博弈各方的最佳选择和最终结局不一定相同。从参与制度博弈各方的最佳选择来看，制度要为各方的利益提供充分的保障，每一方的利益都能在制度中得到充分体现。但是这只是从各自视角出发的理想，不是现实。在现实中，制度的制定往往落后于形势的发展，制度错位和缺位现象普遍存在。制度的执行也存在对于制度的理解和解释问题，尤其是对于新事物，边界模糊，难以界定的情况普遍存在。对于制度的执行者而言，"法无规定不可为"；对于制度的受影响者而言，"法无禁止即自由"，于是在没有比较明确清晰的制度约束的情况下，相关的社会活动领域将会乱象丛生，这种情况正是目前共享经济面临的状况。

三、共享机制的建构

党的十八届五中全会正式提出了"五大发展理念"，这是对改革开放发展成果的全面总结。在"五大发展理念"中，创新、协调、绿色、开放的最终落脚点和价值归宿就是共享，共享发展的基本含义是"发展为了人民、发展依靠人民、发展成果由人民共享"。进一步而言，共享发展是社会主义制度区别于资本主义制度的本质特征，这正像马克思、恩格斯所言，"过去的一切运动都是少数人的，或者为少数人谋利益的运动。无产阶级的运动是绝大多数人的，为绝大多数人谋利益的独立的运动"。信息网络技术的广泛发展有助于社会主义价值目标的实现，原来分散分割的各种资源可以实现有效的整合，在统一调度之下发展共享经济。共享经济是社会中的新事物，新事物总要有一个发生发展成熟的过程，在这个过程之中，共享总会出现某些方面的危机。但是，办法总比问题多，为了克服眼前出现的共享危机，我们需要共享机制的合理建构。

为了共享机制的建构，我们首先需要分析共享的基本类型，只有明确了基本类型，我们才能明确共享发展的方向。

（1）情感的共享、知识的共享与产品的共享。情感是一种主观体验，把自己的快乐告诉别人，可以传递自己的快乐；把自己的痛苦告诉别人，可以释放自身的痛苦，与他人分享自己的情感就是情感的共享。知识就是一种知道，把自己知道的东西告诉别人，就是知识的共享。当今社会是知识经济、信息社会，信息知识的共享可以加速社会经济建设进程。产品是一种物质实体，每一个产品都有它的所有者，所有者只在特定的时空范围内需求这种产品，因此社会上有大量闲置的产品没有发挥它们的功用，我们把闲置的产品拿来与他人分享就是产品的共享。产品的共享可以节约资源、为社会创造更大的价值。

（2）有限的共享与开放的共享。任何物品都存在共享的可能性，一个苹果可以切成若干份，一本书可以在人群中流转，一台电脑可以供多人使用。但是，这些物品的共享都是针对特定主体来实现的，或者在家庭内部，或者在一个组织内部。划定共享范围的共享形式，我们可以把它称为有限的共享。恩格斯曾经在《家庭、私有制和国家的起源》中提到"共享帐篷的女伴""同他共享帐篷和枕席的被俘的姑娘"，这就是在家庭的范围内实现帐篷和枕席的有限共享。与有限的共享相对的就是开放的共享，这种共享形式没有划定共享范围，也没有做出共享主体的区分。开放的共享是共享经济发展的基本趋势，各种知识信息和物质产品可以借助互联网打破地区、种族和社会地位的限制实现主体之间的开放获取。

（3）有偿的共享与无偿的共享。以营利为目的的共享，我们可以把它称为有偿的共享；以实现社会价值为目的的共享，我们可以把它称为无偿的共享。并不是所有的共享都需要通过货币来衡量它的价值，人类的价值体系是多元的。"如果把整个价值比作一座冰山的话，我们现在的货币体系仅仅能够代表水面上的一小部分，只是冰山一角，还有更多的潜藏价值藏在水底下。当你试图将人们的资源简单变现的时候其实是一种商业行为的倒退，表面上看是价值增大了，毕竟赚了点钱，但是实际上价值是减少了。"

（4）规避风险的共享、有限责任的共享与承担后果的共享。共享总会伴随着风险，例如共享单车在用户骑行过程中可能出现撞车、摔倒等方面的事故，造成人身或财产的损失，这就会涉及事故责任的认定问题。有些企业或个人在提供共享产品的过程中会刻意规避风险，有的企业或个人可能根据条约的规定承担有限责任，有的企业或个人出于对自己产品或者运营过程的信赖勇于承担后果，由此就可以根据承担风险责任的方式把共享划分为规避风险的共享、有限责任的共享和承担后果的共享。

（5）作为陷阱的共享与提供便利的共享。有的企业或个人把共享作为一种营销的手段，以让小利的方式套取更大的利益，以免费共享的东西作为陷阱，其实质不是为了共享，而是通过共享来营利，这种共享形式可以称为作为陷阱的共享。还有的共享则是以实现社会价值为根本目的,在贡献过程中不涉及金钱交易,这种共享形式可以称为提供便利的共享。

基于上述分析,在共享机制建构过程中,我们要注意五个方面的问题:

(1)完善以防止人作恶为直接目的的制度设计。人是身体与意识二者的矛盾统一体,身体是意识的基础,意识是身体的指导。身体决定了一个人会把自我保存的欲望放在首位,有时甚至可能为了自身利益不惜损害他人或社会的整体利益。制度本身就是要协调人与人之间的关系,克服个人损害他人利益的利己主义冲动,维持社会总体的平衡和稳定。共享的产品就摆在街面之上,它可能遭受多方面的侵害,为了维护共享体制的有效运行,就需要穷尽与共享产品相关的各种可能的恶的行为(这种行为可能是由运行企业、用户和政府管理人员造成的),明确相应的惩罚措施,严格执行,以儆效尤。

(2)明确共享经济发展的基本方向。共享经济是在互联网技术发展的基础上出现的新业态,它可以实现闲置资源的充分利用、经济运行效率和创新能力的提升、产业结构的升级等。但是同时也伴随着一系列问题,这些问题包括参与者广泛分散、业态跨界融合、组织边界模糊、就业灵活、非正式等方面,这就会为行业的管理带来一定的困难。共享经济既有长处又有短处,长处给我们提供便利,短处可以在发展中克服,从长远来看,鼓励发展共享经济应该是政府管理的基本方向,同时还要以监督和规范的方式促进行业的健康稳定持续发展。

(3)明确共享经济发展的价值取向。共享可以分为不同的类型,正像前文提到的那样,既有有限的共享又有开放的共享,既有有偿的共享又有无偿的共享,既有规避风险的共享、有限责任的共享又有承担后果的共享,既有作为陷阱的共享又有提供便利的共享。这就要求政府管理部门从审批手续、融资途径、运行方式、监测标准等方面进行分类管理,鼓励发展开放的共享、无偿的共享、提供便利的共享,建立以有限责任的共享为主,承担后果的共享为辅的运行管理体制,在充分保障消费者的权益的同时,调动平台企业参与共享经济建设的积极性。

(4)建立复合多元的产品供给体系。共享经济是在人类历史中从未有过的新兴业态,当前仍然处于发展的初期。目前共享经济涉及的物品领域已经涉及实体物品和虚拟物品两类,前者主要包括衣服、自行车、电动车、汽车、房屋、办公空间等;后者主要包括知识、经验、技术、教学课件等。前文已经提到,每个人或每个家庭所占有的物品大多处于闲置状态,例如我有很多书,这些书并不是时时刻刻都需要对之进行阅读,在我不需要使用这些书的时候,我就可以把它用来与别人共享。可以想见,随着共享经济的深入发展,可以提供共享的产品供给体系将会更加复合多元,情感的共享、知识的共享以及产品的共享将会获得长足发展。

(5)不断完善共享经济发展的监督监测机制。制度的制定者、执行者、受影响者、监督者都是参与制度博弈的主体,各方都需要在监督监测机制内运行。只有具备了完善的监督监测机制才能保障共享经济业态的健康发展。监督监测机制既需要建立硬件设施,也需要配套软件系统。硬件设施包括专用场地、监控设备等方面,软件系统包括定位服务、公共信息的获取、监督监测渠道的畅通以及奖励惩罚措施的完善等方面。监督监测机制建立之后才能使共享经济业态在阳光下运行,及时纠偏纠错。

总而言之,人性的弱点和制度博弈过程中的失衡会造成共享的危机,但是这种危机不是一种永恒的状态,而是暂时的表现。我们需要从制度建设、鼓励发展、价值引导、产品供给、监督监测等方面建构比较完善的共享机制,以建构共享机制的方式克服共享出现的危机,为共享经济的健康发展保驾护航。

"四个全面"战略布局是对历史唯物主义人民主体思想的新拓展

上海对外经贸大学马克思主义学院 潘 宁

摘要："四个全面"战略布局展示了以习近平同志为核心的党中央治国理政的大思路。"四个全面"之间相互联系，是有机统一的整体，科学回答了关系我国长远发展的许多重大理论和实践问题，以一系列富有创见的新思想新观点升华了我们党对历史唯物主义人民主体思想的认识。"四个全面"中每一个"全面"都体现了对人民群众主体地位的尊重，生动地体现了以人民为中心的发展思想，坚持发展为了人民、发展依靠人民、发展成果由人民共享，使全体人民在共建共享发展中有更多获得感，其最终目标是实现人民福祉，凸显了党和国家人民主体性的价值向度。

关键词：四个全面；历史唯物主义；人民主体；发展

"四个全面"战略布局是以习近平同志为核心的党中央治国理政战略思想的重要内容，科学回答了关系我国长远发展的许多重大理论和实践问题，以一系列富有创见的新理念新思想新观点升华了我们党对历史唯物主义人民主体思想的认识。"四个全面"中每一个"全面"都体现了对人民主体地位的尊重，生动地体现了以人民为中心的发展思想，坚持发展为了人民、发展依靠人民、发展成果由人民共享，使全体人民在共建共享发展中有更多获得感，其最终目标是实现人民福祉，凸显了党和国家人民主体性的价值向度。

一、全面建成小康社会：对历史唯物主义人民历史主体思想的新认识

在唯物史观产生以前，历史唯心主义片面夸大精神和少数人的作用，把推动社会历史发展的主体看作是少数"英雄"的主张和意识；抹杀社会历史发展的客观规律，否定人民群众的实践活动对于历史发展的决定性作用。或是将历史发展的真实原因归诸存在于社会之外的东西，或是超自然的"神""上帝"，或是抽象的"绝对

精神""自我意识"等。如客观唯心主义的代表人物黑格尔把绝对精神说成是社会历史的动力，认为历史主体就是绝对精神。马克思对此进行了批判："人类的历史变成了抽象的东西的历史。因而对现实的人来说，也就是变成了人类的彼岸精神的历史。"[1]马克思从现实的人及其活动出发，在批判继承前人思想的基础上，提出人是社会的人，社会也是人的社会。历史主体是现实的、从事物质资料生产的、在历史发展中活动的现实的人。一方面，"历史不过是追求着自己目的的人的活动而已"；另一方面，"人类史同自然史的区别在于，人类史是我们自己创造的，而自然史不是我们自己创造的"[2]。人是现实的人，而历史是由现实的人的生命活动的展开，因此，现实的人就是历史的主体。历史是人的活动的历史，离开现实存在的人的活动，也就无所谓历史。"历史的活动和思想都是'群众'的思想和活动。"[3]"历史活动是群众的活动，随着历史活动的深入，必将是群众队伍的扩大。"[4]

2012年，党的十八大报告勾画了在新的历史条件下全面建成小康社会、加快推进社会主义现代化、夺取中国特色社会主义新胜利的宏伟蓝图，首次正式提出全面建成小康社会："到2020年实现全面建成小康社会的宏伟目标。"并提出全面建成小康社会必须紧紧依靠全国各族人民，团结一切可以团结的力量，积极调动一切积极因素，为全面建成小康社会贡献更大力量。

"小康社会"是古人对理想社会的描述，代表着普通百姓对宽裕、殷实的理想生活的追求。全面建成小康社会，不再是停留于解决温饱问题这一层面上，更多的是以经济、政治、社会、文化和生态环境这"五位一体"来衡量，即实现经济持续健康发展，人民民主不断扩大，文化软实力显著增强，人民生活水平全面提高和资源节约型、环境友好型社会建设取得重大进展。自改革开放以来，我国经济平稳较快发展，人民生活水平显著提高，已经由温饱跨越到了小康水平。但是，建成小康社会的关键还在于"全面"这两个字上，这个"全面"是不分地域和种族的，意味着全国各个地区和各族人民都要迈入小康社会；这个"全面"也是包含在各个方面的，覆盖了经济建设、政治建设、文化建设、社会建设、生态文明建设和党的建设等各个领域。

习近平总书记指出："现在，全面建成小康社会的号角已经吹响，关键是要树立起攻坚克难的坚定信心，凝聚起推进事业的强大力量，紧紧依靠全国各族人民，推

---

[1] 马克思、恩格斯：《马克思恩格斯全集》第2卷，北京：人民出版社，1957年，第108页。
[2] 马克思、恩格斯：《马克思恩格斯全集》第26卷，北京：人民出版社，1963年，第545页。
[3] 马克思、恩格斯：《马克思恩格斯文集》第1卷，北京：人民出版社，2009年，第286页。
[4] 马克思、恩格斯：《马克思恩格斯文集》第1卷，北京：人民出版社，2009年，第287页。

动党和国家事业不断从胜利走向新的胜利。"[1]在习近平的治国理政的思想中，保持经济增长速度、推动经济发展，根本还是要不断解决好人民群众普遍关心的突出问题。从解决好人民群众普遍关心的突出问题出发推进全面小康社会建设。打赢脱贫攻坚战，带领人民创造幸福生活，是我们党始终不渝的奋斗目标。"全面建成小康社会，最艰巨最繁重的任务在农村，特别是在贫困地区。没有农村的小康，特别是没有贫困地区的小康，就没有全面建成小康社会。"[2]这些新理念新思想新观点准确地把握了中国的实际情况，将重点和难点聚焦在社会主义现代化建设上，科学地回答了如何解决全面建成小康社会中遇到的种种问题，将小康社会全面覆盖到各个地区和各族人民，最终实现共同富裕和人的全面发展。

全面建成小康社会，必须坚持人民的主体地位，必须依靠人民群众的力量。人民群众是历史的创造者，这是历史唯物主义人民主体观的核心思想。一方面，人民群众是全面建成小康社会的物质承担者和决定者。在社会历史发展过程中，人民群众起着决定性作用。人民群众是历史的主体，是历史的创造者。而全部社会生活在本质上是实践的，构成社会的人是从事实践活动的人，推动社会向前发展的动力是人民群众的实践活动。另一方面，人民群众是全面建成小康社会的实际创造者和推动者。从本质上讲，实践活动是实践主体即人民群众能动地改造客观世界的物质活动。作为社会实践的主体，人民群众能够通过自己的实践活动认识客观世界并改造主观世界。推动社会历史的向前发展，就在于人民群众的主观能动性、创造性和积极性的充分发挥。

全面建成小康社会，是党中央向人民、向历史作出的庄严承诺，是14亿多中国人民的共同期盼。全面建成小康社会是实现中国梦的关键一步。"全面建成小康社会，我国亿万劳动群众是主体力量。"[3]全面建成小康社会，毫无疑义，必须紧紧依靠人民的共同参与，从人民中汲取智慧，从人民中凝聚力量，充分地激发创造活力。人民创造历史，劳动开创未来。劳动是推动人类社会进步的根本力量。幸福不会从天而降，梦想不会自动成真。实现我们的奋斗目标，开创我们的美好未来，必须紧紧依靠人民、始终为了人民，必须依靠辛勤劳动、诚实劳动、创造性劳动。在习近

---

[1] 习近平：《在全国政协新年茶话会上的讲话》，http://cpc.people.com.cn/n/2013/01 02/c64094-20070711.html.

[2] 习近平：《习近平在部分省区市党委主要负责同志座谈会上的讲话》，http://www.qstheory.cn/science/2015-06/23/c_1115697209.htm.

[3] 习近平：《在知识分子、劳动模范、青年代表座谈会上的讲话》，新华社，2016年4月30日。

平心中,"空谈误国,实干兴邦",实干首先就要脚踏实地劳动。因而,充分发挥人民群众的聪明才智和创造性力量,脚踏实地地劳动,对于全面建成小康社会具有重要的现实意义。

全面建成小康社会必须尊重人民群众的历史主体地位,充分发挥人民群众在中国特色社会主义建设中的积极性、主动性和创造性,不断满足人民群众日益增长的物质和精神文化需求。正如列宁在《告贫苦农民》一文中对社会主义的描述一样:"我们要争取新的、更好的社会制度:在这个新的、更好的社会里不应该有穷有富,大家都应该做工。这个新的、更好的社会就叫社会主义社会。关于这个社会的学说就叫社会主义。"[1]人民是否真正得到了实惠,人民生活是否真正得到了改善,成为以习近平同志为核心的党中央检验党和政府一切工作的成效的评判标准。诚如习近平所指出的,我们党的执政水平和执政成效都不是由自己说了算,必须而且只能由人民来评判。人民是我们党的工作的最高裁决者和最终评判者。

健康是衡量全面建成小康社会的重要标志,是促进人的全面发展的内在本质,是经济社会发展的基础条件,是民族昌盛和国家富强的重要标志。"没有全民健康,就没有全面小康。要把人民健康放在优先发展的战略地位,以普及健康生活、优化健康服务、完善健康保障、建设健康环境、发展健康产业为重点,加快推进健康中国建设,努力全方位、全周期保障人民健康,为实现'两个一百年'奋斗目标、实现中华民族伟大复兴的中国梦打下坚实健康基础。"[2]这既是全面建成小康社会的出发点,也是以习近平同志为核心的党中央治国理政新理念新思想新战略的根本落脚点。

二、全面深化改革:对历史唯物主义人民实践主体思想的新升华

唯物史观认为,生产力是社会变革的最终决定力量,是人类全部历史的基础,是推动历史发展的最根本的力量。而生产力中最活跃最革命的要素是劳动者。生产关系的变革表现通过劳动者的实践活动来实现,所以人民群众是社会变革的主体和最终决定力量。正是生产力的发展推动着人类全部历史由低级到高级的发展,由广大人民群众参与的变革推动着社会的不断向前发展。人民群众的实践活动是推动历史发展的最终决定力量。人民群众决定社会发展的伟大作用,在社会变革时期显得尤为突出,习近平深深理解唯物史观这一基本原理。在他治国理政的思想中,改革

---

[1] 列宁:《列宁全集》第44卷,北京:人民出版社,1984年,第188页。
[2] 习近平:《把人民健康放在优先发展战略地位》,新华社,2016年8月20日。

开放是当代中国最鲜明的特色,是我们党在新的历史时期最鲜明的旗帜。改革开放是决定当代中国命运的关键抉择,是党和人民事业大踏步赶上时代的重要法宝。

2013 年,党的第十八届三中全会审议通过的《中共中央关于全面深化改革若干重大问题的决定》提出,"全面深化改革的总目标是完善和发展中国特色社会主义制度,推进国家治理体系和治理能力现代化。"全面深化改革是"四个全面"的动力源泉。在习近平治国理政的战略思维中,改革开放是前无古人的崭新事业,是党在新时代条件下带领全国各族人民进行的新的伟大革命,是亿万人民自己的事业,所以必须发挥人民的主人翁精神,更好保障人民当家作主。"中国要飞得高、跑得快,就得依靠十三亿人民的力量。"[1]

当前我国发展进入新阶段,无论经济体制改革还是政治体制改革,都进入了攻坚期和深水区,利益调整错综复杂,需要解决的都是难啃的硬骨头。这个时候需要我们党和政府通过人民群众的实践活动,不断深化改革。"解决我国发展面临的一系列突出矛盾和问题,实现经济社会持续健康发展,不断改善人民生活,要求全面深化改革。"[2] 人民群众作为推进改革开放伟大事业的主体和动力,也对坚持改革开放提出了新的要求。在当代中国,推进任何一项重大改革,都要站在人民立场上把握和处理好涉及改革的重大问题,都要从人民利益出发谋划改革思路,制定改革举措。唯有如此,发展中的各种难题,才能通过人民群众的实践活动得以破解。改革开放才能真正持续深入下去。让人民群众通过社会实践确证与发展自身的主体性,充实自身主体力量,则能更好地为全面深化改革开放夯实更为坚实的基础。同时,我们还要清醒地认识到,今天的改革,与改革初期相比,问题更复杂,利益更加突出,是更深层次的改革、深水区的改革,牵一发而动全身,需要更加注重改革的系统性、整体性、协同性,统筹兼顾,全面推进。这就需要更加重视顶层设计,走群众路线,尊重人民群众的首创精神。但这并不意味着可以忽略人民群众的主体作用。改革需要把人民广泛吸引到改革开放这个历史大舞台上来。在制定改革方针、路线和决策中,要充分听取人民的呼声,吸取人民的建议,吸纳人民的参与,把专家的见解和人民的创造有机地结合起来,使改革方案具有更广泛的民意基础。诚如习近平在视察广东时所强调的"要尊重人民首创精神,在深入调查研究的基础上提出全面深化改革的顶层设计和总体规划,尊重实践、尊重创造,鼓励大胆探索、勇于开拓,聚

---

[1] 中共中央文献研究室:《十八大以来重要文献选编》(上),北京:中央文献出版社,2014 年,第 554 页。
[2]《人民日报》,2013 年 11 月 14 日,第 1 版。

合各项相关改革协调推进的正能量"[1]。

当下我国的改革既要往有利于增添发展新动力方向前进,也要往有利于维护社会公平正义方向前进,注重从体制机制创新上推进供给侧结构性改革,着力解决制约经济社会发展的体制机制问题。推进改革开放事业的向前发展,无疑,必须坚持在党的领导下推进。习近平一再强调,党必须保持同人民群众的血肉联系,善于通过提出和贯彻正确的路线方针政策带领人民前进,善于从人民的实践创造和发展要求中完善政策主张,善于紧紧依靠人民的普遍认同和共同参与。人民群众是改革开放的实践的承载者、创造者和推动者,人民群众的实践是检验真理的唯一标准,也是检验政党一切路线、方针、政策和各项工作得失成败的唯一标准。在党的领导下,紧紧依靠人民推进改革开放,让发展成果更多更公平惠及全体人民,这是当代中国共产党人坚持历史唯物主义人民实践主体思想的具体体现。

三、全面依法治国:对历史唯物主义人民是监督主体思想的新发展

唯物史观认为,当无产阶级通过革命夺取政权,当人民上升到统治地位后,其应当是当然的国家权力主体。国家工作人员的一切权力均来自人民。民主不仅包括选举权,还包括监督权、罢免权等。这是防止权力异化,保证无产阶级国家政权根本目的得以实现的重要手段,也是无产阶级革命取得胜利后长期执政时期必须正视和解决的问题。马克思在《法兰西内战》中明确指出,公社代表和维护劳动群众的利益,由人民群众直接行使权力,并提出工人阶级掌权之后最重要的任务是防范国家工作人员从社会的公仆变为社会的主人,主张"普选制不是为了每三年或六年决定一次,而是应当为组织在公社里的人民服务"[2]。为了防止国家和国家机关由社会公仆变为人民公仆,恩格斯在《法兰西内战》的《1891年版导言》中提到公社采取了两个可行的办法:首先,公社把行政、司法和国民教育方面的一切职位交给普选出来的人担任,而且规定选举者可以随时撤换被选举者。其次,公社对所有公务员,不论职位高低,都只付给跟其他工人同样的工资。列宁把马克思、恩格斯人民主权、民主监督思想运用到苏维埃政权建设实践中,进一步丰富和发展了马克思主义民主监督理论。列宁汲取巴黎公社政权建设的经验,强调要通过人民选举、民主监督加强人民群众对政权的监督。在此基础上,列宁又进一步提出了法律监督思想,把马

---

[1]《习近平总书记广东考察重要讲话》,2012年12月16日,新华网,http://politics.people.com.cn/n/2012/1216/c1001-19912417.html.

[2] 马克思、恩格斯:《马克思恩格斯全集》第17卷,北京:人民出版社,1995年,第360页。

克思、恩格斯民主监督思想推向了法治化轨道。这些思想对于全面依法治国,加强对权力的监督制约具有十分重要的现实指导意义。

全面依法治国是推进"四个全面"的法治保障。2014年10月,党的第十八届四中全会通过了《中共中央关于全面推进依法治国若干重大问题的决定》(以下简称《决定》),对全面推进依法治国作出战略部署。《决定》指出:"人民是依法治国的主体和力量源泉,人民代表大会制度是保证人民当家作主的根本政治制度。"[1] 党的十八届四中全会描绘了依法治国的全景图,扎实地实施这个战略必须依靠强有力的监督,而监督主体正是人民群众。全会通过的《决定》中,"监督"出现40次,是高频率词语之一,透现出以有效监督保证依法治国战略实施的信号。实施依法治国战略是一项系统工程,涉及国家治理的各个方面,而公权力治理则是重中之重。法治国家、法治政府、法治社会都离不开权力法治。依法治国必须对权力缺位进行监督,对权力越位进行阻止,对滥用权力的人和事说"不"。习近平总书记要求在经济社会不断发展的基础上,不断完善社会保障机制,创造平等的环境和氛围,使每一个公民都能够平等地参与,践行社会主义核心价值观所赋予的要求。他要求全党必须相信群众、敞开大门。他要求全党珍惜人民给予的权力,用好人民给予的权力,自觉让人民监督权力,紧紧依靠人民创造历史伟业,使我们党的根基永远坚如磐石。

"监督是权力正确运行的根本保证,是加强和规范党内政治生活的重要举措。""坚持党内监督和人民群众监督相结合。"[2] 这是以习近平同志为核心的党中央对历史唯物主义人民权力主体思想的坚持和发展的具体体现。

四、全面从严治党:对历史唯物主义人民权力和利益主体思想的新突破

全面从严治党的提出是对历史唯物主义人民是权力主体思想的理论升华。权力就其本质而言,是社会公共意志的集中体现。从一般意义上讲,权力就是指作为社会主体的人,基于自身的特殊社会地位、社会角度和天赋所拥有的决定、支配他人行为的一种客观力量。历史唯物主义告诉我们,人民群众是历史的主体,因此,也是社会权力的主体。在社会主义社会,国家宪法和法律明确规定国家的权力主体是人民群众,人民是权力的所有者,是权力的主体。社会主义国家一切权力属于人民,人民群众的根本利益是国家公共权力的归宿、目的和宗旨。

---

[1] 习近平:《十八届四中全会公报全文》,http://www.js.xinhuanet.com/2014-10/24/c_1112969836_2.htm.
[2]《中国共产党第十八届中央委员会第六次全体会议公报》,新华网,2016年10月27日。

四、新时代人学的发展与探索

马克思在《法兰西内战》中，阐明了无产阶级国家应当是崭新的民主国家。公社代表和维护劳动群众的利益，直接由人民来行使权力。这个国家的无产阶级性质是：一切权力机构和人民代表由选举产生，对选民负责，随时可以撤换；武装力量和国民自卫队按民主原则建设和组织；由选举出来的法官、公社的官员来代替以前的司法机关的官吏。恩格斯提出工人阶级掌权之后最重要的任务是防范国家工作人员由社会的公仆变为社会的主人，而防止这一现象有两个可靠的办法，一是把行政、司法和国民教育方面的一切职位交给普选选出的人担任，而且规定选举者可以随时撤换被选举者。二是对所有公务员，不论职位高低，都只付给跟其他工人同样的工资。

2014年10月，习近平总书记在党的群众路线教育实践活动总结大会上，提出了全面推进从严治党的要求，并对全面推进从严治党进行了部署。全面从严治党的提出进一步深化了历史唯物主义人民主体观。全面从严治党是推进"四个全面"的政治保证，是实现人民主体地位的根本保证。管党治党不仅关系党的前途命运，而且关系国家和民族的前途命运。如果管党不力、治党不严，人民群众反映强烈的突出矛盾和问题得不到及时解决，我们党执政的基础就会动摇和瓦解；同样，如果我们让已经初步解决的问题反弹回潮、故态复发，那就会失信于民，我们党就会失去根基、失去血脉、失去力量，就会面临更大的危险。严肃认真的党内政治生活、健康洁净的党内政治生态，是党的优良作风的生成土壤，是党的旺盛生机的动力源泉，是保持党的先进性纯洁性、提高党的创造力凝聚力战斗力的重要条件，是党团结带领全国各族人民完成历史使命的有力保障，是我们党区别于其他非马克思主义政党的鲜明标志。

经济发展进入新常态，各种矛盾叠加，风险隐患集聚，习近平清醒地认识到，今天我们党面临的执政环境是复杂的，党员队伍构成是复杂的，影响党的先进性、弱化党的纯洁性的因素也是复杂的，党内存在的一些深层次问题并没有得到根本解决。必须全面加强惩治和预防腐败体系建设，加强反腐倡廉教育和廉政文化建设，健全权力运行制约和监督体系，加强反腐败国家立法，加强反腐倡廉党内法规制度建设，深化腐败问题多发领域和环节的改革，确保国家机关按照法定权限和程序行使权力。要加强对权力运行的制约和监督，把权力关进制度的笼子里，形成不敢腐的惩戒机制、不能腐的防范机制、不易腐的保障机制。领导干部不论在什么岗位，都只有为人民服务的义务，都要把人民群众利益放在行使权力的最高位置，把人民群众满意作为行使权力的根本标准，做到公道用人、公正处事。

由过去强调"从严治党"到现在提出"全面从严治党"，体现了我们党对历史唯物主义人民权力主体思想认识的进一步深化。党的十八大以来，以习近平同志为核心的党中央坚持历史唯物主义人民主体观，始终坚持社会主义国家的一切权力属于人民，是全国各族人民在党的领导下经过新民主主义革命和社会主义革命取得和实现的；共产党是代表工人阶级和全体人民权力的执政党，共产党员和领导干部的权力是由人民赋予的；全体党员和领导干部手中的权力是为了广大人民的利益，而不能以权谋私。"我们必须坚持国家一切权力属于人民，坚持人民主体地位，支持和保证人民通过人民代表大会行使国家权力。"

党内监督是永葆党的肌体健康的生命之源。只有把有关国家机关监督、民主党派监督、群众监督、舆论监督等结合起来，才能形成监督合力。全面从严治党，不只是党内自我完善的过程，更需要接受人民群众监督。人民群众是党的监督主体。必须自觉接受群众监督，及时回应人民群众关切。"要广泛听取群众意见和建议。自觉接受群众评议和社会监督。""自觉接受人民监督，做到为民用权、公正用权、依法用权、廉洁用权。"这是对历史唯物主义人民权力主体思想的全新诠释。

全面从严治党的提出是对历史唯物主义人民利益主体思想的新发展。利益是历史唯物主义的基本范畴。利益是一种社会现象，与人的社会存在有直接关联。作为一个社会关系范畴，利益是人的需要在一定社会关系中的具体表现。需要和私人利益创造、形成了人的社会本质和社会联系是马克思利益观的重要思想。人的本质不是单个人所固有的抽象物，在其现实性上，是一切社会关系的总和。社会性是人民群众利益主体的本质特征。就个人与社会联系而言，人民群众创造历史的一切活动，都是为了追求和实现一定的利益。人们的利益追求是在社会生活中产生和实现的。从根本上，人们之间的社会关系是利益关系。经济关系是人们之间最基本的社会关系。经济关系体现的是一种物质利益关系。"每一既定社会的经济关系首先表现为利益。"[1] 社会财富的创造和利益的实现是一个过程的两个方面。

工人阶级代表人类利益发展的方向，与广大人民群众具有共同的利益，为最广大人民群众谋利益，是历史唯物主义利益观的基本原理。马克思、恩格斯在《共产党宣言》中明确写道："过去的一切运动都是少数人的，或者为少数人谋利益的运动。无产阶级的运动是绝大多数人的，为绝大多数人谋利益的独立的运动。"[2] "共产党人不是同其他工人政党相对立的特殊政党。他们没有任何同整个无产阶级利益不同的利益。他们不提出任何特殊的原则，用以塑造无产阶级的运动。"[3] 共产党始终把人民群众的根本利益作为自己的奋斗目标。马克思主义创始人认为人民群众的利益决定社会发展趋势和走向。人民群众利益既是决定历史发展趋势的直接动因，也是

---

[1] 马克思、恩格斯：《马克思恩格斯选集》第3卷，北京：人民出版社，1995年，第209页。
[2] 马克思、恩格斯：《马克思恩格斯文集》第1卷，北京：人民出版社，2009年，第42页。
[3] 马克思、恩格斯：《马克思恩格斯文集》第1卷，北京：人民出版社，2005年，第44页。

推动社会发展的现实力量。

在中国共产党人的价值视域中，人民群众创造历史的主体地位和推动历史前进的主导作用，决定了人民利益的至上性，决定了党没有超越于人民之上的权力，没有向群众施行恩赐、包办、行政命令的权力，没有在人民头上称霸的权力。

在当代中国，历史唯物主义人民利益主体观得到进一步丰富和发展。党的十八大报告明确指出："始终把实现好、维护好、发展好最广大人民根本利益作为党和国家一切工作的出发点和落脚点，尊重人民首创精神，保障人民各项权益，不断在实现发展成果由人民共享、促进人的全面发展上取得新成效。"[1] 习近平认为，人民利益是我们党一切工作的根本出发点和落脚点。在决策和解决问题的过程中，党和政府要把出发点和落脚点归结到实现好、维护好、发展好最广大人民根本利益上来，归结到为民务实清廉上来。和人民群众站在同一条战线上，为了人民干事创业，依靠人民干事创业。"中南海要始终直通人民群众，我们要始终把人民群众放在心中脑中。中央政治局的同志必须做到以人民忧乐为忧乐、以人民甘苦为甘苦，牢固树立以人民为中心的发展思想，始终怀着强烈的忧民、爱民、为民、惠民之心，察民情、接地气，倾听群众呼声，反映群众诉求。"[2]

由上观之，习近平"四个全面"战略布局的提出，贯穿了马克思人民主体思想，彰显了我们党坚持和发展马克思人民主体思想的理论自觉，闪耀着辩证唯物主义和历史唯物主义的理论光辉。"人民对美好生活的向往，就是我们的奋斗目标。"人民群众是历史的创造者。遵循这一基本原理，我们党把全心全意为人民服务作为根本宗旨，把群众路线作为党的根本工作路线。"四个全面"的提出本身就反映了人民群众的强烈愿望，而每个"全面"的出发点和落脚点都是为了人民群众。"四个全面"找准了人民群众的"最大公约数"，为全面实现小康社会的宏伟目标奠定了坚实的基础。

【基金项目】本文系国家社科基金一般项目"人民主体观的当代中国形态研究"（项目编号：15BKS041）、上海市哲学社会科学规划项目"马克思主义人民主体思想及其当代价值研究"（项目编号：2014BKS004）、2019年上海高校马克思主义理论研究专项课题"新时期推进全面深化改革的方法论研究"（项目编号：2X2019-YJ26）的阶段性课题。

---

[1] 胡锦涛：《坚定不移沿着中国特色社会主义道路前进 为全面建成小康社会而奋斗》，新华网，2012年11月1日。

[2] 习近平：《在中共中央政治局召开民主生活会上的讲话》，新华网，2016年12月26日。

晋商乔氏家训的商业伦理思想及其对"一带一路"建设的当代意义

黑龙江大学马克思主义学院 田 雨

摘要：晋商乔氏是中国商业史上的"巨无霸"和"老寿星"。凝结在其家训中的以杖信如石和以义制利为特征的商业伦理思想是我国商业伦理精神的旗帜。在我国积极推进"一带一路"建设的背景下，融注于乔氏家训中的商业伦理思想是最生动的中国故事，用最鲜活的中国话语讲述着中国人自古以来的价值观念、商业准则和内在的义务论品格，对其家训商业伦理思想的阐释与传播对中国话语体系构建，促进民心相通、形成文化共识，化解信用危机、筑牢诚信基石，阐释发展理念、破除西方误判有着重要的意义。

关键词："一带一路"；晋商乔氏家训；商业伦理思想

清末民初闻名全国的三晋大地上的儒商巨贾——乔氏家族是中国商业史上的"巨无霸"和"老寿星"，历经甲午、庚子、辛亥以及后来的军阀混战等社会和经济的狂涛巨浪而根基不动。家族由小至大，从始祖乔贵发创业，到末代掌门人乔健去掉遍至全国的"复"字号生意，前后历经六代；商业由弱至强，从乾隆年间发迹，到新中国成立后的公私合营，纵横繁荣二百年。乔家商业并不是由内部原因引起的自然衰亡，而是资本主义工商业的社会主义改造的大潮终结了乔家的百年辉煌。

融注于乔家历代家训中以杖信如石和以义制利为特征的商业伦理思想带着一片氤氲的茶香飘香至今，如今成为中国商业伦理精神的一面旗帜。乔氏家训商业伦理是最生动的中国故事，用最鲜活的中国话语讲述着中国人自古以来的价值观念、商业准则和内在的义务论品格。在"一带一路"的建设中，对其家训商业伦理思想的阐释与传播有助于中国话语体系构建，促进"一带一路"沿线各国人民民心相通，形成文化共识；有助于缓解"一带一路"商贸活动的信用危机，筑牢经济合作的诚信基石；有助于中国发展理念的阐释，合作共赢的发展观是中国人的天下情怀，破除近代西方"国强必霸"的误判，给予新时代大国关系以全新的思考和启示。

一、乔氏家训商业伦理思想的建构成因

中华民族是一个家训文化悠久的文明古国,商贾家训是我国家训文化的重要组成部分。中国古代家训以血亲为纽带,华夏独特的孝德文化和敦亲睦族的文化传统是中华家风文化存续的重要原因,与此同时古代家训也成为中华文明的主要载体。乔氏家族世代传习的家训与中国历史上氏族家训的形成原因有着不少的共通之处,大抵承载了绝大部分的中国传统价值取向,其中包含着修身正心治家的人生哲学。同时形成于长期的商业实践的乔氏商业伦理思想也有独树一帜的建构过程和其家族别具一格的表达。

(一)"耕读传家"治家理念的坚守

乔家人素来重视"习与智长、化与心成"的家庭教育,提倡"耕读传家"的治家理念。恪守"耕读传家"祖训的乔家人深知"知书"才能"达理",因此始终秉承"耕读传家久,诗书济世长"的思想。乔氏家族一方面要求后世子孙勤奋持家,以立性命;另外一方面要求乔氏子弟饱读诗书,以立德行。乔氏先贤这样教育后世:"补于天地者曰功,有益于世者曰名,有学问曰富,有廉耻曰贵,是谓功名富贵"。深明礼义的乔家人德才兼备,成为真正意义上的"功名富贵"之家。

乔家"在家中设私塾,让氏族子弟不分男女,不论亲疏,一律上学读书"。乔家大院"德兴堂"中悬挂着一副"忠厚培心和平养性,诗书启后勤俭传家"的楹联,教导后辈端正、和善、勤俭和读书。将家族事业推向顶峰的乔致庸自幼嗜书,本来想通过科举考试光耀门庭,却被迫接手家业,但他在经商活动之余,手头仍常备有四书五经等古文典籍,在以儒学为经商之道而大获成功后,将家业委任于后辈,自己则广购图书,闭门课子。"读书好经商亦好学好便好"的楹联折射出乔氏一族耕读传家的家风。

(二)儒家传统价值观的浸润和涵养

中国传统文化的核心是儒家思想,修身正心的儒家哲学,成就了中华五千年的中华文明。以"仁、义、礼、智、信"五常为核心的儒家精髓,是国家安定、社会有序、家庭和谐的基础。儒家传统价值观构筑了乔氏家训伦理思想的根基和底色,身体力行地把儒家的品格演绎到至臻化境,使其家族成为中国商业史上赫赫有名的儒商巨贾。乔家世代传习的家训大抵承载了儒家思想的价值取向,备受中国儒家文化浸润和涵养的乔氏家族,虽从事着"陶朱事业",但秉承着"管鲍之风",以儒治商、儒意通商,形成了无为而治的齐家行商智慧。以杖信如石和以义制利为特征的乔氏商业伦理思想是其家族的长盛不衰、独占鳌头的不二法则。

乔氏家族将明末清初著名理学家、教育家朱柏庐的《朱子治家格言》作为后世子孙的启蒙读物，积淀了世代相传、流芳百年的治家、经商、处世之道。乔家大院"在中堂"的"中"所指的就是中正和合的儒家传统核心观念，即"中庸之道"，主张"执其两端，用其中于民"，以此定下了后代中正谦和处世的"中庸"标准。"有功名富贵固佳，无道德文章则俗"的警世名言时刻提醒乔氏后辈应秉持的道德禁律。

（三）长期商业实践经验的积淀和总结

乔氏家族是晋商的翘楚。徐珂在《清稗类钞》中列举的"清光绪时山西'资产七八百万两至三十万两'的14家富户中，乔家以'资产四五百万两'名列前茅"。乾隆年间，乔家的创业始祖乔贵发从小家境贫寒，其母王氏教导他："为人若要学好，羞甚担柴卖草！为人若不学好，夸甚尚书阁老！""人欺不是辱，人怕不是福，不怕没出息，就怕不自立。"遵从母亲教诲，乔贵发自强自立、塞外谋生，沿着赫赫有名的官道"走西口"（走西口是山西人为了打通往返于中原腹地与蒙古草原之间的经济和文化通道，在明朝中期至民国初年长达四百余年中离乡背井的中国近代史上最著名的三次人口迁徙，从而带动了中国北部地区经济和文化的发展和繁荣），走出了乔氏家族一片炫目的富贵。

在三晋大地上古有"川陕通衢"之称的山西祁县是乔氏家族的故乡。晋商与其他商帮相较，虽处于中原腹地，但晋商创业始祖不畏艰辛，开辟了"无数铃声遥过碛"的晋商驼道，曾与欧洲、日本、东南亚和阿拉伯等许多国家有过边贸往来。晋商开辟的万里茶路和"茶马互市"化解并结束了中原农耕民族与游牧民族的矛盾冲突和战争掳掠，在经济与文化的交往中化干戈为玉帛，实现了互利共赢，因此享誉海内外。旅俄、旅蒙的晋商在明清时期，树立了优秀的中国商人形象，铸就了中国商业史上辉煌的一页。

有着悠久的跨国贸易和边贸历史的乔氏家族是名副其实的"外贸世家"，沿着通向中亚和北亚的中蒙、中俄两条贸易通道开启了两百年之久的跨国边贸历史。在康熙年间的汉蒙贸易的浪潮中，完成了乔家原始资本的积累；在道光年间的中俄恰克图通商中，斥巨资开办大德诚（资本三万两白银）和大德兴（资本六万两白银）茶庄，给乔氏家族带来了丰厚的利润，使乔家在商业上又上了一个台阶；在道光年间的金融浪潮中，乔家第三代掌门人——乔致庸，相继开办"大德通""大德恒"票号，完成了家族产业由商业向以信用取胜的金融业的转变，创办名满大江南北的中国最古老的商号"复盛公"，民间流传着"先有复盛公，后有包头城"的美誉，实现了从"货通天下"到"汇通天下"的蜕变，将家族事业推向顶峰。在日积月累的蒙俄通商和金融贸易等商业实践中积淀下来的讲伦理、重道德、尚商誉、守信用的商业行为规范和道德观念形成了带有家族特征的伦理思想，成为展现我国商人伦理精神的一面旗帜。凝结在乔氏家训中的伦理思想被乔氏子孙恪守、遵从，是晋商乔氏崛起的土壤，奠定了乔氏家族兴旺数代的基业，开拓了晋商鼎盛时代，绘就了中华商贾文化浓墨重彩的一笔。落日余晖中的乔家古老宅院——乔家大院印证了乔氏家族往日的辉煌。

（四）乔氏家训商业伦理思想的独特表达

乔氏家训伦理思想不但以家规的形式被子孙遵从和恪守，同时还表现为长辈的言传身教，通过耳濡目染传承优良家风，还有一部分体现在乔家大院的楹联、匾额和屏门上。"乔家大院门厅和内室的墙上，还刻有许多儒家名言和古人修身格言，句句箴言，皆为做人做事的准则，也是乔家的家训。"晋商乔氏位于山西祁县的那一爿百年老院——乔家大院被誉为"清代北方民居建筑的一颗明珠"。呈双"喜"字院落结构的乔家大院，不仅极具建筑美学和民俗价值，而且院中摘录的儒家名言佳句的五十多块匾额、三十余副楹联成为乔家传世家教的重要部分。这些含义隽永、韵味悠长、采古今之名言的"家教联"凝结了乔氏历代掌门人无声的期许和训诫，后世子孙每目及于此便可日日迎面诵读、时时垂首默念，起到了潜移默化的教育作用，构筑了流淌在乔家人血液中的基因。

二、乔氏家训伦理思想向度

乔氏家族鼎盛二百年、富及六代，世代繁衍的历史进程中逐渐形成了由勤致富，但富不忘本的敦厚家风。晚清时期许多盛极一时的大家族纷纷因大家长的去世而陷入衰落，唯乔氏一门独树一帜，长盛不衰，独占鳌头，将家族事业不断推向顶峰，这与乔家人重视商业伦理文化建设，并身体力行先祖训诫有很大关系。望族乔氏到了第九代，生意虽然终结了，但含蕴着中国传统伦理精神和三晋地域文化意蕴的自律修身的理欲观、勤俭敬业的持家之道、杖信如石的信用伦理、以义制利的义利辩证思想和兼济天下的内在义务论品格却传承至今。乔氏家族历代所遵从的家训和商业伦理思想不仅折射出了中华五千年文明的绚烂，而且也使曾经由于时代的急剧变迁，与旧思想一起被抛弃、被掩埋在历史的尘埃中的乔氏家训文化焕发出了亘古至今的活力，成为构建我国社会主义现代化商业文明的宝贵财富。

（一）勤俭敬业的持家之道

勤俭敬业是中华民族的传统美德，是中国古代商业伦理的核心内容。经商有方可以发财，但持家有策亦可聚财，勤俭敬业持家之道是乔家治家的根本准则。乔贵发在创下家业后经常告诫子孙"生活要勤劳俭朴,切不可坐享其成",乔家大院的门极上写着"慎、俭、德"三个字,是乔氏家训中商业伦理的精髓,勤俭的家风传习后世,形成了"勤俭敬业、利而不污"的修养信条。乔氏家族以"勤俭为黄金本"教导子孙,将勤俭生财作为乔家致富的导向。乔致庸教育子孙说:"有钱不能浪费,浪费则对钱不敬,不敬则得罪钱,得罪钱则受穷。"如若有子孙浪费就被罚跪并反复诵读"一粥一饭当思来之不易,半丝半缕恒念物力维艰"。乔致庸亲拟对联:"求名求利莫求人,须求己;惜农惜食非惜财,缘惜福",告诫子孙克勤克俭,不可追求奢华,不要贪图安逸、坐享祖业。乔家将在长期商业实践中总结下来的商业规律灌注于家训并教导子孙:勤俭是持家之本,和气是兴家之本,谨慎是保家之本,读书是起家之本,忠孝是传家之本。其主要思想就是劝诫子孙要勤奋学习,勤俭持家,和睦乡里,孝敬老人,谨慎处事,修德养心。乔致庸虽为富商巨贾,但"素性恬淡,忠实无妄,生活俭朴"。

(二)杖信如石的信用伦理

信是中国古代商业的基础,所以古人说,无信不商。梁启超说"晋商笃守信",诚信既是人格境界的评价尺度,也是商业道德的高地。孔子云:"民无信不立。"孟子曰:"诚者,天之道也;思诚者,人之道也。"乔家人认为笃信是为人之本。在乔家大院中挂着这样一副楹联,上面写着"传家有道唯存厚,处事无奇但率真",要求乔家的后世子孙为人要厚道,处事要真诚,不要花言巧语哄骗人,要恪守诺言,以"诚"聚人气。人同此心,心同此理,诚信也是规范商业行为的道德约束,是商业伦理中最重要、最基本的品德标准。"诚信"二字成为乔家人在商业中所必须遵循的最根本的经营规范,是乔氏家族的经商之本。乔家人认为"生意兴旺靠诚信,诚信才能事业兴"。晋商巨贾乔致庸深知"诚信"二字对于经商的重要性,所以他把乔家"复"字号的祖训——"诚信"二字制成匾额挂在商号门口,诚信成为乔氏历代掌门一以贯之的经商信条。乔致庸曾反复告诫子孙:"一信、二义、三利",经商之道首重信,即以信誉赢得顾客。次讲义,不以权术欺人,该取一分取一分,昧心黑钱坚决不挣。第三才是利,不能把利摆在首位。乔映霞恪守"宁叫赔折腰,不让客吃亏"家训祖规,维护了家族诚信为本的百年盛名。乔致庸曾在与俄通商的交易中将茶制成一斤一两的砖茶,以一斤的数量卖给俄商。后来所有乔家的顾客和商业合作伙伴都感恩乔家诚信、厚道,就这样乔氏家族"诚信第一"的商风真正建立了起来。

(三)"以义制利"的义利辩证思想

自古以来,义利关系对于商贾来说是一对重要范畴。商业买卖中的义对利的取舍要以"义"为衡量标准和制约限度,事之宜曰"义"。孔子观水时说:"其流卑下,句倨皆循其理，似义。"孔子认为水谦卑地向下流淌，遵循河道划定随圆就方，潮汐潮涨顺应时令节气，"义"似水一样是我们要遵循的准则和法度。正确处理"义"与"利"的关系，做到"先义后利、义利统一"，是乔家商业伦理的基本特质。乔家在长期的商业实践产生的调整买卖双方利益的辩证关系中，寻求精神人格与经济运行、伦理道德与经济绩效的平衡，在工具理性外，更倡导价值理性，主张仁中取利，义内求财，将德性伦理与财富追求相统一，表现出很强的商业道德自觉和社会责任意识。乔家经营的米面，质量好、分量足、价公道，故客户都指名要买乔家货。乔家通和粮店售面"以好充次"的故事被传为佳话。乔家在包头通和粮店所售的面粉分为上、中、下三个等次，价格也相应地由高到低，一般百姓只能买下等面勉强度日。逢年过节通和粮店要弄一次"假"，乔家为了让穷人吃上好一些的白面，把上等的白面掺在二黑面里，而价格还是按照低等面粉的价格卖出。早在咸丰末年，掌柜们就立账把卖米面的斗称放大。乔氏长辈说："把斗子装得满一些！在中堂做好事，担上一分名儿，实际上只能比一分多，不能比一分少。"乔氏家族以"义"兴业，生意也越来越好。乔氏家族"以义制利"的商业伦理原则，顺应舍利取义道德规范，遵守笃信守义商业原则，强调经济实践的道业活动以社会价值和道德价值的合理性，实现了义利相通的价值观的转换，讲求"义内求财""以德经商"，使得晋商乔氏纵横捭阖二百年，写尽商海风流。

（四）"兼济天下"的内在的义务论品格

乔家的商业伦理谋利的行商品位超过商，把义务论品格立足于社会历史整体和个体辩证关系原理中。乔氏家族富甲一方之时不忘"兼济天下"，以济困为己任，位卑未敢忘忧国。在从事以谋利为目的商业活动中仍抱有中国儒士"经世济民"的内在义务论品格。乔家有着天下情怀，热心公益、扶困济危，关心国家社稷、忧国忧民，不仅注重自身道德的修养，而且在"内圣外王"的人格理想和"兼济天下"的价值追求的驱使下回馈社会甚至自我牺牲，使传统商业伦理在国家利益和民族利益中得到了升华，把我国商业伦理思想推进到了更高的境界。乔氏家族深受儒家"经世济民""兼济天下"思想的影响，在乔家大院正房门楼上高悬着"为善最乐"的匾额，把积德行善当作治家要义，并告诫子孙说："唯无私才可讼大公，唯大公才可成大器"，形成了以善为先的家风。光绪年间，左宗棠率清军收复新疆，所需经费均由乔家大德恒、大德通两大票号存取汇兑。光绪三年，天遭大旱，寸草不生，人称"光绪三年，人死一半"，乔致庸开粮仓赈济灾民。每逢灾荒，乔家便会在门口设立粥棚，而且要求米粥不能太稀，要用布可以包走，筷子插入粥中不能倒才算合格。农耕之时，乔家门口就会拴着三头牛，谁家要用牵去即可，用完再送还。乡里如需用钱去乔家说明原因即可得到帮助。当社会上出现天灾人祸时,乔家人都会挺身而出、解囊相助、慷慨赈灾。乔映奎是祁县知名乡绅,在任联防董事会会长一职之时36村联名送来了一副"孝、友、睦、姻、任、恤"的"身备六行"的匾额,以表彰乔映奎仁义济世之举。

三、乔氏家训商业伦理思想与当代"一带一路"建设

"一带一路"是中国倡导的,借用中国古代丝绸之路历史符号,以经贸合作为基石,是联系亚非欧的跨区域和国家的经济和文化的纽带,更是多元异质文化对话互鉴的通路。交融共生的文化圈能够有效促进沿线国家及人民形成文化共识,使沿线国家在推进文化认同的基础上实现自觉的共商、共享、共建。乔氏家族正像余秋雨描述的那样成为"历史浪潮中被牵涉进来的个体"。没有了富可敌国的财富,乔氏家族于艰难困苦中玉汝于成,创下的宏基伟业,形成的家训商业伦理思想对"一带一路"建设却有着重要的意义。

(一)有助于中国话语体系构建,促进"一带一路"建设的民心相通

"一带一路"横跨多个文化圈,呈现出国家种族众多、宗教信仰多元、文化习俗多样等特点。"一带一路"建设,加强了国家间人文互通,为构建人类命运共同体注入人文内涵。正如美国耶鲁大学教授瓦莱丽·汉森所言,以商贸为纽带的古老的丝绸之路之所以意义深远,很大程度上是因为丝绸之路不仅是商贸交往的通途也是文化沟通的要道。伴随着在丝绸之路上的商贸活动,往来穿行的商人们也把各个国家的文化,像其带往远方的异国香料种子一样沿途撒播,化解并结束了由于文化差异所引发的矛盾冲突,在经济基础上的文化交往中实现了互利共赢,并进而改变了历史。而今,在共建"一带一路"的征途中,文化的传播日益频繁,文明的对话日益深入,正绘就民心相通的美好画卷。从身走近,到心走近,"一带一路"建设同时架设起文明的桥梁、友谊的纽带,使人类命运共同体意识越来越深入人心。

(二)有助于缓解信用道德危机,筑牢跨国经济合作的诚信基石

从商贸到金融,从"货通天下"到"汇通天下",形成于长期的跨国贸易商业实践和边贸商业规律总结的乔氏家训伦理思想,秉承了中华民族的优秀商业传统,继承关公以诚信重义号令天下的信义遗风,将诚信履约的纯然道德操守融入商贸实践,努力谋求符合伦理的经济绩效,在商界取得了良好的信誉,成为其商场中长盛不衰的奥秘。在创造商业奇迹的同时获得了社会道德肯定,"山右巨商,所立票号,法至精密,人尤敦朴,信用最著"。乔氏家族所倡导的笃信守义、以义制利商业伦理符号

是我国传统商业价值原则、基本规范和要义精髓，也是我国商业伦理精神的一面旗帜，能够为推进"一带一路"建设提供价值取向上的依据，是现代契约伦理的有益补充，为"一带一路"商德经济和信用经济建设发挥了价值导向作用，促进了在经济互信的基础上实现政治互信，也能够更好地推进"一带一路"建设。

（三）有助于中国发展理念的阐释

"一带一路"是和平、交流、理解、包容、合作、共赢、开放的经济合作倡议，以平等诚信待友为理念，以全心全意为各国民生造福为宗旨，通过以经贸为基石和文明相互吸引为纽带把沿线各国的人民连接起来，给世界经济带来弥足珍贵的动力。然而安于故俗的西方人囿于其近现代扩张的历史，将"一带一路"的共商、共享、共建贴上了"中国威胁"的标签，认为"国强必霸"，纯粹套用西方的理论来解释中国"一带一路"倡议，往往会陷入解释力不足的困境，会产生误解，甚至是误判，导致掉入"修昔底德陷阱"。因此，"一带一路"建设的共商、共享、共建的共赢理念和构建人类命运共同体的构想需要更具说服力和解释力的中国话语，以阐释中国的发展哲学和合作理念。

受传统儒家思想滋养的晋商乔氏是中国五千年文明史中一个普通的家族，也是华夏万千个家庭的代表，其"和谐共生"的商业文化符号，修身、齐家、治国、平天下的人格理想，"兼济天下"的内在义务论品格，是中国人自古以来的天下情怀，是人类继往开来的历史密码，更是一种发展哲学和全新的合作发展理念。这亘古至今的文明发展观能够树立良好的中国形象，能够化解民族、宗教和风俗所造成的误解、疑虑、隔阂，能够有效克服政治意识形态分歧，给予"超级全球化"时代即全球商业模式高度互联和信息技术的主推下数字化的经济全球化时代的大国关系以全新的思考和启示。

【基金项目】本文系国家社会科学基金一般项目："资本逻辑与新时代历史唯物主义的创新发展研究"（18BZX028）；黑龙江省艺术科学规划课题一般项目："中蒙俄经济走廊框架下黑土文化认同机制研究"（2017 P026）。

古典儒家生命共同体的当代德育价值

北京大学马克思主义学院 姚文杰

摘要：德育是育人成人的工作，对人的生命的理解不仅构成了德育的起点，同时也是德育的重要内容，德育所面临的一系列问题追根溯源都会回到对这一问题的回答上。古典儒家从生命共同体的角度，既将人的生命视为自然生命、伦理生命与文化生命"三维一体"的统一，同时每一重生命又分别体现着人与万物、人与人、人与族群乃至人类文明的紧密关联。其中内涵天人关系的自然生命能够孕育个人对万物的感恩敬畏之心，安置人与人关系的伦理生命有利于增强个体对人类社会乃至人类文明继替的使命担当之情，承载人文积淀的文化生命所蕴含的弘道使命则激励个人为止于至善而健行不止之责。如此，古典儒家生命观所蕴含的德育价值可成为解决当代德育难题的突破口。

关键词：古典儒家生命共同体；自然生命；伦理生命；文化生命；德育

德育以育人为旨归，对人的生命意涵的理解既构成了德育的基点，同时贯穿德育工作的始末。尽管我国德育所建基其上的是一种共同体本位的价值观，但在全球化的影响下，难免受到西方个人主义的影响，从而出现对个体小我的偏重。"现代人在自我诠释、价值选择和道德确定上是单子式的，他的自我的定义和自我位格是纯个人的，因此，在道德的自我确定中，现代人是相互分离的，现代性道德的视阈是分裂的。"[1]这种对人的生命的原子化、孤立式的理解方式，正是造成当前诸多德育困境，如人的道德情感冷漠、社会责任意识淡薄、知行不一等难题的关键原因，因而我们需要从一种迥异于个人主义生命观的视角重新理解个人、理解生命，从而为解决当前德育难题找寻出路。

古典儒家生命共同体的观念与当前盛行的对人的理解方式不同，它是一种具有

---

[1] 金生鈜：《现代性价值位移与现代人的道德困境》，载《西北师范大学学报（社会科学版）》2003年第2期。

有机性与通融性的整全生命观。其共同体性既体现为三重生命意涵——自然生命、伦理生命、文化生命的"三维一体",同时在每一重生命中,也都是从共同体的视角去理解人的。其中自然生命从天、地、人三才贯通的角度,把个人放在宇宙大化流行即全体生命的生生不息之间;伦理生命从人与人的角度,既有同时代人与他人之间的命运相通,还蕴含着个人与其前辈先祖之间的生命传承;文化生命则为在天地之间与人伦之中生活的人,赋予了更高的创造性,即承载所属族群共同体乃至人类共同体文明的使命,由此,在传承共同体文化的个体人生历程中,"人能弘道"的责任便意味着个人成人的不容间断性,继善成性必须是日生日成而健行不止。由此观之,古典儒家生命共同体中的每一重生命都具有丰富的德育意涵,包含着对当前主要德育问题的回应,具有极其重要的德育价值,应当被重视和借鉴。

一、自然生命下的感恩敬畏之心

当代道德教育主要着眼于人与人之间社会道德关系的处理,然而面对现代性隐忧之下传统德育失效的局面,以及全球范围内的生态问题的产生,一种突破人际道德进而确认人的自然道德义务与道德关怀的新的道德教育理论——生态德育越来越有影响力。尽管当前学者对于生态德育的定义尚无定论,重建对自然万物的敬畏与感恩之心却是学者们的共同关注,这同时也是当代道德教育的一大难题。在近代科学主义与启蒙运动分别在不同领域进行了轰轰烈烈的祛魅运动之后,自然生命的神圣性已被剥离,人类从与万物共生的自然之网中脱落,而将自身视为超越于万物之上的独特存在。寄寓于现代文化之中,这种对自身存在方式的理解将难以使人真正生发出对自然的敬畏之心与感恩之情。古典儒家生命共同体中所蕴含的自然生命层次正是对这一难题的回应。

自然生命是古典儒家生命共同体中的第一层次,它也以更本原的方式体现着古典儒家对生命本身的理解。不同于现代生物学语境中生理意义上的自然生命,它是一种形质与精神不可分的统一体,其自然性是从个人生命与宇宙大全、万物生生化化内在关联的角度而言的。就人与自然的关系而言,乾元生万物,万物并育而不相害,人首先作为万物之一而联结在由乾元所生的宇宙生命之网中,从这一层面而言,人之异于禽兽者几希;而与此同时,人作为天、地、人三才之一,又是参赞天地化育之万物灵长,人可以主动承接乾元并进行创造性的彰显和发挥,因而人的生命又超越于自然万物的生命之上。

古典儒家的自然生命是一种万物生命共同体意味上的大生命观。"天之风霆雨露亦物也，地之山陵原隰亦物也；则其为阴阳、为柔刚者皆物也。物之飞潜动植亦物也，民之厚生利用亦物也；则其为得失、为善恶者皆物也。凡民之父子兄弟亦物也，往圣之嘉言懿行亦物也；则其为仁义礼乐者皆物也。"[1]在宇宙之间，乾坤并建以为首，整体的生命运行均根源于此。"古今之遥，两间之大，一物之体性，一事之功能，无有阴而无阳，无有阳而无阴，无有地而无天，无有天而无地。"[2]乾不只是万物生物性之始元，更是资始宇宙之全体者，其中包含了世间人物、万事、学问、群体生活。"乾于大造为天之运，于人物为性之神，于万事为知之彻，于学问为克治之诚，于吉凶治乱为经营之盛"，如此世间各种生命通过阴阳和合而形成一种具有内生性关联的共同体。同时，贯通天地之间的阴阳之气虽气势磅礴，但却温和而不相冲突，虽和煦而靡不胜。"云行雨施，品物流行"[3]，四时行焉，百物生焉，人于其中首先与万物一样是阴阳之气的承载者，而万物之间的主调是"和"与"生"，虽有差异但不相仇离。这种自然生命观不仅体现的是一种整全、有机的生命共同体，更是一幅活生生、活泼泼、生机盎然、生气勃勃、万物各正性命又保合太和的生命图景，这正是"生命"的意蕴所在。

在古典儒家自然生命共同体中，人道与天道是以内在贯通的方式联结在一起的。"元、亨、利、贞者，乾之德，天道也。君子则为仁、义、礼、信，人道也。理通而功用自殊，通其理则人道合天矣。"[4]"'善之长'者，物生而后成性存焉，则万物之精英皆其初始纯备之气，发于不容已也。'嘉之会'者，四时百物，互相济以成其美，不害不悖，寒暑相为酬酢，灵蠢相为事使，无不通也。'义之和'者，生物有其义而得其宜，物情各和顺于适然之数，故利也。'事之干'者，成终成始，各正性命，如枝叶附干之不迁也。"[4]"元"即"善之长"，于纯备之气的舒张运通中赋予宇宙万物以生机与潜能；"亨"即"嘉之会"，万物于损益相济间各成其美而通达舒畅；"利"即"义之和"，事物适其本性而各成其能；"贞"即"事之干"，万物终始一贯而各正性命。上述皆是从天道而言的，顺天道在人则曰仁、义、礼、信。"'体仁'者，天之始物，以清刚至和之气，无私而不容已，人以此为生之理而不昧于心，君子克去己私，扩充其恻隐，以体此生理于不容已，故为万民之所托命，而足以为之君长。'嘉会'者，君子节喜怒哀乐而得其和，以与万物之情相得，而文以美备合礼，事皆中节，无过不及也。'利物'者，君子去一己之私利，审事之宜而裁制之以益于物，

---

[1] 王夫之：《船山全书》第2册，长沙：岳麓书社，2011年，第241页。
[2] 王夫之：《船山全书》第1册，长沙：岳麓书社，2011年，第43页。
[3] 王夫之：《船山全书》第1册，长沙：岳麓书社，2011年，第51页。
[4] 王夫之：《船山全书》第1册，长沙：岳麓书社，2011年，第59页。

故虽刚断而非损物以自益,则义行而情自和也。'贞固'者,体天之正而持之固,心有主而事无不成,所谓信以成之也。"[1] 由天及人,由天德至君子,"体仁"者,如天之生物一般无一己私心,普爱万物;"嘉会"者,己情与万物相协相和,无过亦无不及;"利物"者,无个人之私利而皆以公利为准则;"贞固"者,法天理之正,志向坚贞,行动有恒,而事无不利。如此,天人之际的内生性关联既为个人道德品性的修养指明了方向,同时还蕴含着人作为天地之心这一重意味。

在古典儒家自然生命的共同体中,人对天道的遵从,包括人与万物的和谐共生,并不意味着放弃作为人迥异于其他类生命,而参赞天地之化育的主动性和创造性,相反,人应当顺天地之大德而充分彰显人性之美善,以厚生、利用、正德。以《尚书·洪范》中对体现天道变化的五行与体现人道作为的王者关系的论述为例,五行乃自然所本有,王者止是要利用五行以造福万民。如大禹治水,于自然而言,金、木、水、火、土,本无所谓祸福吉凶,而于人类社会而言,当水过多时便会造成水患洪灾,此时王者便应治水以利用厚生。此外在天与人的关系中,"过"与"不及"的尺度难于把握,因为在人类作为的空间里,"有为"便易与天争胜,争之侥胜"则心之血气之害烈",不争侥得"则偷惰之计生"[2]。因而人在发挥主动性与创造性时,应仿效天之聪明。万物"方生之始,形有稚壮大小、用有强弱昏明之差,而当其萌芽,即函其体于纤细之中,有所充周,而非有所增益"[3],可见人参赞天地化育应是一种创造性的接续弘扬,各物本有其性其体,并无须人为增益,只需助其充周本有之性即可,如此才能使万物各如其分,皆得其正。

古典儒家生命共同体中的第一重自然生命,是对人与万物关系的回答,其中人是与万物和谐共生的,而其参赞化育的职责又赋予人以超越动物性存在方式的自觉和自由,但人类有所作为的空间限度又被规制在天道之下,人之上总有一个更高的存在使人不能为所欲为。不可否认,这种自然生命观从其产生的时代环境而言离不开农业社会的背景,但在当今时代重提古典儒家生命观中对自然的敬畏和感恩,并非是要重新神秘化那些已经被科学祛魅了的事物和现象,并强行恢复一种"未知之畏",而是力图限制现代科学思维统率一切的僭越倾向,强调在现代社会人类自认为揭开自然与生命之谜后,仍然保有对与人类共生的其他生命,以及包容人类生命于其间的自然的感恩与敬重之心,对于道德教育的重要意义与可能。

---

[1] 王夫之:《船山全书》第1册,长沙:岳麓书社,2011年,第59页。
[2] 王夫之:《船山全书》第2册,长沙:岳麓书社,2011年,第341页。
[3] 王夫之:《船山全书》第1册,长沙:岳麓书社,2011年,第53页。

二、伦理生命下的使命担当之情

当代德育视域中的个人不仅与其他类的生命失去联系，就其所属的人类而言，人与人之间的关系也变成了外在性的，并越来越表现出"竞争性个人主义"的特点。"竞争性个人主义"这一概念最早由当代心理学家罗洛·梅在其《焦虑的意义》一书中提出，它作为一个专有名词的内涵是指"个人主义与竞争汇整在了一起，……整个文化系统都在奖励自我觉察，方法是比他人优越或胜过他人"[1]。具体表现为"以自我为中心"和"竞争的对抗性"，这种"竞争性个人主义"已成为当前德育起点所面临的人的普遍存在现状。"竞争性个人主义"内含着将他人视为敌人的趋向，自我的个人利弊得失成为衡量和评判一切的出发点，这与德育的目标正相违背。德育正在于引导个人身心的健康发展，培养合作、分享、团结等公共品质，而"竞争性个人主义"既容易造成单个人的心理焦虑，同时又必然会加剧人与人之间关系的对抗性。

在"竞争性个人主义"之下，每个人都局限在自我的小圈子里，并不关注他人的存在，他者的利益和幸福对自己而言反而构成了潜在的威胁。人际关系中的信任感和亲密感消失，反而充满交恶、紧张和敌意。"个人往往会以攻击性的方式来看待他人，他们只愿意看到'敌人'在竞争中一败涂地，只希望自己成为竞争道路上的优胜者"，他们只希望自己能够不断击败对手，而"难以真切地感受到他人、团体的需要，难以真正去同情他人、欣赏他人、与他人展开合作"[2]。每个人都变成了一座"孤岛"，难以从周围人的身上建立起一种真正的亲善、友爱的情感支持，这容易导致个人"好斗、不合作、缺乏同情心、自我中心的畸形心态"[2]，而这种对他人的疏离和冷漠态度会进一步造成对共同体和公共性事务漠不关心的态度，"甚至可能促使一些青少年学生不惜为了个人利益而损害社会或者社群的利益。这将在很大程度上阻碍他们的公共品德和公共精神的发展"[2]。此外，过分关注自我这一小体便容易患得患失，面对生活的挫折困苦时不够果敢坚毅。仁者有勇，心中有他人，将共同的善作为人生追求的人，其为人必刚毅勇敢，当人的生命中有高于一己之私的维度时，个体的生命往往更有力量和厚重感，一个不只为自己而活的人，在面对生活的挫折和苦难时，往往会表现得更加坚强和富于勇气，因为与他者的联系赋予其生命以更高的意义、更重要的责任和更强大的使命感，与此相比生活中的其他不顺遂便显得

---

[1]（美）罗洛·梅：《焦虑的意义》，朱侃如译，桂林：广西师范大学出版社，2010年，第153页。

[2] 叶飞：《竞争性个人主义与"孤独的"公民——论公民教育如何应对公共品格的沦落》，载《高等教育研究》2013年第34期。

不值一提。相反，一个眼中只有自己的人将缺少生命力量的支撑，正如大树的根基需要有无数根须一样，如果个体的生命只维系于一己之身，目光所及全是个人得失，便"不可以久处约，不可以长处乐"[1]，而易"放于利而行，多怨"[1]。

不同于当下普遍流行的个人主义的生命观，古典儒家生命共同体中内含人与人关系的伦理生命也具有鲜明的共同体主义的意涵——一个人的伦理生命只能在其所属的不同层次的人群共同体之中才能被理解，"没有孤立的单独存在的个体，只有作为共同体成员在伦理世界中承载其多重而可轮转的伦理角色的，人伦关系中的自我"[2]，更重要的是，在这紧密交织的一重重共同体的关联中，人与人的生命是相互成就的。《乾》卦"用九"，以"群龙无首"为吉，"'无首'者，无所不用其极之谓也。为潜，为见，为跃，为飞，为亢，因其时而乘之耳"[3]。此爻所显示的便是一幅群体齐心协力、各守其职的景象，体现着古典儒家伦理生命共同体的追求，即与人为善，群龙无首。如此，由伦理生命所体现的共同体性与当前基于契约关系组织起来的共同体具有本质区别，不同于后者关联的外在性，在由一个个伦理生命所相互交织而成的共同体中，人与人之间的关联是内在的，人们"将自身、家庭、国家、天下、天地万物都纳入吾人生命意识与生活世界之中，作为吾人内在德性的外在表达或载体。"[4] 同时共同体是成就个人生命意义的前提，就古人修身、齐家、治国、平天下的人生追求而言，尽管修身在前，修身为本，但个人的修身总是离不开家、国、天下一体的大视野和大格局。"亲亲而仁民，仁民而爱物"也切切实实地体现着人的伦理生命的共同体性，"唯有在人伦日用、群体生活和天地万物之间，践行亲亲仁民爱物，方能'明'群己之'明德'"[4]。因此每个人成就自身便意味着同时成就他人，同时成就他人方能成就自身。

古典儒家伦理生命的共同体性不仅表现于同时代的人与人之间，它还体现为一种由人类代际之间的沟通所承载的，具有更大视野与更深远关联的伦理生命共同体。"通过生者祭祀先人之礼，以'慎终追远'与'报本反始'，后人和祖先之间可以保持着活跃的精神沟通。"[2] 当前的道德教育更关注同时空下当代人的人际关系，一定程度上轻视了纵向的、人类作为整体生命的延续意义，由于后者能够为前一种关系提供深厚根源性的滋养，从而代际之间伦理生命共同体的意识将更有助于个人的道

---

[1] 钱穆：《论语新解》，上海：生活·读书·新知三联书店，2005年，第77页。
[2] 杨新铎：《德性文明论古典儒家礼乐教化及其当代价值》，北京：知识产权出版社，2018年，第20页。
[3] 王夫之：《船山全书》第1册，长沙：岳麓书社，2011年，第50页。
[4] 杨柳新：《古典儒家"大学之道"与当代中国大学德育》，载《广西师范学院学报（哲学社会科学版）》2016年第6期。

德养成。古典儒家伦理生命的纵向延续在其祭祀之礼中得到鲜明的体现。根据亲疏远近，祭祀首先体现为一种孝道，即祭者与家族中逝去先人之间的生命关联。此外，祭祀的对象不只是致祭者的亡亲、先祖，而是突破宗法血缘，以是否有利于人类整体的生存与发展，是否有利于人类文明的延续和传承为原则。如此，在人与自己先辈的关联中，会生发出传承家风的使命感，而与历史上他人的生命关联则会促生一个人的感恩之心。更进一步而言，当把一个人的个体生命置于历史的视野里，接续在人类生命传承意义上的共同体之中时，不仅个人生命的来源有了更厚重的根基，在其生命的去处与未来中也承载了历史传承的使命和责任。

值得注意的是，古典儒家的伦理生命虽是共同体主义的，但绝非轻视个人，相反，每一个人都在其丰富的伦理角色中生成了自己的个性与独特性，虽无一己之私，但有一己之感。"古典儒家的'己'并非抽象'个体'之自我，而是作为共同体成员的'仁'者自我"，"每一个'己'就其独特性而言是'一之多'，就其整体性根源而言又是'多之一'。"[1] 在古典儒家生命共同体中，一个人的伦理生命决定了他不会是"小体"之生命。"小体"之生命容易使人陷入基于个人肉体而生的物欲、私利之中，因为小体有明确的边界，进而划分你我之别，从而自然形成竞争甚至与一切人为敌的紧张状态。古典儒家的伦理生命是一种"大体"的生命观，"大体"顺应天道，超越了个人、利己、唯我与肉身安逸，它并非不讲个人之利，而是不讲私利，并非不讲个人，而是不讲与共同体二分的个人。

三、文化生命下的健行不止之责

德育是富于实践性的教育活动，它的最终目的是使受教育者能够通过教育，将道德品质内化于心而外化于行，其中"行"又能进一步加深与巩固内化的结果。同时"知行合一"有益于人们切身体验到道德教育内容所包含的源于而融于生活的意蕴，实现人的道德与其生命实践，即生活，尤其是与日常生活的融合，这既是道德本质的体现，同时也是道德的目的使然。离开实践活动和社会生活的实践背景，德育便是无意义的。在当前，德育知识化的问题越来越突出，但"这些知识、概念和价值观的传递只具有认知上的意义，而缺少情感、态度和行为上的实践支撑"[2]，尤其

---

[1] 杨新铎：《德性文明论古典儒家礼乐教化及其当代价值》，北京：知识产权出版社，2018年，第148页。
[2] 叶飞：《竞争性个人主义与"孤独的"公民——论公民教育如何应对公共品格的沦落》，载《高等教育研究》2013年第2期。

是与人的生命过程的脱节，更进一步影响了道德教育的实际效果，最终往往塑造出的是一个个知行分离的"道德知识人"。相比于此，古典儒家的文化生命首先意味着一种学而不倦、止于至善的成人方向，同时它内含一种自强不息、健行不止的成人态度，从其过程性而言，它还体现为一种继善成性、日生日成的成人方法。

古典儒家生命共同体中的文化生命在人的自然与人伦之外，为人的生命增添了一重超越性的维度，同时，它所关涉的是更高意义上的人类命运共同体。之所以如此，一是因其关联的广博。一个人的自然生命所蕴含的共同体性主要体现在人类与万物之间，一个人的伦理生命则因其在伦理世界中所承载的多重而轮转的伦理角色的有限性，而往往受一定人伦关系的限制，而一个人文化生命的创造成果却易于跨越地域与时间，作为人类共同的文化遗产留存和传承。二是因其传承中的创造性赋予了人类共同体以不息的生机。从一个个体作为接续人类过去，此刻，与未来的一环而言，自然生命是其物质载体，是前提，而在伦理生命中，无论是由同代人所构成并生活其中的人伦关系，或是代际之间的传承，重点均在于传统的延续与保留，至于其间创造和发扬的任务，则主要由人的文化生命来承担，在一个人的生命历程里，在其文化生命的生成性中，蕴藏着巨大的创造和行动空间。"道由人兴，亦由人行"[1]，人之弘道之力的发扬及其自身文化生命的完整，均依赖于人在其人生历程中不断的修养实践。这既包含一种知行合一的道德实践观，又因其基于人的完整的生命历程与日常生活，而能够为当下使德育面向生活、融入生活的努力提供借鉴和启发。

古典儒家文化生命蕴含着一个人生命生成的外与内的辩证法。从外而言，一个人的文化生命寄寓在整个人类命运共同体之中，是个人德性、社会风俗、民族生命乃至人类文明的承载。而在古典儒家身、家、国、天下同构的视野中，修、齐、治、平是一体的，一个人文化生命的一生既是其弘道的一生，又是其成人的一生。人从其使命而言，作为一种文化生命，应当承载"人类累世所创之'文'——承载人类对天人之道的领悟之言、象、德、礼、政、教等人文积淀"[2]；从其使命的践行而言，"人能弘道，非道弘人"[1]，因为人的文化生命本身便是人文化成的结果，所以成人便是弘道，弘道当需成人。

于个体而言，在文化生命意义的成人上均有其潜质，但究其根本仍在于是否有所作为。文化生命虽是由个人后天修养而成，但它与人的自然生命一同诞生。

---

[1] 钱穆著：《论语新解》，上海：生活·读书·新知三联书店，2005年，第375页。
[2] 杨新铎：《德性文明论古典儒家礼乐教化及其当代价值》，北京：知识产权出版社，2018年，第19、154页。

"'善之长'者,物生而后成性存焉,则万物之精英皆其初始纯备之气,发于不容已也。"[1] "善之长"之"善"即体现了古典儒家对人的文化生命意蕴的性质判断,尤其是"成性以后,于人而为'仁';温和之化,恻悱之几,清刚之体,万善之始也"[1]。由此可见,文化生命的起点同时蕴藏着其自身的终点和归宿。人者,仁也,其存在应该是承载并贯通乾坤之气,以彰显人之仁,此之谓人之本性,人之文化生命所在。与此同时,尽管人人都具备文化生命的潜能,文化生命本身绝非人人生而有之,关键在于一种"日生日成"的作为,它的修养与塑造贯穿在人们的庸言庸行之中,体现的正是中国传统德育"行而有德,不行无德"的方法论。"子张问善人之道。子曰:'不践迹,亦不入于室。'"(《论语·先进》)"'践迹',一步一个脚印。此为成德之门。行于平常,一言一行是也。"故"非知之艰,行之惟艰"[2]。不同于自然生命与伦理生命,成就一个人文化生命的作为与行动内含于文化生命的本质之中,文化生命主要从其德行修养的实践中不断展开、丰富和成长。

古典儒家的文化生命不仅内涵着"'为'己就是'行'己"[3]的成人方法,更体现为一种积极有为的人生态度,即生命不息,健行不止。"生杀互用而无端,晦明相循而无间,普物无心,运动而不息,何首之有?天无首,人不可据一端以为之首。见此而知其不可,则自强不息,终始一贯,故足以承天之吉。"[4]宇宙大化流行,周流六虚,无端无首,无始无终,如此,人的文化生命历程也需如天德不可为首一样,应自强不息、终始一贯。《周易》中,"乾"卦本身可视作一个人文化生命的展开过程与一个人修养品德、继善成性的全体一生,在构成"乾"卦的六爻之间,不同的时位既可以代表人生的不同阶段,又可以体现为一人所行一事之时势。由一爻之时势至一卦之全体可知,无论是在遭遇低谷,或是时机未到之时,奋发进取是人生自始至终的追求。此外,尽管个体的自然生命、伦理生命有其末端,成就一个人文化生命的修己之学却远没有尽头,学而不倦,"愤乐而不知老之将至,任重道远,死而后已"[4],人的文化生命的一生便是成为人的一生。《乾》卦九三爻的爻辞是:"君子终日乾乾,夕惕若,厉无咎。"王夫之曰:"君子之德如此其敏以慎,而但言'无咎';德至圣人,犹以无大过为难也。"[4]可见即使是君子想要没有大过也必须敏以慎,以自强不息为根本德行,如此,健行不已,自勉自强对于普通人的文化生命、品行修

---

[1] 王夫之:《船山全书》第1册,长沙:岳麓书社,2011年,第44、59页。
[2] 《尚书》,周秉钧注译,长沙:岳麓书社,2001年,第95页。
[3] 杨新铎:《德性文明论古典儒家礼乐教化及其当代价值》,北京:知识产权出版社,2018年,第19、154页。
[4] 王夫之:《船山全书》第1册,长沙:岳麓书社,2011年,第47、49、53、58、68页。

养的重要性自不必待言。何况乎"道二，仁与不仁而已，无得半中止之道也"[1]。古典儒家的文化生命实是蕴含着一种奋发有为、毫不松懈的积极人生态度。应当注意的是，积极有为并不等于盲目蛮干，自强不息也并非止于表面上的"终日乾乾"。古典儒家文化生命所内蕴的自强不息体现的并非一种直线式的人生态度，而是一种愈在挫折和低谷时愈保持向上的有韧劲的生命品格，以及一种在需要韬光养晦时潜心静气、待时养德的定力和人生智慧。

古典儒家的文化生命观虽以"止于至善"为无限追求，强调人的奋发有为和健行不止，但这并不会构成人与人之间对抗性的竞争关系，因为它是一种生命内求的成人方向，具体表现为"贞""利"一体。在古典儒家的文化生命中，"是乃'贞'之所以'利'，'利'之无非'贞'也。"[1]"贞"即"利"，"利"即"贞"，二者皆为人的天赋性情所本有，二者目的均在自身之内而不必外求。较之于当下流行的生命观，"贞""利"二元分割而"利"在外，如此以"内贞"逐"外利"，则在"内贞"与"外利"的张力之间，二者将难以同时达成。而从古典儒家文化生命的角度来看，"贞"与"利"本无分别，唯有在贯通中"贞"才能实现，而真实的利于人之生命的"利"也才能实现。并且当个人的生命被分裂为"得利的目的性"与"求利过程的无意义"两部分时，人的生命过程的价值和意义便被忽视了，如此人便易于产生失落和挫败感。古典儒家文化生命中修己学问的内向，只是从其修养用力的方向是向内用功而言的，其最终目的却不在于自说自话、自娱自乐，相反，一个珍视自己文化生命的人，必将以天下为胸中格局，以弘道为肩头使命，以健行不息为生命追求。

结　语

"人"或"成为人"是德育的出发点、立足点和归宿，对人生命意涵的不同理解构成了影响德育开展及其效果的关键。当代流行的生命观是一种抽象的个人本位的生命观，这意味着人与人之间，以及人与共同体之间都是一种外在性的关系，如此并不利于个体的心理健康发展，不利于公共品德与公共精神的培养，具体则导致了诸如个人中心主义、道德情感淡漠、责任意识缺失、生命韧劲不足、知行不一等一系列德育难题。在此背景下，转变当代德育所建基其上的个人主义的生命观，代之以一种迥然不同的生命理解样式迫在眉睫。德育因其本身与文化的相因相生关系而

---

[1] 王夫之：《船山全书》第1册，长沙：岳麓书社，2011年，第47、49、53、58、68页。

具有很强的历史性与继承性，对中国传统育人智慧的创造性转化和创新性发展势在必行。体现中华传统文化精华的古典儒家生命观便是一种不同于当代流行的，具有共同体主义与整体性特质的生命观。无论是自然生命中人与宇宙万物大化流行的和谐共生，伦理生命中休戚相关的人与人之间的相互成就，以及代际之间人类文明的继替与传承，还是文化生命中止于至善的反己追求与健行不止的德行修养实践，均具有极其宝贵的德育意蕴与育人价值，它们无疑将成为直面和突破当代德育困境的有效路径。

中国人学学会第 21 届年会综述

北京大学哲学系 邓 佳

党的十九大提出的构建人类命运共同体产生了日益广泛而深远的国际影响，为人学研究提出了一系列亟须研究的新课题。2019 年 9 月 21—22 日，由中国人学学会和燕山大学马克思主义学院主办的"构建人类命运共同体与人的发展"研讨会暨中国人学学会第 21 届年会在北戴河举行。来自全国 80 多所高校和科研机构的专家学者共 120 余人与会，围绕"人类命运共同体与人的发展"展开深入的讨论。

一、人类命运共同体的人学意蕴

中国人学学会会长、北京大学哲学系丰子义教授深刻阐释了会议主题，指出构建人类命运共同体与人的发展是彼此依存、相互促进的关系，一方面人的发展是构建人类命运共同体的目标，另一方面构建人类命运共同体又是推进人的发展的现实途径和重要方式。

关于把握人类命运共同体人学意蕴的立场和方法，复旦大学陈学明教授指出，理解人类命运共同体需要厘清四对关系：第一，要明确建构人类命运共同体既是外交战略，也是国家和人类发展的根本战略；第二，它并非实然意义的现实而是应然意义的奋斗目标和远景；第三，人类命运共同体和生命共同体休戚与共、不可分割；第四，它对应马克思语境中的"虚假共同体"向"自由人联合体"的过渡阶段。

关于人类命运共同体的人学意蕴内涵，北京大学张梧助理教授认为人类命运共同体的人学意蕴在于提出了观照世界的人类命运尺度，从历史唯物主义的视角将构建人类命运共同体的现实性理解为超越国家界限的风险社会及公共危机。中山大学钟明华教授提出学界还需关注"命运"一词的深刻含义，自由人的联合体是人类命运的完美实现，自由全面发展是人的命运的最高实现。

二、马克思主义世界历史思想与人类命运共同体的内在关联

马克思主义世界历史思想为构建人类命运共同体提供了深刻理论和方法指导。关于马克思、恩格斯经典文本中的世界历史理论和共同体思想，北京市委党校袁吉富教授基于《德意志意识形态》和《1857—1858年经济学手稿》，指出共同体是各要素相互作用的有机体而非统一体，自然形成的共同体逐渐让位于历史形成的共同体，新旧共同体此消彼长，形成越来越大的共同体。中国人民大学马克思主义学院郗戈教授认为《共产党宣言》在政治宣言语境中发展和深化了世界历史理论，呈现了世界历史发展的双重逻辑即为资本增殖逻辑的主逻辑与民族国家权力逻辑的副逻辑，二者相互作用构成全球混沌、世界冲突的根源之一。

关于马克思语境中作为价值诉求的普遍性，北京大学方博助理教授从词源学角度阐释所谓"共同"指的是作为关系范畴的共同性而非作为量的范畴的普遍性，马克思批判抽象的形式主义普遍性，追求弥合人的公民与市民身份分裂的真实普遍性，两种普遍性之分也代表普世价值与共同价值之别。

关于马克思世界历史理论与人的发展，哈尔滨师范大学段虹教授基于交往的变化区分了人的发展的三个阶段：以认识规律为基础的世界历史、以促进各国共同发展为目的的命运共同体、以人的全面自由解放为本质的共产主义。

三、构建人类命运共同体的价值观基础

习近平总书记在2015年9月28日出席第70届联合国大会时明确指出，"和平、发展、公平、正义、民主、自由是全人类的共同价值，也是联合国的崇高目标"，共同价值观诉求是人类命运共同体的价值观基础。

关于寻求价值共识的必要性。北京大学丰子义教授认为，全球化使得世界各国日益结成利益共同体，形成更多价值共识或共同价值，只有义利兼顾才能义利兼得。中央党校范文教授指出，共同价值从政治哲学层面提供应然价值规范，有助于解放思想、推动改革开放、促进人类自由全面发展，也有助于为中国发展营造良好的外部环境并提供学理支持。

关于如何理解"共同性"，吉林大学王庆丰教授提出，"共同性"在直接现实性上表现为共同利益、共同价值、共同责任三者的有机统一，第一，以民众的生存和发展为基本共同利益；第二，主张"和平、发展、公平、正义、民主、自由"的共同价值，贯彻持久和平、共同发展和文明进步的理念；第三，彰显共同责任意识。

关于如何寻求共同价值。首都师范大学陈新夏教授认为关键环节在于构建反映所有民族国家共同利益的共同价值，须处理层次较高的、具有较高普遍性的价值与层次较低的，具有较强民族、文化或地域特征的价值之间的关系。

四、人类命运共同体与人类共同生存境遇

从人的发展、人类命运看待人类命运共同体的构建，须回到人的发展现实与人类生存境遇。关于现代理性与人的生存境遇，西南大学胡刘教授认为，要把握人类命运共同体就需要追问人类共同面对的时代问题，还需深入现代社会的深层逻辑结构即资本逻辑。南方科技大学王志军教授认为，人类命运共同体的提出是对当前人类生存境遇的客观而全面的理性分析和判断，这是对西方现代科技工具理性的批判性超越，也是对中国传统道德价值理性的创造性转换，更是历史唯物主义关于未来公共理性的探索性建构。

关于中国共产党对人的生存境遇的关注，中央党校韩庆祥教授基于改革开放与人的发展的历史逻辑分析了中国共产党对人的生存境遇的关注，从改革开放以来倡导"解放人"，到十八大以来逐渐从"解放人"转向"约束人"的变化，取决于中国共产党人学当代发展的本源性依据，即奋斗目标的宏大与主体素养不足之间的矛盾。

关于人类命运共同体与生命共同体，北京大学哲学系徐春教授强调人与人所构成的人类命运共同体的存在和发展有赖于人与自然所构成的生命共同体，这需要从本体论层面重视人与自然生态系统的关系，共同面对危机、追求共同利益，从伦理上体验到对一切生命负责的思想价值。

五、构建人类命运共同体与文明交流互鉴

开放包容、多元互鉴、多样一体已成为21世纪人类文明发展的主基调，文明交流互鉴为构建人类命运共同体提供了更为持久而深远的力量。关于人类文明交流互鉴的必要性和可能性，山东省委党校张友谊教授认为人类文明总体上是在相互冲突中互相融合、在互相融合中彼此借鉴，而文明日益呈现出多样性、平等性和包容性的时代特征。中国人民大学侯衍社教授认为，一方面世界性的生产消费、流通交往等已经发展到空前广度和深度，使得文明交流对话成为必然；另一方面不同文明在表现形式的具体差异为文明交流互鉴提供可能性。

关于人类命运共同体对西方文明话语的批判性超越，郑州大学郑永扣教授认为，

作为中国智慧的人类命运共同体理念突破了西方文明范式,跳出西方文明制度窠臼而倡导更具仁义的公共需求。

关于如何实现不同文明之间的交流互鉴,南开大学阎孟伟教认为文明体系呈现为以"体"和"用"两部分构成的信仰体系,前者指文明的信仰体系,是文明形态的核心内容和超验的价值根据;后者指人的生活方式、道德制度、习惯习俗等,是文明形态的具体内容;所谓"求同存异"在于保持"体"的差异而谋求"用"的同一。

关于人类命运共同体与中华传统文明的现代激活,中央社会主义学院孙明霞助理研究员梳理了中华传统文明的有益思想资源:第一,"天下为公"的王道政治理念有助于发展持久和平;第二,"修文偃武"的和平主义理念有助于落实普遍安全;第三,"和而不同"的和谐共存理念有助于实现共同体原则;第四,"推己及人"的他者主义理念有助于建构协商伦理;第五,"不往而教"的文化自信理念有助于促进文明对话;第六,"海纳百川"的兼容并包理念有助于推进开放包容。

通过研讨,与会学者达成共识,有必要继续深化人类命运共同体与人类发展研究:第一,促进政治术语向学术主语的转化,深入推进基础性、学理性、原则性问题研究;第二,借鉴中国古代和现代西方人学所取得的积极成果,加强学科交流对话;第三,直面中国特色社会主义建设伟大实践,面向世界提供构建人类命运共同体的中国智慧与中国方案。